財團法人臺北市賈馥茗教授教育基金會
財團法人黃昆輝教授教育基金會
共同策劃

人的本質與教育

賈馥茗　著

國立臺灣師範大學教育學系　主編

五南圖書出版公司 印行

編 者 序

　　賈師離開我們倏忽已近十年。這段時間以來，雖然無法像過去一樣隨時向恩師請益，但總覺得精神上她從未遠離我們。臺師大教育人所傳頌不已的「教育是成己成人的志業」，正是賈師的馥言茗句；賈師往日的教誨，也總在師生的對話中一再浮現迴響著；而賈師的經典著作，更不斷地出現於臺師大教育系所的教學書單中，成為我們鑽研教育學術的重要理念基礎。

　　賈師一生念茲在茲的課題，就是要為教育學奠立一個可長可久的普遍性基礎與宏大的研究架構。為了追尋答案，她曾廣泛地涉獵了教育、哲學、心理、歷史及文學等不同的領域，並從中國古籍《中庸》所言之「天命之謂性，率性之謂道，修道之謂教」，體察到教育的形上根源；從而體認到教育的核心目的，正在於「教人成人」，教育的過程就是透過教育來成就一個有別於「自然人」的「人格人」的過程。在這個艱辛的追索歷程中，賈師不只確立了教育的本質和意義，也為教育學研究找到了一個最堅實的原點——「人」。

　　在這看似單純實則關鍵的答案背後，賈師卻付出了數十年的青春及心血。她一生勤於筆耕、著作等身，所著無一不是深思熟慮、擲地有聲的經典作品。從研究所時期的碩士論文《朱子教育思想研究》（1957）開始，到赴美深造返國後的第一本著作《兒童發展與輔導》（1967），之後的《英才教育》（1976）、《教育概論》（1979）、《教育與人格發展》（1979）、《教育哲學》（1983）、《教育原理》（1989）、《全民教育與中華文化》（1992）、《教育與成長之路》（1997）、《人格心理學概念》（1997）、《教育的本質》（1998）、《中庸釋詮》（1999）、《人格教育學》（1999），都是為前述「大哉問」找尋答案。當完成十二巨冊1,100餘萬字《教育大辭書》的編纂工作後，她的創作力更加旺盛，

在生命的晚年，傾全力撰成《先秦教育史》（2001）、《教育認識論》（2003）、《教育倫理學》（2004）、《融通的教育方法》（2007）及《教育美學》（2009，由楊深坑教授補述完成）等書，至此賈師的教育學學術體系終告完成，此種對於學術研究的熱忱、執著與毅力，令人景仰。

為了紀念賈師畢生對教育的奉獻與教育成就，財團法人臺北市賈馥茗教授教育基金會、財團法人黃昆輝教授教育基金會暨國立臺灣師範大學教育學系所共同籌劃於今年5月將舉辦溫馨的「賈故教授馥茗逝世十週年紀念會」，並編纂《人的本質與教育》學術論文選集。

本書精選十五篇賈師已發表但未收錄於其他專書的學術論文。這些專論的主題或有不同，但主旨是聚焦於探討「人的本質」及「教育本質」兩項課題。因賈師主張為教育立論須先問教育的根源，而教育的根源在於人，教育正是「人的活動」；故我們若要回答人「為什麼」要有教育活動的問題，必須先從「對人做透澈的認識」開始。對於「人的本質」的透澈了解，在賈師的教育學說中實居關鍵地位，故本書以「人的本質與教育」為名。

本書分為上下兩篇，上篇「人的本質」，包括〈人格的基本素質〉、〈人性教育與和平〉、〈創造論的概念〉、〈人性論平議〉、〈從教育立場看人的特質〉、〈從教育的立場看人生〉、〈從教育的立場看人的行為和習慣〉等七篇論文；下篇「教育的本質」，包括〈教育學的方法論〉、〈社會變遷中教育形式及內容之改革方向〉、〈教育研究與教育問題〉、〈「學以致用」的學習體系〉、〈從「學」「庸」中所見的教育「準則」和「情懷」〉、〈我國道德倫理教育的本原〉、〈教育之文化承傳與創造的任務〉與〈教育的真諦——教人成人〉等八篇論文。以上各篇，係按論文發表年代的先後排序，如此有助讀者理解賈師教育思想從哲學、心理學，再回到傳統文化的演進歷程。儘管各篇論文篇幅長短不一，但卻都是精心之作。雖然以上論文均已出版，卻散見在各期刊、雜誌中，海內外學界後人如要研究賈師教育學術思想，蒐集時可能無法周全，故本書加以編纂，將更有利於日後相關的研究。另要說明的是，本書於校對時，除就原出版刊物已有之疏誤進行訂正外，大體上未予更動，以保留賈師論文全

貌。

　　本書的完成與出版，首先要感謝財團法人臺北市賈馥茗教授教育基金會及財團法人黃昆輝教授教育基金會的共同策劃與全力支持；其次要感謝五南圖書出版公司楊榮川董事長長期對賈師著作出版的重視，與本次慨允出版及其同仁在最短的時間內，極有效率地完成重新繕打、校對及付梓的工作；再次，感謝臺灣師範大學教育學系所與系友會師長同仁，特別是洪仁進及葉坤靈教授協助校正，及湯億松先生、薛煒霖與李明昇同學的協助。最後，特別要感謝我們所永遠懷念的賈馥茗恩師，身後留下如此豐厚的學術遺產，讓後學能在其所建立的穩固基礎上，繼續成長茁壯。謹以此書的出版，獻給我們的恩師。

林逢祺、周愚文、方永泉　謹識
2018年3月於臺灣師大教育學系

目 次

上 篇

人的本質

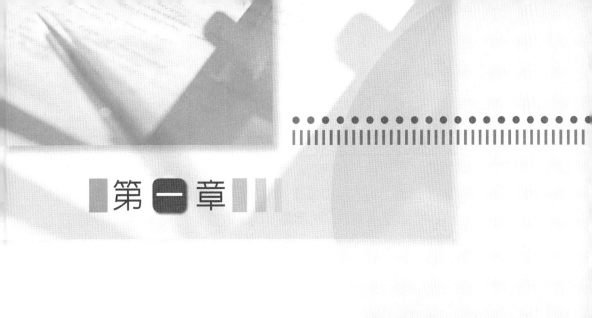

第一章

人格的基本素質

引　言

　　人格的成分異常複雜，其個別差異又極為懸殊。人格心理學說雖有多種，但不能執一以為了解人格的依據。為求得具有普遍性的基本要素，本文將就重要的學說論述，益以個人觀點，列述最基本的人格素質，以為了解人格的根據。

　　人具有與一般生物類似的基本需要，其中接近動物性的需要特別明顯；同時在人類特有的社會與文化類型中，受到人為的約束，使需要與滿足的歷程，必須遵循某些既定的方式；而人類又具有思想的能力與傳遞思想的語言文字，因而形成心理活動。故人類環境包括三方面：生理的、社會的、與心理的，人格即是在三重因素的環境中，基於先天的能力，益以後天的學習，所形成的對環境組織化、系統化的適應與控制。

　　由於先天稟賦與後天發展的差別，各人對環境的適應與控制自有其特殊性，因而形成個別不同的人格。自人格的差異處著眼，每個人格都是一個特殊的整體，各有顯著的特點；若自人格形成的基本處著眼，則紛歧複雜的人格仍有普遍性，存在於先天能力的發展中，可名之為人格素質（disposition）。

　　素質之被視為人格成分之一種者當推McDougall。但渠以為素質是具有特殊的衝動或傾向的本能。本文所述之素質，係依Baldwin之定義，認為素質是一個心理歷程的結果，或遺傳的原素，可能進入於繼起的心理歷程中，而成為一個合作的因素；素質既是先天的，如衝動或固有的傾向，又是獲得的，如學習的傾向。（引自 *Dictionary of Philosophy and Psychology*）

　　據此定義，素質一方面為先天的潛能，具有發展的可能性；一方面是學習的結果，將潛能實現於人格中。先天的因素為人人所共有，具有普遍性；學習的結果則人各不同，表現出高低的程度。但不同的結果始於同一傾向，其差異是程度的，而不是質量的，所以根據人格素質，可以推究人格的普遍傾向，而得一基本認識。

　　人格心理學說，自精神分析說以來，派別紛起。各家皆自有其獨到

的研究與了解人格的理論根據，但亦各有疏略之處。精神分析學派以伊德
（id）、自我（ego）、與超自我（superego）為主要的人格機構；以本能
（instinct）與心理能量（psychic energy）為人格動力的主因，而特別重視
性慾的衝動。雖然所指的性慾衝動不似一般所指之「性慾」之狹隘，但將
本能的發展視為正常的人格發展，理性的約束為造成變態的原因，無異將
人類限制在動物界的領域，而忽視了人性的重要。

　　社會心理學派以為人格是社會的產物，生物的因素應居其次。若
Adler以為人是生就的社會性的，人類行為受社會的驅使。在社會中，人
有進取的傾向，也有自卑的感覺。Adler雖未明確地指出兩者是人類素
質，但自研究人格觀點看來，此兩者確普遍地存在於人格之中。若Fromm
以為在人的存在中，有五種需要，其中之一為關聯（relatedness）的需
要。人因在人類社會中而與自然脫節，因而有一種孤寂（loneliness）之
感，而需要基於相互間的關切、尊重、責任、與了解而生的愛。此觀點可
引申為個人需要與他人間的關聯是由於人有一種依賴的素質。此種依賴素
質或實現於相互的關切與了解上，或者只是個人心理上需要有所憑依。是
一種人格的基本傾向，未必如Fromm所說的與自然脫節的結果。又若Sul-
livan以為人格的研究應基於人間交互作用所形成的人間關係（interpersonal
relations）。嬰兒自母親或保母處所得的經驗常導致焦慮，或者因本身生
物的需要而引起心理的緊張；緊張或焦慮必須免除以保障個人的安全感。
於是兒童學習如何從事人間交互作用，及形成人間關係，人格遂從而形
成。此種人間關係說指出人格形成中社會因素的重要，其需要安全感的觀
點可引申之以說明人格中求安全的素質。

　　基於機體論的觀點，將人視為心物合一的整體，Goldstein以為人常為
一個占優勢的動機所驅使，以求達到目的而實現自我。機體中有一種能
量，常保持平均狀態。當心理緊張時，能量的分配失去均衡，而有回復原
狀的傾向。如動機存在時，心理必然陷入緊張狀態，於是能量須重行分
配，以期回復均衡，於是促使機體採取可能的方式以達到目的，是為自我
實現（self-actualization）。人格之求一致與統整的作用乃是正常的現象。
Goldstein之觀念足資稱道者第一是視心物為一不可分的整體，應用於人格

研究中，可將生物的、社會的、與心理的三種因素等量齊觀。因此三者在人格中交互作用，難以劃分清楚而個別分析；即使劃分爲可能時，亦將顧此失彼，不能確切地了解全部人格。第二Goldstein假定機體中有一種能量，此能量常須保持平均狀態，用以說明機體對環境變化的適應，較刺激反應說更爲確切。此能量可視爲人格動力的泉源，不僅被動地對刺激產生反應，而且主動地保持一定的勢態。

　　人格所表現者既爲一特殊的整體，則個體的「自我」不容忽視。Allport在以特徵（traits）討論人格時，強調「個人特徵」（individual traits）的重要。於是研究人格，必以「自我」爲出發點。關於「自我」一詞的引用，心理學上頗有混淆之感，或稱「ego」，或稱「self」，互爲主體的自我與客體的自我之用。或以爲「自我」指主體時應稱「ego」，指客體時應稱「self」。實際上無論「自我」爲客體或主體，要只在於此個體之一身，而且兩者可以同時出現——個體在觀察其本身時，既是主體的觀察者，又是客體的被觀察者。名辭之爭，姑無庸論，就「自我」爲人格研究之基礎言，當以Rogers之「自我學說」爲主。Rogers以爲自我有保持一致的傾向：知覺的自我與理想的自我需要一致，實際情境與自我觀念亦應一致；而在任兩者間有矛盾時，對自我而言，猶如危機之降臨，以致自我必須設法解除危機，或否認事實，或歪曲事實。自我一致作用有其堅執性，常與情境中的變化相抗衡，但成熟與學習則可造成自我的改變。據此可以申言自我有一種持恆作用，傾向於保持常態而反抗變化；自我在觀念中是唯一的中心，對環境中任何情況的描述皆須以自我爲前提，故而自我爲人格研究的重要部分。

　　其他人格心理學說若Murray的動機，包括生物的、社會的、與心理的三部分，可概括於有關的學說中。若Jung之內傾型與外傾型的人格，各代表一種人格類型的極端，不適用於普遍的研究中。若因素說有助於人格之實驗研究，但難於分析獨立的因子。若生物社會說如Murphy者，集各家學說之要點而成其特指的疏導作用（canalization），亦有助於人格之了解。

　　本文將根據各派學說，歸納出基本人格素質，爲每一素質擬定一涵

義，然後分別論述。

一、避苦（Avoidance of Pain）

「在正常狀態中，有機體常保持心理狀況的平衡。在情境發生變化時，無論變化起自內在因素或外在環境，必然破壞心理上原有的平衡，使大部分心理能量集中於變化的適應，而造成心理上的一種緊張狀態。此緊張狀態引起苦惱的感覺，殊難忍受，必須設法避免苦惱，使心理狀態仍趨平衡。人類苦惱的來源多於一般有機體，避苦的傾向亦有複雜的發展。」

避苦求樂向為哲學家所討論的人生問題。以心理學的立場分析苦惱的原因，苦惱存在時的心理狀況，以及苦惱不得解除所發生的影響者首推Freud。根據Freud的觀點，可以闡釋人格中避苦的傾向。

Freud以為人類經驗中的苦惱大部分可列入於一種知覺的順序中，由此可以推溯苦惱的原因。知覺中的苦惱有二：一為未滿足的本能在知覺中所引起的苦惱，一為外在的因素直接所造成的痛苦進入於知覺領域中。前者為內在的因素，後者為外在的因素。內在的因素基於有機體生物的需要：如饑渴、困倦、排泄、性慾等。任一種需要的存在都會產生苦惱的感覺，而在需要得到滿足前，所致的痛苦即不會消失。外在的因素屬於生理方面的，多半係因身體外部受到刺激而產生的痛覺：如碰撞、割刺之類。因為刺激的力量超過於機體組織所能防禦的限度，或者使機體組織無力抵抗，於是在知覺領域中造成痛苦。此種痛苦雖然由外在的生理方面所引起，但在進入知覺範疇後即可稱為心理的苦惱。此種苦惱與因生物的需要而引起的苦惱一般，在得到適當的處理後，即不復存在。此外，尚有一種心理的苦惱來自觀念或語言，其苦惱是抽象的，但其困擾的程度則可能超出於生物的或生理的苦惱之上；且此種苦惱往往不易在短期內消失，甚至在消失之後，該經驗仍保留於記憶之中。（註1）

Freud以為苦惱被機體視作一種「危機」（danger），危機的存在使機體意識到一種威脅，苦惱不解除，危機的威脅性將繼續存在，由此而推演出其所謂之焦慮（anxiety）——一種影響心理發展的重要因素。Freud

稱焦慮爲一種有效的狀態（effective state），其屬於何種效用固不可知，其爲一種不愉快的心理狀態則無可置疑。雖然不愉快的心理狀態不盡爲焦慮，不過可以斷言的是焦慮有三種表德（attributes）：第一是一種不愉快的特質，第二是一種外射的現象，第三爲有關此種狀態的知覺。焦慮的功能是提出「危機」迫近的警告，促使「自我」（ego）採取行動，以消滅此有威脅性的「危機」。（註2）

在將人格的結構分爲三部分（id, ego, superego）後，Freud以爲「自我」負有消滅苦惱的作用。消滅苦惱可以解除心理上的緊張狀態，以保持心理能量（psychic energy）的平衡。蓋Freud將人看作一個複雜的能量系統（complex energy system），在緊張狀態下，心理能量不得平衡。K. Lewin接受了此種複雜的能量系統說並引申之以爲僅用心理能量即可解釋人格。其觀點是在正常狀態下，心理能量保持平衡狀態（equilibrium）；而在心情緊張時，心理能量即失去平衡。但人有保持心理能量平衡的傾向，亦即有消滅緊張狀態的需求。當心理能量失去平衡時，回復平衡的需要促使機體解決其所面臨的困難，以保持正常的平衡狀態。（註3）

生物的和生理的苦惱存在於實體之中，可以證諸事實，因而躲避的方式也多是具體的、普遍的。心理的苦惱可稱爲人類特有的現象，是觀念的、抽象的，或者無中生有的，而躲避的方式也常常是非理性的、不盡有效的。如基於生物方面的需要而引起的苦惱像飢、渴、性等爲盡人所能有，而在獲得食、水、愛之後苦惱即不復存在。生理的苦惱除非在意外情境中，人類常能戒愼恐懼，以免外在的侵害。唯有心理的苦惱多基於個人的臆度或幻想，如果有實際的導因，其眞相往往被遮蔽、道理被歪曲，所引起的苦惱常超出於可能的範圍。這種苦惱的程度較深，企圖避免此種苦惱的動力也較強。藉睡眠以阻止思想引起的苦惱，強行忘記苦惱的經驗以消除心理的緊張，或者轉移注意的中心以求解脫苦惱於一時，或者織造另一觀念在此觀念中無苦惱產生，使心理狀態仍趨平衡。自兒童期以至生命的終結，人類始終應用天賦的才能，益以後天的經驗，滿足基本的需要，解決面臨的困難，無非爲避免不易忍受的痛苦，保持心理的平衡。

二、愛與被愛

「愛是基於動物的本能、發爲溫柔親切的感覺，在心理狀態中，介於二人之間者成爲被愛與有所愛的情感；介於個人與觀念之中者成爲情操。被愛使人感覺生活的安全與個人的價值，有所愛給人以生命的意義與生活的希望。」

生物學家將愛視爲動物的本能之一，這種本能表現於親子或兩性之間。愛之確切的心理狀態雖難以具體的描述出來，擇要的說不外是一種溫柔親切的感覺。精神分析學家視愛爲生命的泉源，特名之爲Libido。愛在人格心理中，由原始的本能發展爲複雜的情感，或再進而爲更複雜的情操。當愛由內在的感覺表現於外，達到明確化與實際的地步時，在主體之外必須有一個客體。當此主體爲接受者時是被愛，而當其爲付予者時則是「愛他」，即有所愛。主體與客體間常有一種交互作用（interaction）。這種作用固然可以徵諸於實際的動作，但僅靠動作往往不易正確地說明感覺與知覺間的複雜狀態，因爲被愛與愛他的心理狀態是一種持久的，毫無間斷的作用，僅以簡單的、暫時的外在行爲解釋固然不當，徒靠明顯的言語或表情也不易做正確的說明。

在人類的成長過程中，被愛的需要始自嬰兒時期。嬰兒降生後即需要母親的愛。母親的哺乳動作可以滿足嬰兒生物的需要；母親的偎抱則可給嬰兒以溫暖的感覺。偎依在母親懷抱內使嬰兒在空蕩的大環境中感到安全（嬰兒在母體內時所感到的是一個侷促的小環境，因其侷促而常常有所憑依）。出生後空間突然擴大，四無所依而又有種種物理現象如聲光之類的陌生刺激，此陌生的現象足以引起嬰兒的恐懼，母親的偎抱愛撫可使嬰兒有所憑藉，且感到親切安全。Freud以爲哺乳動作使嬰兒在接觸乳頭時可以滿足口頭上愛的需要，是只著眼於愛的生物方面而忽略了心理的基本反應。其實這種生物方面的需要——接觸乳頭，可以利用代替物，若嬰兒的需要僅限於口頭上愛的滿足，則奶瓶也可以產生同樣的效果。但據實驗室中以猿猴爲實驗的結果，發見自母體獲得食物並非幼猿唯一的需要，因爲幼猿在感覺到環境中有危險出現時，常常希求一個可以賴以躲避危險的

目標，於是伏偎於母體上，母體的溫柔給予幼猿一種顯著的安全感。（註4）H. S. Sullivan對被愛與安全感的關係解釋的較Freud為貼切。Sullivan以為嬰兒在哺乳經驗中，固然可以滿足飢餓的需要，同時感覺到伴隨此生物需要之滿足的尚有來自母親的聲音與動作的溫柔之感，這種親切之感使嬰兒在情緒上獲得莫大的安慰，飢餓的威脅既得以解除，情感上更有極度的安全。（註5）被愛在心理上產生一種有所恃的感覺，自兒童以至成人，凡遇到危險、困難、或失意時必然趨向那個愛自己的客體，即使不能得到實際的幫助，仍然保持心理上的安全感。

在得到安全感之外，被愛又足以證明個人的重要性。個人希望自己為他人所接受、所重視、這是一種社會價值，由個人與他人間的關係證實個人並非孤立於人群中。但只於被接受或被重視尚不能滿足內心深處的需要，即為人所愛。在社會關係中，個人體察到被愛是由於被動的個體具有可愛之點，顯然這些可愛之點必須符合社會的某些要求。所接受的愛程度越深、越見出愛己者與自己關係之切密，彼此之間的依附關係也越強。愛的來源範圍越廣、越見出愛己者的眾多，個人的價值也越顯得普遍。

有所愛或愛他的發展也自嬰兒期開始。此時明顯的表現似乎由於刺激與反應的歷程將內在的愛的能力發洩於外。嬰兒從哺乳動作得到滿足而表示愉快，進而對使其愉快的工具與哺乳者發生情愛，這種情愛常流露於笑志、咿唔聲、或張手、舞足等的喜悅動作中。及年齡漸長，愛他的情感逐漸具體化，不但表現於語言動作，而且形成複雜的觀念或理想。

有所愛使心理動力的發洩有一個客體，此客體且轉而成為本身生活的寄託。這種愛他不僅為情感的滿足，而且成為生活的目的——為所愛者而生、或生活的希望——一個美麗的遠景可見於所愛者。所愛的客體可以是某些個人，也可以是其他事物，或者僅是一種抽象的理念。Freud以為所愛者常是異性的親長，在得不到適當的滿足時可能將愛情昇華，把所愛的人變成為文學或藝術，以求從文藝的成就中獲得愛的滿足。文藝的造詣需要愛的情操，但這種情操的形成不必一定由於未從父母處得到滿足的情愛，而是基於愛的本能，加以學習的因素與個人的人格特質，發展而成的另一種趨向。

三、求安全（Security）

「有機體在生存期內常傾向於生命的延續。延續生命需要安全的環境。人類在外在的環境中常趨吉避凶，在內在的意識中更需要依恃精神的保障。祛除心理的緊張狀態是安全感的確立。」

希求安全的傾向基於生物的求生本能。脆弱的植物常生於有所依傍的土坡旁或高大的植物下，藉以遮蔽暴風雨的侵襲；幼小的動物常停留於母體或保護者的附近，以避免本身無法抗拒的傷害；兒童常尾隨父母或其他成人以為個人的保障。這些趨吉避凶的表現足以說明求安全的傾向。人類的生活複雜，生命的威脅有多端，求安全的方式也有多種；同時人類的複雜心理，能夠於實際的威脅以外，在觀念中替自己織造若干形同威脅的情境，因而對於安全的企求遠較其他生物迫切。

生活中足以威脅安全的因素可分為兩大類：一類與期望有關，一類與恐懼有關。這兩類因素破壞心理的平衡，促使人謀求防止或對抗的方策。

期望在實現以前，安全無從證實，往往形成焦慮。人類有多種生物方面的需求，在任一種需要存在時，必然期望能夠滿足這種需要。需要促使自我籌劃滿足的方式，同時因需要的迫切而憂慮所採用的方式容或不能如願完成。不能確定方式即無以保持安全感，缺乏滿足需要的證明使安全感發生動搖。

在生物的需要以外，人類還有若干精神方面的需要：需要愛與被愛、需要進取、需要快樂。幼兒時期需要父母的愛撫以證實自己的安全；兒童期期望為同伴所接受以證實個人的價值；長成後期望有所成就以證實自己在走向成功之路。如果某些跡象顯示這些需要之一有不能滿足的趨勢，心理上必然產生緊張，緊張狀態繼續過久而又不得適當處理將變為焦慮。焦慮是安全的最大威脅。

恐懼對於安全感的威脅在兒童期最為明顯。Freud以為兒童所感到的最大威脅是失去父母之愛，其次是恐懼懲罰。Freud相信兒童對於異性親長隱含一種愛慕之情，幾於希望取同性親長之地位而代之。假如男孩特別愛慕母親，又嫉妒父親在母親心目中所占有的地位，下意識中希望父親消

失，以便自己占有其愛。在此種心理情況中所產生的恐懼有二：一是不能充分獲得母親的愛，一是在父親發現其心向後所給予的懲罰。因恐懼而產生焦慮，憂慮親子關係的破裂因而失去父親的愛，且失去自父親處所得到的保障；又憂慮被懲罰時所受的痛苦以及其後果，在此情形下安全感會受到嚴重的威脅。這種見解頗為其他心理學家所詬病，甚至原與Freud合作的心理學家Adler與Jung也因不能贊同此說而分裂。相信兒童因愛父母之一而與另一人有敵對的心向殊難使人盡信。但若以為兒童因恐懼失去父母的愛以致安全感動搖應不失為心理分析的依據。H. S. Sullivan以為求安全是一種動力，兒童安全感的喪失多半由成人造成，特別與兒童最接近的人如母親、保母等。這些人對兒童的語言、態度很容易明顯地或暗示地對兒童的某些行為予以嘉許，在嘉許之中自然含有愛的鼓勵；又對兒童的另一些行為予以禁制、在禁制之中很難得有愛的表示，於是兒童學習到被嘉許的行為可以獲得愛，而被禁制的行為足致失去愛，因而不得不學習約束自己的行為以求愛的保障。但兒童常常失去自我約束的能力，因而恐懼於愛的喪失。約束自己形同削弱自我的存在性，不約束自己又不能滿足自我對愛的需求。自我的消失與愛的需求之不得滿足都是威脅，都足以破壞安全感而又促使自我為重建安全感而奮鬥。（註6）

除威脅之存在於實體者外，觀念中常有自行製造的杯弓蛇影，以致影響安全感。猜疑、幻想、期望過奢、捕風捉影、先有成見、歪曲事實，所涉及的範圍越廣所感到的安全成分越少，所進入的程度越深所受的威脅就越大，於是對安全的希冀也越迫切。觀念中的威脅無法於實體中見到威脅解除的證明，而在心理能量膠著於一方面時，意識全陷於主觀，無法退一步做客觀的了解或理性的判斷，同時心理能量的失衡狀態又迫使自我採取緊急措施，為求得到鬆弛以緩衝心理的緊張，仍須在觀念之中製造能使自我感到安全的幻象，這類幻象的造成起於空中樓閣的不安全感，所給予自我的安慰亦不能長期矇騙意識，結果在心理上形成一種錯綜複雜的尋求安全的作用，觀念的不安全促使自我覓求安全，幻象的安全仍不足以滿足對安全的需要，仍然要另求安全之路，循環往復，複雜的心理歷程在此情境中只是為了一個求安全的傾向所導致。

四、反抗（Hostility）

　　「有機體的持恆作用傾向於接受正向的助力而抵抗反向的動力。人類的獨立與自由的需要驅使自我與此種需要相反的情境抗衡；又對未曾預期的正向助力加以拒絕，因此助力有破壞獨自主宰環境的威脅，不能立刻融和於自我的方向中。反抗之強者由被動狀態而轉變爲主動，發而爲攻擊的行爲。」

　　人類心理中有一種持恆作用，物理學家謂之惰性，場地心理學家（field theorist）與機能說者謂之爲平衡作用（equilibrium），自我心理學家謂之爲自我一致作用（self-consistency）。此種作用之物理的表現如人在靜止的狀態時趨向於靜止，受到衝激或推動力則產生一種反抗的姿勢與動作。場地心理學家等以爲心理能量常保持平衡狀態，當環境中有所改變而造成心理緊張時，平衡狀況被破壞而有回復至平衡的傾向，於是立即產生與破壞平衡狀態相抗拒的作用。自我學說中以爲自我觀念（self-concepts）必須常相一致，當事實或觀念與自我系統相矛盾時，對自我是一種威脅，而自我觀念既已先入爲主，勢不能接受與其矛盾的事實或觀念以破壞業經形成的自我系統，反抗作用於爲產生。這三種論據說明一共同點，即人在生理或心理上傾向於保持先有的狀態，在對突發的改變了解或適應之前，先產生一種反抗作用。

　　近年心理學家談反抗者多從導致反抗行爲的因素出發，最主要的因素是需要的滿足受到挫折，或者心能的進程受到限制。兒童在對父母愛的需要不能滿足時，將原來對父母的情愛變爲憤恨，將原應有的合作變爲掣肘。家庭或學校的禮貌與規則，使兒童感到在活動上限制重重，以致對本是輕而易舉的動作表現出實行的困難，影響所及，兒童不但對成人所要求的行爲不肯履行以示反抗，並將成人視爲反抗的目標，凡是有關此人的一切，都足以引起兒童的反感。這是由反抗行爲而追溯其起因的發現。自人格發展看來，某些反抗行爲固可從而研究其原因，尚有若干反抗行爲往往不能有充實理由爲根據，尤其反抗的表現不明顯或不具體的時候。

　　反抗作用常因個人獨立與自由的需要受到阻礙而發生。個人希望爲本

身及環境的主宰，整個情境應該聽個人的支配，如果在同一情境中有另一個主宰出現，此另一個主宰破壞了個人的獨立，剝奪了個人的自由。而在其方向與個人原有的相反時，原來未曾發起的反抗作用必然出現，原來輕度的反抗成爲強烈的反抗，因在個人的意識或下意識中若不與此第二個主宰相鑿柄即無以保持個人的獨立與自由。如計畫中將付實施的事遭受反對則非立即執行不可，將其他可能的因素劃出，反抗作用是一個基本因素，此因素普遍地存在於人格之中。

反抗之爲一種人格的基本傾向尙可見於對正向助力的拒絕。當心中有所計畫或企盼時，全部注意集中於所計畫或期望的目標上，在目的達到前，心理能量成爲一種暫時的平衡，此時的平衡狀態繼續準備一相當時期，至達到目的時爲止。倘若有一未曾預期的助力出發，雖然與心理動向方向相同，而且有益於目的之提前實現，但此助力是已有的平衡狀態的干擾，立即導致一種反抗作用。原將匆匆就道的行動因受到催促反而遲遲其行，原已計畫將行的事物或決定因受到助力反而予以放棄。預期之外的助力對心理現狀說是一種突然的改變，反抗常是在適應突變之前所發的立刻的直接反應。

反抗原是一種受到刺激方始發生的直接反應，但若經重複應用則可成爲一種習慣，待其程度加強後，更可由被動而變爲主動，表現於攻擊（aggression or aggressiveness）性的行爲。Freud以爲攻擊是一種本能，相當於死亡本能（death instinct）或摧毀本能（destructive instinct）。是人類內在的、獨立的、及本能的傾向。死亡的本能是一種摧毀自我的動力，當個人受到挫折時可能將自我毀滅，也可能將對自我的憤恨轉移至另一目標，以摧毀他人代替摧毀自我，或者摧毀某些事物、以至摧毀整個世界，於是摧毀的動機變成爲一種攻擊性的行爲。輕度的攻擊行爲如咀嚼、吞嚥食物、敲打物件；較重者如鬥毆、戰爭等。（註7）後者尤其是Freud所重視的攻擊本能的表現。將攻擊視爲人類本能之一，係由於在第一次世界大戰中，Freud曾經因治療戰爭所致的精神病患者而感到戰爭的慘酷，而戰爭乃是人造成的。此種以少數變態爲根據而立論，不免失之偏頗，且以攻擊爲本能，亦難求證其普遍性。人格中有反抗的傾向，可以見諸於沉默的

保持、語言的反駁，以及攻擊的行為，是為保持心理的持衡作用，對環境適當適應前的一種直接反應。

五、自卑（Inferiority）

「當意識的功能發展之後，人在龐大複雜的環境中，相形之下，感到自我的渺小與脆弱。在整個生命歷程中，無人可不借外助而能滿足個人各方面的需要，因而無法祛除自卑之感。逃避、依賴、或掩飾差堪防止或補償自卑的煩惱，然終不能打破生物或生理的先天限制，故不能不時時與自卑感相搏鬥。」

自卑的感覺，Pierre Janet曾指出係由於「不完全」的感覺而產生。所期望的事物不能順利獲得、所決定的目的不能如願達到，使人感到自己能力的薄弱而自卑。（註8）自卑不僅由於一事一物之不完善而生，乃是由於在發展過程以及日常生活中常須求助於外力而引起的心理現象。

自發生的觀點看，在兒童意識到「自我」時，與成人相較，體質弱小、能力微薄，其需求必須仰仗成人方能滿足，對於成人的權威必須服從方能得到所賴於成人的提攜。此種事實使兒童羨慕成人的「偉大」，希望自己能迅速長大成人以便自立自助。然而成長並非朝夕之功，羨慕無補於事實，所以在兒童內心深處，存在著牢不可破的自卑感。及至終於長成，生活中仍有多種暴露個人弱點的機會，在與他人比較之下，個人又難以處處皆占上風，因而自卑感始終存在心中，Adler以為自卑是構成人格的因素，並說「人之所以為人即是因有自卑的感覺。」（註9）

兒童除了在與成人比較時易生自卑感外，即在兒童群中互相比較，也能引起自卑感。例如：同一家庭內較小的兒童與較大的兒童比較，由於較大的兒童體質或能力顯然高強因而獲得某些額外的益處或獎賞，亦足使較小的兒童感到自卑。再與別家兒童相較，任一方面之有無或多少都足使缺乏該方面的兒童感到自卑。如兒童在父母之前固易產生自卑感，但若不幸喪失父母，與父母尚全之兒童比較，又成一種缺陷，因而感到自卑。或者兒童在觀念中認為另一兒童有勝過自己之處，也是使其自卑的原因。

　　自「動力」的觀點看，Adler以爲日常生活中所遭遇的困難、面臨的危險，以及失意、損失憂慮等都足以使個人感到在某些方面力不從心而產生自卑感；同時社會的壓力、各方面的要求，在個人不能適當的應付時即易於產生對自己的不滿。此外，個人常希望能有某些成就或收益以期得到較大的滿足，但在一個期望實現之後，另一個期望又繼之而起，在期望實現以前，不滿足的自卑必然存在，期望永無休止，自卑感也永難消除。所以Adler說「人在達到目的以前，永遠在一種精神狀態中而感到不能安定。只有在以爲自己已經完成一項上進的奮鬥後，方有一種輕鬆的感覺，承認個人的重要性，因而覺得快樂。」（註10）

　　因自卑過重而形成人格的特質者如焦慮、憂傷、羞怯、畏縮等，見諸於行動之中的如依賴、優柔寡斷、悲觀、推諉責任，甚至逃避現實。由這些表現可以推測這種人格在意識中曾經覺察到自我的弱點，承認了自己的弱點，忍受著感覺上的不愉快，卻又無法彌補。所能採取的方法是避免使自己陷入於尷尬的情境中，絕不插手於複雜的事物，免致弱點暴露而使自己難堪。或者故作對某些事物缺乏興趣，不屑過問；或者處處待人而行，倘有不是，自己無須負責。表面看來似屬性格馴良，而內在的動機乃是爲保持個人的顏面。

　　因自卑感過重而形成的另一種人格特質爲「夜郎自大」或過分的權力欲。前者常流露出一種吹毛求疵的態度，凡事苛求無度，幾於無一事一物合乎其個人的標準；其標準雖高不可及，卻又不能具體地說明其標準，其言行上所表示的多是對事物消極的指摘而少積極的建議。過分的權力欲促使個人企圖集權力於一身，使人懾於其淫威，則自我感到一種統治的滿足。所表現於常人動作中的如性情暴躁的莽夫，一言不合則奮以去拳，或者拔刀相向；在家庭中是一個不可理喻的暴君，其所求雖不合理，但若不從命，則見雷霆爆發，使家庭間不得安寧；在政治上野心勃勃的政治家，鎮日爲擴張權勢而忙碌；在軍事上爲窮兵黷武的軍閥，以征服而顯示個人的威力。夜郎自大的苛責他人是爲了遮飾自我的弱點，在尋出別人的缺點後，可以減輕對於個人弱點所負的自卑感；擴張權力以征服他人是爲了掩護自我的弱點，反守爲攻，使別人忙於自衛而無暇發現其弱點，以保持表

面上的尊嚴。

　　如Adler所說，自卑是一個普遍的人格傾向，這種傾向在正常狀態中是有益無害的，因爲自卑而不滿，因不滿而要求改善，個人的進取與成就基於此，人類文化的進步亦基於此。

六、自衛（Self-defense）

　　「有機體在現實環境中躲避危險情境或抗拒威脅性的客體以保衛自身。人類的自衛本能不但使個人與實際存在的危險搏鬥，且與觀念中顯有傷害自我的因素相抗衡。自『自我觀念』形成後，觀念的自我與實體的自我一般，需要時時提高警覺，反擊隨時發現的危險因素。觀念中的危機不盡存在於實體中，自衛的方式常缺乏理性的推論。」

　　生物爲求生存而有企圖自衛的本能，如在實際情境中，當發現有危害本身的目標時，受求生本能的驅使，必然採取一種自衛的行動。逃避、抵抗、或攻擊爲常見的自衛動作。在人格中自衛的本能發展爲一種人格素質，無論對外在的危機或內在的威脅，皆足引起一種直接的自衛企圖，或表現於實際行動中，或者只是抽象的意識作用，而且個人未必覺察或考慮自衛方式之是否適當。

　　自衛傾向發自於「自我觀念作用」（self-conception）者始於「自我觀念」（self-concept）形成之後，觀念的自我與實體的自我合而爲一，同樣需要保護。據Piaget研究的結果，在幼兒的觀念中，「自我」猶如別人般爲一客體，此時的自我客體（self as object）尙未與自我主體（self as subject）合一，是由於受父母或周圍成人的影響，常聽到人云「××如何如何」遂亦仿照此種口吻，在有所需求時不說「『我』要……」而說「『××』要」。至觀念的自我與實體的自我合一後，自我由客體變成主體，始自稱「我」而不自呼其名。又進而能將自我分析爲主體與客體，對於自己觀察猶如觀察他人一般，於是能夠敍述自我爲何如人。（註11）這種自我觀念雖存在於兒童個人意識之中，社會心理學家則以爲是社會的產物——非先在於自我之內而是由於人間的交互作用形成的。個人根據

他人的批評與判斷來批評自己、判斷自己，且更據以校正自己、改進自己。（註12）兒童所受他人的影響最早來自父母，尤以母親的影響最大。所以聽到母親稱其為「乖孩子」或「壞孩子」，而形成「好的我」（good me）或「壞的我」（bad me）。自衛的傾向促使兒童承認「好的我」的觀念而否認「壞的我」的存在，最直接的方式是拒絕「壞的我」屬於自己，於是有「不是我」（not me）之觀念的產生。（註13）

自我觀念隨年齡與經驗的增加而包括對自己各方面的看法：自己的能力、自己的個性、自己的願望、自己的成就，都是自我觀念的成分。這些成分也包括於他人對自己的評價中。但他人的評價不盡能與個人的看法符合，無論他人的評價是否正確無誤，自衛作用促使自我接受好的批評，而對與自己期望不符的批判予以否認或辯護。拒絕他人對己不利的批判，以免他人的意見進入自我觀念中而降低自我的價值，亦即保衛自我使之不致受到損害。

除保衛自我在觀念中的現有價值之外，更須保持自我在觀念中居於優越地位。G. Murphy指出個人的自我觀念常受到兩種威脅：一種來自他人的貶抑，一種出於本身的評估。他人的貶抑由於社會生活的競爭，每個人都期望自己能出人頭地，指摘他人的缺點以顯示自己的優越，形成「苛求諸人」而「薄求諸己」的傾向，對人與對己有別使被苛求者的自我受到傷害。出於本身的評估者由於個人所覺察到的自我與所期望的自我不符，對自我期望降低以求與所知的自我相合是一種難堪的傷害，所以Murphy歸結說自衛作用一方面為爭取個人觀念上的優越感以維持顏面，一方面在阻止本身自行貶價。（註14）

若將Murphy的觀點延伸之，在社會競爭中嚴求諸人不但足以貶抑他人，實則更可藉之以提高自己。所謂優越或低劣，乃是比較的價值。在實際中有低，方足以顯高，在心理上抑低他人可無形中提高自己，以減低對自己的不滿。即使事實上他人已無懈可擊、而個人已形藏畢露時，也要牽強附會出某些具有與自己缺點相同之人，以見自己並非唯一的不見諒者；反證過來，如果與自己類似的人尚有可原之處，自己也應該援其「可恕」之例而被諒解。這一類自衛方式的動機往往不在應用者之意識範疇之內，

且應用者亦不自覺個人之歪曲事實或隱沒理性。

自衛既從本能出發，常屬一種衝動的力量，往往不假思索、冒然發諸於外。又因意識被唯一的目的——保衛自我——所蒙蔽，知覺陷於一偏，不容用理性作客觀周詳的審判，因而防衛的方式常是無意識的、與事實相違的動作。所以A. Freud為防衛機械（defence-mechanisms）下定義時，確定其一方面為非意識的動作，一方面為否認並歪曲實體的動作。（註15）是使用防衛機械者不但不自覺為歪曲事實，且堅持事實即如其所想像者，因不如此則無以解除心理上所受的威脅而保持感覺上的安全。

七、自我滿足（Self-satisfaction）

「有機體自我滿足的行為起於對本身需要的感覺。人除生物方面的基本需要必須滿足外，社會的、心理的需要問題亦同樣為發展健全人格所應解決者。人格發展的心理歷程由簡單而至複雜，自我滿足的方式也含具體而兼含抽象。」

自我滿足的傾向始於個人的需要，最原始的基本需要屬於生物方面，當生命開始時即已存在。經過生長的歷程，由學習與發展而獲得的社會方面的、與精神方面的需要隨年齡的增加而發展，同時混合生物方面的需要而將之複雜化。在人格發展中，由於某一種需要格外強烈，而形成一種顯著的人格特質，無論需要屬於生物的、社會的、或心理的，必須達到一歷程的終點而得到滿足，以消滅因需要而生的心理壓力。

生物方面的需要自嬰兒降生後即明顯地為成人所注意到。此時的需要是機體的（organic），表示需要的方式也簡單。嬰兒飢餓時的啼哭是由於生物的需要所引起的最原始的動作，飢餓得到滿足、由之而生的啼哭也隨而停止。此後在經驗中將需要與滿足的感覺連接在一起，並把供給滿足的客體——母親或保母、以及客體的動作或表現連入於感覺中而有了社會的意識。

隨年齡的增加，兒童的社會意識逐漸擴展。在家人、同伴、或其他有關人物的交互作用中，形成自我觀念。於是在生物的需要以外，增加了多

種社會的需要，這類需要多半屬於人間關係（interpersonal relations）：要求父母的愛、要求同伴的合作與友誼，並要求知之者對自己的重視。為滿足這一類的需要，個人必須遵循社會的約束：包括服從父母、和善待人，以至取悅於人。如果個人的觀念與習慣與社會約束不相牴觸，需要自可毫無阻礙地得到滿足。但是有時個人的期望與社會限制不盡符合，從需要到滿足不是一帆風順的歷程，所擬定的滿足方式失去效果，不得不改變滿足的方式以應需要的壓力，於是造成所謂之變態行為，離開實體，從幻想中去獲得滿足。例如：父母所表示的愛遠較自己所期望的為少，便幻想一個比父母更愛自己的人，而且這個人具有比父母更多的優點。或者幻想自己是一個蓋世英雄，為同伴們擁戴為王，為一般人所尊敬。這是用一種晝夢（day dream）的方式，來滿足實際上未曾滿足的社會需要。

Sullivan以人間關係立論將人格的發展分為六期，用以說明自我滿足的重要。第一期為嬰兒期，所需要滿足者是生物的與情緒的（愛）需要，最有影響的人物是母親或保母。第二期為兒童期，情緒方面的需要逐漸強烈化，而其滿足則因觀念的歪曲事實，以為自己存在於敵人群中而受到挫折。第三期為少年期，需要於人間關係方面的滿足更為明顯，尤其偏重於個人聲譽之提高的需要。第四期為青年前期，對同性伴侶的需要加強，但注重平等、互惠等條件，如果不能得到適當的夥伴，將造成一種嚴重的寂寞感。第五期為青年初期，開始注意異性同伴，但仍停留於同性夥伴中，需要適當的指導以滿足其情愛及安全的需要。第六期為青年後期，人間關係達到成熟的階段，興趣集中於聲望、責任等社會方面的滿足上。及至進入成年期，則由一動物性的有機體完全邁入於人性階段。在整個過程中，靠遺傳與成熟，時時在企圖消滅由需要而引起的心理緊張狀態，以獲得滿足而保持心理的平衡。（註16）

社會方面的需要與精神方面的需要同與心理因素有密切關係，但前者有關於他人與個人間之交互作用者多，而後者則多與個人心理狀態有關。他人的各方面固可在觀念中予以曲解，但仍有實際的客體可供追尋真相之所在。至於個人與其本身的關係，全屬內在的觀念問題，即「知覺的自我」（the perceived self）與「理想的自我」（the ideal self）間的關係。

某些心理學家將「自我」分析爲兩個：一個是主體的自我（subjective self, or self as subject），一個是客體的自我（objective self, or self as object）（註17），自我同時爲一主體兼客體。主體可以觀察並評估客體，所得的結果即是「知覺的自我」，同時主體根據其理想與願望而有一所期望的自我，即「理想的自我」，「理想的自我」與「知覺的自我」往往不相符合，當「理想的自我」遠超過「知覺的自我」時，個人顯然對本身有若干不滿，亦即對本身的需要有待於滿足。正常的方式或者降低對自我的理想以求與知覺的自我符合，或者改進現知的自我以求達到理想的境地。變態的方式則是否認知覺的自我，特別否認知覺中的缺點，或者逕以理想的自我爲實際的自我，將知覺壓抑至下意識中，以免因對自我不滿而苦惱，且可由理想的自我中得到心理上的滿足。

八、自衒（Self-enhancement）

「人格所代表者爲一特殊的個人。在個人觀念中，自我爲最重要的部分，由自我愛悅而以自我爲中心，由自私自利而至自我實現，胥基於『不能忘我』的內在因素，藉自我表現而證實自我存在的重要性。」

在人格心理學中，以「自我」（self）爲出發點而研究人格之動力者，或基於「自我愛悅」（self-love）的觀點，或重視「自我中心」（self-centered）的作用，或強調「自利」（self-interest）的發展，或以「自我實現」（self-actualization）爲基礎，各有依歸。若欲說明自我爲形成特殊個人之出發點，莫若用「自衒」可以兼容并包，且足以說明其普遍性。

「自衒」在本文的涵義應先予解釋，以便做進一步的闡述。「自衒是自我觀念中因『不能忘我』的作用而形成的自我與環境的不可分性，爲強調個人的存在，有意或無意的衒示個人的重要的一種傾向。」根據這個定義，自我在觀念中是一個中心，任何內在或外在的刺激，必須經此中心而發出反應，因而自我不能被屏諸意識範疇之外，且不容與環境分離，而當有「其他的自我」涉及意識領域時，「個人的自我」必須保持其應有的地位，而且不能被置於「其他的自我」以下，於是積自我愛悅、自利等內在

因素而表現於自我實現中，要不出於自私的領域。

「自我愛悅」在Freud的學說中稱之為narcissism，是一種至死不移的「孤芳自賞」的心理作用。在此種心理狀態中，自我是一個可愛的客體。其後心理學家以為自我愛悅在嬰兒期已經開始：嬰兒自父母或保護者的語言與動作中產生愛悅此一客體（自我）的意識；至自我觀念形成後，自我為客體而兼主體，不僅接受他人所賦予的愛悅，且具體地接受由自我主體而發的愛悅。倘若其他愛的來源不能滿足需要，則由自我主體而發的愛以補充之，此時的自我愛悅已超出常態的範圍。不但包括對於本身的愛悅，且將對於他人的愛亦轉而施諸己身。

自我中心在此處所指者為對於個人的期望、需要、及利益的特別注意，可以與自利合併申述。自利為對於個人的優勢的關心（應不僅限於經濟方面）。自一般情形看來，個人關心於期望的實現、需要的滿足、利益的獲得、及優勢的占取乃是普遍的現象。無可否認的，個人所感覺於本身的需要應較他人為迫切，能夠忘卻自己、無視於本身的感覺者唯超人或者可以做到，而超人並不存在於人群之中。為需要所驅使，個人求解決有關自我的問題應是人生的基本出發點。如果個人不忽視社會因素的重要性，必將於關心自我的問題之外，尚能推己及人，於是得到社會的讚許與同情；倘若個人將全部注意完全置諸於自我方面，將社會的需要排除於意識範疇之外，將亦為社會唾棄，而後個人再自食其果，另求自衙的方式。

「自我實現」為Goldstein應用動機實現的歷程以解釋其「機體說」的人格論點。此學說的要點自動機出發，機體的需要是一種動機，促使機體設法滿足其需要，因而行為受動機驅使。要達到一項目的，需要起自本身，需要的滿足即是自我的實現。為滿足本身的需要，自我必須克服環境中的困難，進而為環境的主宰。機體是適應環境而非受制於環境，是克服環境中的困難而非與環境有所矛盾，本身與環境間能夠保持平衡的勢態，使自我的需要得以滿足，而內在的緊張狀態得以消除以回復平衡。（註18）Maslow根據此說實驗若干大學生，將合乎此說之基本原則的大多數受試者定名為「自我實現者」（self-actualized people），並申述此等人能夠正視個人與環境的關係，個人的需要得以滿足，個人的存在與環境不相

衝突，終結說這般人的心理狀態是正常的。（註19）

　　自我愛悅、自我中心或自利、與自我實現皆不能超出於自我之外，且必以自我爲前提，所以事物之涉及自我者其重要性因而增加，而與自我無關者往往被漠視。又在其他的自我前，個人自我的存在被加強，且被置諸於其他的自我之上。如因個人屬於某一社會團體，於是此一團體被視爲極有意義的組織，而其他與個人無關的團體則無足輕重；個人所患的疾病之痛苦程度超出其他同樣病人的痛苦之上；個人所有的成就是一種堅苦卓絕的不世之功，爲日常恆見的言語表示。又如在聽取他人的敘述時必隨而提及有關個人的敘述，在聽取他人的意見時必加入個人的意見，如果無法列舉個人的直接敘述或意見，亦必引證與自己有關或爲自己所知的敘述或意見，以見不甘落後，且自己所引之敘述或意見必勝於他人者，是皆由於不能忘卻自我的存在，且存在的重要性不容被忽視的動機所引起。

九、依賴（Dependency）

　　個人在現實世界中猶如滄海之一粟，生物方面需要的滿足有賴於對環境的適應與控制的能力；個人在社會中原爲單一分子，社會方面的需要有賴於與其他分子之間建立相屬的關係。個人不能離物而生活，亦不能絕世而獨立，特別在心理上必須有所憑依，以明非獨自折衝於自然的威脅或社會的壓制中。

　　人類所生存的世界頗爲廣闊，而人類的幼稚期又相當長。在達到成熟的階段前，需要成人的照護與教養。幼兒的依賴傾向極爲明顯，若無成人的關注，則難以延續生命。在生物或生理方面的需要能夠獨自滿足後，心理方面的依賴傾向仍然存在，且對人格發展的影響更重於基於生物或生理的需要而起的依賴心。

　　基於生物或生理的需要而起的依賴作用，爲形成心理上依賴作用的初步。幼兒必須仰仗成人以獲得食物、遮蔽、以及感覺方面的滿足。待年齡增加、意識逐漸發展，覺察到本身的微弱，與成人相形之下，後者顯然是強大而又具有權威的目標，只有在成人的卵翼下個人的安全方有保障。於

是成人形同供應需要的來源，求諸於成人遠較求諸於自己簡而易行。飢餓時無需自動覓食，向成人要求即可如願；寒冷時無需自行製衣，向成人索取即可得到；危險來臨時自己無以應當，成人乃是現成的保護者。積久之後，出自基本需要的反應方式在行為上形成習慣，在心理上變成簡單的歷程，當自己有所求而不願或不能自行達到目的時，必須有所依賴；即自己能夠而又肯於獨自完成時，若知道有一個強有力者為後盾，心理上將感到有恃無恐，對於自行完成是一種有力的鼓勵。

基於社會的需要而起的依賴作用不但與心理上的依賴作用有密切的關係，且常與生理的或生物的需要有關。成人可以獨自滿足飢食寒衣的需要，但尚需要其他的人以滿足工作、性慾、與求知的需要，同時更需要一個團體，使自己成為其中之一分子而有所關聯（relatedness）。Fromm以為無所關聯乃難以忍受的事，而關聯的方式可有多種：寄於愛或恨、競爭或合作；建立平等或權威、自由或壓迫的社會系統等。無論如何，必須關聯於某些形式，而此特殊的關聯足以表明人格物質。（註20）

Fromm所謂之關聯，猶如心理學家所謂之「隸屬感」（feeling of belonging）。隸屬感寄於個人時，常對此人有極深的愛慕，此人成為自己生活的一部或全部。如果個人覺察此人的反應有與自己的期望不合時，亦可轉愛成恨，不過此人仍是其生活的部分；個人也可以用所屬者為目標，與之競爭以引起其對個人的注意，也可與之合作以增進其對個人的好感；又或將所屬者置於與自己同等的地位，容許其以自由的方式與個人從事互惠的表現；再或將所屬者置於自己的權威之下，限制其與自己分離的機會以達到自己有所隸屬的目的。至隸屬感寄於團體時，則將團體視為自己的代表，以團體的成就為個人的成就、團體的榮譽為個人的榮譽，總不外乎求得心理上的寄託，滿足依賴的需要。

心理的依賴作用是一種人格特質，與個人能力之高低無關。人格的內在因素中有一種自我表現的需要，這種需要必須藉社會中其他的人為媒介方能滿足，即是尚需要一些能夠接受並反應個人之表現的他人。所以個人發表意見時需要一些聽眾，這些聽眾不但聽取其意見，更要對其意見有所反應，反應屬於贊同己見者固可增加個人對自我的信心，反應屬於批駁己

見者其異議雖爲對自我觀念的挫折，由其反駁而證明曾對自己的意見加以注意，得到別人的注意亦足證明不是「衣錦夜行」，漫無知者。

　　心理上的依賴作用得不到適當的疏導時，使個人感到彷徨無依，而產生一種心理上的「孤寂之感」（loneliness）。孤寂之感不僅存在於單獨居處時，而且存在於身在稠人廣衆中。單獨居處只是形式上的孤寂，如果心理上有所憑依，不一定產生孤寂感。只有在心理上無可依賴時，既使身在賓客喧嗔、摩肩擦背的人群之中，仍然會感到空無所依，宗教家稱此情境爲空虛（emptiness），是一種心靈的空虛，是精神上嚴重的威脅。

　　依賴傾向可以削弱個人自行奮發的意志，也可以增加個人力爭上游的動力。在依賴的需要皆能順利滿足時，往往坐享其成，無需個人特別努力於所求的事物。若依賴的傾向受到挫折，必須改變依賴的方式、或轉移依賴的目標。當依賴的目標爲抽象的理想時，可能產生莫大的成就而近似昇華作用（sublimation），此時所關聯或隸屬者不復爲實際事物，而是存在於心理中的觀念。

十、進取（Striving for Superiority）

　　「生命的持續基於需要之得到滿足；生命的進展由於期望之繼續發生。心理動力促使人力爭上游，以求止於至善。動力經疏導作用而表現於成就與進步中。」

　　「進取」明確地被列入於人格因素中首推Adler，以爲進取的傾向是一種具有優勢的心理動力。此類傾向與生理的成長並行，爲生命本身內在的「必然」。此種傾向存在於生命中解決問題的植根處，而表現於解決問題的方式中。人類的一切功能皆依照此種傾向的指引：求進步、望安全、圖征服。企求的方向容或錯誤，希望增益則永無止境，而奮發向上的願望亦不會停止。於是Adler進一步指出前此之哲學家或心理學家所謂之自保本能（instinct of self-preservation）、快樂原則（pleasure principle）、以及平均作用（equalization）都不能明確地說明此種力爭上游的動力。

　　Adler以爲進取的傾向不但是一種普遍性的心理動力，而且是一種持

久的原素。由於一種內心的願望，而造成成就、升遷、與征服的事實，這些事實給人以強壯、優越、與完美的感覺。個人可能不自知為此種力量所驅使，而汲汲於奮發、競爭及權威的擴張。努力的方向是確定的，切近的目標是力爭上游，最後的目的是止於至善。其普遍與持久性在人生過程中自兒童期起以至生命的終結，在歷史過程中自人類有史時期迄今，無人不具有此種內在的動力，亦無人能逃躲此種動力的驅遣。（註21）

進取傾向在心理歷程中是一種「進一步」的需求。是與目前情境比較下所期望的更好情境；是與現在所有的事物比較下更多的事物；或者是在一個目標實現後，再進一步的目標。目標存在於意識中，實現目標的企圖成為生命的一部或全部。在實際生活中，需求不盡能立即滿足、目標不盡能順利實現，倘若沒有進取的動力，可能因受到阻礙而放棄所求，事實上人類所表現的不屈不撓、再接再厲的精神說明了進取傾向的堅執性，放棄「進一步」的要求等於對生活失去興趣，而厭倦人生不屬於正常的心理現象。正常的人格，在一種需求不得滿足時，可以退而求其次，以退為進仍然是向上的傾向；或者一個目標不能實現、轉而再求其他，改途他適不是屈服環境，而是適應環境、在適應之中求為環境的主宰，是一種終極的適應，一種再進一步的願望的結果。

進取的願望促使個人對於本身要求精益求精，在團體中企圖出人頭地，在物質環境中企圖控制自然、在人類世界中企圖為全人類的領袖。在個人的需要方面，飽暖之後，期望錦衣玉食；在個人的工作方面，一事完成之後，又計畫另一工作；在人間關係方面，希望由相識而成為朋友。在團體中，個人要有超越他人的成就，高於他人的見解，多於他人的知識與經驗。在物質環境中希望增加運動的速度以戰勝時間，擴大運動的範圍以征服空間，增加感覺與知覺的領域以揭開自然之謎。在人類世界中企圖以個人的成就而爭取尊敬，擴張權力以懾服人心。凡此種種，無非為求進展而得到優越的滿足。

進取傾向純由實際事物出發，而終結於實際事物者只可表現進步的象徵，而無以達到完美的境地。只有將實際事物與理想揉合並加以智慧與理性的指導，方能接近於完美。事實上人類受先天生物的限制，不能打破

某些生理的樊籠；又受後天社會組織的約束，難以絕世而獨立。於是在進取的願望中，加入抽象的理想部分，能夠將抽象的理想用文字或符號表達的，是文學家或藝術家。他們作品之受到讚美，是因為作品之中包括一部分超越經驗的材料，這一部分彌補了自然的限制、社會的約束，與實際的缺陷；通常文學家或藝術家被視為有創造的才能，其實與其稱之為創造的才能，無寧謂之有進取的傾向，把進取的動力予以適當的疏導，有效的表現出來，遂造成不朽的作品。

進取的傾向普遍的存在於人格之中，如文學家或藝術家能有效的表現於文藝作品者，顯然地易於為人所覺察，至於一些未經疏導的進取傾向，沒有任何形式上的表現，無法為他人發現，甚至不被個人意識所覺察。此時的進取傾向，既少智慧與理性的揉合，更未具體地存在於知覺範疇，傾向的本身猶如一塊璞玉，隱藏於混混噩噩的頑石中，具有傾向的個體，則如一具有生機的機械，其功能只表現於基本的需要與滿足的機械形式中，往往被誤認為缺乏進取的傾向。實則此種個體的進取傾向只是未經具體的表現及將進取織造於觀念中，與幻想代替事實的進步或成就者，有異曲同工的跡象。

結　語

人格是兼有生理的、社會的、與心理的複雜系統。每一人格皆為一特殊的個體，即各有其獨特的表現，欲求了解之，必重視其特具之點。然人格皆具有此共同的三方面，不難於根本上推求其普遍的素質，簡括之為避苦、愛與被愛、求安全、反抗、自卑、自衛、自我滿足、自衒、依賴、與進取。由於稟賦與發展的差別，任一素質可能存在於一個體者特別明顯，使其他的素質相對的顯示微弱，但微弱或隱含不等於消失，故可推斷各素質皆普遍的為人格的成分。

註釋

註1：Freud, S. Beyond the pleasure principle, Ch. 1, Hogarth Press, 1955.

註2：Freud, S. Inhibitions, symptoms and anxiety, Hogarth Press, 1936.

註3：Lewin, K. A dynamic theory of personality, McGraw, N. Y., 1935.

註4：Harlow, H. F. The nature of love, The Amer, Psychol, 1958, 13, 673-685.

註5：Sullivan, H. S. The interpersonal theory of psychiatry, Norton, N. Y., 1953.

註6：同前。

註7：Freud, S. An outline of psychoanalysis, Norton, N. Y., 1949.

註8：Janet, P. Principles of psychotherapy, Tr. by Guthrie, E. Macmillan, N. Y., 1924.

註9：Adler, A. Individual psychology, in Ansbacher's, Basic Books, Inc., 1959.

註10：Adler, A. Individual psychology, in Ansbacher's, Basic Books, Inc., 1959, p.125.

註11：Piaget, J. The moral judgment of the child, Ch. 1, Tr. by Gabain, M. Collier Books, N. Y., 1962.

註12：Mead, G. H. Mind, self, and society, Univ. of Cgucag Press, 1934.

註13：見註5。

註14：Murphy, G. Personality, Ch. 22, Harper & Brothers, N. Y., 1947.

註15：Freud, A. The ego and the mechanisms of defence, Internet. Univ. Press, N. Y., 1946.

註16：見註5。

註17：Chien, I. The awareness of self and the structure of the ego, Psychol. Rev. 1944, 51, 304-314.

註18：Goldstein, K. Human nature in the light of psychopathology, Harvard Univ. Press, 1940.

註19：Maslow, A. & Mittelmann, B. Principles of abnormal psychology, Ch. 1. Harper & Brothers, N. Y., 1951.

註20：Fromm, E. Man for himself, Ch. 3, Rinehart & Co. Inc., N. Y., 1959.

註21：Adler, A. Individual psychology, in Ansbacher's, Basic Books, Inc., 1959, p.105.

其他參考資料

Allport, G. Personality, Henry, Holt & Co. N. Y., 1937.

Bertocci, P. A. The psychological self, the ego and personality, Psychol. Rev., 1945, 52, 91-99.

Friedman, I. Phenomenal, ideal, and projected conceptions of self, J. Abn. Soc. Psychol., 1955, 51, 611-615.

Fromm, E. Escape from freedom, Rinehart & Co. Inc., N. Y., 1941.

Hilgard, E. R. Human nature and the concept of the self, Amer, Psychol., 1949, 4, 314-428.

Hill, L. B. The use of hostility as defense, Psychoanal. Quarterly, 1938, 7, 254-264.

Jung, C. K. Psychological types, Harcourt Brace & Co. 1923.

McDougall, W. An introduction to social psychology, Paperbacks, N. Y., 1960.

Murphy, G. Human potentialities, Basic Books, Inc., N. Y., 1758.

Murray, H. A. Explorations in personality, Science Editions, Inc., N. Y., 1938.

Rinsley, D. B. A contribution to the theory of ego and self, Psychiat. uart, 1962, 36, 96-120.

Rogers, C. Client-centered therapy, Houghton Mifflin C. Boston, 1951.

Sullivan, H. S. Conception of modern psychiatry, Psychiatric Found, 1947.

本篇文章取自：賈馥茗（1965）。人格的基本素質。**師大學報**，**10**，115-133。

第二章

人性教育與和平

緒　論

　　人類常自以為是萬物之靈而自豪。事實上，存在於地球上的生物中，人的確是最傑出的一類，因為人應用自己的智慧，曾創造下輝煌的文化紀錄，發展出若干優越的生活條件，人類之所以能夠成為萬物之靈的特質，哲學中不乏論述。本文所將討論的，是有關人性問題，特別是其中最基本的一項，而且以積極的態度處理，集中於可以藉教育的效果，而發揮的一種人情，即是「愛」。

　　愛是一般高等動物共同具有的情感，不過動物的愛，有其極限，而且無法與人類的愛相比。因為人類的愛，有更高、更廣的發展可能性，而且可利用教育的力量，發展到極致。支持這個假定的理由是人類的幼稚期較長，使教育可以發揮其功效；而人類又能夠發現較為有效的教育方法，以提高教育的效能；於是依照人類可以發展的潛能，應用最有效的方法，趁著時機的便利，不難實現預期的效果——發展人性，以達到最高的人生目的。

　　在古代哲學家中，有許多以為愛是宇宙生成的力量。恩培德克利茲（Empedocles）相信宇宙的生成，是由於愛的力量將水、火、土、氣四種原素（elements）結合在一起，又從而生出萬物；而宇宙的毀滅，則是由於爭的力量使結合的原素分離，要再經愛的結合，方又形成宇宙及萬物。儒家以愛為人格最基本的條件，以愛人及物為行為的最高表現；將愛昇華而達到無私的境界，便成為仁。

　　儒家以仁為最高的人格標準，孔子也曾自謙其不能達到，若把這個標準期望於每一常人，自然也難責成效。仁和愛有相通之處，所以仁愛常常連用，而愛又比較切近，且具於性情之中，因而從近而易者入手，以發展人性的愛為教育的任務，似乎容易實行，且能在實際中考察效果。儒家的中心教育思想，以仁為職志，雖然流傳了數千年，因為理想過高，無法判定成效，以致在科學思想傳入之後，受切近目標的吸引，才產生放棄儒家傳統的現代主張。

　　以愛爲可以發展的基本人性，可以從心理方面去推求，這種切近人生的推斷，比以純哲學的觀點來說，更易證諸於經驗，愛是人生所必需，有兩項無可否認的實證。幼兒出生，需要成人的愛護；在成長的過程中，仍然要確知被愛，才能維持所必有的安全感，而在被愛之外，更要有所愛，才見出生活的充實；在精神感受方面，才見出其豐富和意義。

　　愛的眞諦是愛人及物，即使其中包括著有似乎自私的愛己部分，但這只是一個起點，而且方向不是直指自己，乃是向外推延，由愛己而愛人，由愛人而愛物，從推己及人，到愛擴張至極致，其間人與人、人與物、大而至於人與自然和宇宙，以愛爲關聯，所以形成一個和諧的整體。從個人方面說，孕育在愛的氛圍中，成爲理想的幸福生活；從社會整體來說，在愛的連接之下，是和平雍穆的大團體，也就是人生社會終極目的的實現，是爲大同世界。

　　本文是將一個教育哲學的問題，用科學方法處理，把一組理論的結構（theoretical constructs），和從可觀察的資料（observed data）中的實際結構（practical constructs）相聯，假定其間的關係（presumed relationships），以期發展爲理論，但第一步任務，是理論的形成，實驗的證明，將不包括在內。

　　本文論點，主要的有三部：第一部爲基本人性——愛的探討，從宇宙和人生的形成及人的需要著眼，爲哲學兼心理的論述；第二部爲人性的發展——教育，重在發展的方法和實踐的論斷，屬於教育心理部門；第三部爲終極目的推求，將拋開形上學範圍，從倫理社會著眼；所得結論，可供教育實施的參考。

一、愛是基本的人性

「萬物因愛而合爲一，因恨而分爲多。」（恩培德克利茲）
「仁者愛之理，愛者仁之用。」（《易繫辭上》釋）

哲學家言人性，以愛爲情感的一種，西方哲學家不乏這種觀點，雖然

各家所列舉的基本情緒數目不等，如笛卡爾舉出六種情緒：愛、恨、慾、樂、悲、驚；斯賓諾沙認爲只有三種，即樂、悲、慾，但樂中包括愛；霍布斯更分爲愛、惡、慾、願、樂、恨、悲；《禮記》以喜、怒、哀、懼、愛、惡、欲等七種人情，是不學而能的。西方哲學家所謂之基本，《禮記》所謂之不學而能，意指具備於人性之中，是先在的潛能；將這些定名爲情而不說是性，是由於任一種情緒出現時，必然伴隨著某些明顯的感覺。所以《禮記》稱之爲人情，哲學或心理學稱之爲情感、感情、或情緒（emotions）；廣義的說，可以包括於人性之中，這也是性情常常連用，以代表人格說明的一個原因。

從哲學的觀點來看，愛不僅是具於人性中的一種情感，而且是存在於宇宙間的一種生動的力量，表現出的實際現象，基於愛，可使人與人間的距離縮短，更可使宇宙萬物結合爲一體。

(一) 愛爲生的力量

當希臘哲學觀點集中於宇宙原始問題的時候，哲學家一再探討宇宙生成的問題。紀元前五世紀時，恩培德克利茲提出多元的論點，以爲宇宙是由水、火、土、氣四種原素所合成；宇宙生滅的現象，是由兩種力量所造成，這兩種力量是「愛」與「爭」（strife）。愛形同吸力，爭猶如拒力；吸力使萬物結合，拒力使萬物分離；由於這兩種力量的消長，形成宇宙萬物的合與分；而且分、合兩者，循環往復，成爲永無休止的週期。在恩培德克利茲的眼中，宇宙有變化、有運動，變化和運動的力量便是愛和爭。

自恩培德克利茲看來，愛與爭兩種力量互爲消長。當一種力量占優勢時，另一種力量便相對的減弱，於是占優勢的力量使宇宙萬物成爲明顯的合或分的時期。不過在力量消長之中，存在著近似物極必反的趨勢。所以當占優勢的力量發展到最高度，另一種削弱的力量便開始增長，使原來占優勢的力量相對的逐漸減弱，最後倒轉占優勢的一種，而改變了宇宙的分合。在恩氏的詠自然（On nature）一詩中，有如下述的描寫，說明四個明顯的歷史時期的循環狀況：

在第一個時期內，愛占有了宇宙而將爭排出於其領域之外，此時各原

素互相混合，呈現莫可分辨的混沌時期。

在第二期內，爭的力量開始擴張，將混合的原素分開，但是愛的力量仍然殘留且活動於其中，於是生出各種聯合，包括畸形怪狀的東西（如有頭而無頸、獸首而人身的等）。

第三期爭占有優勢，將四種原素清楚的劃分，除了水、火、土、氣之外，更無他物，此時愛被排出於領域之外。

第四期愛的力量又開始侵入，使原已分開的原素再行結合於各種形式中。

這四個時期依序循環，第一和第三期相似，是分的時期；第二和第四期相似，是合的時期。雖然恩氏似乎顯露出後一期較前一期進步的跡象，但並未明確的指出，而且主要的區別在於愛存則合、爭存則分上。

從萬物的合分，恩培德克利茲並論述「一」和「多」的問題。

我將說一個兩面相合的故事。在一個時期內「多」中只生出一；在另一時期，「一」又分為「多」，於是「多」代替了「一」。毀滅的和消失的事物是雙重的。一事物在聚時使世界存有，繼而又予以毀滅；另一事物從而產生，且散布於分散的事物之外，此等事物交相更迭，一時由愛而合為「一」，另一時由爭而分為「多」。於是由於多生一，一又生多的本性，皆為存有而不居；由於兩者始終變動不居，故能永遠存在循環而不能剔除。

……火、水、土與氣的熱力，因爭而分散，分散的力量個個相等，愛得以居其中，長寬亦相等。……愛在死亡中植入生，造成愛的思想與和平。……

當爭沉落於漩渦之底，而愛進入其中心，萬物遂合而為一。但一非即刻而成，乃是由所願而聚合，此時爭被斥而越遠。但是由於尚未聚合的物在，其間仍有間隙容留爭，使其能夠待機而起，再為分散的力量。（註1）

恩培德克利茲設想愛為宇宙生成的力量，這顯然是一種吸力，不但能夠聚合萬物，而且能夠賦予生命。不過恩氏所看到的，是生滅的循環，所

以在愛以其吸力聚合萬物的時候，其尚未聚合的，仍然有未被排除淨盡的爭存在，雖然所存留的極為微弱，仍不免是破壞的力量。待到爭的力量少數被排除於循環之底，才能成為完整的一。然而爭的被排除，並不等於消失，只是包圍於愛力所形成的集聚之外，由於循環的力量，得再趁機侵入愛的氛圍之中，便又成為分散的力量。恩氏的觀點，從爭的分散而造成間隙，使愛得以居於其中來看，是可以接受的論點；但是在由愛而合成一之後，一應該是毫無間隙的整體，雖然在運轉之中，也不應有任何間隙可使爭趁機而入，則是一中生多，缺乏有力的支持。或者這只是恩氏設想的漏洞，非本文所要辯駁的論點，可以姑予擱置。單就其愛為合的力量來說，是指愛為生的力量，由愛的吸引，聚集原素而成物，說明愛是創生的力量，是積極的，具有建設性的。

證諸自然現象，萬物因愛而生自是無可否認的道理。若以事物為物質合成，無論物質的最小單位是原子抑或核子，則各個獨立單位的結合，必然靠著一種抽象的力量，而這種力量無從用經驗的觀察而知，但卻可以設想這種力量能夠融合獨立單位的單一性，並可消除各單位間互相的摩擦或矛盾，使它們能夠結合在一起，成為可由觀察而知的形體。結合力存在的多寡，構成物體結合的程度。最低的只是無生命的形體，高一層的有生命，且有生命的延續，而生命的延續是靠著較多、較高的結合力而成。在植物為雌雄性的繁殖機能的結合；在動物除了兩性結合之外，且伴隨著結合前的選擇，結合時所生的快感，以及對於下一代的情愛；人為最高等動物，所含有的結合力量既多且高，所以除了延續生命的結合之外，更有若干其他的聯合，這種聯合可以把毫無血統關係的人關聯，並且可以推延到任何有生或無生的物體，甚至所聯合的對象，只是抽象的觀念或想像，這就是被定名為愛的情感的表現。

愛是抽象的，是發自內心的溫柔親切的感覺，當其存在時，必然伴隨著深相傾注和愉悅滿足的感覺。為其溫柔親切，遂有一種吸引的力量，使感受者不期然而就之，相距越近、快感越深；如果距離存在，便不免思之慕之，而成為關切。由此推延，在無生物可謂為吸引的力量，在生物和人，便是情感。

　　從人生方面來說，愛近乎仁（註2），仁是人所以爲人之理，仁人又爲能愛人之人（註3）；又行仁者，不但愛己愛人，而且因人及物，從愛自身出發，以至愛天下衆人。儒家主張愛有差等、墨子主張兼愛，雖然其間有差別，但卻無不主張愛是必有的情感和人性的實踐。

　　從愛自身開始，是維持生命的道理。所謂求安身立命，正是生的意義。自愛的情感，從生物的觀點說，是與生俱來的，是生命得以延續的必然條件。由於自愛，才能注意於自己的需要，爲滿足需要而有所作爲。這種最基本的表現，是自發自動的適應，遂成爲以自身爲前提的習性。從心理的觀點看，是盲目而衝動的情感，這種情感成爲行爲的驅策力，當其發動的時候，無暇做理智的分析；表現於行爲的時候，沒有理性的抉擇，遂成爲以自我爲中心的傾向。生物和心理的表現，是純屬自然的，從哲學的觀點來說，便是宇宙萬物生成的道理，是普遍而統一的。生物界中，植物的向日力和適應力，以至在無法適應而暫時保持靜止，以待環境的改善，即是超向生的力量。不過這還不足證明植物有自愛的情感，只是從向生方面，推斷是由於自愛之理所支配。動物比植物表現的比較明顯，所以在遇到維持生命的食物時，便逕自超向於食物，這種求生的需要，成爲第一個占優勢的力量，爲了這個唯一的目的，不考慮環境中所存在著的其他危機，才有螳螂在前、雕弓在後的遭遇。人類常常慨嘆鳥類的只知其一，不知其他的愚蠢，卻忽略了求生是生物的第一義，是宇宙自然的道理，因求生而致死，是偶然，不是先在的必然，所以支配生物的，是必然的道理，而不是偶然的可能性。

　　人類有較高的智慧，而且有獨具的理性，在論及自愛的情感時，不免加入了批判的成分；若能完全著眼於自然的道理，便知人類的自愛情感，原和動植物無異，是出於要求生存、維護生命的動機。爲這種原始的動機所驅使的，仍然是自發自動的自然力量，自然應該以自身爲前提、以自身爲注意集中的中心，先有自身正是自然的原則，不愛其身而愛他人，雖極端注重理性和社會倫理的儒家，也認爲是不可能，而且不合理的。因此儒家所倡導的理性發展，仍然從愛自身開始，這是儒家透澈的認清了自然的道理，不但不主張違反自然，而且反對違理背性的觀點。最後才提出順應

自然道理，以發展人性的學說。

儒家所倡導的人性發展，看起來似乎超出情感之上，以致被常人認為高不可攀，怯於奉行。事實上儒家的思想，不但不是冷酷無情的理智主義；相反的，是溫和寬厚的至情至性；而且一再企求將自愛的情感，擴張到更高的限度，所以在自愛之中，不盡屬於自我中心的情感，並將外在的情感，延攬於自愛之中，表面上看來似乎不再是全為自己，但是探其究極，仍然是從自我出發的。

例如：「千金之子，坐不垂堂」，似乎保護生命的安全，不僅是為本身生命的價值，而是為了避免造成因自己所受的傷害而貽父母伊戚，不是為了愛自己而珍重自己的生命，竟是為了愛父母才珍重自己的生命。在儒家稱之為孝思。以孝來期望子女，無形之中，為子女加上一種責任感，易於使具有反抗性的人，發生反感。如果我們避免用教條式的文字，只從情感方面來說，保持自己生命的安全，是發自內在的自愛的需要，是順乎自然生的道理，則無論千金、萬金、以至百金、十金都不應，而且不會甘冒生命的危險。

不過即從為了愛父母而自愛來說，在本質上仍然並沒有把自己拋開，雖然表面上好像是並無私心的愛，但根本上仍然是從本身出發的。父母是和自己關係密切的人，個人和別人之間的關係，方向不僅只一個，而是交互的。在自然中，任何力量，都是先發自一個主體，由主體達到客體，再從客體反應回來。從為子的來說，是由子及親，是最初的方向；由親到子，是方向的一次反覆，若只著眼於反覆的這段路程，不把初次發出的一段包括在內，顯然是沒有包括自我的，這是儒家所提倡的理性階段，但是我們絕不能忽略了初次的階段，而且儒家也並未忽略這個階段，這個階段之不常提到，乃是由於其為必然，是不證自明的，後人不察，反而捨本逐末。從中間說起，聽起來似乎有更冠冕的理由，但卻因此而失去了切近感，反而使人不容易接受，甚而操切的認為是教條式的大道理。

每一個體都有自內向外的情感發射，即是每一個體都有吸引的力量，彼此的力量交互作用，遂使愛更為增強，當不再以追究初次發出的個體為目的之時候，為了說明的便利，常常被截取其中的一段，遂使初看者，誤

以為範圍太廣、距離太遠。事實上宇宙中沒有中斷的歷程，尤其在生的歷程中，必然是繼續不斷，而且是由近及遠的。所以孟子說：「仁者以其所愛，及其所不愛。」（註4）這種愛的擴張過程，從愛自身起，然後愛其子、愛其親，由愛其子、愛其親而推廣到愛人之子、愛人之親，到此已能擴展到愛天下人。愛既然是無所不及的，所以在愛遍達於同類的人之後，更擴而張之，達到愛物的地步。此時的愛充塞於宇宙之間，從愛的實踐而達到仁，而仁本是愛的道理，在這個最高的愛的境界裡，表現出無私的愛。在人生方面說，是人所以為人之理；在宇宙方面說，便是萬物生成之理。

在人生的範圍內談到愛，常常以對象中的人為前提，而且以對象的距離遠近區分愛的品質。愛侷限於最狹小的範圍內，是初步的發射，僅能及於自身；若能做進一步的擴張，可以達於所親；再進一步，達到一般的人，最後達到萬事萬物。能夠循著這種歷程發展的，是儒家最高理想的愛，即是仁。其間因為存著遠近親疏之別，愛的程度個個不等。愛自身甚於愛他人，愛其親甚於愛人之親，至於愛一般事物，也因物而有別。這是儒家理性的主旨，即是將原為自發自動的情感，加以理智的指導，使情近乎理，情的品質便高出一籌。以理智指導情感，是儒家思想的可貴之處。理性本是人類所獨有的特質，必須把這種特質應用於物性上，才見出人之所以為人的道理，否則高等動物也具有情感，只是情感的範圍太狹隘，擴張的可能太有限，而且情感之發，總不出原理性的衝動，所以無能與人類倫比。勉強動物擴發其愛，是不可能的，因為動物並未具有這種發展的可能性，而人類卻有這種可能。

不過人類的愛，常常不能像儒家所期望的一般，擴張到無所不在的地步。所以在人類社會中，因愛的缺乏而有混亂，如墨子說亂之所自起，即是起於人的不能兼愛：

　　……當察亂之何自起。起不相愛。臣子之不孝君父，所謂亂也。子自愛，不愛父，故虧父而自利；弟自愛，不愛兄，故虧兄而自利；臣自愛，不愛君，故虧君而自利；此所謂亂也。雖父之不慈子，兄之不慈弟，君之

不慈臣，此亦天下之所謂亂也。父自愛也，不愛子，故虧子而自利；兄自
愛也，不愛弟，故虧弟而自利；君自愛也，不愛臣，故虧臣而自利，是
何也，皆起不相愛。……雖至天下之爲盜賊者亦然。盜愛其室，不愛其異
室，故竊異室以利其室；賊愛其身不愛人，故賊人以利其身；此何也，皆
起不相愛。若使天下兼相愛，愛人若愛其身。猶有不孝者乎！視父兄與君
猶若其身，惡施不孝。猶有不慈者乎！視弟子與臣若其身，惡施不慈。故
不孝不慈亡有。（註5）

　　墨子所謂亂源，是由於人己之別太明顯，因此只知愛己而不愛人，
從而生出只求利己而不求利人，所以主張袪除人己之別，視人如己，便可
如愛己般的愛人，甚至於如利己般的利人，人與人間沒有紛爭，於是亂平
而天下治。姑不論墨子兼愛主張的當否，只從愛的出發點來說，基本的
愛——自愛——是存在的，而且是普遍的；自愛的目的，在於自利，自
利正是個體求生目的的實踐。同時墨子和孟子一樣，也看出愛不是單方向
的，其間有著交互往還，孟子說：「愛人者人恆愛之。」墨子說：「夫愛
人者，人必從而愛之。」即是在主體與客體之間，存有交互作用。但是若
只把一方看成主體，另一方只是被動的接受與反應，則在主體的一方，擴
張其愛時，固然可以得到對方的反應；但若主體不做這種擴張，使無從
得到類似的反應。這種著眼點，給自己導致無從解釋「因」的困難。如
果換一個方向來看，拋開切近的因果關係，從起始處著眼，兩個獨立的個
體，並沒有主客的分別，也沒有因果關係，兩者都是具有愛，而又可以擴
張愛的主體，主體作用由於自發自動，沒有人爲的目的與選擇，純粹是自
然的發生，所發出的是愛的吸引力量，兩種力量遇合而增加，只有促進其
連結，便不會有破壞的力量，或是將力量的方向改變，因爲兩種力量都是
出諸內而向外發展，即使因此而受到反應的力量，但是卻不是發出的力量
轉了方向；何況反應的力量，是同樣的吸力，可以幫助外發的力量繼續外
發，絕不會將外發的力量折回，或是把反應的力量，當作阻扼或拒斥。
　　把獨立個體的愛，置於同等地位，合乎自然之理，而且不致使論者本
身陷入於矛盾的困難。孟子優於墨子的觀點便在於此。「惻隱之心，人皆

有之。」雖然不是直指愛而言，但惻隱卻是與愛相關聯的情感。不過儒、墨兩家和春秋諸子，以至歷代賢哲，每每趨於從單獨的一方立論，關鍵在於焦點集中於爲政者的身上，言施政的原則便不得不從爲上者的身上著眼，其下的萬民便成了另一個等級；以致所指陳的「上一級」的特性，不能明顯的普及於一般人中。其實施政者和受治者，原屬同類，本質上是相等的；所有的人性特質，爲大家所同有；只是經過階級意識的影響，和儒家正名的主張，在文字的應用上，採取了不同的字與辭。「父父、子子、君君、臣臣、弟弟」是名字的區別，各人所表現的適如其分的行爲，原是毫無差別的出自同一的情感，即是愛。只是把一種普遍的共有的情感，連接在名分不同的個體之間時，用不同的字來表示其間的關係而已。墨子不似儒家用字的慎重，逕以愛來指陳各種人間關係，主要的目的，便是要消除彼此間的區別，既然不想因區別而有愛或不愛之差，自然更不必再多立名目，反而增加消除差別的困難。這種目的恰好有助於解釋愛的普遍性和基本性，卻是值得保留而深思的。

　　愛在人類是天賦的性質，保持在基本的單位中，是維持並延續個體的生命。向外擴張，則是吸收和諧的力量，使獨立的各個人間發生關聯，而關聯的最初目的，仍然是維持並延續生命。不過在由多數人組合的群體中，目的擴大爲維持並延續團體的生命。關聯各個體的力量既然是吸收與諧和的愛，擴張到團體以後，仍然是吸收與諧和，所以團體生命的延續，絕不妨礙個體的發展；而且個體在團體之中，由於愛的增強，反而更容易生長並發展。

　　恩培德克利茲的宇宙萬物的生成，是由於愛的力量將毫無統屬性的獨立原素結合，從而生出萬物。宇宙本體是否即是恩氏所謂之四原素，哲學中自有論辯，將來且可藉科學證實。至於結合物質的力量，具有普遍性的，應該是一種無可否認的愛。愛的吸引力，無論物質本身具有何種特性，終能在這普遍的原則下結合。所以以生爲自然之理，愛便是生的實踐，也就是理之用，宇宙和人生，便是在愛的作用之下發生、維持，並且做無限的繼續。

(二) 愛爲人生所必需

愛爲人生所必需，可以從兩方面來說：一是被愛，一是有所愛。被愛使精神上有所憑倚，有所愛表示生命的價值和方向，從出生至終老，兩者是不可須臾而離的。

從心理方面來推斷，胎兒在母體中，居處於相當狹小的天地內；因其小，所以易於感覺認識，故而這是一個熟悉的安全環境；又由於生理的自然條件，這個小天地內有適當的溫度，隨時供給適量的營養，而且全無任何不能預測的危險與災害，可以說是一個安全而舒適的環境。

但是出生以後，環境突然發生一個極大的改變。原來溫柔而親近的四周，突然擴大到無法接觸，形成極爲空落的曠場，一時間不免有失去憑藉的感覺。而這個陌生的大環境，氣溫變化，隨時可成爲無法預料的刺激，原有的業經習慣了的溫柔親近不復存在，舒適感自然也會隨著一併消失。同時又有意外的聲光的刺激：大聲、強光，原是前所未經，此時卻會不斷的出現，既然不明白這些現象的來源和效果，難免發生莫名的恐懼，使得這個新環境，更顯得危險萬狀。其次新環境中又充滿了巨靈，這也是未曾經驗過的，這些巨靈有種種奇怪莫名的動作，不知目的何在，雖然他們大部分表示親切和善，但並不如母體內的那個環境簡單而安逸。更不如意的是，需要不再似從前般隨時源源而來，在有所需要時，不舒適的感覺無法忍耐，以致不得不發出聲音或動作，藉以緩和不舒服的感覺，只有在不舒服威脅到極點時，才能得到所需要的東西，顯然的這個新環境中，存在著太多可怕的危機與不易容忍的困惱。

經過這種轉變的嬰兒，自會產生原始的恐懼，而感到不安全。因而希望原有的溫柔親近能夠恢復，能夠遠離這個危機四伏的環境。溫柔親切之感可以再次得到，那便是母親的愛撫和偎抱。在母親接近自己時，使大環境不再那麼空落，而且有一種熟悉的溫暖柔和的感覺，此時聲光的變化，其他形體的可怕程度，都因爲這個溫柔的形體所遮覆而減輕了。在溫暖的感覺中，緊張與不安也隨之減低以至消失，於是這種溫柔的形體成爲一個具有吸力的目標，在其出現時，便有趨而就之的傾向。

母親們習慣於把嬰兒放在搖籃裡，固然是爲了移動方便，但是沉睡中

的嬰兒，無需移動，這個理由便不成立。實際上是因為搖籃的範圍較小，嬰兒容易感覺到周圍，便不會有空落之感。有時母親們把嬰兒放在成人的床上，但卻用枕衾環在四周，如說為防嬰兒滾落，可能性便很小，特別是初生的嬰兒，運動的幅度有限，不可能從床上滾落床下，這樣做的目的之一，在於縮小嬰兒的環境，以減少其恐懼的程度；而在四周有物件圍繞的時候，可給嬰兒一種親切感，從而增加心理的安全。另一個目的，是在使嬰兒能夠在親切之中，且感到溫暖。很少有母親把嬰兒置放在不施裯褓的搖籃裡或嬰兒床中，也很少有母親用冷硬的物件把嬰兒圍繞在床上。如果那樣，嬰兒的環境雖然縮小了，但卻是一個冷硬的、可厭的環境，不合乎嬰兒對溫暖親切的需要。很多母親依照習慣或指導如此安置嬰兒，可是知道這樣做的根本道理的可能並不多。溫柔親切，是嬰兒的特別需要，而溫柔親切所代表的愛，乃是人類最基本的需要，又嬰兒所需要的，自然是被愛，被環繞在溫柔親切的氛圍中，對嬰兒來說，是被愛的象徵。

　　被愛是嬰兒的基本需要，而且所需要的程度，並不在食物的需要之下。赫樓（Harlow）為了實驗嬰兒所需要的愛的程度，並為愛求得行施的定義（operational definitions），用幼猿做過一項有系統的實驗。他把生後數日的幼猿分為三組，都和母猿隔離。但是為第一、二兩組的幼猿做了象徵性的母體，頭部略似母猿，但高於母猿，以便下半部代替可以攀援的樹幹；並在這個母體的適當部分，裝置上可以置放乳汁的器具，幼猿飢餓時，可以像到母猿處般，應用同樣吮乳的方式得到乳汁。不過製造這兩組象徵性母體的材料，並不相同。第一組的母體有兩個，一個是用布料等柔軟的材料製成的，另一個是用金屬網製成的；其中一部分布製的母體有乳汁的供應，金屬網的母體沒有乳汁，另一部分則將乳汁的母體置換。第二組只有一個布製的母體，第三組則只有一個金屬網的母體。三組的食物營養和其他生活必需的供應完全相同，從而觀察其發展和反應的差別。

　　在實驗的過程中，發見第一、二兩組幼猿在飢餓時，都會向那個象徵性的母體去求食；第三組也可在網狀母體中得到乳汁，所以在這一方面沒有顯著的差異。但是在初置入各組的籠子中時，三組幼猿都表現著不安，繞籠移動，後來第一、二兩組便安頓在地面的墊子上，慢慢睡去。第三組

不安的動作，繼續了比較長久的時間，待到終於蜷伏在空落的地面上時，顯然已經非常疾倦。待幼猿習慣於新環境後，赫樓開始置入刺激，如較大的、奇怪的形體；突發的大聲、強烈的光線變化。發現在這類刺激呈現的時候，第一、二兩組幼猿立即趨向布料的母體，攀附在上面，猶如尋求保護；第三組則因環境的變化而驚懼不安，開始時繞籠奔走，後來便蜷縮在一個角落裡，以驚懼的目光環視。此後每逢這類刺激出現，三組便表現出類似的反應。而且第一、二兩組在遊戲時，常常繞著母體移動，或者攀附在母體上睡覺。待這些幼猿漸長，發現三組有不同的情緒反應。

第一組幼猿有兩個母體，但一部分是布製的母體有乳汁，另一部分是金屬網的母體有乳汁。此較這一組幼猿和母體相聚的時間（睡眠時貼近或攀附的時間），兩部分都是和布製的母體相聚的時間較多；不過從布製母體得到乳汁的一部分，相聚的時間更多。這一部分平均每日與布製的母體相聚在十五至二十小時之間，與金屬網母體相聚平均尚不到一小時。另一部分開始時（幼猿生後五天）和布製母體相聚的時間，每日平均約八小時，和金屬網母體相聚平均約二小時左右；其後（出生後二十天）和布製母體相聚平均每日在十五小時以上，和金屬網母體相聚的平均時間並無變化。從這一點看來，哺乳並不是幼小動物所最需要的，他們所需要的是偎依在溫柔的物體上，藉以得到舒適感。在另一項實驗裡，把幼猿放在金屬籠中，上面鋪著柔軟的墊子，若把墊子移去，立刻會引起幼猿的反感。用以印證人類的嬰兒，母親是否親自哺乳，影響並不大，因為嬰兒真正需要於母體的，是親切的感覺。當然哺乳的母親，更容易在偎抱時，給予嬰兒這種感覺。

赫樓的次一項發現，是把幼猿放在空地上，此時如果母體仍在附近，幼猿並沒有明顯的特別反應；但若母體並未出現，幼猿便表現恐懼不安，待到一段時間之後，再使母體出現，幼猿立即歡騰雀躍，一再攀附於母體之上，甚至咬囓撕扯。如果此時有其他的玩具在旁，幼猿便會將玩具拿到母體處去，放在母體之上。說明母體不在，使幼小動物失去憑依，因而產生不安全感；待母體再出現後，宛如失而復得，有極高的快樂，而且以自己喜愛的東西呈現給母體，是為了取悅母體，抑或想要與母體分享其快

樂，固然不得而知，但這種情感的顯示，卻是非常明顯的。這種情感在兒童中更爲普遍。母親不在附近，兒童便茫然若有所失，平時最愛的食物，此時不再能引起食慾；平時最愛的玩具，此時也絲毫引不起興趣；必待母親再度出現，經過一陣歡欣之後，才能安心去遊戲。

赫樓又發現單獨生長，沒有任何象徵性母體的幼猿，從來沒有情愛的經驗。長到二百五十天後，再給予象徵性的母體，開始時幼猿不但沒有屈就的反應，甚至顯出極端的不安。似乎未經情愛的幼猿，失去了情感反應。不過在十二到四十八小時之內，幼猿開始接近母體，其後逐漸發出和伴隨著母體生長的幼猿一樣的情感反應。這項發現，一方面證明情愛是基本的需要，不致因缺乏經驗即失去了反應作用；一方面提示在幼兒期沒有給予充分情愛的父母，亡羊補牢、猶未爲晚。（註6）

從赫樓的實驗可以推論人類的幼兒，有強烈的愛的需求，而這種需求，與生物方面的滿足如衣食等並無直接的關係。愛是溫柔親切的感覺，是心理方面的需要，這種道理極爲明顯。生物方面的需要，當其存在時，固然可使幼兒感到不適和緊張，但是一經滿足之後，緊張便完全解除；而且一日之內，需要食物的次數和時間有限，感覺的時間，在醒覺時卻無時不存，如果缺乏這種感覺，在進入睡眠狀態後，仍然保持著需要的緊張，不能安睡、驚夢、啼哭是最常見的現象。能夠滿足這項需要的，顯然是母親，所以對幼兒來說，母親是愛的泉源，是安全的保證，只有母親永遠停留在感覺範圍之內，隨時供給愛和安全，才能使幼兒在正常的狀態下發展。

幼兒漸長，被愛的要求，不似前此表現於明顯的行爲中，但是存在於心理中的隱含的程度，並未減低。當兒童遊戲的時候，喜歡在一個看得到母親的地方。如果是獨自有玩具，常常坐在母親身邊玩耍；如果母親改變了地點，兒童也會拿著自己的玩具，隨著母親變換場所，此時不再偎依在母親懷中，但卻不願處在看不見母親的地方。不緊緊依附於母親，似乎需要溫柔感的程度減低了，而只要有親切感——和母親間維持最短的距離——已足。實際上此時期的兒童，所需要的溫柔程度並未減少，只是由於年齡的增加，心理能力發展，把經驗保持在記憶裡，母親所給他的溫柔

感覺，深刻於心，只要看到母親在附近，溫柔的記憶便可伴隨著出現，不過是用視覺代替了觸覺，可以由視覺而聯合到觸覺。這兩種感覺作用未必存在於意識中，而且不必時時用意識來喚起知覺，因爲已經有了深刻的印象，可以習慣的毫無覺察的發生作用。不離母親左右的兒童，常被視爲黏在母親圍裙上的孩子，心理學家一致承認，這種孩子所表現不離母親的程度越深，便是越需要母親的愛；對於母親愛他的程度未感到滿足，或是不能確定母親是否愛他，才回歸到較幼稚的年齡階段，表現出不成熟的行爲，便是潛意識中沒有感覺與觸覺的聯合，必須從事實中得到證明，方才安心。不似能夠和母親保持一個距離的同年齡兒童，潛意識沒有這種疑慮不安，無需求實際的保證。

兒童需要親切感的另一個證明，是在自行遊戲的時候，常常要喚起母親的注意。他把玩具擺成一種形態，要母親來看；或者想像玩具成爲某種情形，而把想像的告訴母親，有時甚至要把母親拉到玩具之前，要她確切的看到了。這種心理的成分，一方面是要得到母親的稱讚，從而得到滿足；一方面在於提醒母親，恐怕母親忽略了自己，忘記了自己的存在，關切是愛的作用，要求母親的關切，便是要求母親的愛。母親對自己的動作或自己的所有物特別注意，即是自己時時存在於母親的注意中，於是心理上，母親仍然和自己異常接近。成人有時爲了兒童擾亂工作，要求欣賞他的遊戲而煩惱，卻忽略了兒童對成人的擾亂，本意未必是破壞的性質，只是要求成人的注意，以證明關切的愛而已。自然溺愛的父母，完全以兒童爲中心，注意不離兒童左右，而且不斷的給予讚美和鼓勵，以致兒童不容許父母心有旁騖，或從事其他工作。在這種情況的兒童，不會有缺乏愛的感覺，但是已經養成以自己爲中心的習慣，便不容許再有身外之物存在，這是訓練的影響，其影響所及，使兒童對愛的需要，成爲不正常的發展。如果這種情形一旦不能維持，便會引起兒童的情緒問題。

兒童再長，常常離開母親左右，到戶外遊戲或上學，事實上和母親必然有相當時間的分隔；但此時兒童對愛的需要，一仍其舊。事實是如果兒童在戶外遊戲，會常常藉口跑回家中，或者只探察一下母親的所在地，或者要向母親要東西、問問題，甚或報告遊戲的情形，待到這個目的達到

後，仍然繼續去遊戲。入學的兒童，回家後的第一件事便是呼喊母親，尋找母親；如果母親及時出現，便會滿意而開始遊戲或做家庭作業；但是若未及時看到母親，或者發現母親不在家中，會明顯的表示失望或不安，也就無法專心做想要做的事。於是有作業的兒童，會把作業擱置，茫茫然的東尋西蕩；要遊戲或繼續遊戲的兒童，會改變或中止遊戲，頹然的坐下，等待母親歸來。他們並不需要母親幫助做作業或遊戲，所需要的是看到母親，證實溫柔親切的感覺即在目前，才能安心去做要做的事。在這種時刻失望的兒童，除了消沉的懶惰者以外，也可能成為出外漫遊的遊蕩者，用以逃避那個沒有溫柔親切感的空虛的家庭，或者做出些無意識的破壞行動，以排遣寂寞和空虛。

　　青年期以後，被愛的需要仍然存在，只是目標由父母轉移到異性方面，這種需要的初次表現，是引起異性的注意。自然異性也限於同年齡階段。一般男女青年，儘量尋找機會，使異性注意到自己的存在，由於性別差異，男女青年所採用的方式並不相同。男性常常從運動或特別的動作上，去搏取女性的注意。特異的動作，特別的聲音是最常用的方式。女性則特別注意服飾，不惜爭奇鬥豔。只要對方曾經對自己投過一瞥，目的便算達到，自然這並不是真正的愛情的表示。在尚未成熟的青年心中，未必有這種願望。此時恰好和兒童要求母親注意，以證明關切一樣，被注意是自己進入對方知覺的提示，由此便可得到滿足。

　　達到戀愛階段的青年，是需要為異性所愛的實際表現時期，此時兩性的需要相等，希望自己為對方所愛。如果不能確定自己是否被愛的時候，便會焦慮、恐懼、忐忑不安，以致終日惶惶，無心於讀書或工作。這種心理常常被誤以為是患得患失，擔心婚姻成否的問題。事實上婚姻是目的，是最後期望達到的地步，真正的需要是一個真正愛自己的人，也就是要被愛。婚姻的成就是事實上的保證，在求得社會契約的限制，以證實自己的被愛，有了形式的證明。證明的程度，仍要繼續於婚後生活中尋求證驗。也就是說，被愛的需要將繼續一生。沙利文曾以其心理治療的經驗說，被愛的要求，同樣存在於成人之中，男子和女子一般，要求為對方所愛，可能男子的需要，更高於女子。（註7）

　　愛是與生俱來的情感，被愛的需要和另一種天賦的情感——恐懼——有關。愛的發生，要有一個對象，被愛時便要有一個發動愛的對象，只是這個對象在作用上是主體；懼的發生，同樣要有可怕的情境或刺激。而人生環境，處處存在著危機，時時會發現危險。危險的基本原因，是不確定（uncertainty）。不確定來自於陌生感，包括不能預測的變化在內。幼兒遇到大聲、強光、或位置的變化，立刻有恐懼的反應：最幼時啼哭，能移動時躲藏，動作靈活時奔逃。這些反應發生的原因，是不習慣的現象出現，自然這是陌生的、莫名其妙的。以至成人時期對偶發的事項，仍然會發生恐懼的反應。如聽到一聲意外的爆裂，身體震動；但若預知一個東西將要爆炸，便不會震動，至少沒有震動後的驚訝。這種現象可以用「準備」來解釋，實際上沒有準備的，必然含有不能確定的因素存在。在人生中有若干環境的變化，將遇到許多陌生者，這些不可預知的情境，都會使人惴惴不安，被愛則可減少恐懼不安而增加安全感，可再以幼兒的反應來說明。

　　幼兒對恐懼的反應，和幼小的動物一般。初步的動作並不是反抗自以為危險的因素，而是尋求保護，投向一個愛自己的目標。小雞遇到恐嚇，逃向母雞的翼下。赫樓的幼猿遇到恐嚇，逃向象徵性的母體，且緊緊地抓住這個母體；幼兒看見生人，藏匿在母親的懷中，此時環境中不少可供隱藏的物體，而這些幼小的動物，卻只投向自以為愛自己的目標，乃是需要被愛的表現。在這個愛自己的目標近處，雖然危險仍在，卻可減輕恐懼的程度，甚至明知危險無可避免，也能死而無憾。這種感覺不可以理性來解釋，只是人類的本性使然。

　　確實自己被愛，可以證實自己的價值，是心理的憑依、是精神的基礎。有了這種基本的保證，縱使實際上要冒險犯難，也能勇往直前，因為此時的價值，已不是有形的生命價值，而是最高的精神價值。

　　愛的需要的另一種，是「有所愛」。需要所愛的對象為自己所有，情愛的發洩有方向、有接受的目標，以充實生活，並從生活中得到安慰與滿足。

　　需要所愛的對象為自己所有，代表人性的占有欲的原始傾向。如果

追溯這種傾向的來源，是在人性本質中有一種寂寞空虛之感。占有在於縮短距離，出於情感的驅策，並非志在利得。嬰兒降生，單獨的來到廣大的世界中，本身和世界原沒有確定的關聯；而在人生開始階段的嬰兒，又極端軟弱無助，因而感到孤單。所以孤單的感覺，從人生開始便已植根，此後生長的歷程中，又在在證明孤單確屬事實。幼兒之有孤單的感覺，猶如沙漠中的旅客，在浩緲無垠的天地間獨自徬徨，需要水和食物以維持生命而繼續遙遠的程途，但是身上卻一無所有，必須自行尋找水源，尋找可以充飢的食物；如果發現了這些東西，必然不只是食飽喝足而已，並要盡可能再帶一些在身邊。因為前途是否還能找到這些東西並不確定，至少無法確定在需要時能夠及時得到，便不免要忍受飢渴的威脅。由此可見，占有原只發生於最基本的需要，為了防患於未然，是維持和延續生命的必然措施。另一方面，有一些身外之物伴隨著，可以知道自己不是絕對的貧乏。這些物件可以被視作維持生命而且必需的無生命的物質，也可賦予生命、予以人格化，而加以愛惜。於是把食物放在貼身的口袋裡，把水背在身上，不時的摸索一番，證實它們確實在身邊。這種撫摸貼切的作用，是愛的表現，只是發出情愛的主體，是本身而不是物。物是談愛的對象。

　　幼兒對於玩具，常常表示占有的願望。如果兄弟姊妹各自有一個同樣的玩具，一定要分出何者誰屬，於是那個屬於自己的玩具，和自己便比較親切。親切感自然不是從玩具發生的，乃是發自於持有這個玩具的兒童。兒童愛自己的玩具，關切玩具的情況，小心的玩耍，細心的收藏，對它盡保護的責任，完全是由愛而生的關切與保護的作用。在這種作用下，可以證實自己是一個強者，是一個並不貧乏的人，因為有了愛的對象。

　　占有的表現，不但及於物，而且及於人。幼兒除了愛自己的玩具以外，並愛自己的父母和家屬。愛父母是被愛的反應，將本身所受者，同樣的施諸於人；而幼年期切親而明顯的被愛的目標，在人群中便是自己的父母。愛父母便要占有父母，希望父母完全屬於自己。幾個年齡接近的兄弟姊妹，在幼年時總有一個不能解決的問題，便是父母究竟誰屬。每個人都希望父母是自己的，專從有所愛來說，以便自己集中全部情愛，施之於為自己所愛的父母身上。愛自己的兄弟姊妹，是在和別人的兄弟姊妹比較之

下，自己的更為接近，而且屬於自己，才成為被自己所愛的對象。

到了成年以後，占有的範圍擴大，包括物、人、以至於觀念。愛一種物件的人，假如愛財者，常常把所積的錢財拿出來把玩或點數，即使沒有存放在身邊，也會不時的拿出存款單或帳目來計算一下。這樣做使自己可以表示對它們的親切溫柔；而在表示過這種情感以後，將得到愉快與滿足。如果所愛的是人，表現可能更為複雜。初步的愛的表示，是距離的縮短，希望所愛者在感覺的範圍之內，以便從接觸中表現溫柔；或者至少在視覺範圍之內，使自己便於投注情愛的關切；倘若距離延長，便會有一日三秋之感，是因愛的情感不得發出的對象，無異受到阻撓或挫折，於是原來從發出情愛而生的愉快，便成了懷念的痛苦。有時所愛的對象，可能只是抽象的觀念，或者具體事物的表象。前者近似心理分析學派所說的昇華（sublimation），後者是把所愛的對象抽象化，所施的情愛無需實際達到客體本身，而只存於觀念之中，可說是情愛的最高表現，應該稱之為愛的情操。

心理分析學派以為幼年被愛的需要未得到滿足，以致在現象界中找不到可愛的、具體的人或物，於是轉而去愛觀念。客體是抽象的觀念，愛的發出關鍵在主體，客體沒有反抗作用，不致遭遇挫折，使情感得以自由發洩。並以為藝術家和詩人，多數是將情愛抽象化，應用了昇華作用。這個觀點的謬誤，在於推理。固然有些得不到具體的可愛的對象的人，可以轉而去愛抽象的觀念、愛一種學問或藝術，乃是可能發生的事實。但是選擇這類愛的目標的人，並非全數是情感受到挫折的人。愛是一種自動自發的情感，發出愛情者對於目標，有全部選擇的自由。選擇具體的物件和選擇同樣有情感的人，以至選擇一種觀念，在於選擇者鑑賞力程度的差別，和情緒經驗的關係較小。尤其是當選擇所愛的客體的時候，選擇者完全處於主動的地位，出發點並無差別。

所愛的目標若類別不同，可能主體與客體間的交互作用有別。以人、物和觀念來說，第一種是和愛之者同類的人，同樣具有情愛作用，愛經過發出以後，必然得到反應；而由於反應者也具有選擇作用，不容發出者忽略反應的性質。如果反應的性質與程度和發出的性質與程度相同（從客體

來說，因得到愛而反應愛），可能促進主客間的交互作用；反之，倘若兩者性質並不相同，或者程度並不相等，特別是當反應的程度低於發出的程度，便可能改變兩者間的關係。這就是心理分析學派說情感昇華因人和人的關係受到挫折，而改變了目標的原因。不過這只是可能，是特殊，不是必然或普遍。

若所愛的目標是物或觀念，對於愛之者來說，仍然是有作用的有機體，也有所反應，且可引起交互作用。但是這類客體的反應，本身沒有言語能力，要靠愛之者予以解釋，則從主觀立場所做的解釋，常常不免於有所偏頗。從對自己有利的觀點上來著眼，其可愛的程度，增加的可能性高於減少的可能性。經驗中這類例子並不少見，不愛人而愛動植物，選擇深山幽谷而定居的隱士，遠離人群的農人、樵夫（受職業能力所限的不計），不問世事，不關心社交，關在書房或實驗室的學者，是否有逃避作用屬於另一問題，所愛的對象的吸引力是最大的原因。

有所愛，使得感覺的對象與自己同在，無論在現象中或是觀念中，是距離最近，最易感到其溫柔和親切的，因而精神上不再感到孤寂；而且注意專屬，所愛的對象可以成為生活的目的，或者生活的期望；待達到最高限度時，可以集中全力於一項目標上，不但把自己的生命和所愛的融合在一起，而且可以把所愛的，放置在生命之上。在實際生活中，倘若遇到失敗或挫折，可能灰心沮喪，但是由於有一個所愛的對象，能夠重新振作，繼續奮鬥下去；最後也可置切身的利害得失於不顧，只為了所愛的而奮鬥以至犧牲。達到這個地步的，是愛的最高表現，也可說是達到了「愛人無私」的「仁」的境界。從這一點看，有所愛，使人能控制行為，而有為或有所不為，從這個出發點而表現的行為，多數是值得嘉許的；反之，無所愛，便無所顧慮，便可放辟邪侈，無不可為，對社會的危害姑且不論，對個人的生命，卻是極大的危機。

被愛和有所愛兩者，並不是毫不相關的獨立系統，而是互相關聯的。由於兩者同出於一源——愛，根本上便存在著關聯性；加上人類習慣行為的反應，受和予兩者，互為因果。若只有兩者之一，缺少另一種，便等於缺少一部分刺激的因素，而這一部分刺激因素的力量，又大於單一的刺

激，結果必然減少作用的力量。所以只是被愛而無所愛，將成為被動的、倚賴的和自私的受納者；只是有所愛而不被愛，無異於機械的發動力，可以成為被讚美的、稀有的慷慨之士，卻不能期望於習於做行為反應的人。

從人類生長和發展的歷程來說，被愛的需要先於有所愛，這是受自然的發展歷程的限制，無法否認。但這並不代表有所愛不是基本的需要。需要是同時存在的，發展的可能性是先在的，只是發展的時間有遲速之別。但是時間次第的存在，往往使早發的一種占優勢，而且成為影響後發的一種的因素。於是在兒童時期若曾有適當的被愛的經驗，這經驗便可以助長日後有所愛的需要；而且被愛的事實，常常是兒童模仿的範型，便是為人所愛者也知所以愛人的道理。這是從個體發展的單方面來說。若從行為反應的雙方來看，「愛人者人恆愛之」是普通的反應原則，那該曾經是愛人的主體，也將得到類似的反應。而變成被愛的客體，所以從幼年開始，愛的情感發展若循著自然的方向進行，愛的需要若得到適當的滿足，便可預期定向的發展和成熟。從實際方面來說，如果幼兒曾經適當的被愛，便會發展成有所愛的成人；而在成人期愛的範圍擴大後，生命中交織著被愛和有所愛；則人和人之間，便會充滿了溫柔親切之感；擁有多數人的社會中，便會為諧和的氣氛所籠罩，正符合人生期望的理想境界。

二、教育的任務重在發展人性

故聖人耐以天下為一家，以中國為一人者，非意之也，必知其情，辟於其義，明於其利，達於其患，然後能為之。何謂人情？喜、怒、哀、懼、愛、惡、欲，七者弗學而能。何謂人義，父慈、子孝、兄良、弟弟、夫義、婦聽、長惠、幼順、君仁、臣忠，十者謂之人義。講信修睦，謂之人利。爭奪相殺，謂之人患。故聖人之所以治人七情，修十義、講信修睦、尚辭讓、去爭奪。舍禮何以治之。（《禮記》〈禮運〉）

儒家所推崇的聖人，是人格的最高理想，其重點原在於從反省自己的行為開始，漸而影響天下眾人；無論以個人或以天下為單位，總不出發乎

情，止乎禮的原則，從人情的發展開始，到以理性爲最高的指導法則。本身依此而行，也用此教家人和衆人。所謂之十義，固然是合乎禮的人間關係，但是卻都有愛爲情感的基礎，從發展人情而進步到人性，要經過性情的涵融，才願見諸於實踐的行爲。

(一) 愛的陶冶

　　涵融性情的有效方法，莫過於潛移默化。從有領導性的人物開始，身體力行，使追從者自行領悟、自行體驗，進而擷取爲自己的行爲法則。這種出諸自己意願的行爲，受內在動機的驅使，才是行爲的眞正力量。

　　愛是與生俱來的情感，初生的數年內，被愛的需要比較強烈，則本性上原來就愛子女的父母，自然應該供給充分的情愛；進入學校之後，教師也要使兒童得到所需要的愛，使兒童悟解到愛不只限於狹隘的家庭，不是有血統關係者的獨有物，而是充滿於廣大的人群，則兒童的愛，也會擴展到較大的範圍。

　　由於在發展歷程中，被愛的要求事實上先於有所愛，因而教育也要依照這種順序，先供給充分的情愛，使兒童在溫柔親切的環境中成長，不但使其成長健全，而且要使其鞏固愛的根蒂，將來成爲發出愛的泉源。對兒童愛的表示，最重要的有兩種方式：一種是寬容，一種是關切。

　　對兒童的寬容，可以表現於管理的態度、訓練的方法和效果的評鑑上。父母和教師一樣，都應該採取一致的原則。最主要的是，要從兒童的立場著想，和兒童處在同等的地位。成人對兒童有所行動的時候，不是以成人對兒童的對立，或者是反對的立場，而是在幫助兒童的發展；之所以要這樣做的原因，是基於親子間天性中的愛，基於人類中普遍的人情；如果成人認爲自己和兒童有差別，則差別是年齡的、能力的和責任的，無論如何，絕不是權威的。

　　以民主的態度對待兒童，給予兒童適當的自由，以發展其獨立和自發性，是順乎人性、合乎人情的管理態度。人性中有獨立、自發和自動的潛能，但要在自由的環境中才能發展，且是從人類社會組織形成之後，個人獨立和自發自動的本性便受到限制。這是由於社會實際的需要，爲了維

持擁有多數人的社會組織，其中的個人必須犧牲一部分自發自動性，以便與團體配合。所以從團體方面來說，個人不可能有絕對的自由；幸而團體並未完全抹殺個性，在團體約束中，仍然留給個人自由發展的餘地。因而從個人方面來說，也不是絕對的不自由。但是團體約束，卻被人類權力欲所假藉，作為強者統治弱者的工具。以團體為大前提，要求個人做無限的退讓，包括個人的自發自動性在內，以致原來是由內而外的歷程，變成了由外而內。所謂由內而外的歷程，是個人為了自己的發展，進而謀求團體的發展，為個人是最基本的動向，為團體是由基本而延伸的動向；方向本來是一致的、自然的，從為自己而到為團體，是繼續的歷程，都出自於個人自發自動的意願。但是當團體約束被當作工具以後，野心家把一個繼續的歷程切斷，而且逆轉其方向，以團體做名目，企圖在大前提的號召下，壓倒個人，甚至要個人完全忘卻自己，而代之以團體。這種錯誤之一是邏輯的倒果為因，其影響是無論應用何等美妙的言辭，終不能欺騙人類理性的判斷。理性使人知道物有本末、事有終始，所以要知所先後。若以明明德為最後的理想，必須先治其國，欲治其國，要先齊其家，欲齊其家，要先修其身，欲修其身，要先正其心，欲正其心，要先誠其意，歸根結底，無論是社會的領袖或是眾人，都要以修身為本。大學的這一個歷程，並不是逆推的，乃是先哲有一個最高的理想為指歸，而後從根本上做起，循序漸進，以期達到最後的理想。如果從其中任意截取一段，如為明明德於天下，便從治國做起，而完全不向達到治國階段的齊家、修身、正心、誠意，便是空中樓閣，不但不能成功，而且無從做起。所以，在先哲從最高理想而推究到最基本的出發點以後，便不再採層遞而下的方式來探討，卻從最初步著手，由格物致知而誠意修身，最後才到平天下的地步。

捨本逐末的第二個錯誤，是違反了人情。人情是由近及遠，不可能捨近求遠，更不可能只知有遠，而不知有近。從人無不愛其身，子無不愛其親推斷，不愛其身而愛他人，不愛其親而愛人之親者，未之有也，可知是一種定論。人對於同類的知覺，必然要從對自己的知覺開始，依照自己的一切來推斷別人，才是出自人情的推斷，不但合情，而且合理。要個人從別人開始，即使可能，也將無從著手；而違反人情的要求，必然會引起反

感，導致出反動的力量。如果約束的力量足以克制反動，自然能夠得到馴服，但是馴服的出現，便是個性的消失，也就是人情的消失。父母和教師不免受到權力欲的支配。把權威應用到比自己軟弱的兒童身上，拿一項最大的名目來威脅，要兒童尊重團體、放棄自己，要行動合乎社會禮俗，要有顧全大我、犧牲小我的願望，其結果，可用弗若姆的話來說明：

　　在多數文化中，人類關係多半由非理性的權威所決定。在我們的社會中，和歷史上所記載的社會一樣，人們是社會的角色，須犧牲自己的意志、根源性和自發性。……當個人的利益和社會的利益合成一體之前，社會的目的，要靠犧牲相當限度的個人自由和自發性來完成，這種目的便應用於兒童訓練和教育中。……兒童最初並未和社會直接接觸，而是以父母為媒介。父母的特性結構和教育方法是社會的代表，也是社會心理的代理者。兒童和父母的關係，便是來自這特殊社會中占優勢的權威者，權威者要破壞兒童的意志、自發性和獨立性。但是人不是為了受到破壞才生的，所以兒童會與權威的代表者相抗衡，也就是與父母相抗衡。兒童為自由而奮鬥，不僅反抗受壓迫的不自由，而且爭取「自己是自己」的自由，要成為一個完全的人，而不是一架機器。在奮鬥的過程中，有些兒童成功了，但大多數卻敗陣下來。失敗的方式頗多，但不論屬於何種失敗，其與非理性權威相抗衡的創痕卻可見於神經病源上。重要的病象是：個人的本原性與自發性的衰退，被削弱的自我和偽裝的自我成為真正自我的替身，在其中「我是」的感覺完全由他人對自己的期望所代替，自律易以他律，經驗中充滿了朦朧和片斷。（註8）

　　如果教育不想把兒童的自發自動性泯滅，不想把兒童的人格割裂，便要避免應用權威的控制，給予兒童適當的自由。瓦特森（Goodwin Watson）在比較兒童的人格，因自由和嚴格管教而生的差別時，驚異於用自由的管教方式者，為數極少；換言之，大多數的父母，對兒童都採嚴格的管理方法。自由和嚴格之分，前者是准許兒童依照自己的意思動作或反應；後者則是父母有固定的標準，兒童只有完全服從，依照標準行動。

瓦特森爲了研究方便，只在幾項管教事實上比較：飲食、睡眠、排泄、服裝、整潔、玩具管理、爭吵、對父母的態度、對性的好奇、入學、電視節目和朋友的選擇等。採取自由管理方式的，父母准許兒童自己決定或選擇，不做硬性的規定；採取嚴格管理方式的，則完全要按照成人的意思行動。結果在管教方式不同的兩組兒童中，有如下的差別：

自　　由	嚴　　格
明顯的行爲	
獨立	依賴
合群	自我中心
持久	易受挫折
自制	分散
活潑	被動
創造	定型
內在的情感	
友善	反抗
安全	焦慮
快樂	悲傷（註9）

　　允許兒童有適度的自由，並不是疏忽或放任，而是承認兒童獨立的人格，尊重兒童的個性，使其自發自動性能夠發展。在這種情形下，基於事實，兒童不會以爲父母忽視自己。而會感到父母對自己的寬和乃是承認了自己「人」的地位；不致像被嚴格管理的兒童，以爲自己只是父母表現權威的對象，父母對自己，不是由於親情，而是想得到成人權力欲的滿足。

　　父母或教師對兒童的寬容，不致落到放任或疏忽的地步，是由於在准許的自由中，成人和兒童的關係並未割斷；相反的，兩者的關係是更爲密切的。從成人方面來說，准許兒童相當程度的自由，是從兒童的立場來設想，承認了兒童的本性是有自由傾向的，對於兒童的這種要求，寄予同情；對於表現這種要求的行動，完全了解，因而便不會苛責或限制。這種

同情的個體，心理學上稱為擬情作用（empathy），是心理醫學家認為治療病人時，所必不可少的歷程。心理病患者需要治療，和普通病人需要醫療以恢復健康一樣，也和常人需要基本的物質以維持健康無別。所以擬情作用不但為心理病患者需要以恢復健康，一般人同樣需要以保持健康：需要被愛的兒童，尤其有這項需要，以見出愛己者是出乎至情，發乎本性的愛；其證明是愛己者愛的表示，恰中要竅，正合自己所需要的。自己需要自由，自由便在適當的情況中來臨。例如：兒童喜歡自己取食，如果成人了解兒童肌肉發展尚未成熟，對匙箸的應用不能得心應手，則對於兒童自己進食以致食物狼藉滿地、沾汙衣服，便不以為忤，而准許其從失敗中嘗試，由經驗得到教訓，待發展到相當程度，那些不可容忍的汙壞結果將自然消失。又如兒童選擇自己的朋友，如果成人了解兒童的選擇不是受理性的指導，也沒有社會的影響，只是由於需要伴侶，或事實上的便利，便會允許兒童和一個衣衫襤褸的貧苦兒童，或者其家長不為人所尊敬的兒童遊戲；待兒童發展到相當階段，有了選擇的能力，自然會重行決定。父母為了自己的兒童曾和他的遊伴爭吵，便禁止他們在一起玩耍，甚至和另一兒童的家長發生齟齬，是由於不了解兒童只顧切近的事實的特質，否則便不會有禁止，更不會傷害到成人間的情感。

父母或教師對於兒童的錯誤行為，往往不免施用懲罰。懲罰有時是為了警戒下一次的過失，並對這一次的行為，予以適如其分的報償；也有時只為了兒童的行為激起成人的情緒，因而懲罰便成為成人洩憤的方式。在後一種情形下懲罰兒童，是熟知的不當方式，但卻是常見的。在前一種原因之下施罰，尚可解釋為合乎增強（reinforcement）的原則——對無效的行為予以懲罰，可以減少再發的動機。這項原則之仍然存在，是由於實驗者應用動物，只從外在的行為著眼，未曾、也不能親察入微，透視內在的反應；在人類方面，這又是一種極易見到切近效果的方法，為了避免受懲罰時的痛苦，不敢再做出足以引起懲罰的行為，但是若從內在心理方面分析，懲罰所影響的情緒反應，懲罰是否能阻止某種行為的內在動機，是最值得注意的問題。

人類有袒護自己的特性，出自於保衛生命的本能，因而多方面的為

自己找出辯護的理由，當兒童因過失行為而受到懲罰時，因為行為在前而懲罰在後，在記憶中後發的占有時間優勢，印象比較深刻；又因為懲罰的痛苦是切身的，而行為的結果可能不在本身，切身的經驗又占有空間的優勢，更增加了印象的深度，所以此時兒童知覺中所保留的，是內在的痛苦經驗，而不是外在的行為損失（如其曾經造成損失時）。在袒護自己的作用下，將迫使自己忘記外在的損失，而只注意內在痛苦，於是兒童的解釋將是：不是自己的行為不應該（這一項已經在知覺中被釋除），而是懲罰者不應該，或是罰過其分，則兒童與懲罰者之間的關係，將受到何種影響極為明顯。在兒童說來，懲罰者自然因為不愛自己，所以才冷酷無情的施出如許的懲罰，於是此後兩者間便失去了親切溫柔的感覺。將獎懲的方式施諸動物以實驗行為增強原則，是忽略了人類的記憶能力和情感的複雜性。

如果在應用懲罰時持寬容的態度，應用同情的了解，將可知道兒童雖非成人，但已學習並發展了相當限度的感覺和判斷能力，發現自己的錯誤行為後，會有自責的負疚感。事實的證明是，如兒童在室內任意跑跳，以致撞翻了桌椅，打碎了上面的器具，無論有無外在的啼哭行為，內在心理上總不免有兩種感覺：一種是恐懼——恐怕因自己的破壞行為而受懲罰之苦；一種是內疚，為自己所造成的破壞而悔恨。第二種感覺的強度可能甚於第一種。根據精神分析學說來講，此時兒童有接受懲罰的準備，受到懲罰，可以減輕自責的程度。如果這種心理作用屬實，仍然不能解決兒童心理上的問題，因為受過懲罰後的兒童，仍然關心於如何恢復器物完整的問題。所以一個打破了器物而被打罵的兒童，可能啼哭，但在啼哭中仍然要求成人想辦法將器物黏合，或者再買一個新的。

對兒童內疚的心理若有所了解，則可以免除將加諸其身的懲罰，且進一步幫助兒童所關切的問題善後，如此可以給兒童一個反省的機會，自發自動的去體驗行為的是非，以為下次行為的指導。兒童和成人間的關係，不但未經破壞，且可由於進一步的了解而增加，從其中兒童可以悟解被愛的真諦，確定愛的基礎。人類社會中不乏因一次諒解錯誤行為，而啟示出的幡然悔悟，也更多採取寬容的態度，以愛的感召而糾正了行為的實例。

要了解兒童被愛的需要並予以適當的滿足，在寬容之外，並要予以體念（consideration）。體念是繼續而慎重的顧念，加以同情和密切的注意。這個解釋的主旨，在於排除熱烈的外在表現，或過分的保護（over-protection）。當成人說愛的基本出發，為兒童而愛兒童的時候，便不會將愛置於表現情緒的接觸，如親吻等的外在行為上，也不會把兒童視為無助的機械，事事代理；兒童所需要的愛，絕非這一類。證明是一個拉著兒童吻來吻去的母親，所引起的兒童反應，是躲避母親的口，並企圖掙脫母親的羈絆；過分保護的成人，使兒童沒有自由的表現，反而生出反感，企圖超脫成人的卵翼。

體念兒童在於對兒童做慎密的觀察，兒童雖然不在視覺領域之內──而且也不應該有將兒童限制於視覺領域之內的意圖，但是兒童的行動和所在的環境，卻不會超出於成人所關懷的領域。一位細心愛兒童的母親，兒童時時存在於觀念之中，當預料到兒童飢餓或寒冷時，會將需要的物件及時送上，但並不阻止兒童正在進行的活動，也不使兒童因母親的供應而認為是受到干擾。於是不但兒童的任一項需要可以隨時得到滿足，並且兒童的行為，也為母親所知覺，以便在適當的時候，予以指導和糾正。

對需要滿足的愉快程度，因時間而異。發生最高愉快感覺的時候，是「恰好需要」的時候。所以雪中送炭之被感激，遠勝過錦上添花。在兒童更是如此。尤其五歲以前的兒童，是自我中心的，所能感受的，是切近的環境。在兒童感到飢餓的時候給他一片麵包，比教他等著吃一頓山珍海味的宴席更受歡迎，這一方面是受迫切需要所支配，一方面是兒童最接近於現實，只從近處來判斷。感激母親及時而來的一片麵包，是因為飢餓的感覺就在目前，母親如此做了，證明母親真正的愛自己，了解自己飢餓時所受的威脅，不使自己忍受痛苦，對兒童來說，便是救星，便是愛自己的人。反之，強使兒童忍受飢餓，以等待一餐豐盛的宴席，母親的動機雖然是善的，但卻不為兒童所了解。在兒童看來，豐盛的宴席固然好，但是遠不可及，不能解除目前所受的痛苦，而使自己忍受痛苦的人，便是缺乏同情，不為自己設想，歸結起來，便算不上是愛自己。由此推延，當兒童外出時為他準備所要帶的東西，談他將要遇到的情形，比只是再三叮囑小心

馬路上的車輛，更易爲兒童所接受。當兒童回來以後，耐心的聽他報告有趣的經驗，比拉著他親吻、或告訴他母親多麼想他，更足引起好感。

體念容易使兒童感到成人的愛，主要原因是從其中可以得到溫柔親切的感覺；不過在兒童較大以後，如四、五歲或更大的時候，活動的範圍逐漸擴大，不似幼兒時只限於狹小的圈子內，愛的感覺全靠直接感官的接受。當兒童能夠區分，並能夠自動的在較多的場所遊戲以後，便要從更多的方面領悟到成人的愛，愛他的人雖然不在面前，卻仍然知道愛還在繼續，所以可以安心的停留在當時的環境中。愛他的人對他的體念深刻在記憶裡，是最安全的保障，這種安全感可以增加活動的力量，提高活動的興趣；可以減少對環境或人的陌生感。在遊戲的時候，似乎是忘記了愛他的人所寄予的關懷，但這並不是真正的忘記，一到遊戲結束，便會立刻回到體念自己的人身邊去。

對兒童的體念靠愼重的顧慮，在於爲兒童設想所需要的，更要斟酌情形，或者直接爲兒童準備，或者徵求兒童的同意。成人常常依照自己的主觀，爲兒童樣樣設想周到，準備齊全。在成人方面來說，是對兒童的關懷，無微不至；可是從兒童方面來說，真正的體念必然包括兒童獨立意志的存在，如果並不徵求兒童的同意，便形同武斷，是權威的表現而不是體念。有些固執的兒童，常常堅持自己衝動的意念，對成人關懷的深意，並不考慮，因而拒絕成人善意的考慮，完全不問事實上將要遭受的困難。如果成人能夠耐心的予以解釋，兒童或者肯於接受；但是也有時兒童膠著於一己的衝動，對於勸說或解釋並不採納；此時成人只有讓步，暫時允許兒童意念的成立，但卻從事另一項準備，使兒童在不以爲忤的情形下，答應變通性的行爲，經過事實證明，自然會感悟成人的正確。例如：兒童堅持要穿一件新衣，成人卻以爲天氣變化，新衣不足禦寒，因而發生爭執。從事理上判斷，成人原是對的，但從兒童特性來說，卻不能接受成人的正確性，竟要一意孤行，此時成人便應該准許兒童滿足穿新衣的願望，但卻另備一件衣服，以供不時之需，於是雙方的爭執可以免除，成人更無須利用權威，強迫兒童依自己的意思行事。

愛兒童原是善的，既使愛是無目的，無所爲而發的，但卻不能不考察

其後果，以免愛之而適足以害之，更要避免因愛而引起反效果。成人對兒童的寬容和體念，應該時時注意由此而得的反應。以為改進兩者間關係的依據。此時兒童是被愛的客體，是愛之者的目標，真正的有了目標的愛，不是盲目的情感衝動，或者由於愛的主體為了本身的滿足才有所愛。當愛有了客體以後，便會處處為所愛的對象著想，甚至可以犧牲本身以完成被愛的兒童。社會中常常稱頌為保護兒童而犧牲生命的母親，便是當愛是真正為所愛者而發的，才是最可貴的。教育中的愛很少有這種極端的例子，應該從普遍的、正常的著眼，於是成人便要時時反躬自問，愛的作用是否正當而有效，便是「愛人不親反其仁」的意思。責備兒童不知感激，不知用愛圖報，如果不是在動機方面有誤差──愛是有目的的，便是不知反躬自問的道理。

　　從純愛上出發，為所愛者而愛，沒有要求、沒有條件，對兒童最大的啟示是愛的真諦，是人情的涵融與陶冶，而這道理是由兒童自己悟解出來的，才能植根於兒童心中，並且發生作用。此時兒童所得的，是愛的感受，是溫柔親切，彷彿生在和煦的陽光下的植物，及時得到所需要的溫度和其他養料，因此朝氣蓬勃，向著正常的方向發展。無須為抵抗寒冷而消耗有用的養分，以作防禦之用；也無須因環境中不可抗力的風雨侵蝕，而改變方向或做畸形的發展。這株植物得到了充分的維生素，因而可以做正常的生長；這株植物沒受過不必要的挫折，因而節省下若干抵抗或防禦所需的養料，以促進其生長，於是他的生長和發展便有了雙倍的效果。但是幼苗雖然有向日力，卻也需要扶植，雖然在新陳代謝下生長，卻要除蕪以生新。兒童的生長和幼苗一樣，但兒童除了生理的需要以外，還有情感，而且有情感反應。對兒童所用的情感，和為幼苗所施的灌溉與肥料一樣，要她能夠吸收，才會成為有用的養料，對兒童所施的寬容與體念，也要兒童能夠接受，才能將外在的變成內在，然後反應出來。於是人的教育歷程，比培植植物更複雜、更繁難，也更長久，負責教育者必須慎重將事，細心計畫、切實施行。

(二) 愛的實踐

佛洛伊德、艾德洛、以及兒童心理學家皮亞傑（Piaget）都相信幼兒是自我中心，愛的表現首見於愛自己，然後才能擴大到愛別人。這是從被愛和愛人兩者發展的先後來說；但是柏漢（Banham）卻以為幼兒也有愛人的表現，和前者恰好相反。由於觀察所得，柏漢以為六個月的兒童，屈就所熟悉的人，或者以聲音和表情顯示對常常餵食或接近的人的情感；兩歲以內的兒童，抓摸玩具、和接近的人接觸等，是在愛自己之外，也愛別人和物件的象徵。（註10）

柏漢所說的幼兒行為，確實是常見的事實。這可以說愛是與生俱來，人本就有被愛和愛的潛能；也可說是兒童模仿的結果，對於作用的某些人，也表示同樣的反應。但是比較成熟的愛人或愛物的表現，可見於實踐之中的，卻要待兒童年齡較長，能夠明顯的表示以後。

多數心理學家相信五歲以前的兒童，以自我為中心。從生理發展的歷程來說，與自然的道理相符合。發展先要有必需的原料，猶如植物要吸收日光、水分、空氣和礦物質，才能變成適於生長和發展的養料。才能見諸於現象中，生長和發展的變化。這一段吸收和消化的歷程中，必須包括本身的消化作用。兒童時期，可以視為是以自我為中心的吸收階段，此時在自我和外在環境間，當然有交互作用，但是在分化作用發展，能夠區分自我和外在環境的差別之前，反應多半是直接的，未受理性所指導的，這一個特點，使得幼兒期的教育更為有效。在能夠作自發自動的反應以後，更可從而考察教育的效果，也就是在年齡較長，由自我中心而進步到以更大的單位為中心的時候，從反應上可以看出教育所應行的校正。

當兒童能夠把愛表現於外，是到了有所愛的階段，此時不再是單純的接受，並且有了付予的作用。從付出愛來說，即是到了愛的實踐階段。根據原有被愛的經驗，將所受的寬容與體念應用出來，成為推己及人，到和衷共濟，可以將愛人擴展到無限。

教兒童推己及人，要給予兒童心靈的啓示，從與人分享、到與人共享，最後達到心靈的享受。

兒童對於所愛的，要占為己有，和人類占有的通性一般，但在愛的

實踐中，必要教兒童時時想到別人。如果自己覺得愛一樣東西，或是一個人，便要想到此物或人是否也為別人所愛；如果自己想得到，別人一定也想得到；自己因為得不到而失望，別人也會因失望而痛苦；自己因得到而愉快滿足，別人若能得到，一定也會感到同樣的愉快和滿足。這是心理學上所說的認證作用（identification），是由自己的需要而認證別人的需要，由自己的情感而認證別人的情感，更由自己的思考而認證別人的思考。當認證作用從愛出發時，必不願別人忍受痛苦，更不能因自己的滿足，而造成別人的痛苦，所以肯於把自己的愉快和別人共享。

兒童期愛的對象的爭執，多半是具體的物質，開始時是玩具，其次是食物，再次則可能是任何兒童想要占有的東西。兒童要獨占一個玩具，並不限於遊戲的時候，如果一經把一個玩具認為是自己所有，自己不玩時，要放在身邊，或者收藏起來，但卻不肯讓另一個兒童觸碰，便是還沒有與人分享的觀念。成人為了免除這樣的爭執，常常為每個兒童準備一個玩具，甚至使各個兒童的玩具，一式一樣；或者為兒童劃定玩耍的時間，互相輪流，希圖免除兒童間無意義的糾紛。殊不知這種辦法，並無助於愛的發展。兒童的模仿性，促使一個兒童看見另一個兒童玩一樣東西的時候，把自己所玩的放棄，而要求另一個的。玩具的新舊和興趣，不是兒童所注意的，此時他只是為了模仿而要另一項玩具。當兩個人有同樣的玩具時，問題仍然不能解決，因為另一個玩具不會為自己所有而存在著熱切得到的願望，又因為另一個兒童的玩法引起興趣，而以為另一個玩具特別好。於是一個堅持要交換，另一個兒童受這個兒童表現的影響，更相信自己的是好的，而決意不換，家長和幼稚園教師常常為這類問題而煩惱。如果教給兒童認識另一個兒童的願望，不強人所難、不奪人所愛，可以共同玩一個玩具、共同從這個玩具中得到愉快。

成人所應用的指導方法，不是實際上或口頭上將玩具分成部分，使兒童各自占有其一部，而是要教兒童保持玩具的整體，共同享有這個整體。首先要知道這個玩具是可愛的，便要保護這個玩具，共同為這個玩具做些另外的事件。例如：一個娃娃，若要一個兒童保有頭部、一個兒童保有身體，顯然不是最好的方法，左右分也是一樣。最好使兒童將娃娃置於一

處，然後想些可以為娃娃所做的事。替娃娃蓋間房子，做張小床、做些小衣服，一些可以分工合作的活動可以轉移兒童注意的目標，此時各人可以忙一件工作，不必企圖肢解娃娃；而且所以忙碌的原因，是為了一個共同的目的，是為了那個可愛的娃娃。於是不但目前的糾紛解決了，並且給予兒童一種愛的啟示，又進一步的為了愛而做實踐活動。是共享所愛的物，共同為所愛而努力。

教育上常常應用競爭以鼓勵學習，在人類社會中，原有許多競爭的趨勢，但是若誤用競爭，將摧毀了愛的情感，種下紛擾、仇視、以至戰爭的種子。競爭的方式可以採用，但不應將其置於人和人之間。如果人和人間存在著競爭的心理，便會引起各不相容，互相嫉恨的惡果。學校中習於應用比賽於兒童或班際間，希望鼓勵進步的願望，但卻從未注意到由比賽而引起的猜忌、怨恨與不平，若更從而引起欺騙、投機等方式，則更失去了鼓勵學習的原意。所以最好的方法，是教兒童自己和自己競爭。把自己一個階段內所有的進步，與前一階段比較，則所爭者，是個人的進步，競爭的對象是自己而不是別人。在進步為每個人的期望的原則下，絕不會引起不良的反應。

以進步為共同的目的，大家的目的相同，則有了進步的實證，可以得到滿足。對於進步較慢的，將會寄予同情，而且肯予幫助。這個方法之能夠實行，是因為彼此間沒有利害衝突，大家的立場相同、目標一致，可以共同為同一目標而努力。在利害衝突不存在，彼此間沒有矛盾，目標又協和一致的時候，自無傷於原有的愛的情感。此時所爭者不再如幼年期般，是具體的物質，乃是抽象的榮譽，而且無論有若干人同時共存，各人仍然都有得到榮譽的機會，於是可以由自己而推想到別人。

青少年時期，本是所謂之幫會年齡（gang age），將自我擴大到團體之中，把團體的發展看成個人的發展，團體的榮譽看成個人的榮譽。因為期望團體進步，所以也期望團體中每一分子都是最優秀的。試看此時期青少年為團體犧牲個人，為幫會中同伴奮不顧身的勇氣，便可證明。教育正可利用青少年的這種特徵，發揮團體中同伴的愛，為同伴著想、為同伴努力，與同伴共享團體的榮譽，共同為團體而奮鬥。但是教育者應切忌不可

引起團體對立的啟示，不可比較團體的異同，而只鼓勵每個團體分子對其團體或同伴所做的貢獻，特別是分子間彼此互愛互助的事蹟，合乎正規的，應該予以獎勵；如果團體中的一分子，有了可資獎勵的事實，應該獎及於全體分子，但不以團體總稱為前提。如此做並不是有意否認其團體，在各分子都分沾到一個人的光榮時，他們自會領略到團體的作用，只是在意識裡所接受的，是人而不是團體，如此可以增加人和人間的關係，而不注意團體的名目。

當個人一再沾到他人的餘潤，自會將別人置入於自己的意識界，時時想到別人，也願和別人分享自己的光榮，一方面算是還報，一方面也表示個人的成就。抽象的榮譽可以與人分享，任何本身所有的都可與人分享，此時便不再以獨享為樂，而是與人分享可以得到更大的快樂。

願意與人分享的，多半是自己認為滿意、光榮、或欣喜的事實。這也是人類的普通習慣，而在藝術家或創造家更為明顯。常人一遇到滿意的事，在欣喜之餘，不由自主的會告訴別人。兒童在學校裡得到較高的分數或任何獎勵，回到家會不遑喘息的告訴家長。幼兒得到新玩具、穿上新衣服，刻不容緩的顯耀於同伴之間。心理學家以為是基於人類表現的願望，完全出於自發自動的內在要求，想把自己內在的觀念，證諸實際，以得到自我認證。在這種情緒下所要認證的，不在於外在物質的獲得，而是有關這些物質所引起的情感作用。在道理上說，新玩具自是新玩具、新衣服自是新衣服，自己知道其為新的，已經證實了這些物質的存在，別人知道與否，和物質的存在毫無損益。所以要求人知道的，是自己對這些新東西所發生的情感，而這類情感除非在即刻的、切近的環境中的別人，不容易覺察，要自己再宣揚一番，才能通知不在場的人，使他們也能夠知道。由這些人的反應，可以證實自己情感的存在，證實別人也能發生同樣的情感，增加自己情感的強度，並把自己的情感經驗與別人分享。

用藝術家和創造家的表現，以證實情感的分享作用，更易明瞭。一位藝術家利用累積的經驗，在創造活動的衝動下，油然而生出濃厚的情感。例如：畫家在一個天氣晴朗的日子，登上一座高山，看到周圍蓊鬱的林木、聽到潺潺的泉聲，夾雜著鳥語蟲鳴，不覺自己進入於一個意境裡，

愉快、舒適到莫可名狀，而在一刹那間完全忘卻了自己，待到省悟過來，發現自己曾經有過一段這樣的情感，於是要把它畫下來。畫下來固然可以使這種情感有再見的機會，或者為了保持記憶，而有意的畫了下來；不過真正的創造，並不是受這類目的驅策，而是在情感衝動之下，不由自主的畫出來的最深的意念，在於和別人分享這種情感，否則便不會把自己的作品，拿出來和別人共同欣賞。發明家也具有同樣的情形。阿基米德在洗澡時突然發見了計算混合物質比重的算法，立刻從浴缸跳出，跑到外面狂呼大叫，這是傾刻間狂喜的衝動，實際上卻是受與人分享這快樂的潛在動機所驅使，以致忘記了自己未曾著衣，根本就不曾想到著衣這回事。這分享的衝動是最原始、也是最真實的。

教育正可利用人類的分享的願望，鼓勵發展分享的願望。而願意與人分享的，都是愉快的情感，所以在欣悅時會不知不覺的走入人群，在悲傷時則希望孤獨。與人分享愉快，不願使自己悲傷的心境感染別人，乃是出自善意的，希望別人快樂的動機，是源自於愛的作用。對於所愛者，只有設法增進其幸福，使其快樂，故而有「愛之欲其生」的說法，愛是趨向生長和發展的。

與人分享自己的愉快經驗，從自我的立場說，在求自我認證，從而增加愉快的強度，一再的重複這種經驗，便等於增加經驗的次數，可以重複愉快的感覺。從愛的實踐說，是要把愉快的經驗，與所愛的人分享，使所愛的人也感到同樣的快樂，是從自己推展到別人。自己願意經歷愉快的情況，因為這是一種舒適的感覺，有吸引自己一再重複的力量。以己度人，別人一定也會有同樣的感覺，對別人也同樣具有吸引力。如果只是獨自享受，愉快的程度是有限的，不能有更高的滿足。這種表現如一個得到意外之財的人，會慷慨的分給家人和朋友；得到意外糖果的兒童，會慷慨的分給弟妹或同伴。事後有無懊悔，是另一回事，在當時，卻是受分享的願望所驅使，才會表現於實際的行動。

鼓勵兒童與人分享，主要在於喚起推己及人的作用，並要啓發兒童，領受別人有所得時的愉快經驗。如此則一時的慷慨，永不會引起後來的懊悔，因為與人分享。如果是物質的，自己必然受到一部分損失，可是這種

損失，可以在領受別人的愉快時，得到雙倍的報償。例如：一個孩子把自己所有的兩塊糖分給另一孩子一塊，如果他知道如何領受分享的情感，他便會在看到那個孩子得到一塊糖的欣喜，吃糖時享受的愉快，和對他的慷慨的感激；這些情感上的享受，比他自己吃了一塊、再吃一塊時所得到的滿足更有意義、更深切，更使自己高興。這便是人類所以能成爲萬物之靈的原因，因爲人類不只注重物質的享受，更注重精神的享受，而精神享受所給予人的滿足，遠非物質享受所引起的能與倫比。

到了分享精神愉快的地步，便可進入於心靈享受的階段。此時無論是物質的或是精神的，不再以自己的得失爲念，而純以所愛的客體來決定。一個愛子女的母親，自己可以忍耐飢寒，卻把所有的衣食都給了孩子，看著孩子享受飲食、衣服的滿足，比自己享受更快樂。一對相愛的夫妻的一方，能夠爲了愛對方而辛勤的工作，而忍受精神上的痛苦，這些苦之所以不爲苦，因爲對所愛的對方有益，從對方所感受的快樂，自己也可體驗到快樂，這快樂不但可以抵消身受的痛苦，甚而使痛苦變爲快樂的泉源，所以不再是苦而反成了樂。一個愛好讀書，希望獲得知識的學生，可以放棄看電影、遊山玩水的逸樂，而埋首於書本或實驗儀器之間，廢寢忘食，不顧疲倦的威脅。因爲當他有所收獲的時候，那愉快更超出於遊樂之上。當然此時他所愛的，不是具體的書本或實驗儀器，而是求知的抽象觀念；他所要獲得的，不是切近的感覺的滿足，而是超越的精神的享受。

不過人類的感覺先於理念，因而生理方面的感受最容易覺知，這就是形成人類好逸惡勞，只求切近的滿足，不敢妄冀超越享受的原因，甚至自暴自棄，從來不想得到較高的精神享受。於是少數有較高鑑賞力，肯於體驗精神享受的人，成爲社會上被歌頌的理想人物；因爲這樣的人物爲數有限，使一般爲自己找藉口的人以爲他們不是常人，自然常人不應該想望成爲非常人，便輕易的推卻了自己的責任，放棄了自己發展的機會，使得人類的潛能竟不得充分發揮，損失是個人的，也是社會的。

如果相信精神的享受高於感覺的享受，教育便有責任啓發精神享受的動機；如果相信感覺的享受比精神的享受容易獲得，教育更應該擔負艱巨，鼓勵精神享受的願望。實際上，教育要完成這項任務，也並非難事，

放棄教條式的，以大道理說服的方式，提供給學生精神享受的機會，並延長享受的時間，使學生能夠多方體驗精神享受的狀態，比較精神和感覺兩種享受的差異，無須指明，他們自己將會選擇何去何從，為自己做最好的決定。

　　心靈享受的最高階段，可以把所愛的客體，從物或人轉為所接受的抽象的觀念，此時不但能捨己為人，從別人的滿足上得到自我滿足，而是達到了殺身成仁、捨生取義的犧牲自己，以實現所愛的觀念的地步。到了為愛抽象的觀念而犧牲自己的時候，便無從以事實上的利害或成敗來解釋，因為重點在於所愛者是觀念，所要達成者是觀念的實現。切身的生命尚且不顧，自然談不到身外的利害得失，也不能以膚淺的庸俗的實際觀點來解釋。伯夷叔齊餓死於首陽山下，他們的死並未能阻止武王伐紂，也沒有減少當時人民對紂王暴政的怨恨，可以說，他們付出了自己的生命，對任何一方都沒有影響力；而他們堅持商代應該繼續，便是人民仍然應該在暴政之下含辛茹苦，也無法使為大多數人著想的當時或後世的人寄予同情。後世所以讚揚他們，不是由於他們的固執不化的成見，更不是為了他們那種無意義犧牲的愚蠢行為；而是由於他愛自己的觀念的那份堅執的情感，和實現這種愛的毅力與決心，以及不計成敗得失的超越精神。因為他們相信「以臣伐君不可」這個觀念，既無力使這個觀念普遍的存在於每一個人，只有以自己的死來表現觀念的真實性。這是至高至純的愛之觀念的表現。岳飛深知十二道金牌是假的，自己握有重兵，將在外，可以不受君命，卻要回到帝京去委曲受死。他曾為數十年抵抗金兵，削平內亂的成就而惋惜，如果他不再掌握兵權，直搗黃龍的夙願便無從得償；然則他犧牲自己的性命，連帶著兒子和從將的性命，與國家何益，又如何向自己交代？可是他還是應偽召而去，以至於死。沒有人否認他愛國的忠心，可是他卻毀滅了愛國的願望，因為他還有一項更高的愛，是他的母親所教導的，在那個時代，愛國便要忠君，因為君主是國家的代表，忠君便要盲目的服從。為了他所愛的這個觀念，犧牲了自己，也毀壞了自己辛苦所創的成果，因為這一項最高的愛，使他不再計及事實上的利害得失，後世崇敬他的愛國精神，實則他愛觀念的精神，更值得讚揚。文天群在宋朝大勢已去，仍然

再接再厲的對抗元兵，直到最後被擒被囚，仍然只求一死。他的死不能使宋朝復興，不能使元兵退出中國，對當時看不出有何裨益，但是他還是選擇了死亡，因為他愛自己的國家，更愛「愛國家」這個觀念，為了實現這個觀念，所以能夠從容就義。

就從這三個例證來看，這些當事人顯然的都受到感覺上的最大痛苦，而又未從實際方面得到任何滿足，但是他們卻有超越的、非一般人所能享受的愉快，是心靈的享受，是精神的滿足。從夷齊的安然忍受飢餓，以至於死；從岳飛的毅然就道，安心停留在牢獄裡；從文天群的引頸受戮，可以看出他們對死未做任何反抗，而由他們對於死的欣然接受，可以推想必然得到了更大的安慰。

教育對於這些愛的實踐，應該做更透澈的解釋。說他們有偉大的人格，則構成偉大的因素何在？所受的驅策力──動機是什麼？說他們為了揚名於後世，固然可以解釋為遠大的理想，但是在身死之後，所得的榮譽能夠加給他們什麼？用這樣的解釋，顯然不會引起學生的興趣，因為太遙遠，理想太高超，不是多數學生所能夠想像和了解，自然更不是學生所能夠體驗或認識的。如果從切近的情感上來解釋，特別從最基本的愛著眼，則每個人都能夠想像和了解，而更容易引起信心。這樣做才符合從基本處開始，符合儒家由近及遠的道理，也就是符合自然的道理。

當將愛由推己及人以至於物，而到了共享、分享、以至於心靈的享受的階段，可以達到愛人無私的仁的地步。此時個人可以和萬事萬物並存；用切近的話來說，在人類社會裡，便是和衷共濟，於是老吾老以及人之老，幼吾幼以及人之幼，以其所愛，及其所不愛，從最基本的有所愛，而到無所不愛，則愛不但充滿人間，而且將貫徹宇宙。

把愛擴展到極限，到了無所不在的時候，由實現個人的目的而到求實現多數人或全體人類的生存；由求個人的進步而到求全體人類的進步。人類的目的，都是向上的、進展的，在這種目的的驅策之不，才努力工作，以求目的的實現，個人的進展由於此，社會的進步也由於此。艾德洛以為這目的便是人生最後的目的，雖然個人並不覺知這種目的的存在，可是個人的一切作為，卻受這個目的所支配，見諸於實際行動的，是個人的自強

不息，力爭上游。不過個人的努力，還可諉諸於自私的動機，是爲了個人的發展。至於有些在動機和結果上都看不出自私的趨向的，如科學家的發明，則是受最高動機的驅使。倘若他們不把自己的發明和發見，公諸於世，而只是個人坐享其成，便不會有今日的文化成就，他們如此做，是要求全人類、全社會的進步，在全體的進步中，可以得到更大的滿足。

爲提高滿足的程度，增加進步的成果，必然要有人類的通力合作。談合作的往往從利害關係著眼，以爲在團體合作中，可以增加個人所受的利益，事實上這種需要是存在的，但若完全從利害方面著眼，則合作是出於需要，是被迫而發的，於是當需要存在時，合作可以出現，一旦共同的需要成爲個人利害關係，合作便被破壞，而啓發爭奪的趨向，以致教育不得不在威逼利誘之餘，用合作爲高尚的理想行爲，以教條的方式勸人做自我犧牲，以收團體合作之效。這種外爍的動機，基礎薄弱，不能收獲實效，極爲明顯。所以數千年來，人們只有在利害關係相同的時候，才有暫時的合作，一旦利害成爲切身的問題，合作便宣告破產，於是講究人道主義的，只好慨嘆人性的消泯，佛洛伊德甚至推斷是由於人類的死亡本能（death instinct）。人道主義之不能普遍，是因爲論點上犯了教條的錯誤；佛洛伊德無法詳細解說其死亡本能，是因爲和他的中心思想──愛爲人格動力的泉源──發生矛盾。單從佛氏的觀點來說，愛本是最原始，最基本的力量，只有在愛得不到正常的發展，受到挫折以後，死亡本能才有壓倒的力量。佛氏是因看到實際人生表現才發出這項失望的悲觀論點，如果他對自己原初的觀點未曾發生懷疑，便不必改變方向，橫生枝節，仍可依照愛的正向發展，繼續下去。

愛的正向發展，是儒家所主張的愛自身以至於他人，和愛人及物的主張，由於愛的聯繫，不但爲個人的需要或是共同的需要而合作，也可以只爲了所愛者而和衷共濟，此時自然不再計及利害得失，純然是由愛而發的。因爲無所不愛，所以在任何情形下，都可以互相合作，此時支配合作的力量，主要的愛的情感，目的反而成爲次要的，則情感的衝動力量，成爲積極而有效的建設性行爲的導源，盲目的發洩，適足以促成和衷共濟的行爲；不假思索，不加任何評鑑，適足以保持或增加衝動的力量，一致的

進行下去。

　　教育可以利用情愛的激動力，增加所愛的客體，擴大愛的範圍，使愛的實踐機會，益形增加。要達到這個目的並不困難，主要在訓練客觀的觀察，和公平的判斷能力。我們在觀察的時候，常常依照原有的假定，然後再從觀察的現象中找尋符合假定的因素，把不相符合的，斷然摒棄。先有假定，便是有了主觀的成見，依成見而做的取捨，便成為片斷的選擇，由此而做的結論，自然是偏頗的、特殊的，不能成為普遍的真理。如果在觀察的時候，能夠更慎重、更周密，便可發現更多的事實；在判斷的時候，退一步想，仔細斟酌，便可得到更合理的判斷。例如：因為子女是自己的，看到他有疾病或危險，自然要想法補救，如果因為是別人的子女，而漠不關心，顯然是受了愛自己的子女的成見所影響，這成見使得對兒童加以保護的情愛受到限制，以致無法發揮本原的愛。而在見孺子匍匐將入於井的傾刻，無暇辨別孺子誰屬，只是受愛的驅使，奔走赴援，一個人奮不顧身的冒著落入井中的危險，抓住了行將失足的孩子，另一個人再把救人的人抓住，是在愛的激動下所表示的最純真的行為。若將這情形推而廣之，看到別人的子女忍飢耐寒，便要設法使其得到溫飽，一個人的力量不夠，可以喚起多數人的注意，共同完成這項目的，不必再計較孩子的父母，懶惰無能，也不再計較孩子頑劣不堪，不值得同情援助。因為從進一步的觀察，可以體驗父母都是愛子女的，其不能盡到父母的責任，是受實際情境的限制；退一步想，孩子本都是可愛的，其所以有不可愛的行為表現，是受到其他的影響，原來被愛的特性並未改變，於是扶危濟困的初衷，不但不會改變，而且要更為加強，更要集合力量的來源，以完成互助合作的目的。

　　社會上不乏互助合作的表現，捐助貧寒疾苦，便是最普遍的一項事實。一般只以為這是一項值得讚美的善舉，卻不知是由於基本的情愛。教育於其從勸善上著手，無寧從發展愛心上著手。先哲已經說過，老吾老以及人之老，幼吾幼以及人之幼，但是卻不是從規過勸善的社會道德著眼，而是從人情和人性出發的，合乎情和性的行為，絕不致為社會倫理所不容；相反的，萬事皆在情理之中，不必好高騖遠的以大道理規範人生，從

最基本、最淺近處開始，最符合人情。而人情，用儒家的話來說，是合乎天理，存在於宇宙之中的不易的道理。

教育以愛爲旨歸，發展人情，確定人性，必須把握人情的要點。情是自內而發，就著本原來發展，實行易而收效寬，若企圖以外爍的力量，不但是捨本逐末、勞而無功，還可能形成反作用，得到反效果。從基本處著手，在於布置環境，陶冶愛的情感，先示兒童以寬容，並予兒童以親切的體念，使他們潛移默化，把本身原有的情愛和所受的情愛融合，體驗出推己及人的作用，能夠自然的付諸施行。在實踐上有所愛以至無所不愛，以與人共享爲樂、以分享爲滿足，並進而在愛的驅策下和衷共濟，成爲社會上必須的患難相恤、疾病相扶持，出自於眞情的互助與合作。

三、和平是終極目的的實現

　　大道之行也，天下爲公，選賢與能，講信修睦；故人不獨親其親，不獨子其子，使老有所終，壯有所用，幼有所長，矜寡孤獨廢疾者，皆有所養。男有分，女有歸，貨惡其棄於地也，不必藏於己；力惡其不出於身也，不必爲己；是故謀閉而不興，盜竊亂賊而不做，故外戶而不閉，是謂大同。（《禮記》〈禮運〉）

哲學上從柏拉圖開始，以爲宇宙是一個合理的系統，理念是最後的實體，是永恆價值之所在。求永恆價值的實現，便是最高、最後的目的。開創目的論的觀念。亞里斯多德以爲從事物的質料而實現形式，有內在的目的是主要的原因。此後也有的哲學家以機械的觀點，反對目的論，而形成兩種不同的說法。近代由於科學的進步，以爲宇宙是一個有計畫、有秩序的進步歷程，向著一個固定的方向進行。有些心理學家也承認這個終極的目的，至少全體心理學家都相信，從心理方面推斷，一切行爲都受動機的驅策，最高的目的，是在求個人與社會的發展：在個人方面，要求快樂的生活和健全的人格，在社會方面，要求團體合作與和平共存。

(一) 個人的發展

　　人在個體發展方面所期望的，是快樂的生活和健全的人格。生活關涉到個人的條件和外在的情況，人格在於所有的特質和行為表現、環境和個人都有差別，但各人的方向卻是一致的、向上的。

　　希臘古代社會裡，便存在著所謂「完善生活」（good life）的一念。所謂完善生活，包括四個條件：健康、優美、富足、年輕而有朋友的日子。

　　健康由於健全的體魄，顯然在古代醫藥效力有限的時候，人們曾經受過極多疾病的痛苦，因而希望有健康的身體，不致為病魔所纏繞。古代希臘社會，和其他民族的早期社會一般，充滿了宗教思想，以為健康出自神授，嬰兒出生，便有些神專司他們的健康發展，所以有健康身體的，是神的恩賜，也是完善生活的首要條件。希臘人對於健康的想望，可由紀元前四世紀左右亞里弗郎（Ariphron）所寫的一首讚美詩看出：

> 健康，人類最快樂的條件，
> 願我終生與你同在，
> 願你肯為我留。
> 若別處還有愉快、在財富或兒童中，
> 在似神的高貴原則中，
> 或在人類所尋求的愛中，
> 若人類還有其他的喜悅，來自於神的慘澹經營，
> 必須有你，可貴的健康，
> 伴隨著尊貴的反照，一切都強壯而發光。
> 沒有你，快樂便從而消失。

　　優美在希臘觀念中，是生理方面的健康美。這觀念是由於希臘人之神的概念，神是有健美的體格的，如果人也有優美的體形，便是具有與神近似的條件。所以希臘人所認為的美，必須配合著動作，在運動競賽中得勝的被譽為有著寬闊的胸膛、強壯的肌肉。從希臘式的塑像中，一再強調肌

肉感的表現，可以看出對於美的觀點。男性美表現在肌肉動作，和適當的體形與身體各部的比例；同時希臘人對女性美，也自有其觀點。女性美不但在身體的勻稱比例，更在於服裝的配合，是健康、勻稱與尊貴的美，再加上飾物和所發的聲音，使人興起美感的觀念。

財富是完善生活的第三個條件，在希臘人看來，要想有完善的生活，必須是一個完善的人，而財富能夠助成人達到完善的地步。他們不以為貧窮是值得讚美的，因為貧窮會限制人的生活。「人是由財富造成的，失去財富也將失去朋友。」希臘的這種觀點，是由實際生活的體驗而形成的，尤其當古代社會的貴族觀念占有優勢的時候，有財富才不必為生活奔忙，才有時間致力於哲學的研究。不過希臘人也未曾只著眼於財富，而不擇手段的謀求財富，所以他們對於擁有財富，有一個限制條件，那便是財富要從有正當的方式而來。在貴族傳統的社會中，繼承財產是合理、合法的來源，必不得已而要自己謀求，必須用正當方法得到，可以有之而無愧。

年輕而有朋友，是希臘人所認為的完善生活的最後一個條件。年輕代表生長的朝氣，是最健美的時候，顯然希臘人對青年人有莫大的期望，以為青年期是人生最可貴、最有可為的時期，而青年所獨有的健美，為青年所不能保持的條件，是希臘人想像中神的條件。至於年輕而又要有朋友，是希臘人對青年人生活的設想。青年應該發出最蓬勃的朝氣，但是青年人也應該有輕鬆的生活，和同年齡的朋友在一起，可以盡興的玩樂，以便有暫時的輕鬆，而調劑青年緊張的生活，舒散緊張的身心。遊樂要在青年時才有這種興致，也有剩餘的體力去享受，而且青年是理論上最健康的時候，有性情相投的同伴在一起，才不致孤單，而且可以盡情的歡笑。（註11）

希臘人所認為的快樂生活，是頗為實際的觀念，其中以財富為完善生活的一個條件，初看之下，似乎和「君子固窮」的儒家觀念不合，但這是從表面上看，若深入觀察，儒家教人安貧，仍然不出求快樂的本旨，教人不必戚戚於貧賤，或汲汲於富貴，以增加煩惱，儒家也沒有教人摒棄來自正當途徑的財富，便是一例。何況儒家的快樂觀念，不是建基於物質之上，而是注重精神的享受，若能聞道行道，富貴形同浮雲，但卻不可為了

財富，而離經叛道的去營求。

　　生活的本身就是實際的，不必牽強到過高的理想，妄談道義，徒重空論，而置切近的實際需要於不顧。歷史上每當時處維艱，執政者常以枵腹從公來勉勵服公職者盡忠職守的精神；但是以這種觀念爲鼓勵服務精神，忍耐一時的困難則可，用爲長期的可以實現的理想便永難達到目的。事實上人的生活需要，生理的是最基本的一種，當身體在疲乏飢餓的狀態時，無論意志多麼堅強、多麼願意繼續工作以提高其效率，事實上因生理循環所需的營養缺乏，各部器官的功能必然減低，初時只是工作效率減低，容易發生錯誤，時間越久、效率越低，終至不能再繼續工作，而在相當時間內若得不到所需的營養，生命便無法維持，更談不到任何理想的實現。事實是如此，人是由血肉構成的軀體，便不能超出生理的限制，便不必以清高爲名，認爲重物資是自貶身價。口腹之人，則人皆賤之，是指徒以口腹的滿足爲事，更不論其他的人而言，這種口腹的欲望，超出於生理的需要之上，自然不值得重視；反之，眞正屬於生理需要的，雖聖人也未曾忽視，所以有食色性也之說。

　　大體說來，快樂生活，包括物資的和精神的兩方面，這兩方面同是人所需要的。現代心理學家馬斯洛（Maslow）以爲人類行爲受動機所驅使，動機在求自我滿足而到自我實現，是由於人的需要。需要分生理的、心理的與社會的，從需要在時間上的迫切程度而言，可分低級的和高級的。高級需要的出現，有待於低級需要的得到滿足，否則便將停留在較低的階段，不易進展。又在達到較高級需要的階段，低級階段的需要並未消失，只是退而居於次要的地位。（註12）依此從生長和發展的時間順序上說，生理的需要是先出現的；在各種需要同時存在，依迫切的程度來說，生理的需要是急待滿足的。因此在生活中，滿足生理方面的需要，應被列爲最先；滿足精神方面的需要，應被視爲最高的生活。快樂的生活，便在這兩方面需要的滿足。

　　物質方面的需要，不外衣、食、住的滿足，滿足到何等程度，才能算做快樂的生活，應該加以說明。食物要美味可口，但是令人感到美味可口的，不是山珍海味，或願望中的任何珍饈，而是最需要的時候，能夠及時

供應的。諺語飢不擇食，可知擇食者並未達到真正飢餓的程度，而在腹有餘粒的時候，任何美味都不會引起滿足的快感，有時反而感覺厭惡。所以需要和欲望不同，能夠滿足食的需要的東西，都能使人感到滿足的愉快；如果奢望不必需的口腹之欲，則欲望無窮，永遠不會滿足，便永遠不會快樂，這就是儒家以為食色性也，應該適應本性的需要，不致忍受飢餓的痛苦，便會得到快樂。至於貪圖口腹之欲，不但沒有快樂可言，欲望的本身便是應該加以禁制的。在這一點上，伊比鳩魯確實悟出了快樂的真諦，他的只求食以充飢，看來近似苦行者有意的約束自己，限自己於最低的生活程度，實際上他卻是看出飲食的真正效用，在於維持生命，最低的飲食標準，正是得到快樂的最基本的方法。如前所述，人類有維持並延續生命的傾向，這種傾向的實現，便是滿足的根源，便是達到了人生最切近的一項目的。

　　承認飢而得食為人生的切近目的，便可了解為飢餓所迫鋌而走險的人，因為得不到食物，便無法達到人類維持生命的目的。目的不變，達到目的之方式可以有多種，在需要的威脅下，不容選擇、不遑考慮的行為，雖然依照社會法則，應該予以另一種判斷，但若從目的和需要的方面說，正見出這項目的的迫切和普遍性。

　　衣所以保持體溫，是最基本的生理需要，然在保溫之外，還有裝飾的作用，這是由於人類審美的本性，是一種精神的需要，所以最基本的是能夠蔽體而又適如其分的衣服，使生理和社會性的需要能夠同時滿足。但是衣的生理方面的需要，為後天的社會風氣所染，反而成為次要的，崇尚華奢，倒成了首要的條件。實際上在生活中，人類文化積累數千年，社會風氣不容許裸體出現於公眾之前，便也成為迫切的需要之一。雖然如此，衣的真正價值，仍然在以不違反社會習俗為原則，至於以華貴的裝飾為榮的，和貪圖口腹之欲一樣，不是真正的目的，也不能從其中得到真正的快樂。

　　住和食的需要相等，但在需要的迫切程度上，次於食物。因為住的最原始的價值，在於有一個安全的場所，可以休息疲勞的身體、可以遮蔽風雨的侵襲，在溫暖之外，更要能供給安全感。懂得居室的目的，主要的在

求安適和方便，因爲在其中仍然保持一部分活動。所以房屋雖小，構造雖然簡陋，若堅固得無傾塌之虞，便利到適於活動或戶內工作，身居其中者的目的便已達到，便可從其中得到居住的滿足和快樂。至於廈閣連雲，布置華麗的，是又成了欲望的追求，不但不會滿足，而且實際上反而因活動的地方太多無暇顧及，更因體力的無謂消耗而引起若干的苦惱。

在物質生活方面，能夠維持生活的要求，最基本和最需要的，不過是日食三餐、衣能蔽體，以及和足以容身的一席之地。達到這個地步，便具備了快樂的條件；其日饜珍饈、衣物充斥、房廈千間的，所需仍然不出最基本的限度，超出了基本限度，未必便能增加快樂的程度。

精神方面的需要，是人生最複雜的一項問題，因爲太抽象，而又變化多端，不易做科學的實驗研究，遂成爲心理學上不願深入研究的一個問題，但是研究的目的，不在困難程度，而在研究的價值。如果承認人類因有複雜的心靈活動而成爲萬物之靈，便要承認精神方面的需要，更重於物質。

精神方面的需要，在於求心靈的享受、美的實現和存在的價值。

人不是機械，在精神活動方面，尤其不是沿著固定的軌道運行的，所以無論工作時如何紛忙和辛苦，必須有一段時間停下來，以便休養身心。所謂休養身心，是外在活動的暫時停止，心靈活動仍然繼續，因爲心靈活動的範圍，遠超過軀體活動。人停留在一個固定的場所，卻可以想到千里外的人或物，可以記憶若干年前的事和人，也可以想像尚未見諸於現象世界的任何形象。這些心靈活動超出於形骸，因而要求不受形體的牽累，但是若軀體勞動，連帶的使心靈無暇做充分的活動，便是生活偏於物質的一方面，使心爲形役缺少了精神的享受，影響所及，必然對於現有的生活厭倦，以至於精神萎靡，便沒有快樂可言。許多忙於物質尋求的人，偶然會自問所得到的對自己倒底有多少好處；或者從來不會這樣自問的人，在爲物質生活忙碌之餘，或者物質生活都得到滿足之後，有一種茫然若失的感覺，這是由於心靈爲物質所蔽，不能覺知人生原有的目的，需要未曾得到滿足所生的迷惘的感覺。事實上人類需要精神的享受，這種需要若得到滿足，便可把物質的需要置於次要的地位；而且就如在狂瀾之中有一個中流

砥柱，無論遇到任何挫折或變化，都可堅定不移的、快樂的生活下去。

　　美感的滿足是人類的基本需要之一，因爲是抽象的，以致不易做具體的說明。這項需要之原始性，可以從人類文化進展的歷程看出。當原始社會的人們得到足夠的獵物，生理的需要滿足以後，便開始做些具有裝飾性的工作。現在有史蹟可尋的，如獵具上的雕刻、用具上的裝飾圖案，演變到現在，屬於美感表現的物品不可數計，這並不是生活中所迫切需要的，而人類始終孜孜不休的在進行，因爲人類有另一種屬於心靈方面的需要，要把現象界的形體加以抽象化，使其變爲美的形象，並要把這美的觀念表現出來，再證諸於現象中。從這個歷程中，可以得到更高的快樂；並可由工作的成果上，彌補了現象界的缺陷。心理學家描寫文藝創造家的創造歷程和心理狀況，以爲在爲創造的衝動所鼓舞的時候，本身並不知道是要想創造，只是心靈上有若干觀念，彷彿待決的洪流必須一吐爲快，否則便會坐立不安、食不知味。在不能自己而執筆爲文，或揮毫做畫的時候，有一種捕捉到獵物的狂喜，爲表現的衝動所支配，不知有自己的存在，更不知有身外之物；待到作品完成則如釋重負，感到無限輕鬆和愉快。由這段描寫看，美的表現是原始衝動，表現的完成是快樂的來源。近年心理學家更相信，每個人都有表現創造的需要，也有創造的能力。創作之所以不是每個人都有，是原來的創造需要受到挫折、改變，而成了其他的傾向。這種信念並非過言，事實上每個人都想表現自己、都想自己的表現出人頭地，便是最原始的要求較高價值實現的需要，高出一籌，便含著美的成分在其中。

　　另一項精神的需要，在探求價值的存在。在人類的潛意識中，時時在爲這個目的而掙扎，有時這目的進入意識範疇，便會出提「我是何人？」、「生活的目的是什麼？」之類的問題。這些屬於心靈方面的問題，不是藉物質材料所能夠答覆而令人滿意的，至少在物質材料之中，要有精神的成分，才能切中題目的要竅。事實上，許多追求物質享受的人，當其爲這個目標而努力的時候，心無旁騖、無暇也不肯停下來問一聲「爲什麼」，待到所望的一切都已得到，應該滿足而快樂，卻反而感到空虛茫然、不知所措。這道理的明顯，便在於走錯了方向，原來所認爲的想要追

求的目標，不是真正的目標，所以實現以後，不能從而得到真正的快樂。人原有一部分生活是屬於精神方面的，若全付諸於物質方面，當為物質而忙碌的時候，還無暇他顧，待到再沒有其他物質可以占據身心，便會感到心靈的空虛，因為真正的價值並未獲得。目前科學的進步，為人類造成有史以來最舒適的生活，應該滿足而快樂，但是空虛和恐懼不安反而充滿於世界。說這個時代的人迷失了自己未必正確，但卻不能否認我們未曾找到真正的價值所在。物質生活的進步，超出精神的實現之上，兩者不得平衡，才使人失去重心，無法寧靜而快樂，以致個人表現著不安的情緒，整個世界陷入於緊張之中。停下來冷靜的想一想，怎樣才是真正快樂的生活，此其時矣。

終極目的之屬於個人發展方面的，是健全的人格。在古代希臘社會中，也有一種理想的人格，即是所謂「完善的人」（the good man）。一個完善的人應該具有勇敢、節制、睿智、和正義四種基本的德性。勇敢之被認為是完善的人的一個條件，可能由於希臘古代社會戰爭的頻見，為保護弱小而獻身疆場，是每個健全公民的義務。平時不暴虎馮河、戰時不怯懦畏縮的勇敢，便被視為是合乎中庸之道的德性之一。節制也是一項中庸之道，有所為而為，但意不在表現自己；知其不可為而不為，但卻不是由於不能為。睿智多半在於心智的判斷，表現於政治或行為。正義是道德品質，表現在服從社會法則並維持社會法則的尊嚴。（註13）這四個條件，是否能夠平均的具於一人之身，自然是問題，但從這裡可以看出古代希臘對人的理想。

儒家最高的理想人格，是聖人，但是這是罕見的不可企及的。所以可以實踐的理想人格，是君子。君子應該具備知、仁、勇三達德，三達德的表現，是好學近乎知、力行近乎仁、知恥近乎勇，表現到名實相符時，便能知者不惑、仁者不憂、勇者不懼。儒家的理想，常被以為標準太高，不易實踐，遂使人輕易的予以棄置。其實儒家立論雖高，並未超出人力能行的範圍。人可以說儒家的立論高，但卻不能說個人沒有求發展為理想人物的願望，用淺近的話來講，求人格的健全，是人類的普遍而終極的目的。心理學家並不否認這一點，馬斯洛的自我實現，更做了有力的說明。求人

格健全的目的，表現於人類企圖情感的正常發展，和行爲的理性控制上，兩者可以合併解釋。

情是與生俱來，不學而能的。因其爲原始的衝動，便不得不有所節制，以求發而皆中節。也就是情之所發，出自原本的力量；情的表現，卻要經過理性的節制，即是所謂之自制。由於人類原有的理性，使得節制成爲可能。依心理分析學派來看，人原受本能的支配、和動力泉源的性愛的衝激，於是有若干需要和願望。不過後天所得的教育，教育中社會道德和法則，被吸收爲人格的一部分，成爲良心（精神分析學派不承認理性是先天的），而良心便成爲自我制裁的機構。當本能的衝動出現，立即爲良心覺察、發出警告，因而產生負疚或恐懼感。負疚是恥於本能衝動的出現，恐懼是怕超我不能始終控制本我的要求，一旦表現於外，將受到社會的懲罰。無論精神分析學派是否承認先天的理性，其他理性視爲人格的一部分，而且具有強烈的作用，則是事實。個人的發展，是在趨向於以理性控制情欲，也十分明顯。

社會心理學家以爲人格是個人和社會雙重產物，因爲人格不但包括與生俱來的特質，也有後天學習的結果在內。若以理性和情感一般，是與生俱來的，自然也和情感一般，同樣的趨向於發展；若以理性是後天獲得的，也要原來具有獲得理性的可能住。總而言之，便是有發展理性的趨向。理性的發展，是人類特有的性質，人類依其原定的方向發展，自然目的在於成爲人，成爲人則與物有別，區別的大小便在理性控制情感作用的淺深。人都願意被稱爲「人」，而不願意被視作「物」，便是人類要用理性控制情感的主要原因。是個人要以自制而約束情感作用的目的。但是自制是有限度的，而且在不違反其爲人的原則下，所以是順乎情而合乎理的發展，不是矯情悖理的作用。在這種情形下，有喜、怒、哀、懼、愛、惡、欲的情感發動，但發動必然有原因、有方向。發動之後不會感到遺憾以至負疚，能如此謂之爲具有健康情緒作用的健全人格，而健全正是每個人所期望的，這正合乎儒家發乎情、止乎理的原則。所以君子不怒而天下畏，不戰而天下平。

情感發動之初，只是原始的衝動力量，所以先哲一再倡言節制情感。

但是在七情之中，不但從未指出愛的節制（愛人之所惡不在此限），而且要擴大愛到最大的範圍，顯見愛是一種無害而且有益的情感。於是在運用理性，節制其他情感，愛的情感便可得到更多的發展。事實上愛所引起的既然是快感，則所愛的越多，快樂的來源便越廣，則在充滿了愛的生活中，當然也將充滿了快樂。人類所一致企求的，便是只有快樂，而無憂無懼的生活。

(二) 社會的發展

社會是團體組織，其特性便是組織的密切與鞏固，表現於團體合作及和平共存上。

當一個固定的社會形成之後，便成為一個有機的組織，有了最高的目的和發展的歷程，此目的是社會的進展，其歷程是繼續的。故而無論一個社會有任何變化，總是循著一個方向繼續演進。社會的目的，和人生的目的近似，人類為求生命的維持和延續，而且要求生活的進步，所以要有快樂的生活和健全的人格。社會除了要求其分子，是快樂而健全的以外，由於社會本身的特性，更特別需要團體合作與和平共存。

從社會組織來看，是單一的獨立機構；若從社會的成分來看，則是由多數單獨的個人所組成。將若干單獨的個體合成一個整體，必須有一種團結的力量，使原來分散的個體能結合在一起。從實際方面說，社會一方面消極的要求其分子減少分散游離的力量，以便有結合的可能；一方面積極的要求其分子發出吸引的力量，以便互相銜結。所以人類社會中有限制個人自由，以維持社會秩序，保持社會團結的要求；也就是佛若姆所說，社會對個人的本原性和自發性的約束之所由來。在這一方面，社會有依公眾的意見而訂立的社會制約，即是法律；同時又有依公眾的行為所形成的風俗習慣，即是禮節和慣例。當這些成文法或不成文法成立之後，便成為社會約束其分子的力量，勉強個人，使之必須有所為，或者限制個人，使其必須有所不為。於是從個人的自發和自動性上來說，並沒有絕對的自由；但在約束的範圍內，只要不違反社會所禁制的事項，也並不完全不自由。從人性發展的觀點看，自然是自由發展受到了限制；可是從社會本身的特

性看，這又是維持社會的存在和延續所不可或缺的條件。

但是從另一方面來看，人是社會性的動物，生於團體之中、長於團體之中、死於團體之中。團體本就是生活的一部分，而且心理學家也承認心理上個人對於團體的需要——需要有所統屬，則團體對個人，不應是限制的或破壞的力量；相反的，是助長的和生成的力量。沒有個人，團體無從產生；沒有團體，個人便失去了生活的依據，這是從原始的互相依賴的關係來說，仍然是實際的觀點。

若從情感的本原上看，從幼兒期便有趨向於團體的傾向。依附於母親只是最初步的表現，喜歡在成人群中玩耍，是進一步的不願意離開團體的表現。如果被單獨的留在一間屋子裡，便要與玩具作伴，和本身之外的人或人的代表物在一起，便是有附著於團體的內在力量，仍然出於自發自動。待到有了真正的團體意識，有了團體組織，團體不但是所趨向的目標，而且是所愛的客體。所以把團體的榮譽看成個人的榮譽，團體的成功看成個人的成功，和團體形成休戚相關的形勢；個人對於團體的貢獻，固然是由於團體的需要，仍要個人有貢獻的願望，方能見諸實施。在這一方面是決定於個人，不能完全認為是由團體的壓力所促成，這是個人對團體的最原始和最真純的情感。

所謂團體，只是名義或形式，其中每個分子的真正對象，乃是團體中其他的分子，所以個人和團體間的交互作用，實際上是分子與分子間的交互作用。團體對個人的需要，也就是其他分子對個人的需要。然而團體中每一分子，都具有相同的需要和作用，所以彼此間的交互作用，是完全相等的。說是個人對團體的情感，勿寧說是團體分子對分子的情感，每一分子都具有與生俱來的情愛，依恩培德克利茲的說法，便是每一分子間都充塞著愛的力量，互相吸引，使各分子結合在一起，才形成團體或社會組織。分子的吸力使彼此密切連結，使各分子藉情感而互相交流，便形成休戚與共、痛癢相關的關係。於是在需要時，能夠彼此呼應、相輔相成，這是團體合作的真正基礎。如果認為這是團體對個人所要求或壓迫的力量，則這力量不是來自一個具有相反目的的敵體，而是來自每個人本身。

由於團體合作具有這種本原性，才能見於人類社會的實踐中。不幸

的是這合作的真正性質未曾被指明，反而膚淺的只從利害關係上著眼，以至團體合作的本意被泯滅了，也就成為獨善其身者的藉口，以為團體與個人間，只存在著利害關係。當個人需要團體的幫助時，惟恨其幫助的不澈底，而在感覺到團體有求於個人時，便又深嫌其多，以致形成畸輕畸重，以個人的切近判斷為說辭的偏見。團體合作之所以未能發揮最大的效力，人們要用教條要求個人為團體犧牲，實際上是捨本逐末，不但徒勞無功，而且更將見團體合作之不易。

　　然而發展和繼續，既然是社會的目的，達到這目的之唯一方法，是發展團體分子的情愛，所愛的真正目標，不是抽象的團體觀念，而是其中具體的人。人本有愛他的情感，分子間彼此互愛，原是人情之本，而事實上人類社會中卻免不掉互相殘殺的戰爭，人和人之間竟常常發生排擠傾軋的敵視行為。這些違反人情的現象何由發生，頗值得深思。試引《墨子》〈非攻上〉一段，以見解釋的一端：

　　今有一人，入人園圃，竊其桃李，眾聞則非之，上為政者得則罰之，此何也，以虧人自利也。至攘人犬豕雞豚者，其不義，又甚入人園圃竊桃李，是何故也，以虧人愈多，其不仁茲甚，罪益厚。至入人欄廐，取人馬牛者，其不仁義，又甚攘人犬豕雞豚，此何故也，以其虧人愈多；苟虧人愈多，其不仁茲甚，罪益厚。至殺不辜人也，拖其衣裘，取戈劍者，其不義，又甚入人欄廐，取人牛馬，此何故也，以其虧人愈多，苟虧人愈多，其不仁茲甚矣，罪益厚。當此天下之君子，皆知而非之，謂之不義。今至大為攻國，則弗知非，從而譽之，謂之義，此可謂知義與不義之別乎？

　　墨子非攻，意在指責國與國的戰爭，錯在不能分辨義的大小。戰國時各國之不能合作，自然是出於私利，企圖大併小、強兼弱。至於人和人間的不能合作，和國與國的爭伐一樣，出於利己的私心，而這私心是和人類愛的情感相反的。何以有這種現象，是由於後天的欲望過強，遮沒了先天的情愛，首先削弱了人之所以為人的理性。如前所說，欲望並不能引起快樂的生活，恣施縱欲，非但沒有快樂，反而成為苦惱的源泉。人類任欲望

發展，首先限制了愛的擴張，繼而失去心理上所需要依屬的團體，終至破壞了團體合作，阻止了社會的發展。

破壞團體合作，即是違反了社會發展的終極目的。社會對其所有的分子並無偏私，而是希望每一個體都能有充分的發展。發展在求力量的增加，每一分子都有陸續增加的力量，社會才有更豐富的收獲。如果不可增加，而徒重分配，只有引起爭端，不會有真正的獲得。就著現有的數量分配。若不能分配得平均，則所得多者必然減少其他分子應得的數量，分配不均則產生不平，不平則爭，爭到最後無論優勝劣敗，所存的仍然是原有的數量。佇留在定量的階段，絕不是發展，所以又違反了社會原有的目的。這是社會要求團體合作的原因。

要求達到團體合作的目的，仍然要從愛的發展入手。因為團體合作之不能實現，或實現而不澈底，是由於欲望的升高。欲望使人成為只求利己的自私，且使人著重物質的獲得。因為自私，所以只知愛己而不知愛人，無暇觀察並體驗別人的需要，更不會體念別人。此時如果觀念中還有別人的形象存在，則所知覺的只是如何將別人轉成為自己，將別人的目的加諸於自己的目的之上；對別人只有苛求，只想從別人處得而不想付出。因為著重物質的獲得，所以只想占有，而且不惜巧取豪奪，別人和團體只是有助於利得的工具，把別人和自己置於敵對的立場，平時嚴密戒備，唯恐別人不為自己所用，又恐別人也有占有的願望。待有機可乘，便施其占有的手段，以滿足自己的欲望，於是將原來愛的情感變成恨和懼，這是分散的力量，而不是結合的。

反之，如果從情愛出發，則自己的知覺中常常有別人存在，想利己時也會想到利人；想為自己獲得時，也想幫助別人，使別人有所獲得。期望獲得是發展的一個條件，也是社會和個人的終極目的。不過這目的是普遍的，著眼於多數人和大團體的社會。期望獲得和無窮的欲望不同，欲望是想得到不需要的；期望獲得則是想得到所必需的，禁止不必需的欲望是正當的態度，發展必需的期望也是正當的態度。因而縱欲固然是錯誤的違反社會目的的，要禁除一切想望也是違反社會發展的必然現象，都是極端，所以不能算是適中的論點。

　　團體合作有兩種方式：一種是同一件工作，需要多數人的力量才能夠完成，在此情形下，是團體分子不分彼此，一致的貢獻出所有的力量，以求目標的達或；另一種是同一的或者不同的工作，要各分子分別負擔一部分，各盡所能，工作或者有輕重久速之別，但要各人都付出一份力量則是相同的。社會所需要的團體合作，以後一種最多，所以有分工合作的必要。在這種情形下，是各盡所能、各取所需的最公平的狀態。工作不因輕重而有等級之別，需要則因緩急而定供應的先後。例如：發明家有探測的興趣和清楚的思考能力，便可致力於研究，發現新觀念和新形式，然後由技術人員製成新事物。發明家因專心致力於新的探察，所需的一切自然無暇自行供應，而要靠其他專業人員的成就；各種專業人員也是如此，貢獻出自己的特長，同時享受他人工作的效果。這是必需的互惠關係，缺乏任一種便不會有完滿的生活。在供和求之間，都處在平等的地位，工作的性質都相等。即使對社會來說，有同等的重要性，社會階級的劃分，是人為的不必要的區別，只足以影響團體合作，而無益於社會的進展。

　　社會中每一分子，既然都貢獻出自己的一份力量，便是有社會中應有的價值。社會既不是由單一行業所組成，也不是由具有某些特質的人所組成，而是由全體分子和全部工作而合成的，因而對社會來說，每個分子都有同等的價值；對個人言，社會也同樣的需要每個分子。社會的目的既然在求發展，則構成社會的分子必然也要有所發展和進步。換句話說，便是社會希望每個分子的價值都能提高，這和個人發展的目的完全相合。很多心理學家相信，個人的自我概念就是一個價值系統，要個人認為自己是一個有用的人，方能確定自我的價值觀念，方肯發奮努力、自強不息。而自我概念並非與生俱來，乃是在社會中由於人間交互作用。從別人對自己的態度、想法和評鑑上，將來的對自己的認識。所以常為父母稱讚為好孩子的兒童，會建立起一個「我是好的」的觀念；若常被父母責備為壞孩子，也就會建立一個「我是壞的」的概念。有一個好的概念為指引，在不知不覺中，更會有好的行為表現；若有一個壞的概念存在，則在不知不覺中，便有更多的壞的表現，是下意識的指使，也是社會中「依從」（conformity）作用的結果，這是兒童對行為控制能力尚未發展成熟的必有現象。

至於成人，則在有了一個滿意的自我概念後，將更有意作好，以增進好的意識；若有了一個不合理想的自我概念，往往自暴自棄，反而每況愈下，成為一般所認為的不可救藥的人。

但是每個人都有愛自己的情感，且有自衛的本能，所以在意識中認為自我受到傷害時，便會發生保護作用。所保護者便是自己的價值。如果保護作用無益於個人價值的提高以致情感受到更大的挫折，便會發生防礙團體合作的傾向。有兩個極明顯的傾向有害於團體合作：其一是退卻（withdrawn）、其二是攻擊（aggression），前者足以削減合作的力量，後者不但減少合作的單位，而且成為破壞團體的力量。

退卻是認為自己有不能克服的弱點，這種意識多半是在團體之中，與別人比較之下而發現的。如果再從團體中得到同樣的資料，以至相信自己確實無能，便會生出自卑感。自卑使個人懷疑自己的能力或特質，失去作為的勇氣，而對自己感到不滿，是心理上對自己價值的貶抑。這種自行貶抑和自愛的情感與發展的目的完全不合，因而感到莫大的痛苦。人類本有避苦求樂的傾向，尤其貶抑自己所生的痛苦，更無法忍受。避免這種痛苦最好的辦法，是離群索居、遠離團體，不和別人接觸。比較作用可以暫時消失，便可得到短期的安逸；而且由於和團體接觸減少，所受團體的刺激也會減輕，於是樂於應用這個方式以求維持自我價值。習慣以後，便成為怯懦、畏縮、苟且偷安的心理，逃避責任，而且多方麻醉自己。長此以往，不但社會得不到這一份貢獻力，同時個人也再無任何進展，甚至消極頹廢，腐化了自己，又增加了社會的負擔。

攻擊是由於自我價值被貶抑而受的挫折，激起憤恨的情緒，企圖報復；或者因積鬱而要求發洩，把原來愛自身和愛人、愛物的情感，變成怨恨的情緒，情緒必然有發洩的目標，而且所選擇的目標往往不是最初引起情緒反應的客體，乃是下意識所決定的代罪的羔羊。有害於團體合作的，如爭鬥、殺戮、以及其他擾亂社會的行為。有時所選擇的客體不是外在的，而是本身便構成自殺事件。社會上只知所謂犯罪行為有害於社會秩序，卻不知這類行為的動機實是為了爭取自我價值，只是選擇了一種不為社會所讚許的方式而已。在刑事紀錄中，可以發現多數的慣犯，他們之所

以怙惡不悛，是因爲每受一次刑事懲罰，自我價值便受到一次貶抑，而在刑滿之後，更得不到社會同情，以致促使其重蹈覆轍。更有些被處死刑的犯人，死前且揚言，「死何足惜，若干年後，仍是這麼一個大人。」如果說這是臨死的掙扎，所爲者仍不過是「保持面子」，以不畏死而逞其英雄氣概。

　　卻退和攻擊對個人的發展無益，而且對社會的發展有害，既不是社會的切近目標，更不合社會的終極目的。因爲社會趨向於發展，因而需要其分子發展，並且供予發展的可能，重要的便是在提高各分子的價值。而且各分子在增進價值的歷程中，應該得到互相助益的作用，絕不因某些分子的發展，防礙其他分子；更不會利用其他分子的損失，以增加某些分子的利得。分子間有傾軋爭競、互相危害，以致破壞團體合作的事實，並非出自社會的本意，而是人爲的結果。

　　爲了加強團體合作，社會分子必須依照社會的目的，從正面上看向遠處。換句話說，便是要將目光放遠、放廣，而且將視覺應用到最高的效度。將目光放遠，便不會斤斤計較切近的利害，不會將微末的貢獻視爲不世之功，以爲自己是不能或缺的一分子；相反的，將戒愼恐懼，唯恐自己未曾竭盡全能，唯恐自己的力量對社會（也就是對其他分子）不會發生最大的效用，自然會形成策勵自己，而無所苛求的君子風度。社會中每一分子都如此著眼，彼此間便不會有所芥蒂，而能夠群策群力的共向合作。將眼光放大，便不會只看到一事一人，而會看到更大的目的，謀求更多的進步，即使本身不能及時受到功效，也會以效果之必然來臨爲滿足。諺語：「前人種樹，後人食果」，便是這一類；歷史上若干殺身成仁、捨生取義的例子，也是這一類。他們的作爲，從其本身所得的結果來說，幾乎將近愚蠢，可是從若干年後以至無窮的效果來說，便可了解何以他們能夠死而無憾。將目光用得正確，便可看到事物的眞相。人類的本性有趨樂避苦的傾向，人無不願意多方被愛而且多有所愛，因爲愛能導出愉快的感覺。參加團體合作，一方面可以發見更多可愛的客體，一方面爲自己製造更多被愛的機會。而且在合作中，又得到表現自己、提高自己價值的快樂。如果見不及此，只知苛求於人，首先便生出許多無意義的煩惱，從而更影響了

對人的情緒，待到企圖報復，無論目的是否達到，自己已是與快樂絕緣，始終在情緒的激動下，忍受憤怒和缺憾的痛苦；若再付出精力，專事應用計謀，將會得到更多的苦惱。

社會並不希望其分子忍受苦惱，所以在自然之中，許多快樂來自於團體。一個單調的聲音，不能構成音樂，一件樂器，不如多件樂器合奏，生動而有趣。原始社會中的人，共同求食，飽食之後，便聚集在一起，共同歌舞以為樂。這種團體活動比單獨活動更能引人入勝，便是其中存在著合作的真諦；也就是社會要其分子在團體中，享受單獨時所得不到的快樂。只有在團體中，才有更多的溫柔親切之感，人類原有的情愛，才能有更多發展的機會。孟子有見於此，所以提出與人共樂的說法，是孟子能夠體會快樂的真趣，看出團體合作的本然性。

團體分子間的交互作用，以刺激反應來說，先哲也早已指出，「愛人者人恆愛之」。便是同樣的刺激，必然可以得到同性質的反應。團體合作中便是這種反應的繼續交流，所以是生成的力量。不過愛是本原的力量，原不是有所為而發的；然而時至今日，當愛為其他情感所消蝕以後，無妨再從這方面確定一下，即是說，當個人不能放棄後天所發展的願望，不能促使情愛自由發展的時候，若一定要有所為而為，則應該想到愛人者人恆愛之這句話，同時也可抑制能夠引起其他情感反應的行為。

社會發展的另一個條件，是和平共存。社會的進展要在全部為生成的力量時，才有更高的效果；而且生成的力量越大，發展越迅速。只是歷史上和平共存的目的，為人類的褊狹知識和成見所遮蔽了，以致有許多與此目的相違的事件發生；但是偶然終不能成為必然，因此社會的發展雖然在歷程中有若干意外的變化，卻終不能成為永恆的定例。

社會之需要其分子和平共存，仍不出增加力量、集中目標之一途，所以在原始時代，已經有了部落組織。一個部落中的人，通力合作、互助互惠，不允許有自相殺害的事件發生。這原是社會的本旨，可是這項遠大的目的卻為短淺的見解所阻礙，只將和平共存施行於部落之中，卻不能擴大到部落之外，以致部落與部落之間不免發生戰爭。在戰爭繼續的時候，相持的兩個部落勢不兩立，似乎必須消滅其中之一，方才能維持並延續自己

的部落；兩個部落中的分子，也以爲另一個部落分子的存在，會影響自己的生存，所以也以殺之而後甘心。事實上無論勝負誰屬，得勝的一方並未將另一方的分子完全消滅，只是擴大了一個部落的組織，使其中包括了更多的分子。其後社會組織更爲具體，有了政治體系，便又形成政治體系與政治體系間的戰爭。不過在政治上有了領袖以後，所爭奪的不再是原始部落所爭的牧場或獵物，常常是政治領袖的野心，希望能夠統治更多的地方與人民，戰國時代便是代表。政治領袖爲滿足一己的欲望，而發動戰爭，使其無辜的人民慘遭殺戮，違反了社會的目的，所以結果是這般領袖常常不得善終，而人民卻仍能共同生存。待到國家意識形成後，社會組織更形擴大，也因此使人們認爲國家便是社會組織的最大單位，於是有了中外華夷之分，不使夷狄同中國，因而又引起更龐大的國際戰爭。納粹之發動二次世界大戰，便是受了褊狹的國家主義的影響，然而其結果，和古代的小國主義一樣，因違反了社會目的而自取滅亡，至於其被遺留下來的廣大民衆，仍然能夠和其他的國民同時生存。從這些歷史演化的事實上，可以推斷如果沒有這些戰爭發生，便不會造成如此多的人生悲劇，而在戰爭中犧牲的人可以和倖存者一樣的生活下去；而且若不受戰爭的破壞，也都可以生活得更好。戰爭並未像其發動者所期望的一般，使一個國家的分子全數消滅，便是社會發展的終極目標，具有更堅強不移的力量的鐵證。

　　歷史的教訓和眞理的指示，尚未使人完全覺悟。二十世紀的後五十年代只把單位組織的觀念更擴大了一步，而仍未擴大到足以認識和平共存的道理。所應用的口號容或不同，但仍舊爲了爭競而努力。所以地球上的人類，還不能達到和平共存的地步。或者若干年後，地球受到其他星球的威脅，才會覺悟到應該把社會組織，擴大到整個地球。那時在一個整體組織下，才能團結一致，免除短暫的偏見。總之若不能實現和平共存，便與發展的目的不合，人類便要忍受不必要的痛苦。

　　在和平共存實現之前，人類有不能避免的痛苦，可以用這一時代的事實和心理來證明。今日科學的進步，已使人類可以享受大量的快樂生活，人力雖然還沒有戰勝自然，但已能多方面的補救自然所有的缺陷，或者超出自然的限制。然而人類卻爲恐懼未來的戰爭而惶惶不安，爲不能確

定生命的延續而慄慄危懼，因不能互相信賴而戒備森嚴。表面上在享受科學所提供的物質生活，心理上卻無時無刻不在緊張狀態中。心理緊張所受的痛苦，遠超過因物質缺乏所受的不便。為了鬆弛緊張的神經，有些人埋首於工作中，期望以忙碌的工作占據住身心，可以暫時避免精神上所受的威脅；有些人沉迷於娛樂中，以為從表面的歡笑，可以忘卻心底的痛苦；也有些徬徨瞻顧，不知所從，陷入由緊張而生的麻木中。這是一個心理失常的時代。問題是無論有意或無意的逃避，始終脫不出一個問題的枷鎖，就是隱藏在內心深處的「為什麼」？許多生活現象都表現出這個心理的癥結。工作了一天或一星期的人，並不利用休息的時間恢復疲勞，卻仍要從事各種劇烈的刺激，直待精疲力盡的時候。照道理應該是工作後有消遣，生活得到調劑而感到滿足，精神勃勃的準備開始另一段時間的工作。然而此時所表現的，卻是一種茫然的神態，下意識裡存在著「又怎麼樣」的一個問題，以致有人問：「這一代是失落了嗎？」

這種失去中心的心理狀態，且感染了下一代的青年和兒童。他們不是被迫著麻木的讀死書，便是六神無主的尋求軀體的刺激。為一般人士所詬病的舞和樂，看不出美的體驗或欣賞，只是體力的發洩而已。而事實上所要發洩的，並不是體力，主要是苦悶的情緒。他們缺少被愛，也不知道如何愛人，情感沒有適當的調適，只好從身體方面去求發洩。至於所謂之太保、少年犯罪等，如果過細研究一下他們的心理狀況，將會發現病原是相同的：因為缺乏情愛而生活枯燥、因為得不到心靈的安逸而情緒緊張、因為看不出生活的方向而迷惘，終至於得不到正當的情感調適而怨恨憤怒。怨恨和憤怒是爭鬥的起源，是破壞的力量。

歷史事實指出，無論社會在進展中有何演變，其終極的目的始終如一，而此目的是和平共存。如果這個目的被人清楚的認識，便可在內心立下磐石，確定了方向，有了有力的保證。這保證是人類的精神堡壘，是心理的基礎，確定了以後，無論在生活中遭遇任何艱難困苦，都將有勇氣、有毅力去擔當；無論生活有何種變動，仍能屹立不移的把住方向。結果將是解決困難、應付變動，而不是逃避或反抗。

要求人類和平共存，必須發展愛的情感。所謂精神堡壘和心理基礎，

就是人類本有的愛。愛存在時，不會因恐懼不足而起爭端，不會因有人我之分而有愛恨之別，更不會將觀點侷限於狹小的範圍內，先自形成杯弓蛇影的焦慮。相反的，如果有感於不足，將會盡其所有的以濟同類，以能與人共享爲樂，或者更進一步的控制自己，奉獻其所有，以分享別人享受時的快樂。

愛之所以不能擴張，主要的原因是由於爭：爭物質、爭名分，從古至今、從團體以至個人，都不超出這個範圍。斂財者和聚物者汲汲終日，惟恨其不足；且在營求時，不惜殫精竭慮，以求滿足物質欲望。而在日終計算時，猶覺距其所望的數目甚遠，由此日復一日，所聚者可能無度，但是所能享受者，仍不過三餐而已。待到生命終結，所聚者仍不免於散去。好名者也不過如此。正在營求者以爲所望的能夠得到，便可滿足，事實上所求者並非所需者，所以永遠得不到滿足。又由於爭取這類身外之物而引起苦惱和不安，先破壞了本身內心的和平，又破壞了社會的和平。

社會求發展，要求人類和平共存、要求愛的擴張，從人類情感可以得到另一個證明。當我們看到歷史上戰爭期間，許多人喪失生命的記載時，便不覺泫然欲泣，想到這些犧牲者，「孰無父母，提攜奉負；孰無兄弟，如手如足；孰無妻子，如賓如友。」這第一個升入觀念界的想法，完全出於至情的愛，想到他們因生命的喪失而失去了愛他們的人，且遺愛之者以無窮之戚；想到他們因生命的喪失而失去了愛人的機會，不能再奉養父母、不能再手足歡聚、不能再享琴瑟和鳴之樂。何以從來沒有人在看到這樣記載的時候，想到這些人是該死的，死有餘辜的，而以他們的死爲快？何以在看到他們喪失了性命的時候，沒有人爲他們的仇人想像，以他們的死而消滅了仇敵，而得到稱願的滿足？何以沒有形容因這種死而引起的讚美戰爭、歌頌戰爭的詩歌？這道理最明顯。第一、惻隱之心，人皆有之，應用惻隱之心而以己度人，是本原的，至高無上的同情。情感之所發，發自於愛，故而所推出的是情愛。第二、恨惡的情感，並非普遍的一定要發出不可，其有些發出的事實是特殊的，由於人爲的原因。第三、自然的道理趨向於生，人生的目的如此，社會的目的也是如此。人生雖然有固定的年限，人類的生活卻是永恆的延續。人的死是延續歷程中所必不可免的現

象，但是個別生命的終結卻從全體生命的延續上得到補償，故而非自然的死亡，超出了自然的道理，不在人情之內，才會因之發生悲嘆和惋惜。

和平共存的目的，從人類希望避免戰爭的努力上，又可以得到一個證明。說文「止戈為武」已經明確的指出和平是終極的目的。而在每次戰爭發生以後，無論其間經過若干次的殺伐，殺伐卻不是真正的目的。所以歷史上，無論一次戰爭繼續若干年，必然有一個終結的時候。即使黷武者多麼好戰，發動若干次戰爭，所想望的仍然是戰爭的終結，這是受自然道理的支配，終於逃不出自然的限制。證諸於經驗，人類普遍的一致的希望，是和平的實現與和平的持續。在和平時代，希望這種情況能夠保持，在戰爭的時候，則希望戰爭能夠及早結束。事實上找不出任何個人，因看到戰爭繼續而歡樂，也沒有人因戰爭不能發生而感到遺憾。在歷史的記載中，只有為戰爭終結而慶祝狂歡的事件，沒有因和平的喪失而高歌狂舞的場面。這不只是因對戰爭的恐懼所引起，而是對和平的愛好使然。

和平共存靠愛的擴張，人不但愛其所愛，而且擴張到無所不愛。因為愛自己，所以不願別人的自我受到威脅；因為要提高自己的價值，所以不願別人的價值受到貶抑，是從「我心即是人心」推展到「人心即是我心」。因為愛自己的父母，不願失去父母的愛和愛父母的機會，所以也不願別人失去他的父母和愛父母的機會。「老吾老以及人之老」，不是因為其老，才推出對自己父母的情愛，而是想到這些老者也有子女，他們和自己一樣，對父母和自己對父母一般，具有同樣的情感。這樣由本身推演，似乎不如直接的從「同是老者」上去推斷明顯，可是從本身推斷是更直接的情愛，是更切近的感覺。專從老者身上去推求，人之老與我之老不同，自然會有不同的情感反應，甚至因為距離過遠，可以置之不顧。可是若從本身上推求，則我愛我的父母；別人的父母，同樣有愛他們的子女，子女對父母都有同樣的情愛，我的父母為我所愛，別人的父母也為其子女所愛，同是為人子女者，可以同樣的愛父母，則凡是父母，便都應該被愛，故而愛有實際上的人己之別，愛的情感在本質上卻都是一樣。

父母愛子女，也是普遍的情愛。我愛我的子女，別人也愛他們的子女，我連帶的也愛別人的子女。一方面是由於他們本身是可愛的對象，一

方面仍然是推己及人，想到那些為人子女者，同樣的應該被愛，於是「幼吾幼以及人之幼」。在這段情愛的推演上，不但由自己為父母的身分，擴展到一般的父母，將自己對自己子女的情愛，擴展到對別人子女的情愛上，而且要把情愛的連鎖，擴展到子女和子女上。這一點陶侃表現得最為明顯。當他為兒子找到一個僕人時，原是出於愛子深情，使他有一個專供驅策的人，可以過更為舒適的生活。可是他同樣的想到，這個僕人，也是人子，也有一個如自己愛兒子般的愛他的父親，不幸實際生活的限制，使他成為一個供別人兒子驅遣的僕人。在陶侃確定了他的僕人的身分以後，必然曾為這兩個人子的不同遭遇而慨然不釋於懷，所以在訓子書中說：「此亦人子也，可善視之。」似乎我們只領略到陶氏幼吾幼以及人之幼的精神，而忽略了他的和平共存的更進一步的表現。兩句簡簡單單的話，其中蘊藏著無限深意。顯然的他不希望自己的兒子，在主僕的名義下，拿出主人的身分，奴役他的僕人，以至虐待他的僕人；他更希望的是，在這種為世俗所允許的主僕關係中，兩個人可以不拘名分的和平共處，和平共處的結果是，一個得到有力的助手，一個解決了必需的生活問題。

　　陶氏戒子的深意，在提醒他堅定父子情感，對於父愛子的普遍道理深信不疑，則無論在現實生活中他們兩個為人子者有任何名分上的差別，為了體念親情，不使父母掛念，要和平相處，且在通力合作之下，各自達到求生和改進生活的目的，這是幼吾幼以及人之幼的最高發展。如果每個為人子者，都能依照這個意見發展，每個為人父母者都能將情愛作無限的擴張，則不但可以維持人類社會的和平，而且要在和平的氣氛中和衷共濟，以求共同生活，達到共存的目的。

　　和平共存的終極目的，見於多種人類行為的表現。歷史上不乏休戚與共、患難相恤的事實。見孺子將入於井，必然不假思索的及時阻止。此時並未想到此子是人子而非我子，他的有無危險與我毫無關係，而純然受原本的求生的目的所驅使，表現出最基本的情感的關切。對於一件無關於本身的得失，無關於所愛者的生死，有如此焦急的情感和衝動的行為，若不是出於人類至情，絕不會有這樣至性的表現；而至情和至性，是後天的影響所不能泯滅的。有多少冒著自身生命的危險去拯救他人的例子，他們

一定知道有許多爲了救人而喪失自己性命的事實，但情境出現在眼前的時候，仍然不顧過去經驗的教訓，仍然冒險犯難，置自己於不顧。如果說這些人愛別人勝於愛自己，自然不合常情；說他們爲得身後之名，也出於臆測，因爲在危急存亡的一刹那，看出了身在其境中者的危險，而自己並沒有危險存在，要免除另一個人的危險，是出於共存的願望。自己生，便不願目擊別人的死。無論是平時自己所深恨，或者漠不相識的人，只是下意識的受共存願望的驅使，要這個願望能夠實現。

結 論

天地之大德曰生，整體的生命在推陳出新，沿著一是的歷程繼續不斷，最高的目的是發展。人類是生物界最高的代表，人類生的力量是愛，整體人類生命的維持靠世代綿延，人類的生活要在愛的孕育中充實而發展。

個人出生，由於兩性在愛的結合下而來，幼小的生命需要愛的扶植，從愛的感受而加強愛的力量，因而能夠發出愛。故而教育重在提高愛的感受、擴張愛的力量，積極的發展愛便是消極的滅絕爭，從個人的發展到全人類的發展，以求人生與自然的最高目的之實現，即是和平。由前所述各節，結論如下。

(一) 愛是最基本的人情

《中庸》以喜、怒、哀、懼、愛、惡、慾爲七種不學而能的人情，然而自孔子以後歷代賢哲，每戒人控制情感的表現，以發而皆中節爲標的，以免引起有害的行爲。所謂行爲之有害，一方面恐其影響個人理想的行爲，一方面避免傷害接受情感的客體。但是對七情中的愛，卻並無禁止。雖然儒家主張愛有差等，反對墨家的兼愛，但並未言及愛是不當的情感，反而以「愛人者人恆愛之」鼓勵人多方發揮愛的情感；並且指出仁是「人所以爲人之理」，而且「愛人無私謂之仁」，進而到「仁者以其所愛，及其所愛」。又恐愛而不澈底，所以要「愛人不親，反其仁」。這足以說明

愛是無害的情感，而且是應該發揮而擴張的情感，愛發揮到極致，才達到
人之所以為人的地步。而人，都願意證實自己的這項價值，所以是人類一
致所應有、一致所不能缺少的情感。

在人為情感的表現中，最早的是幼兒趨向於母體的懷抱，在母親的
愛撫下，表示出愉快而安適的狀態。是幼兒需要親切溫柔的感覺，以證實
身體的安全；並在認為環境中有危險存在時，便趨附於愛的主體，要求保
護；在感到滿足時，則顯耀於愛的主體，以表示愉快。由於被愛所引起的
愉快感覺，兩者間形成密切的連結。愛深置於行為連結中，在不知不覺間
也會發出愛的情感，不過成為外向的、愛人的情感。所以兒童會主動的去
和所愛的人接近，其目的不是單方面的要求被愛，並要表示自己愛人的情
感。

被愛和愛人，是人為最基本的情感，是人和人間所不能少的交互作
用，一方面是由於這種情感存在於人類本質之中，一方面是有發出的需
要；另一方面，則是由於人是群性的動物，個人與別人之間的連結，由愛
而定。愛的存在，使個人不會感覺孤寂，生活充實而美滿。愛的溫暖，彷
彿和煦的陽光；愛中充滿了客體，彷彿陽光下的繁花綠樹，從其中放送出
鳥語花香，則又如由愛而引起的精神的消息。人有審美的特性，愛能增進
人類的美感。人不能缺少愛，因為情愛原來就具備於人中。

(二) 教育應提高愛的感受並增加愛的擴張

在人類個體生命生長和發展的歷程中，先是幼弱無能，有待養育的階
段，然後才能成為獨立生活的成熟人格。所以在養育的階段裡，是教育最
有效而又必需的時期。教育的目的，在使幼兒能夠發展為「人」的地步，
故而教育的重要任務，便是發展人性，從提高愛的感受入手，到養成愛的
實踐。要使受教育階段的兒童或青年，得到愛的感受，必須使他們真切的
體驗愛的意義。愛是自然情感，是無所為而發；愛是奉獻，是要被愛者得
到滿足。因而父母愛子女，不是為求子女的回愛；教師愛學生，不是為求
學生回敬，而是出於不能自己的自發自動的情感。在這種情形下被愛的兒
童或學生，只感到愛的真切和澈底，感到自己和愛自己者之間，有真摯的

情感交流，自會油然而生愛的反應，在不知不覺間也將愛父母、愛教師。但是這愛不是在反報的狀態下發出，而是在無意間發出的最真實的情感。

教育中不應該用愛作要脅，作為管束兒童的方式，而應該用愛的感召，使兒童、青年為了愛己者或所愛者，自動的有所為或有所不為，其行為不是出自於外力的壓制，而是由於內在的自願。自願的行為有一致性和繼續性，所以成人無需時刻提高警覺，要明察暗訪，以免兒童或學生有不如理想的行為。當兒童的情愛作用已經深深植根於心中，行為的發動必不會超出愛力的驅使。所以曾經領受過深切情愛的兒童，知道要愛自己的人，也愛別人以至於物。他整個情感系統為愛所充滿，吸收的是愛，發出的也將是愛。

成人要提示兒童或青年以愛的擴張，必須先行發揮自己的愛的情感，表示給兒童和青年的愛能無所不致，對於愛的客體，並無選擇作用，而且能夠隨時隨地體念別人，以能與別人共享自己的所有、以能分享別人得自於自己而生的快樂為樂，則在愛的領域中有無數客體，情愛可以隨時達到這些客體，人己之間自然充滿了和諧，在需要的時候表現出和衷共濟。所謂人與人間的猜忌、所謂人我之分，根本上便成為不復存在的觀念。

教育是有效的，教育的效度在情感的發展上，可以達到無限。精誠所至，金石為開，固然是鼓勵人的最高理想，而誠能感人，則在經驗中可以得到無數例證。科學實驗且進而顯示，誠並且能夠感物。把貓和老鼠自幼養在同一個籠裡，在貓發展其捕鼠的能力之前，先建立下與鼠共同生活的習慣，則在其長成以後，並不擾鼠而食，仍然能和平共存下去。貓與鼠不能並存，是熟知的事實，但環境有改變牠捕鼠的習性的力量。然則人和人原有相愛的情感，有互助互愛的需要、有共同生存的目的，何以不能發展到無爭無惡、和平共存的地步，是教育必須反省，必須加強任務的證明。

(三) 積極的發展愛勝於消極的防止爭

教育效果的限度，未能提高到由發展愛而到推己及人，而和衷共濟的原因，是消極制裁的明顯性，超過了積極發展。教育上明顯的教人戒絕爭端、教人減少私欲，否則便是違反了社會制約、違反了人類應有的發展。

命令的行爲是外力的勉強，既使能夠限制人有所不爲，卻不能防止人一定有所不欲；而內在動機的力量，是心理學家所承認的，是經驗中有事實爲證的。內在動機的不能免除，便無法根絕由此而生的行爲。這是這種教育方式不見功效的原因。不過教育也並未完全運用消極制裁，也有積極的指導，如教人愛人愛物、教人秉公持正。這是建設性的指導，使人有直接可以遵循的方式，但是卻不免仍然屬於外力的勉強，受勉強者可以爲，也可以不爲；有所爲者固然可能得到褒獎，無所爲者若不觸犯法律或習俗，也無法因其未能表現理想的行爲而予以懲戒；而且這種方式的缺點，是捨本逐末，不從愛自己起，何以能夠愛人，更何以能夠及物。切近的本身不在意識之內，何以能顧到他人，以致這種教育方式，只被視爲教條式的至理名言，在以自我爲前提的情況下，仍然可以我行我素。

故而最有效的教育方法，要從基本上著眼、從基本處入手。教學生先愛自己以順應人類的本性，給學生充分而適當的愛，使其體驗愛的眞正感受。然後無需制裁或策勵，便自然的會發出愛的情感，將身受的經驗應用出來，並從發展所得，增加了原來所領受的範圍與程度，自會在不知不覺間發揮出來。如其爲無意識的發揮，是受先在力量的驅使，是不克自持的力量，猶如山川之有靈氣，草木之有華實，充滿勃鬱而發於外；如其爲有意識的發揮，則所受的驅策力是內在的、是自願的，所以能夠爲了愛，殺身而不顧。如此施行，是在潛移默化中，將教育的影響力加諸於受教者的身上，不必高呼愛人而人間自有互愛的情感存在，不必設法息爭而爭端自然無由出現。

(四) 在愛的孕育中發展個人與社會以實現世界和平

愛和爭是對立的，原則上愛應該占有優勢，因爲這是與生俱來的情感；爭則是受後天物欲的薰染、學習而成的傾向。利用愛的先在優勢，不難使爭消滅，因爲愛和爭，依恩皮德克利斯說，是互相消長的力量，從人類行爲的經驗來說，也確是升沉互見。其中之一增加，另一種便相對的減少。這便是若能增加愛，便可減少爭；若能把愛擴大到無限，爭便不會存在。個人需要愛才能發展成熟，需要愛才能有快樂的生活和健全的人格。

總括的說，在個人生命中，始終離不開愛的滋潤，如果個人確能為愛所籠罩，可以得到長足的發展，毫無疑問。

社會的成立，在於分子的結合；社會的維持與發展，在於分子的互助與合作。支配互助合作的力量，捨愛而別無所屬。基於愛而結合的團體，其結合必然密切；基於愛而互助合作的人，互助合作是出於至情，更不會有其他因素的混合，至少不會以利害為注意的目標。所以在互助合作之中，有相互的了解和體念、有寬容而沒有苛求，不苛求便不會發生爭端，於是能夠在和平的狀態下共存共榮。

整體生命趨向於延續和發展，人類也以生存和發展為職志。然而在團體中生活的人類，必須因愛而保持和平，從和平中才能共同發展。

註釋

註1：Burnet, J. Early Greek Philosophy, Macmillan Co. N. Y., 1930, p. 52-53.

註2：孔子家語

註3：大學

註4：梁惠王

註5：兼愛上

註6：Harlow, H. F. The Nature of Love, The Amer. Psychol. 1953, 13, No. 12 p. 673-685.

註7：Sullivan, H. S. Interpersonal Theory of Psychiatry, Norton, N. Y., 1953.

註8：Fromm, E. Individual and Social Origins of Neurosis, in Levits' The World of Psychol. George, Braziller N. Y., 1963, p. 475-481.

註9：Watson, G. Some Personality Differences in Children Related to Strict or Permission Parental Discipline, J. Psychol. 1957, 44, p. 227-249.

註10：Banham, K. M. The Development of Affectionate Behavior in Infancy, J. Genetic Psychol. 1950, 76, p. 283-289.

註11：Bowra, C. M. The Greek Experience, New Amer. Library, N. Y., p. 103-113.

註12：Maslow, A. H. Motivation and Personality, Harper, N. Y., 1954, p. 146-154.

註13：同11. p. 97-103.

本篇文章取自：賈馥茗（1966）。人性教育與和平。**臺灣省立師範大學教育研究所集刊，9**，15-64。

第三章

創造論的概念

　　人類文化與文明的進步，是由於若干創造的貢獻。在文化史中，雖曾多方推崇且讚美創造者及其成果，但以創造爲目標而加以專門研究，乃近年的事實。由於研究的時間尚短，並未獲得定論；而且研究者雖不復以神妙莫測的眼光觀察創造，然亦難用確切的判斷，明辨創造究係何物。多數論者，爲求應用科學方法研究，常限定於創造之某一方面，從此一方面之研究而得的結果加以判斷，便不免使人誤以爲創造只爲某一方面之特質。其中偶或有少數論者，以爲創造係屬多方面之特質，應廣泛搜求，但亦不能確定其範圍之廣泛程度。故對於創造的研究，目前仍在「盲人摸象」階段，見仁見智，人各不同。雖然如此，多數論者幾皆承認創造具有若干特徵；且就創造對人類文化與文明之貢獻而言，有其無可否認的重要性。本文將就創造論之各種觀點，加以敘述。

一、何謂創造

　　對於創造之解釋，論者各有不同的看法，或以爲係屬能力或傾向、或以爲乃是思考或思考的歷程、或以爲應是動機或行爲。由此而論及其成果，更或著眼於創造者其人或其人格，觀點雖不一致，但各自有其根據。

(一) 創造爲能力

　　以創造爲能力者如麥諾克（Mednick, S. A.）於論及創造歷程的聯念基礎時云：「……將各種共同而遙遠的觀念相關聯的任何能力或傾向，皆有益於創造的解答；而使遙遠的觀念不相關聯的能力或傾向，將阻止創造的解答。」（註1）施如德（Schroder, H. M.）等說：「當以人格組織爲重點而檢討行爲時，即是以創造爲焦點——類化異端和矛盾、推斷變更的組織、或各種知覺與討論的統合能力。」（註2）海福（Haefle, J. W.）解釋創造爲「將兩個或多個心目中的概念構成新結合的能力。」（註3）此三者雖然重在以能力解釋創造，但皆不免涉及思考或思考歷程，甚而關聯到人格與行爲。以爲創造確實是能力的說法，以海墨威茲（Haimowitz, N. R.）等更爲明顯。海氏云：「創造是革新、發明、和將元素置入於前未曾

有的共同境地內的能力，以增加各元素未經強調的價值和美妙。創造與依從相反，是把常用的、解決問題的方法，置入更新、更有效、和更有用的形式中。」（註4）不過海氏卻以為這種能力並非得自天賦，而是因地理社會和文化環境的有利條件所形成的經驗產物。

(二) 創造為思考

以創造為思考的說法，為期較早。一九三〇年羅賓森（Robinson, J. H.）即曾云：「此種思考，過去稱之為理性（reason）。……因為此種沉思產生知識，知識是創造性的，看來既與前不同，又能由此而得以重組。」（註5）戈爾佛德（Guilford, J. P.）以因素分析法研究創造能力與智力的差別，發現聚斂的思考（convergent thinking）和分散的思考（divergent thinking）可形成兩種不同的成果。聚斂的思考是將已知和現存的事實統合於邏輯的與和諧的順序中，遵從存在的知識和確切的方法，是有條理而又有組織的思考。思考的進程有蹤跡可尋，是一般智力測驗中所衡量的思考，也可說是和智力有關的因素；分散的思考是用以達到未知的思考，思考的過程可能千頭萬緒、毫無條理，但卻由此創造出獨特而新奇的事物。（註6）此後二種思考遂成為研究創造者的注意事項。克若朴萊（Cropley, A. J.）即據戈爾佛德之觀點應用測驗以觀察兩者是否為毫不相屬的思考，結果卻發現兩者間有極高的相關。（註7）於是以分散的思考為純屬創造方面的觀點，便有了足以置疑之處。魏雷（Wallach, M. A.）等以為創造無論基於何種思考，必然屬於認知的（cognitive）範圍，相信是認知的功能（cognitive functioning）。（註8）由此諸家之看法，創造究竟屬於何種思考，雖尚難確定，但其必包括思考作用，則不容置疑。如蓋茲爾（Getzels, J. W.）與傑克森（Jackson, P. W.）等雖以為創造是認知能力，但卻表現於文學聯合等思考中。（註9）泰洛（Taylor, C. W.）與巴郎（Barron, F.）以為創造有若干思考的特徵，表現於創造中。此等思考的特徵為：

1. 思考的歷程中，必然包括目的與動機。
2. 思考常與肌肉緊張相連，其緊張程度似有助於有效的思想。

3. 在各種思考與解決問題的活動中，皆有嘗試錯誤的過程。

4. 思想歷程中包括意識和無意識的二種。（註10）
則是泰氏等雖以分析創造思考為主，卻又不免涉及到思考的歷程。

近年之創造研究專家陶蘭斯（Torrance, E. P.）以為創造是天賦才能（giftedness）充分表現於思考方面，因而區分為製造的思考（productive thinking）和創造的思考（creative thinking）。前者指戈爾佛德所謂之聚斂的思考和分散的思考；後者指流利度（fluency）（多數觀念）、變通性（flexibility）（觀念之變化和範疇）、獨創性（originality）（異常的觀念）、精密性（elaboration）（充分發展及詳細的觀念）、對缺點和問題的感受性（sensitivity to defects and problems）、以及再確定（redefinition）（與眾不同的看法或用法）等能力，（註11）此包括了多種思考和應用思考的能力。

(三) 創造為歷程

以創造為歷程，仍著重於思考，但卻不是從思考的類別著眼，而是重在推斷自意念的萌生之前至形成概念的整個階段。蓋茲爾和傑克森以為由此種觀點解釋創造，可推溯至心理分析學說之下意識、前意識、和意識的思考，並引述克利斯（Kris, E.）及庫柏（Kubie, L. S.）對佛洛伊德的解釋。以為前意識的思考較下意識為有自由的伸縮餘地，可以變通上升而到意識階層，因而更符合創造思考的歷程。（註12）布蘭諾利（Brunelle, E. A.）就蓋氏等的觀點及研究發現，相信智力雖然不是創造的充分造因，但創造卻需要相當的智力。智力與創造的區別，是前者為意識的歷程，後者則常是前意識的歷程。（註13）魏洛斯（Wallace, W. H.）於綜述各家有關下意識及意識的思考歷程後，將下意識列為初級歷程（primary process），將表徵化的歷程（symbolizing process）列為次級歷程（secondary process）。初級歷程曾被認為是罪惡的淵藪，近年方始發現善亦存在其中。次級歷程涉及邏輯、科學、倫理與計畫，兩者皆為藝術和科學創造所必需。魏洛斯進而以為創造需兩者統合於交流的系統中，使其一者的價值能傳達到另一者。（註14）此數家的觀點，是就創造的全部歷程而言，由

創造者個人所不能察覺的下意識，經由前意識，終至霎時豁然洞悟，達到意識的境界。

依心理分析學說的觀點，將創造歷程粗分爲下意識、前意識、和意識三個階層，仍不能對歷程的細節，有明晰的了解。泰洛將傑色林（Ghiselin, B.）之創造歷程一書中所舉者，復加以特徵的描述，列舉如下：

1. 創造觀念之生，或爲隱晦不定的情緒騷動，或爲一團混亂的觀念。由此而達到了解、重組、或排除騷動，須經過一段時間，通常須透過無意識和自動的歷程。最後的線索和洞察雖然極爲明顯，且屬於意識範圍，並對原始問題的觀點業經組織有序，但在此時期之前，有意的計算或理解並未出現。

2. 初始的觀念或線索有三個聯合的特徵，是一般創造者所通常經驗的。即(1)觀念本身是特別的、狹隘的，而且在切近的內容中無關緊要；(2)由此而導致興奮與滿足，但卻難於述說或壓抑；(3)由此洞開聯念、連結和建議之門。

3. 強調有效思考之策，不由於創造能力的迫促。意志和決定可建立問題的背景與全貌，以及搜求由洞察而得的各種結果雖屬必須，但卻有害於自動和下意識的嘗試錯誤歷程，此等歷程爲發現線索和洞察的有效功能。

4. 惶惶不安、乖癖、頑皮是放縱不羈的態度，卻常爲眞正創造者的特徵。藥品、酒精或其他刺激常有助於集中力量、啓迪幻想，以尋求線索和洞察。（註15）

在此之前，另一泰洛（Taylor, I. A.）曾引述創造歷程所經的四個階段，即1.暴露階段、2.潛伏階段、3.放射階段，及4.執行階段。（註16）克尼洛（Kneller, G. F.）曾就此原有的分段，加以其個人的觀點，增爲五個階段如下：

1. 第一洞察：創造的萌興，必由於創造者的第一洞察。是對一個觀念或問題的驚懼。此時的創造者，並無任何靈感，只是一個要做某一事件的意念而已。

2. 準備：次一階段爲對此萌生的觀念做澈底的調查。創造者閱讀、

筆記、討論、問難、蒐集、並探索，進而求可能的解答，衡量其得失，謀求有效的方法與技術。

3. 潛伏（incubation）：準備階段乃是意識的階段，在此之後，創造者的觀念潛藏於下層。在下意識中，創造者可能將原來的觀念完全忘卻，以致永無創造出現；但若下意識工作未曾停止，則可進入於另一階段。

4. 放射（illumination）：放射的剎那使創造歷程達到巔峰。創造者突然把握住問題的答案，也就是靈感呈現的頃刻，於是創造者在困擾了若干時日之後，一旦豁然貫通，不禁手舞足蹈、欣喜若狂。

5. 證實（verification）：創造者在前一階段所得的結果，仍然是粗糙的材料，需要加以理解和判斷，尋繹出其條理和依據，方能證實其靈感為無誤。經過此一階段而能夠成立，創造的一個歷程可告結束。（註17）

此種歷程，與布魯諾（Bruner, J. S.）所謂之直覺（intuition）之出現的歷程殊為近似。（註18）證諸一般經驗，頗相符合。惟下意識之潛伏階段極難探尋，故仍為今日心理學家亟謀探索之歷程。

陶蘭斯為研究之便利，著眼於創造歷程之意識階段，以為創造歷程係對問題、缺點、知識的缺乏、遺失的元素、與不和諧等的感受，因而辨明困難、尋求答案、從事臆度或建立假設，並從而試驗之、重述之、或改變之，然後傳遞其結果，（註19）此為從覺察問題到問題解決，所經過的意識歷程。

若就創造之意識的階段而言，此歷程必然與知覺有關。蓋茲爾等引述夏徹德（Schachtel, E. C.）所謂之知覺的範式（mode），以為在主體與客體之間，有兩種不同的傳遞方式：一種是主體中心的（autocentric）、一種是客體中心的（allocentric）。主體中心的知覺並無客觀化的作用，著重在感覺者本身的感覺；客體中心的知覺是客觀化的，著重在被感覺的客體。創造即是毫無主體中心的知覺，因是使創造者得以不受主觀的限制，以開明的態度感覺和認識，故而可以發現前未曾知的新奇觀念或事物。（註20）此點經舒曼（Schulman, D.）研究，證實開明的知覺確為創造的條件之一。（註21）

(四) 創造爲動機

　　若干從事創造研究的學者，以爲動機乃是創造必不可缺的成分。麥迪（Maddi, S. R.）以爲在若干動機之中，可以區別出一組爲創造者所共有的特質，其中如需要品質和新奇即是一例。但在麥氏實驗之後，只證實製造新奇的需要，而未能證實另一種。（註22）蓋茲爾等由其對青年的研究，發現具有創造力者企圖超越俗常，做不同凡響的表現，對於未經嘗試和不知的事物，樂於冒險一試。（註23）夏徹德以爲創造者的動機爲其本身和環境間的密切相關，因而對周圍的人和事物具有極深的興趣，由此而導致出創造的行爲。（註24）賀斯頓（Houston, I.）及麥諾克發現創造者，有強烈的連接新奇的需要。（註25）泰洛等發現創造者有認知的內在需要，需要變化和自主、期望把握問題，願意改進現有的事物。（註26）總之，動機是否能代表全部的創造，至今尚無定論，揆諸事實，創造活動的發生必然有基本的驅策力，然而此種驅策力顯然並不等於創造的全部。

　　除上述者外，以創造係行爲者，所指實不外思考與思考的歷程；以創造爲成果者，又多牽涉到成果之所由生及品質，故不列述。至於創造性的人格，則將留待下節敘述，目前所需要者，當是建立創造說的系統，以便進一步的研究與證實。

(五) 創造說的分歧

　　截至目前爲止，有關創造的觀點尚無定論。因一般言創造者，往往限於某一方面，以致使關心者目眩神迷，莫衷一是。山本（Yamamoto, K.）指出形成此種結果的原因：第一是由於創造觀點的分歧、第二是由於假定或假說的不同、第三是由於研究者之各別的導向。（註27）泰洛等亦曾就各家之觀點，歸納爲四種體系：其一爲著眼於成果者，所重視者並非創造者而爲其作品；其二爲著眼於歷程者，所重視者爲創造者的心理歷程；其三爲著眼於創造者其人者，重視創造者人格的表記；其四爲著眼於環境者，重視文化及生理的背景。（註28）山本則將各家說法，分類爲整體趨向者（holistic approach）與分元趨向者（elementaristic approach）。兩者又各分爲非實證主義及實證主義兩者。前者以爲創造動作無法分析，所能爲

力者只有觀察並欣賞此類動作；後者則意圖區分創造而又能保持其完整性。至於非實證的分元主義，相信創造的才能不但可予以研究，而且可加以培植與增進。實證的分元主義者企圖以實驗及相關的方法，研究創造者與其環境的關係，馴而及於其他因素。由於研究者的立場不同，而在每一方面又各有發現，即不便予以駁斥，又未能取一說而捨棄他說。

克尼洛從創造觀念的發展，提出有關的若干說法。在哲學方面可上溯至早期的靈感說，繼以視創造者為狂人的觀點。近年復以為創造是直觀的天才（intuitive genius），是生命或宇宙的力量。在心理學方面，涉及聯念主義的觀念、完形派的思考、心理分析學派的意識、以及新心理分析學派的自由主張。又如夏徹德的開明知覺、羅傑斯（Rogers, C. R.）的自我領悟（self realization）、戈爾佛德的因素分析，以及庫斯特洛（Koestler, A. H.）統合的「雙重聯合歷程」（Bisociation）。（註29）似此三者之歸納，尤各自不同，故欲確定創造為何物極為困難；或當如魏洛斯所說，創造係多方面者，不可純就一端而描述。（註30）

(六) 創造說的統合

創造說之缺乏系統，由於若干困難的阻礙，而欲突破此等難關，頗不容易。過去常人對於創造之認識，常在作品出現之後，如著作中的文章或詩詞、藝術中的繪畫或雕刻、科學中的發現或發明。甚且此等創造的作品，並不能在出現的當時，為世人所辨認，故或以為創造者因其才具高出於常人之外，難為常人所了解，不但其個人感到曲高和寡、寂寞孤單；而且由於常人的智力，未曾達到領略創造的程度亦難於欣賞，必待若干年後，一般人因進化而達到可以了解創造成品的程度，方始發現其偉大與崇高。然而此時原來的創造者可能業已潦倒終生、墓木已拱。由此說來，常人所了解於創造者實遲之又久，不能及時觀察創造者創造的過程。縱或由創造成品判斷，相信創造者必然有高度的才華。然已無法予以衡量，至於從傳記軼事中尋得一鱗半爪，又不免傳聞失實。近年的研究，雖對創造說可提供若干觀念，然如前段所述，終嫌偏而不全、莫衷一是。

作者以為統合的創造說，應著眼於三方面：其一為能力、其二為心理

歷程、其三爲行爲的結果。由此三方面，可做進一步的闡釋。

就創造的能力而言，如前述研究者的發現，創造者固不必爲絕頂聰明者，但仍須具有中上的智慧程度。此等智慧，須作用於感性（sensitivtiy）、思考（thinking）、和悟性三者。創造力中必須包括感性，因創造的發生須創造者能感覺問題之存在，注意周圍的事物。因而對於常人所忽略的事物，能感受而且予以注意；對常人不以爲問題的問題，能發現其缺隙而思欲彌補及解釋。由於此種敏銳的感覺，方能引起創造的動機，而導致次一步的行動。其次創造力中必須包括思考，係創造者認爲問題成立之後，必須思考以求解答。但作者以爲在思考之中，不但須有如戈爾佛德所提出之爲創造所獨有的分散的思考，而且亦應具有一般聰明才智者（戈爾佛德所謂之智力分數高者）所常有的聚斂的思考；並進而應有「狂放」的思考，如戈爾佛德所說，分散的思考近似無條理和非邏輯的思考，由於不受邏輯法則的限制，思考可以自由而分散，故能觸及非凡之處。但是聚斂的思考也在所必須，而且可能先於分散的思考。根據此種思考不能得到滿意的答案，方轉而再求其他，始成爲分散的思考。但若分散的思考不能奔放到極致，可能仍停留在混亂階段，無從產生新穎獨特的觀念。倘能達到狂想的地步，則思考的自由達到極致，其神思不但脫出邏輯的限制，甚至超出本身的形骸之外，馳騁於宇宙之中。在浩瀚無垠中迴盪，或可產生超凡脫俗的觀念。

就創造的心理歷程而言，不僅包括思考在內，而且包括下意識和前意識階段，以及創造者的感覺和情緒反應。此種歷程始於覺察（awareness），即感覺問題或事物；繼以探索（search）及嘗試錯誤（trial and error）。由於苦索不得，進入於挫折（frustration）狀況，此時爲困擾所苦、筋疲力盡，暫將問題擱置或意識中以爲予以放棄，於是進入下意識（unconscious）階層。此時意識中已停止活動，但降至下意識中之影像仍時而進入前意識（preconscious）層，暗中繼續活動，即泰洛所引之潛伏階段；當意識中似已將原有之問題棄置，卻因前意識作用的結果，答案突然湧上心頭，霎時豁然貫通，即是洞察（insight）的出現；最後一步，則爲依據此突然的發現，尋繹出其條理、闡述其理由，然後加以證實，而

爲理性（reasoning）階段。在整個過程中，創造者因發現問題而產生好奇心，由此增加探索的熱狂，一試再試、時喜時嗔。喜則以爲得到答案，嗔則因見答案之不能成立，希望與失望交互出現，終至百思不得其解，惘然若失或棄置不顧，或做暫時休息而轉移注意。此時創造者有必不可免的焦慮（anxiety）、彷徨失措、惆悵無依，縱或因表面的擱置或情境的轉變而略感輕鬆，但心理的困擾仍然存在，故前意識並不停止作用。待到一旦豁然貫通，自亦不免拍案驚奇，即羅傑斯所謂之「有啦」（Eureka）的感覺。如創造者能把握此一閃即逝的靈光，將其重複或記載，則可經過理性階段而完成創造的成果。

就創造的成果而言，無論其爲概念系統（conceptual system）的觀念、意義等思考的產物，或是實物製造的方法與產品，皆必須具有兩個條件：第一爲新穎（newness）、第二爲獨特（originality）。然此二個條件，並非絕對的標準，即在新穎與獨特之中，仍然包括若干已有與普通的元素。惟元素的組織與統合，則是前所未有或人所不知，亦即創造者所發現者，乃是關係，是新穎與獨特的組織統合的方式。所謂新穎，是從推陳而出；所謂獨特，是由與衆比較而來。此種情形，即一般常人有時對新穎、獨特的創作感到似曾相識。然而在創造者提出之前，自己之見不及此的原因。自然多數創作，乃是出乎常人意料之外，故必有其新穎與獨特的特徵。

二、創造性的人格及特徵

過去世俗談創造時，常因創造者的成就而聯想到其人格的特殊表現。其中不免附會與誇張，每將若干創造者的不同流俗處極力稱道，而最引人注意者常爲創造者放縱不羈的態度和行爲，以及其個人的嗜好。經過一再渲染，此等原爲創造性人格之少數成分，反變成創造者不可或缺的特徵。於是將創造者的不拘細節視爲幾近瘋狂，創造者個人的嗜好成爲怪癖。終至視創造者爲近似變態的人格，使立意錯誤者，欲以創造者自命時，不爲創造活動，先行摹仿創造的特徵。故爲文學家者則必言語張狂，甚而恣意

謾罵；欲為藝術家者則必囚首垢面，不修邊幅；欲為科學家者則必不苟言
笑，藐視文史。此等觀念之謬誤，曾經海墨威茲等以客觀分析而予以糾
正。（註31）近年研究創造性人格的學者，以客觀的態度衡量分析，發現
創造者確有若干與眾不同的人格特質，但此等特質，並不足指明變態跡
象，而是與創造有關。

(一) 創造性人格的一般特徵

　　據泰洛綜括各項研究的結果判斷，從若干證明中可見創造性的人格具
有較多的自主性、自我滿足，有獨立的判斷能力。當其發現多數人的意見
有誤差時，不惜挺身提出異議。對本身非理性的方面持開明的態度，不過
分自以為忤，且肯直認無隱。（著者識：此或即世俗所謂之放蕩不羈。）
創造者比較穩定，在興趣方面接近陰柔，但有統治和決斷力、積極而能自
制、敏感、內傾，卻又有無畏的精神。（註32）

　　依戈爾佛德之因素分析發現，創造性的人格特質具有發現問題的能
力、通暢性、變通性、和精密度。（註33）克萊格（Craig, R. H.）則發現
了八十四個創造性人格的特質，此等特質且互相關聯，克氏企圖將此等特
質予以統合，成為創造性人格組織系統，故定名為創造性的基點（creative
stance）。（註34）此外，如蓋蘭特（Galanter, W.）、羅斯（Rose, G. J.）
等亦皆各有發現。（註35）巴朗之發現，亦多與戈爾佛德所得者相同。
（註36）

　　羅傑斯亦曾區別出三個創造性的特徵。其一為經驗的開放性，是依
照羅氏自我學說（the theory of the self）的心理治療觀點，以為創造性的人
格很少具自我防衛作用。因其不必為保護自己而有所否認或曲解，可以接
受當前存在的實況，不以成見而失去認識實在的機會，故能吸收廣泛的經
驗。其二為評鑑的內在性，即是創造者的價值，不僅來自於別人對其創作
品的讚賞或評批，更基於內在自我的判斷，從創作使自己滿意的程度、表
現自己的程度、以及自己的感覺和思考的狀況自行判斷。其三為遊戲於元
素或概念的能力，是以觀念、色彩、形狀和關係等為玩具，試圖將其置入
於不可能的聯合中，以荒誕狂妄為樂，且不惜一再置換其聯合。此種用以

自娛的方式，乃出諸自動，近似頑皮，然而卻由此而得到創造的曙光，發現生命中新穎而重要的部分。（註37）第一與第三兩種特質，為自由而玩世不恭的特徵，第二則是自我滿足的需要。

將各家有關創造性人格的特質蒐羅較盡者，以克尼洛所列最為完備。克氏所列者，有下述各項：

1. 智力：雖據戈爾佛德與蓋茲爾等的研究，以為創造力最高者，智力並未居於頂峰，但此等創造者之智力，仍在中上等級。克氏以為科學創造者，仍需具有高度的智力。

2. 覺察力（awareness）：創造者對其環境須有感受力，因而可以覺察別人所未及注意的事項，經驗別人所忽略的事實。但至年長後，覺察度可能限於較狹窄的範圍。

3. 流暢性（fluency）：創造者具有異常的流暢性，由其思路通暢，故能生出較多的觀念。雖在言詞方面，亦可能有訥於言者，但其心智活動則較少阻滯。

4. 變通性（flexibility）：創造者能變化多端，可以聞一知十、舉一反三、觸類旁通，故而能製造非常的事實，提出不同凡響的觀念。

5. 獨創性（originality）：獨創性表現於提出卓越的見解，以特異的方法解決問題，用新奇的方式處理事件，因其異乎常情，而又優於一般的條件，為別出心裁的新穎表現。

6. 精密度（elaboration）：創造者不僅有獨特的見解，而且力求實現，為此則必須慎思熟慮，以求達到完美的程度，故而創造與練習，常為互相依附的條件。

7. 懷疑：創造者的懷疑態度，常用於故舊的觀念或事實，因此能脫出一般信念的窠臼，發現新觀念或事實。

8. 堅執力（persistence）：創造的完成常須若干時日，因而需要堅執力以面對所遭遇的困難，且繼久而不懈。尤其當創造活動進入於下意識階段時，必須此堅執力的喚醒與催促，方不致遺忘，而有再回復至意識階段的可能。

9. 嬉戲心（intellectual playfulness）：創造者於尋求新觀念時，並無

必成的把握；且因所求者與習俗相違，幾近頑皮的自娛，但因此天眞而自由的赤子之心，可能終至導出驚世駭俗的發現。

10.幽默感：創造者不以其與衆不同的觀念爲忤，且不惜申述其幻想與狂妄，反而能於此中自得其樂，且確能看出其可喜之處，故能以幽默的態度面對譏諷或輕蔑，而不致因情緒反應影響其創造的進行。

11.非依從（nonconformity）：依從使人不敢標新立異，而隨衆人的意見爲轉移，因而限制創造的發展。創造者能突破此種限制，甚或無視於多數的意見，故能自行其是而有所創造。（著者識，此或即世俗以創造者爲乖癖之原因。）

12.自信心：創造者深信其工作的價值，雖遭受阻扼或誹謗，亦不能改變其信念。由此一往直前，終能完成其理想或預期的目的。（註38）

布爾（Buel, W. D.）從分析研究人員的創造性發現，有較高創造力者具有肯定的自我想像力和在工作與社會環境中要求獨立的傾向，興趣廣泛、熱衷於工作，而且不避艱困、愛好沉思、勇於探索，喜於從混亂或無成果的情境中得到組織與結果。（註39）

(二) 科學創造家的人格與特徵

科學創造家因興趣與工作的關係，除具有若干創造性人格的一般特質外，又具有另外某些特徵。泰洛即指出科學創造家富有專業性的自信心、自足、獨立，而能抑制情緒，少攻擊、有果斷、合乎社會的期望，且具有社會性和陽剛的力量。

由於目前注重科學的影響，若干研究者亦曾就科學創造家的人格，做專門研究。陶蘭斯引麥克堪農（Mackinnon, D. W.）等研究建築家、數學家和工業研究者等（其中亦包括作家）之有創造性的人格，發現建築家具統治力；有提高其社會地位的品質；對個人與社會的交互作用有自治而寧靜處理的能力，但並不完全合乎流俗或多方參與社會活動；健談而風趣；自我中心而傾向反抗；遇到困難時可能訴苦或抱怨；不拘俗套；對別人少有成見；肯承認個人不同流俗的觀點；願意獨立思考或動作，以求有所成就；有變通性；興趣富陰柔性，喜愛複雜的事物；重知覺而輕判斷；比較

內傾；樂於獨處；在社交方面則以統治的姿態出現；且其統治基於理論和
審美的價值。（註40）

　　魏洛斯亦引柏若森（Berelson, B.）及司太因諾（Steiner, G. A.）等所研
究創造性的工業化學家的人格，為少焦慮；自動而統合；重實際物質和應
用；強調和諧與形式；期望有所成就；承認自己的衝動；心理健全；在解
決問題時，初則謹慎而緩慢，待得到充分資料後，即工作異常迅速。（註
41）

　　泰洛及巴郎亦引倭農（Vernon, P. E.）及卡特（Carter, A.）等所列科學
創造家的特徵，計有驅策力、數學能力、開源力（resourcefulness）、認知
力、統合性、實事求是、注重原則和發現、供給力、變通性、技巧、堅執
性、獨立性、區別價值力、合作、直覺能力和創造性。此外，二氏又強調
科學創造家的人格特徵如動機、自我力量（ego strength）、情緒穩定度、
開明、自發性、自動性、自主力、思考的興趣等。（註42）

(三) 創造性青少年的人格及特徵

　　陶蘭斯曾云，創造性人格及特徵，雖因研究者多著眼於成人時期以致
所提出者皆為成年期的特點，但若研究此等創造者的早期人格，將可發現
其業已表現的特徵。此種觀點，與過去創造家傳記中所發現的頗為相合，
即歷史上記載的傑出創造家，在青少年時期已有為人所稱道的非凡之處。
陶氏並引魏斯伯格（Weisberg, P. S.）及斯普林格（Springer, K. J.）等對四
年級兒童的發現，有自我想像力、回憶的安適度、幽默感、對父親的焦
慮、和不平衡的自我發展；又有傾向於不同流俗的反應、虛幻的知覺、內
在獨立的評鑑力、對環境的情緒反應等。於是綜括為三個特徵，即1.富有
狂妄及奇詭的觀念、2.不依規矩的製品、3.作品中顯露幽默感、嬉戲性、
變通和鬆懈。但陶氏亦指出創造性的兒童，由於其創造的特徵，可能因其
非凡的傾向而失去朋友，以致陷於孤立，或者因創造能力的發展，使其他
方面的發展相形見絀，而表現出並非面面俱圓的情形。又或因一般社會觀
點，以為男性應為陽剛之性、女性為陰柔之性，但創造中所需要的感性屬
於陰柔，所表現的獨立傾向則屬於陽剛，若男生表現強烈的感性、女生表

現強烈的獨立，則顯與社會所期望的性別表現不合。陶氏又以爲有創造性的兒童愛好自行學習、嘗試困難的工作、不惜冒險犯難、從事目的的探尋，而且所重視的事物亦與尋常兒童不同。此等兒童工作時，不到工作完成，幾乎不願停止；並在團體中，努力尋求個人的獨特性，不但不爲世俗所屈，甚而期望世俗的降服。（註43）

　　魏雷曾研究一五一名五年級兒童，分爲四組，共中兩組係富於創造性者，又因此兩組智力的高下而加以區別。由此發現創造及智力均高的學生，能自制而又有若干程度的自由性，有些行爲類似成人、有些行爲又類似兒童。另一組創造力高而智力低的兒童，則常對自己或環境表示忿怒，對自己是因爲能力受到阻滯、對環境則由於受到困窘；然而在不受困厄的情境中，則有充分的認知能力。（註44）

　　又據陶蘭斯引述蓋茲爾等對創造性青年的研究，包括自初中一年級至高中三年級的學生在內，其特徵爲製造新形式的能力，將元素做超越常情的連接，在探索新奇事物中能自得其樂。又引韓謨（Hammer）之研究發現，中學生之有藝術天才者表現深度的情感、高度的獨特反應，寧願居於旁觀的地位，有強度的決定性和希望、剛柔相濟、獨立而有反抗性，能自我覺察、急於自我表現、忍苦耐勞，能盡情發洩情感。（註45）

　　此外賀爾森（Helson, R.）研究大學女生之創造性的人格及特徵，以與配合的非創造性女生比較。發現富創造性的女生有較高的創造興趣，有較高的自主力和內在導引力，因而以爲女性創造者頗具陽剛之性，獨特而聰明，期望有所成就；並經證實女性創造者對符號有較高的興趣，強於自主，不願依衝動而行爲，且深望擔當創造的角色。（註46）

(四) 創造性人格的共同特徵

　　由前述各家的觀點及研究結果看來，對於創造性的人格及特徵亦言者如縷，其中不少分歧之處，但若予以綜括歸納，不因其異乎常人而寄予特殊眼光。惟從與創造有關之處著眼，將見若干特質，爲創造者所常具的特徵，姑依其普遍而重要者列舉於後。

　　1. 自由感：創造性的人格，必然有不受約束的感覺。所謂不受約

束，並非指標新立異，甚至故干法紀，而是在思考與觀念中，能夠進退自如、不拘泥於一端，亦不固執成見。當其思緒奔騰時，不依價值標準而加以抑制，近似心理分析學派所謂之無壓抑狀態，亦即近年心理研究者所謂之變通及流暢性。因其無所拘束與抑制，故能變化多端；因其少受阻撓，故可觸類旁通，終至形成表面放任恣肆的態度或行為。由於缺少內在的約束，知覺可接觸較大範圍，即所謂之開明的知覺，實係由於世俗所謂開明之態度而來；亦因此而能接受多方面的材料，對於常人所不能容忍者，肯於承認；對於常人之感到震驚者，不致錯愕詫異；轉而以好奇心與探索的興趣，從而加以搜求，故能有超人的發現或成就。

2. 獨立性：創造者必然有較少的依賴心，反而有較強的獨立性。獨立性的表現，不必定為統治欲，而是有初步的安全感；且有較強的自主，至少可用以約束自己，但非約束自己的行為，而是約束自己趨向於達到所欲完成的目的。其次創造者之不同流俗的思想或行為表現，是由於其非依從的性徵而來，既不肯輕附眾議以求容於團體或人群，則不免被排斥於團體之外，以致形同寂寞和孤單。又如羅傑斯所說，創造者有不可避免的寂寞，因當其發現新奇觀念或思想時，為他人所不及知且從未曾聞，在概念的境界中確處於孤立無援的狀態；甚且其所持的觀念違背常情，自亦知其不能為常人所接受，若無獨立性，則勢必捨己從人，拋棄所得的觀念，因而使創作無從產生。

3. 幽默感：幽默感是基於嬉戲的本性，出以輕鬆的表現，使嚴肅尷尬的場面，變為愉快和樂。麥克獨孤（McDougall, W.）和莫瑞（Murray, H.）皆相信此為一項人格的基本特質，從兒童的飽食暖衣和足睡以後的遊戲，以至成人在工作之餘的尋求娛樂，可以看出此種需要的本原性。兒童在遊戲中，靠想像編織足以自娛的玩具、活動及故事，成人在娛樂活動中尋求滿足，因使此等活動妙趣橫生，身臨其境者固自覺興高采烈，甚至旁觀者也不禁為之解頤。嬉戲之此種價值，即係因其中含有新穎、獨特之處，出人意表，故能引人入勝。創造性的人格，包括幽默感，即是超脫當前或常規的定型，有予人一新耳目的事件發生；超脫而精闢，是改變舊觀所必經的歷程。

4. 堅執力：創造性的人格，必然有堅執的特徵。此種力量，使人於發現一個問題或目標時，即鍥而不捨，不致得到結果不已。蓋創造的成果，就其洞察之出現而言，宛如電光石火、憑空而至；實則如前節創造的心理歷程而言，一項創造的完成，絕非一朝一夕之功。在創造的意念萌生之後，創造者可能百思不得其解，以至惶惶終日、寢食不安，必須具有此種堅執的力量，百折不撓、夙夜匪懈。在完成之前，雖進行緩慢或意識中有放棄的意向，然而在內心中卻日夜縈懷，因此始能使降至下意識中之材料，得有上升而回復至意識的可能。而此種力量，使創造者拒絕他人的關切與勸告，即在知其不可時，仍努力為之，終至得到意外的成就。

5. 勇氣：創造者之需要勇氣，是因其必須面對一項常人無法忍受的事實。無論由於人類原本的社會性，或是群居的結果，已形成附和多數的觀念和習性，由此以求見容於社會和人群。然而創造者在創造觀念萌生之時，即因其與眾不同而需面對此一事實，若不甘為人歧視，便無勇氣保持此種觀念；待創作完成之後，又要面對眾人的異議，承認自己不合流俗，甚或需要力排眾議。要與自我反抗的性質爭衡，使其不致因違反習知的事實而氣餒以至停止，又要與他人的攻擊（批評）搏鬥，能打破眾人的成見以維護其創作。因為敢於不同流俗，才有創造產生；因為敢於冒天下之大不韙，才肯將創作公諸於世。今日為人頌揚的若干創造，即是當初創造者有勇氣面對遭遇的結果。

三、創造的相關因素

由於對創造的解釋不同，不但使創造論至今無法建立體系，而且難以確定創造的相關因素。然而此類困難，適足鼓舞研究者的好奇心與探索的熱忱。故多數研究者，一方面企圖建立理論體系，一方面擬從與創造有關的其他因素，探測創造力所涉及的範圍。因此乃從事工具的製作，並試驗其確切的效用。但因創造的定義尚未統一，既不知所欲衡量者確為何物，則所研擬的測量工具，自難有決定性的效用。目前就研究發現，已知者為創造與智力、創造與學業成就，或創造與智力及學業成就兩者的連鎖關係，其

其間亦有研究創造與人格的關係。本節將就此等研究及發現，扼要引述。

(一) 測量的困難

測量創造力的困難，除由於缺乏理論根據而外，尚有若干觀念與傳統的阻滯，而且工具缺乏，就現有之為數極微的數個測驗的效果而言，亦言人人殊。陶蘭斯曾云衡量創造的思考能力，常不免借重於傳統的智力測驗和人格測驗，而用此類測驗衡量創造力，在測驗本身即有若干缺點。缺點之一為強調聚斂（convergence），尤以智力測驗為然，強調聚斂與依從的思考。此種思考不足以指明創造力，已為戈爾佛德和蓋茲爾等所提出。陶氏經用明尼蘇達創造思考測驗（Minnesota Tests of Creative Thinking）測量一批兒童的創造力後，復用谷德諾（Goodenough）之畫人測驗（Draw-A-Person Test）相對照，而畫人測驗係屬智力測驗之一種。於是陶氏發現凡屬智力高的兒童，表現出高度的繪畫技巧，然而卻千篇一律，所畫之各部分都有適當的比例，五官端正宛如一版製成。而這些屬於智慧高的兒童，在創造思考測驗中所得的分數，與其智慧分數並不一致。另一缺點為過分強調傳統的學術價值，依此而編製的測驗，便很難脫出傳統觀念的限制。陶氏引斯密萊（Smillie）的說法，以為比納量表（Stanford-Binet）和魏克斯洛（Wechsler）兩智力測驗過重記憶的材料，卻忽視了創造、發明和獨特性。陶氏又引泰洛（一九五九）的評批，以為傳統的智力測驗是在預斷學業成就，也因此凍結了測驗的本質和學術價值。陶氏繼以翁斯坦（Ornstein）的實驗，說明斯密萊與泰洛批評的正確性。翁氏對一般修物理課的學生，以鼓勵分析和直覺的思考方式實驗，發現一批在大學能力測驗（School and College Aptitude Test）中得分僅略高於中等的學生，竟得到物理科內容測驗的高分，其中且有若干人竟高出於原在大學能力測驗中得最高分的學生，因而翁氏以為是由於在大學能力測驗得高分的學生擅長記憶，而在物理中強調分析與直覺思考時，便落得無用武之地。陶氏又以為第三個缺點是將才能、創造和依從混而為一，根據如是多端編製的智力測驗，不足以代表心智能力。陶氏引泰洛的話說：「以我看來，目前智力測驗之以一個分數或若干方面代表心智極不貼切。因為合於心智之內的腦

力，其複雜的活動無法只用一個分數或若干方面來表示。過分看重這種簡單的方式，無寧是對腦力、人心和人類的侮辱。」陶氏又引麥克尼爾（McNeil）的意見說，如果相信創造的歷程需要非凡的思考，那麼就可以確定說創造和依從是原本相反的，因而不應混合在一個測驗裡。因此，麥氏以爲應該辨別聰明的依從者和聰明的非依從者，前者可訓練爲加強修飾和操縱別人觀念的人，後者則可由想像的思考而形成新知識。（註47）

　　就現行試用的創造測驗而言，其效果如何亦成問題，故易形成測量創造能力的困難。如泰洛所說，戈爾佛德爲測量創造能力而編製的獨創性測驗（Originality Test Battery），並無最高的效度。又如遠距的聯念測驗（Remote Association Test）和文字聯念測驗（Word Association Test）據應用者的報告，亦優劣互見。（註48）麥克洛等（Mackler, B. & Shontz, F. C.）經試用文字與非文字的測驗以衡量創造力後，發現尚難做確切的定論。（註49）在現有的創造能力測驗中，以明尼蘇達創造思考測驗應用較多，就應用者的報告，似尚爲可用的一種。但據山本的研究，並無結構的效度，故其效用尚不能過早予以決定。（註50）若僅就研究者所用的測量工具，及發現的相關因素而言，可綜括爲後述之三類。

(二) 創造與智力的相關

　　研究創造與智力之相關者，如蓋茲爾等對青年的研究，發現創造測驗之五項——文字聯念、用途、隱藏的形狀、寓言和形成問題，與智慧的相關係數自‧一一五至‧四八八，但卻發現創造之列於最高百分之二十者，創造分數卻低於其最高的百分之二十。由此看來，創造與智力雖然相關，但並未達到密切相關的程度。（註51）戈爾佛德於其創造與智力的繼續研究中，以分數的思考代表創造，發現此種能力與複雜的智力測驗的相關較高，與單一因素的智力測驗相關卻較低；然而創造測驗之測量符號及意義，卻又與智力測驗的相關較高，戈氏以爲後一種情形，是由於兩者所衡量的都具有複雜性，以致成爲變異的原因；但在符號及意義的創造測驗中得低分者，其智商高低頗爲懸殊，但智商低者，分散的思考毫無二致的較低。（註52）又據司密斯（Smith, R. M.）等以戈爾佛德式之測驗測量六十

名聰明的五年級學生，以與性別、種族、社會經濟背景、及學校班級等相配合的中等智力兒童比較，發現創造因素與智慧因素間有不同的相關趨勢。（註53）

海珊（Hasan, P.）等研究一百七十五名愛丁堡之初中二年級學生，發現創造與智力的關係和蓋茲爾等的研究頗不相合。以文字聯念、應用及寓言三個創造分測驗而言，和智力的相關係數皆高過蓋茲爾等的研究。蓋茲爾等男生組的三個相關係數依序為・三七八、・一八六、・一三一；海珊所得則為・七七二、・五五一及・七二六；蓋茲爾等的女生組為・三七一、・一四七，・一一五；海珊的則為・五九八、・三一七及・一一五。故海珊以為創造與智力間的關係，並不如蓋茲爾等所說之低，而且聚斂的思考和分散的思考之間，有相當重疊的部分。海氏以為愛丁堡的學生和美國學生間，可能因文化背景的影響而顯示差異，因而即使對不同學校的學生，也可能需要不同的測量工具。（註54）

但是與海珊的發現相反，和蓋茲爾等的結果卻一致的情形，經山本以洛奇與桑代克之智力測驗及明尼蘇達創造思考測驗，測量一千二百餘名美國五年級兒童而得。因其雖就全體兒童的創造與智力相關係數言，並未達到顯著程度，但經依智力分組後計算，相關係數可能高達・八八。然而智力越高的兒童，其智力分數與創造分數的相關係數卻更加降低，因此山本相信蓋茲爾等的說法為正確，即智力高者創造能力未必同等優越。（註55）

就分散的思考和聚斂的思考是否分別屬於創造能力及智力而言，克若朴萊（Croploy, A. J.）曾以六個聚斂思考的測驗和七個分散思考的測驗以測量三百二十名初中一年級的學生，並用因素分析法統計其結果，以為二種思考並非完全獨立的因素，因學生在分散思考測驗中得高分者，在聚斂思考測驗中所得的分數也較高，故就此二種思考以區別創造和智力，似乎並不能做明確的劃分。（註56）另據郝林（Haughlin, P. R.）比較智力中之概念形成與創造中遠距聯念的關係，發現偶而的概念形成能力為高度智力和創造力的功能，但在中下程度者則無顯著的差異。（註57）此項結果，更以麥茲梯（Miszitis, S. A.）的研究發現，說明創造與智力之相關程度如

何，尚難確切證明。（註58）又據雷基（Riegcl, K. F.）等的研究，依人格測驗所選出的高度創造性者，表現出高度的自由聯念、邏輯組織力和模仿力，（註59）是以表示創造中包括聚斂的思考能力。如果雷氏等的人格測驗確定有辨別創造性的效果，則更可證明思考的種類尚不能明確劃分為創造或智力的範圍。

　　由前述研究所發現的結果看來，創造和智力相關的參差情形，固屬於二種能力系統的問題，但測驗工具亦為一影響因素。研究創造與智力相關者，尚有凱斯太郎（Castiglione, L. V.），從所用奧梯斯等智力測驗與遠距聯念測驗及聯念流暢測驗（Associational Fluency Test）等創造測驗而得的分數，就相關係數判斷發現下述結論：即1.兩種測驗分數皆高者，智力分數亦高；2.創造與智力測驗之相關程度，因受試者的程度和在測驗中所用的思考種類而異；3.智力高者遠距聯念測驗之分數亦高；4.一般說來，智力分數高的受試者較智力分數低的受試者，所得的兩種創造分數皆高；5.聯念流暢分數之較低者，智力分數仍高於智力中等者以上。（註60）魏利克（Wyrick, W.）由另一角度研究，發現動作能力（屬於智力者）與動作的創造力有關，（註61）從而主張應有測驗運作創造力的工具。

　　多數論及智力與創造力者，皆以為解決問題的能力係一種心智能力，但此種能力究竟應屬於智力抑或創造，亦言人人殊；但亦有就此而加以研究。魯賓斯坦（Rubenstein, I. R.）研究三百五十名小學四年級的學生，以創造的問題解決與智力比較，發現兩者間有確定的相關。（註62）另司太佛（Stafford, R. L.）研究四十八名小學六年級學生，發現智力與創造能力皆高者所解決的問題數目較多，且能有效的利用資料。（註63）此二研究，雖表示創造與智力有密切相關，但因問題解決能力率亦屬於兩者，其不能因此決定兩者之獨立性，極為明顯。

　　此外，尚有從閱讀及寫作而比較創造與智力之相關者，（註64）或從閱讀與思考而研究兩者之相關者。（註65）因此等能力不免牽涉到學習因素，故不細列。

(三) 創造與成就的相關

　　據蓋茲爾等研究青年的創造與學業成就的相關結果，先發現智力高的學生，學業成就亦高，以其爲意中事，故不足爲奇。使蓋茲爾等驚異者，爲學業成就頗高的學生中，竟有智力在最高之百分之二十以下者，然而此等學生，創造能力卻高於百分之二十以上。蓋茲爾等所提供的統計資料爲：

	全　　　體	高智組	高創組
人數	N＝449	N＝28	N＝24
智商	X　132	150	127
	S　15.07	6.64	10.58
成就	X　49.91	55.00	56.27
	S　7.36	5.95	7.90

　　由此看來，智力或創造與成就間皆各相一致。然而智力較低者，卻有較高的創造能力。（註66）但班特萊（Bentley, J. C.）經測驗七十五名研究生後，卻發現創造與成就間並無顯著相關，是與蓋茲爾等的研究頗爲參差。然班氏以爲由於成就測驗所注重者，是傳統所重視的記憶力，因爲測驗的重點不同，以致出現不同的結果。（註67）又據西色瑞里（Cicirelli, V. C.）研究六百四十一名小學六年級學生發現，創造與成就間並無明顯相關，（註68）此與班氏之研究完全相合。

　　山本亦曾試圖證實智力、創造與成就間的關係。從其所測驗的七百九十名小學五年級學生的結果發現，智商低於一二〇者與成就的相關爲·五〇，智商高於一二〇者與成就的相關爲·二〇，此結果與一般信念及蓋茲爾等的發現竟截然不同。山本並發現在智商較高的兒童中，創造思考與成就的相關，高於智力與成就的相關；但相關係數亦無高出於·二八之上者。（註69）此項結果，又與多數研究的發現並不一致。似此欲確定智力、創造及成就間的關係，頗爲困難。或可由克若朴萊之研究，再行進一步的探尋。克氏以測驗三百二十名初中一年級學生的結果分析，依智商及創造分數的高低分爲四組：即1.高—高、2.高—低、3.低—高、4.低—低，意指第一組爲智商及創造皆高者、第二組爲智商高而創造低者、第三

組為智商低而創造高者、第四組為智商與創造皆低者。就此四組之成就比較，發見第一組高於第三及第四組，但並不高於第二組；第二及第三組均高於第四組，然而第二組並不高於第三組。（註70）可見相近的兩組，其成就的高低並不確定，惟在最高與最低之間，始見出差異。

創造與智力和成就的相關之不能確定，可能由於此兩者雖為成就的必需條件，但尚有其他的影響因素。最明顯者為努力的程度。如一般相信之事實，成就的高低與努力有密切關係，怠於學習者雖一向被視為聰明才智的學生，卻無高超的成就，而才智平庸者勤以補拙，反能在成就中得到報償。故今後從事此一方面之研究者，應將努力因素予以控制或併入研究，如此或可得到比較確定的結果。

(四) 創造與人格的相關

由於多數人相信，創造性的人格具有某些特質或表現某些特徵，遂有研究者以測量工具衡量創造力及人格，以求證實信念之當否。例如：傅萊克斯（Flax, M. L.）曾研究二百零八名高中一年級學生，所應用的工具為南加大思考能力測驗（Southern California Tests of Creative-Thinking Abilities），其中包括文字流暢度、觀念流暢度、聯念流暢度、表現流暢度、結果的變化應用；人格測驗則為高中人格問卷和戈爾佛德等之興趣調查（Guilford-Shneidman-Zimmerman Interest Survey）。由是發現創造測驗中所表現的差異和某些人格因素相關，且創造與興趣相關之達到顯著度最高者為藝術、文學及機械設計，因此世俗相信此等項目屬於創造者頗為吻合。（註71）

塞斯克（Sisk, D. A.）經比較創造與自我概念間的關係，發現有自知之明者所得之流暢及變通等分數亦高，且有較高的獨特分數。因而以為創造的思考，係屬多方面的概念。（註72）又是據塔克曼（Tuckman, B. W.）測量統合能力與創造的關係，發現受試者對其環境及環境內的事物，具有較高分化與統整力者，亦多能製造創造的反應。（註73）福爾豪森（Feldhusen, J. F.）等以初中學生對於個人創造力的判斷與教師的判斷比較，發現學生自行評定者高於教師的評定。（註74）赫爾（Herr, E. L.）等

亦發現教師評定之不正確性。（註75）此或與泰洛等之說法相似，即智力高的兒童容易得到教師的注意與讚賞，而創造力高的兒童由於不能時時遵照常規的非依從性，常成爲教師所不喜歡的人物，因而予以較低的評判。

此外，據山本研究七百三十名五年級兒童之創造力與社會性的結果，發現有創造性或智力較高的兒童，多被其同學承認爲朋友，但卻無統計的顯著性。（註76）

綜上所述，在創造力的內容確定之前，欲明知其相關的因素頗爲困難；加以目前缺乏有效的測驗工具，或勉用已製的少數測驗工具，所得的結果亦不一致。就第一節所述，學者或相信、或發現創造力與智力有相當關係，然兩者的關係並非直線相關。但由較多數的研究看來，亦頗有成直線相關的可能。至於創造力與成就的關係，其紛歧的情形猶如智力與成就的相關。雖世俗相信成就須基於智力，然而卻有兩者並不關聯的事實出現。此或因研究者只從此三種變項作比較，並未計入其他可能的影響因素使然。若創造力與人格的關係雖言之已久，且曾舉出若干創造性人格的特質，但就所舉之研究而言，因其爲數極微、不成體系，而且人格測驗的困難甚多，無論在編製及應用方面，皆不能具有適當的效度，用此等測驗衡量創造性的人格，自難得到滿意的結果。然而對於創造的了解，目前尚在努力之中，固不必操切從事、早下結論，亦不可因研究結果的微渺，而減低研究的興趣。

註1：Mednick, S. A. The associative basis of the creative process, Psychol. Rev. 1962, 69, 222.

註2：Schroder, H. M. et al. Human information Processing: Individuals and groups in complex social situation. Holt, Rineh art & Winston, N. Y., 1966, 11.

註3：Haefle, J. W. Creativity and innovation, reingold, N. Y., 1962.

註4：Haimocuitz, N. R. et al. What makes them creative, Human Development, 1960, 44.

註5：Robinson, J. H. The mind in the making, Harper & Bros, N. Y., 1930, 49.

註6：Guilford, J. P. Creativity, Amer, Psychol. 1959, 5, 444-454.

註7：Cropley, A. J. The relatedness of divergent and convergent thinking, Alberta J. Educ. Res. 1965, 11-13, 178-181.

註8：Wallach, M. A. & Kogan, N. A new look at the creativity-intelligence distinction, J. Personal, 1965, 33-3, 348-366.

註9：Getzels, J. W. & Jackson, P. W. Creativity and intelligence, Wiloy, N. Y., 1962, 13-18.

註10：Taylor, C. W. & Barron, F. Scientific creativity: Its recognition and development, Wiley, N. Y., 1966, 3rd ed. 13-14.

註11：Torrance, E. P. Gifted Children in the classroom, Macmillan, N. Y., 1965, 6.

註12：Op. cit. 88-109.

註13：Brunelle, E. A. Creative intelligence and semantics, ETC: A review of general semantics, 1967, 24-2, 203-212.

註14：Wallace, W. H. Some dimensions of creativity. Part I, 11. Personal J. 1967, 46-6, 363-370, 46-47, 438-458.

註15：Op. cit. 14-16.

註16：Taylor, I. A. The nature of the creative Process, in Smith, P. Creativity, Hastings House, N. Y., 1959.

註17：Kneller, G. F. The art and science of creativity, Holt, Rinehart Winston, N. Y., 1965, 48-57.

註18：Bruner, J. S. The process of education, Harvard Univ. Press, 1962, 55-68.

註19：Torrance, E. P. Scientific views of creativity and factors affecting its growth, Daedalus, 1965, 94, 663-664.

註20：Op. cit. 111-144.

註21：Schulman, D. Openness of Perception as a condition for creativity, Except Child,

1966, 33-2, 89-94.

註22：Maddi, S. R. Motivational aspects of creativity, J. Personality, 1965, 33-3, 330-347.

註23：Op. cit. 9, 52.

註24：Schachtel, E. G. Metamorphosis, Basis Books, N. Y., 1959, 243.

註25：Houston, J. & Mednick, S. Creativity and the need for novelty, J. abn. soc: psychol. 1963, 66, 137-141.

註26：Taylor, C. W. Creativity: Process and potential, Mcgraw-Hill, N. Y., 1964, 24.

註27：Yamamoto, K. Research frontier: "Creativity" －A blind man's report on the elephant, J. Counseling psychol. 1965, 12-14, 428-434, 432.

註28：Op. cit. 1966, 331-333.

註29：Op. cit. 18-46.

註30：Op. cit. 1967, 363-370.

註31：Op. cit.

註32：Op. cit. 1964, 27-28.

註33：Op. cit.

註34：Craig, R. H. Trait lists and creativity, Psychologia, 1966, 9-2, 107-110.

註35：Galanter, W. Creativity and attitudinal rigidity in elementary school children. Graduate Res. in Educ. & Discipline 1967, 3-1, 30-48.

註36：Barron, F. The disposition towards originality. Rep. Res. Conference. Univ. Utah, 1958.

註37：Rogers, C. R. Toward a theory of creativity, in his on becoming a person, 6h, 19. Houghton Mifflin, Boston, 1961.

註38：Op. cit. 62-68.

註39：Buel, W. D. Biographical data and the identification of creative research personnel. J. Appl. psychol. 1965, 49-55, 318-321.

註40：Op. cit. 1965, 7.

註41：Op. cit. 1967.

註42：Op. cit. 1966, 70, 120, 342, 385-386.

註43：Torrance, E. P. Guiding creative talent, Prentice-Hall, N. J., 1962, 76-80.

註44：Op. cit.

註45：Op. cit. 1962, 81-82.

註46：Helson, R. Personality of women with imaginative and artistic interests: J. Personality, 1966, 34-1, 1-25.

註47：Op. cit. 1962, 18-20.

註48：Op. cit. 1964, 35-36.

註49：Mackler, B. & Shontz, F. C. Characteristics of responses to tests of creativity, J. Clin, psychol. 1967, 23-1, 73-80.

註50：Yamamoto, K. An exploratory component analysis of the Minnesota Tests of Creative Thinking, Calif, J. Educ. Res. 1966, 16-5, 220-229.

註51：Op. cit. 132-20.

註52：Guiford, J. P. & Hoepfner, R. Creative Potential as related to measures of I. Q. and verbal comprehension. Indian, J. Psychol. 1966, 41-1, 7-16.

註53：Smith, R. M. & Neisworth, J. T. Creative thinking ability of intellectually superior children in the regular grades, Psychol. Rep. 1966, 18-22.

註54：Hasan, P. & Butcher, H. J. Creativity and intelligence: A partial replication with Scottish children of Getzel's and Jackson's study, Brit. J. Psychol. 1966, 57-1, 2, 129-135.

註55：Yamamoto, K. Effects of restriction of range and test unreliability on correlation between measures of intelligence and creative thinking. Brit. J. Educ. Psychol. 1965, 35-3, 300-305.

註56：Cropley, A. J. Creativity and intelligence. Brit. J. Educ. Psychol. 1966, 36-3, 259-265.

註57：Haughlin, P. R. Incidental concept formation as a function of creativity and intelligence. J. Pers. Soc. Psychol. 1967, 5-1, 115-119.

註58：Miezitis, S. A. Divergent Production: Creativity of intelligence, Child Study, 1967, 29-2, 12-21.

註59：Riegel, K. F. et al. An analysis of associative behavior and creativity, J. Pers. Soc. Psychol. 1966, 4-1, 50-56.

註60：Castiglione, L. V. The relation of intelligence to selected measures of creativity, Dis. Abst. 1963, 27, 4-B, 1278-B.

註61：Wyrick, W. Comparison of motor creativity with verbal creativity, motor ability, and intelligence. Dis. Abst. 1966, 27, 7-A, 2060-A.

註62：Rubenstein, I. R. An experimental study of the effect of a creative problem solving course on the creativity and intelligence test scores of fourth grade children from three different socio-ecomonic levels. Dis. Abst. 1967, 27, 11-A, 1669-A.

註63：Stafford, R. L. The effects of creativity and intelligence on information seeking strategics gies used in problem solving task by six grade boys. Dis. Abst. 1967, 27, 11-A, 1669-A.

註64：Fishco, D. T. A study of the relationship between creativity in writing and comprehension in reading of selected seventh grade students. Dis. Abst. 1967, 27, 10-A, 3220-A.

註65：Macdougall, M. J. Relationship of critical reading and creative thinking abilities in children, Dis. Abst.

Karlins, M. Conceptual complexity and remote associative proficiency as creativity variables in a complex problem-solving task. J. Pers. Soc. psychol. 1967, 6-3, 264-287.

註66：Op. cit. 22-24.

註67：Bentley, J. C. Creativity and academic achievement. J. Educ. Res. 1966, 59-6, 269-272.

註68：Cicirelli, V. C. Form of the relationship between creativity. I. Q. and academic achievement. J. Educ. Psychol. 1965, 56-6, 303-308.

註69：Yamamoto, K. et al. Achievement, intelligence, and creative thinking in fifth grade children. Mcrril Palmer Quart. 1966, 12-3, 233-241.

註70：Cropley, A. J. Creativity intelligence and achievement. Alberta J. Educ. Res. 1967, 13-1, 51-58.

註71：Flax, M. L. The stability of relationships between creativity and personality variables, Dis. Abst. 1967, 27, 8-B, 2857-E.

註72：Sisk, D. A. The relationship between self concept and creative thinking of elementary school children. Dis. Abst. 1967, 27, 8-A, 2455-A.

註73：Tuckman, B. W. Integrative complexity: Its measures and relation to creativity. Educ. & Psychol. Meas. 1966, 26-2, 369-382.

註74：Feldhusen, J. F. & Denny T. Teacher's and children's perception of creativity in high and low-anxious children divided equaly by sex. J. Educ. Res. 1965, 58-10, 442-446.

註75：Herr, E. L. et al. Creativity, intelligence and values a study of relationships, Except Child, 1965, 32-21, 114-115.

註76：Yamamoto, K. et al. Intelligence, creative thinking and sociometric choice among fifth-grade children. J. Experim. Educ, 1966, 34-3.

本篇文章取自：賈馥茗（1970）。創造論的概念。**教育學報**，**1**，105-126。

第四章

人性論平議

一

在人類文化的歷程中，有一大半是知識的成果。在人類所追求的知識裡，一部分是有關自然現象的、一部分是有關求知的方法的、一部分是關於人和人的行為結果的。在哲學總社群學的時期，這三部分是哲學研究的範圍。由於知識的增加和研究方法的進步，研究自然現象的一部分，各自成為獨立的科學，如天文、地質和地理、物理、化學、生物等。近年分的科目更多而精細，成為自然科學。研究求知方法的，也各因為研究的對象而不同。研究人的，則有了心理學、人類學，以及連帶和人的事有關的學科，如歷史、政治、經濟、社會等，再加上文學、藝術等稱為社會學科和人文學科。從這幾類知識和研究的成果來看，自然科學的成果最高；連帶的也就證明這類科學的研究方法是非常有效的。惟對於人和人事方面的研究，雖然也有相當的成就，可是卻無法和自然科學的成就相比，所以才有人感覺到人文科學和社會科學有落後，或至少進步很慢的現象。這是一個公認的事實。那麼為了對人文和社會學科的研究，能夠得到比較滿意的結果，還要付出相當的努力，嘗試便是一個不可或缺的歷程。

要想對人或人為的事有確切的認識，恐怕先要從根本上探求，先了解「人是什麼」，再去研究何以人形成這些事。從根本上著手，或許是一個比較適當的方法。

然而要斷定人是什麼，並不是一件容易的事，否則前代若干具有真知卓見的先哲，在提出那麼多對其他方面的觀點的時候，一定也會含有相當的意見提出。事實上沒有達到這個地步的原因，可能是由於幾項不易解決的困難。第一，在生物界，人是最複雜的有機體，對這個機體的了解，可以由解剖而觀察其生理結構，可以由外在行為而觀察其動作的效果；但是對於結構的、抽象的、統合為整體的作用，以及決定行為和改變行為的力量，則只能推論而不能確定。第二，在認識人的時候，因為求知的是人，被知的也是人，人要認識自己，便難以站在純客觀的立場上，至少有一部分視野被自己的身影所遮蔽了，這是一個無法突破的難關。第三，「人認識本身」這項活動，發生在對外界現象有了一些認識之後，並不是「本

原」的認識。例如：儒家認爲「人與天地參」的觀念，是從對自然法則的認識來推論人，這是一種「比較性」的相對認識；由於對自然現象的崇敬和畏懼，便把對人的期望當成了人的本質。事實上儒家也明明白白的說到，要達到人參天地的地步，須要加上一番「作爲」。這些作爲儘管對每個人都是「可能」，但是並不是「必然」。西方也是如此，在有了「神」的觀念以後，以爲和神最接近的是天使，便把人放在「天使和野獸」之間：一方面把人看成是高出於野獸的動物，一方面又希望人能夠更接近神。對儒家來說，如果沒有天地相比照，人是什麼？應該做什麼？對西方的思想家來說，如果不用天使和野獸的等級來劃分，人該放在什麼位置上？

　　哲學家們大概曾經覺察到這類困難，所以對於人的認識，談到的比其他論點少得多；早期談靈魂的已經日漸式微，近年從經驗方面來說的，正在進行之中。

二

　　從經驗方面談人的，最早而爭議最多的要算「人性」的問題。如所熟知的，有所謂性善說、性惡說、性無善無惡說、性可善可惡說，以至於和後一說類似的性善惡混說。

　　在說到性善或性惡之前，最好先把「性」或「人性」這個名詞的定義確定一下。爲了不要牽扯得太遠，就把談人性者的概念拿來做個解釋。《中庸》開章即說：「天命之謂性」。《禮記》〈樂記〉有：「人生而靜，天之性也。」參詳《中庸》的意思，似乎性是「天生自然」，天「無言無爲」，而本就有其法則，和「人生而靜」來對照《論語》：「天何言哉，四時行焉，萬物生焉，天何言哉！」可以概見。荀子說的比較明白，〈性惡篇〉中有：「不可學不可事之在天者，謂之性。」〈正名篇〉中有：「生之所以然者謂之性。」又「生之和所生，精合感應，不事而自然，謂之性。」《禮記》孔疏中也有「自然謂之性」的說法。作者姑且採摘這些做例證，因爲想就這些說法來暫且確定一下人性的定義，是生而自

然的，不摻雜其他的成分，比較容易辨別人性善惡的爭論。當然這不免於疏漏和主觀，只為留待繼續研討。

試再比照一下西方的觀點，和「性」相對應的英文字是nature，人性是human nature。nature是人或物與生俱來的性質，這同時也說明了人性，和我國「生而自然」的說法相同。那麼所謂人性，所指的應該是「所有的人」生來就有的本質，未經後天的作用，是指人的「共相」。到後來才又加上進一步的說明，包括本能等遺傳的素質。待到哲學家們談人性時，也和我國哲學家一樣，有了性善、性惡或無善無惡的指向，不過各自所用的名詞不同：有物性、理性等說法。

在確定了「性」是「天生而自然」的概念以後，再看各家對人性的說法，或者可能做一個持平之論，使得對人的認識，能夠比較客觀而「近於」確切。

首先就性善、性惡兩個極端的說法而言，似乎性善說比較容易為人所接受；相對的，性惡說是不大為人所稱道的，這裡就先從性惡說談起。

《荀子》〈性惡篇〉開章便說：「人之性惡，其善者偽也。」接著說性之所以惡，是由於生而有「好利」、「疾惡」、「耳目之欲，有好聲色焉」，因此而生出「爭奪」、「殘賊」、「淫亂」。可是就在同篇中，荀子又說：「凡性者，天之就也，不可學，不可事。……不可學、不可事而在人者，謂之性。」再加上〈正名篇〉中所說的，「生之所以然者謂之性。」可以看出，荀子的概念，有些滋人困擾的地方。就文章的敘述來說，荀子在確切的說明「性」概念之前，先加上價值判斷，由於邏輯次第的顛倒，使得概念也糾纏不清了。荀子明白的解釋人性的用語，所說的人性，乃是生來自然的。生來就是如此，是不含人為成分的；而在荀子所舉的性惡三例裡，除了耳目之欲，還可以算是與生俱來的以外，「疾惡」顯然是情感作用，原自於「愉快」和「不愉快」的情感；至於「好利」的「利」這個客體，乃是主體以外的，是人類文化的產物，如果文化裡沒有這種「東西」，人是否也會根本上就好「它」，是頗成問題的。由此可見，荀子一方面認為人性是自然的、本原的；一方面又把文化中生出的後天的現象，加進本原的性質裡去，在立說的時候，一開始便有了問題。

　　其次荀子談人性，連帶的說到「情感」，有時則性情不分。如〈性惡篇〉所說：「今人之性，目可以見，耳可以聽，……」又說：「今人之性，飢而欲飽，寒而欲煖，勞而欲休，此人之『情性』也。」所說的是人的官能和本能。從官能的作用和本能的傾向來說，似乎難以給予價值判斷。因為耳和目這兩個器官的作用，只在於「看」和「聽」。能夠有所見、有所聞，便是這兩種官能發揮了作用，這是本來就有的。至於飢欲飽、寒欲煖、勞欲休，也是自然的傾向，是動物界維持生命的必然。如果一個有生命的個體，只在求這幾項基本需要的滿足，以達到其維持生命的「生物性的自然目的」，誰能說這是善的、還是惡的？好在荀子也並沒有就在這個階段上，判定其為惡。荀子所說的惡，是「目『好』色、耳『好』聲、口『好』味、心『好』利、骨體膚理『好』愉佚。」是「好利而欲得」。這是在官能作用之外，加上了人為的「選擇」；在基本的需要之上，變成了超量的嗜欲。是選擇的「指向」和欲求的「質量」形成的惡。那麼惡之所以成，不在本性的層次中，乃是本性以外的；也就是衍生出來的，到了這個層次，可以加以價值衡量。然而這個階段，卻不是自然就是如此的。荀子所舉的性惡的例證，如「爭奪」、「殘賊」、「淫亂」等，便屬於這個層次。

　　由這幾點看來，可以知道在荀子說性惡時，是由於著眼於超出自然本性之上的，趨向於惡的這方面，加重了這一方面的分量，而且就從這一方面下了斷語，並且也把這一方面混在了自然本性中。因為荀子強調在本性之上，趨向於惡的這個可能，沒有把另一個可能——趨向於善——列入「人性」之中，而把另一個可能當作為「偽」，沒有看清他自己所說的「惡」，其實也應該列在「偽」的範圍裡，才引起了懷疑和爭論。

　　孟子是主張性善說的，性善說似乎比較容易為人所接受。這裡暫且把人的自尊心拋開，先來客觀的了解一下孟子的說法。

　　孟子「性善」的論點，多半載在〈告子上篇〉，而且是和告子的辯難。如「告子曰：『生之謂性。』孟子曰：『生之謂性，猶白之謂白與？』曰：『然』。『白羽之白也，猶白雪之白；白雪之白，猶白玉之白與？』曰：『然』。『然則犬之性，猶牛之性；牛之性，猶人之性

與？』」從這一段話裡，可以看出孟子並不同意告子用「生之謂性」來做「人性」的定義，似乎孟子認為犬牛和人的性並不相同。可是孟子只在另外幾段話裡，舉了些比喻，卻沒有明白的說「人性」倒底是什麼。如「性之善也，猶水之就下也。人無有不善，水無有不下。」所說的是性的趨向，並不是人性的本質。而說到趨向時，固然可以向善，事實上也有很多向惡的例子。在這一方面，如果孟荀生在同時，二人辯論起來，恐怕也很難判定孰是孰非。

孟子說性善最明顯的一段，是說人都有「惻隱」、「羞惡」、「恭敬」、「是非」之心，等於「仁」、「義」、「禮」、「智」，這是人所固有的，而且是人所「同」有的。這一共相，孟子是從官能的作用推論而來。如所說的：「口之於味也，有同耆焉；耳之於聲也，有同聽焉；目之於色也，有同美焉。至於心，獨無所同然乎。……」先從孟子所說的「四心」來看，分析起來，惻隱之心是出自於慈愛、同情和憐憫等的情感作用，其中愛是中外學者公認的與生俱來的一種情感，把情合在性中一起說，是和荀子一樣的。「羞惡」也可以說是原自於「不愉快」的情感，不過是加入了外界因素而已，然而在這裡很難說其中沒有文化影響的選擇作用。至於「恭敬」，則很難在自然的「性情」中找到原來的本質，「是非」基於判斷能力，近似西方哲學家所說的理性。對於這一點，說理性是存在於人而可能發展的一種潛能，是已經被承認了的，可是在發展之前，還沒有可據以判斷的對象的時候，「所是」或「所非」的依據是什麼呢？從這段文字看，孟子論性善，便不似荀子般的嚴謹；而且孟子在自然本原和文化成分之間，根本就無意區分，直把高一級的文化產物，當成了自然的本質。所說的口、耳、目，也不是指官能，而是官能以外的，後生的辨別作用。

從上述幾點看來，孟子所謂之性善，是在認定了人應該向著仁、義、禮、智這個方向發展以後，才樂觀的賦予所有的人這種可能。因此孟子所說的性，也不是自然的本質。這項認定對人有安慰和鼓勵的作用，但是在立論上，則不免很多的缺點。因為在人的本性之上，可能發展的方向並不只有一個。所以孟子在回答公都子的時候，也只好說：「從其大體為大

人，從其小體爲小人。」又在說完：「仁，人心也；義，人路也。」之後，有「舍其路而弗由，放其心而不知求，哀哉！」之嘆。

孟子所說的性善之性，不是本原之性，乃是人性發展的一種可能，因爲孟子自己也承認在善之外，還可以有不同的發展。〈告子上篇〉中有孟子的話，說富歲子弟多「賴」，凶歲子弟多「暴」，並且用歲的成長差別舉例，以爲是由於地有肥磽、雨露不齊，顯然所指的是後天的了。孟子文字的敘述，頗爲缺乏邏輯的一致性。就在這段話之後，立刻接著說：「故凡同類者，舉相似也。何獨至於人而疑之？聖人與我同類者。……」聖人是人，我也是人，因而我也可以成爲聖人。如果世界上只有聖人，這個推論便可以成立。不幸的是，另外還有桀、妬，桀、妬同樣也是人，爲什麼不列爲同類呢？由此可以說，孟子在說性善的時候，所著眼的不是自然的本性，而是性可能生出來的價值，並且只強調積極的價值，這種立論法，便嫌不夠確切，也不能周延。

以上荀子道性惡、孟子說性善，還各自有可以依據的解釋，這兩個極端的主張，便在人性論裡，占了較多的分量。除了這兩種說法以外，同樣可以見於〈告子上篇〉的，還有：「告子曰：食色性也。」「公都子曰：告子曰，性無善無不善也。」又有兩則或曰，一則是「性可以爲善，可以爲不善。」「有性善，有性不善。」這兩個說法沒有再進一步的解釋，但也可以從這裡做一番了解。

告子說「食色性也」的性字，是從人的本能著眼。這類本能，是動物界的共相。在動物界中有兩項必然：其一、是取食以維持個體生命；其二是兩性結合以延續種族。這兩項普遍的現象，被視爲自然界的「自然」。那麼告子所說的性，就是自然的本性了。由於告子有這個概念，在孟子問他白羽、白雪和白玉之「白」，是否爲同樣的「白」時，他的回答是肯定的。可惜在孟子再問他，犬之性、牛之性、和人性的「性」，是否爲同樣的性時，便不見答覆。其實如果告子對他自己給性所下定義有清楚的概念時，他仍然可以做肯定的答覆，因爲犬、牛和人都屬於動物界，都具有自然之性，在根本上的確沒有差別。人和動物一樣，要吃東西才能活下去，要有兩性結合才能生育子女，在這個層次裡，有什麼不同呢？人和動物的

差別，是在本能之上有了意志作用，能夠控制自己的食和性，可以不必完全受本能衝動的支配，這才是人超越動物之處。只有到了這個層次，才能說人勝過了牛和犬。可惜告子看不到此，（至少記載裡沒有）默不作答。在表面上，便像是被孟子駁倒了。或者告子和一般人一樣，囿於人類的優越感，不屑於把自己和其他動物相比，結果反而使得一個比較確切的「性」的概念，竟然不能成立了。

把告子所說的性，是自然之性，連上公都子轉述的話，「性無善無不善」，更可以明白。就自然之性的「食色性也」來說，是自然本有的，是必然如此的，對自然本有的和必然的，本來就無法做價值衡量。因為自然界並沒有價值系統，「價值」是人創造出來的，人所創造的價值系統，是衡量人為（行為）的。在這個量尺裡，才能依照所定的標準去分別高下，也可以在高下之間做一個選擇，才可以有所趨、有所為；或者有所禁、有所不為。不知編傳《孟子》的人有意刪去了告子的意見，還是告子原就沒做詳盡的解釋，就無法臆測了。

再從兩則「或曰」來看，「性可以為善，可以為不善。」和「有性善，有性不善。」是兼認性的善惡兩端，前者從可能上著眼，後者從「現象」上著眼。這兩句話的意思和孟子的意思接近，只因孟子斷然承認了善端，即使無法抹殺為惡的可能和有惡的事實，而且也一再用事例說明這類事實，卻不肯客觀的做這樣的說法。這兩則「或曰」中所說的性，從說明上看，自然不是告子概念中的自然的人性，而是表現在人類之間的行為結果。從行為結果推論人性，因為結果不一致，便不得不承認根本上有差別。這是由於在邏輯上，由果推因，常常有不能周延而確切的困難。

此外在人性論裡，「善惡混」也列為一個說法。源自於揚子法言中揚雄的一句話：「人之性也善惡混。」依作者看來，「善惡混」沒有另列一說的必要。揚雄只是用了一個和前人不同的「混」字，他的意思，和「性有善有不善」、以及「可以為善，可以為不善」並沒有差別。在〈修身卷〉中，接著「善惡混」之下便說：「修其善則為善人，修其惡則為惡人。」〈學行卷〉中說：「學者，所以修性也。視聽言貌思，性所有也。學則正，否則邪。」由修為來定善惡，所說的性顯然不是本質的性，為惡

為善，在修為的差別。從這一點說，揚雄所說的性，明白的是指行為。倘若他不用「性」而用「行」，便可免除後來的若干爭論。說「視聽言貌思」為性所有，又似乎是指人本有的官能。可是說到官能，應該從基本處出發，要看這些官能是否能夠發揮作用，只要目能視、耳能聽、口能言，器官的功能便具備了。至於看什麼、聽什麼、說什麼，乃是受意志的指揮，不在官能本身作用限度之內。和孟子所說的目好色、耳好聲、口嗜美味比起來，孟子是把官能的接收力和感覺相提並論，這兩者的連接還比較直接，到了有所選擇，則是要有更進一步的意志作用才可以，便不如孟子的合乎事實。當然揚雄是從修身和學習的立場來說的，這已經是自然本性之上的人為的效果，從這個層次作價值衡量固然可以。把價值層次和自然層次放在同一水準上，便不免層次的混亂了。

其餘談人性的，多是一言半語，沒有明白的概念解釋，不必一一來指陳。作者自己有一個頗為幼稚的感受，即是我國哲學中，對概念學或思考的法則頗為忽略。《論語》只是片斷語錄，為時較早、紀錄不全，無法了解孔子思想的全貌。《大學》、《中庸》的敘述已經有了體系。孟子雄辯滔滔，可以見到言辭折人，可是概念卻有很多的疏漏。荀子有〈正名篇〉，已經有了一部分概念學，墨子有「經」和「經說」，比荀子的概念學更加詳細。然而因為荀子的性惡說，影響了人對荀子態度；因為墨子的兼愛說，更曾為孟子大聲駁斥，連帶的把他們的概念學也被忽視了。以致中國的哲學思想，儘管在很早就有了相當的成績，卻始終沒有像亞里斯多德般的一位哲學家，建立概念學、邏輯體系。反而在一些表面的「字眼」上，做了很多工夫，幾乎是用很嚴肅的治學態度，來做文字遊戲，說是文字的藝術成就則可，說是知識的成就，便要客觀的加以考慮了。作者的這個感受，絕對沒有不敬先哲先賢的意思，只是對於學術上的一種惋惜而已。

三

西方哲學中涉及到人性的，常常在「人的概念」中，把人和動物比

較。像《荀子》中專有一篇性惡論，和《孟子》中〈告子上篇〉中那麼多「人性」的辯難的很少。艾德洛（M. J. Adler）主編的《偉著》（*Great Books*）中，列了有關「人」的一個專題，其中的論題分爲「人的定義」、「人對於人的知識」、「人的結構」、「人性分析：官能、力量、或功能」、「人力與官能的秩序及諧和」、「人的個別差異」、「種族的差異」、「人的本原」、「人的情況」、「人對自己的概念和在宇宙中的地位」、「人的宗教概念」、「喜笑怒罵」、「腺體與神祕」等十三項。在這些論題之中，引述了有關於「人性」的部分，可是並沒有專論性善或性惡的一項。這裡暫且把和我國人性觀點有關聯的，舉幾項來做比較。

從前段幾個人性說來看，荀子性惡說裡所說的人性，含有自然之性，又和情感相提並論，然後加上「需欲」和「欲求」；孟子所說的性善，含有情感作用和後天的表現；告子未曾確定的基本人性和性無善無惡近似荀子的自然之性；「或曰」的「性有善，有不善」和「性可以爲善，可以爲不善」，近似孟子的後天的表現。把這幾個說法歸納起來，人性所涉及的有下列最重要的幾項：

（一）自然之性：與生俱來，生來就是如此的，無法用人力或人爲改變，即是所謂之本能。

（二）基本情感：與生俱來，是生來就有的，可以用人力改變方向或強度。

（三）「欲求」：原自於「嗜好」和「需欲」（需欲屬於「必需」的限度）。超出了自然需要的限度，屬於「人爲」，稱之爲「欲求」。

（四）官能：是器官原本的作用或功能，其中一個總體器官有統攝其他器官的能力。

(一) 自然之性

說到自然之性，西方學者在拿人和動物比較時，是兩者的相同之處。其中在人和動物之間最沒有差別的，便是「食」和「性」這兩項本能。心理學中談本能的很多，麥克獨孤（W. McDougall）詳列人的本能，食和性便是人與動物共有的。後來心理學中把本能再詳加陳述，仍然視這兩者是

最基本的，因爲這是自然界中一項無可綿延的事實。動物界要攝取食物來維持自身的生命；要兩性結合來綿延種族；就是植物界，也要吸取必需的養分，也要有雌性與雄性的結合才能結子。專從這一點上來說，人和物的確分不出什麼差別來。告子說：「食色性也」是這個意思；孟子說：「人之異於禽獸者，幾希。」也是這個意思。

依照自然所賦予的本能來求必需的滿足，只從這一點上說，很難作善或惡的評定，所以西方學者很少在這個層次上來判斷人性，因爲這只是人性的基本部分，並不是人性的全部。荀子所說的性惡，也不是在這個基本層次上。因而倒是告子的「性無善無不善」，可能是從這個層次上著眼的。

(二) 基本情感

《禮記》〈禮運篇〉中記載：「何謂人情？喜怒哀懼愛惡欲七者，弗學而能。」《中庸》一章有：「喜怒哀樂之未發，……」。《荀子》〈天論篇〉有：「天職既立，天功既成，形具而神生，好惡喜怒哀樂臧焉，夫是之謂天情。」不學而能的是與生俱來的，荀子所謂之天情，也是「生而即有」的意思。西方學者也有類似的說法，只是名稱略有出入而已。

就專論基本情感的來說，笛卡爾（R. Descartes）列舉了六種，稱之爲熱情（passions，是就字面的翻譯，後來心理學中多用emotions來代替），即愛、恨、欲、樂、哀、慕。斯賓諾沙（B. Spinoza）舉出三種最基本的情感：哀、樂、欲，哀連著恨和懼、樂連著愛和傲，合起來共有七種。霍布士（T. Hobbes）也提出七種情感，即嗜、欲、愛、惡、恨、樂、哀。

我國說到情感，只用一個「情」字，西方則從早期常用的passions漸漸改用emotions，後者中文譯爲「情緒」，後來又因爲情緒有「強度」的差別，再加上feelings（中文譯爲情感）而和emotions連用。在中文裡因爲習慣於用兩個字的名詞，通常用「情感」兩個字，這裡便是沿用常例，並不專指英文中的feelings。

對情感作價值判斷，多半是由於一種情感作用的結果。在這裡可以看出孟荀性善、性惡之說有別的原因。荀子把性情合論，注重一個「欲」

字，所以認爲人性是惡的；孟子最重視的是「愛」字，由愛而有惻隱之心，所以認爲人性是善的。如果從這一點上來看兩位先哲的觀點，各自從所側重的一項情感上立論，便各自有其道理，後人便無須爭論孰是孰非。

西哲對情感作用，尤其在心理學中，多半從「感受」上著眼，說到價值判斷的比較少，最多也只是談到強度的差別和影響。

從感受上來說，不管所列舉的情感有多少種，大致可以歸成兩類：一類是愉快的（pleasant）、一類是不愉快的（unpleasant）。對於感覺愉快的，有趨而就之、喜而愛之的傾向；對於感覺到不愉快的，便避而遠之、厭而惡之，以至於恨之。這就必須關聯到引起情感的「目的物」或是造因，可能是物、是人、是意見、或者是包括行爲在內的事。

從情感的強度上說，在情感作用的時候，有時只是「感覺」，有時則會是「激動」。作用存在的時候，常常伴隨著生理的變化。如果生理變化過分劇烈，可能會影響到健康。在這一點上，中西先哲早已提出節制情感的說法。

上述中西學者對情感的分類，有一點最爲一致，即是都把「欲」列入於情感之中。這裡稱之爲基本情感，是著重在自然的、必需的這個層次上，稱之爲「需欲」，超過了這個層次，將歸入於「欲求」。

基本情感中的欲，爲了習用兩個字的名詞，這裡稱之爲「需欲」。指自然的、本能的需要，屬於「必需」。按照這樣的一個解釋，來看荀子所說的「飢而欲飽，寒而欲煖，勞而欲休。」的這些欲，是欲望、是必需。不僅人人都是如此，連動物也莫不盡然。如果只在這個層次上，很難說是善的或是惡的。西方哲學家和心理學家多半承認這是必然，除非超過了這個層次，才有善惡的區分。

以爲自然的需欲不是惡的，像亞里斯多德在他的倫理學中便說過，「自然的需欲，很少是惡的，除非所欲的『過分了』，才會成惡。」（註1）霍布斯以爲人和動物一樣，最主要的需欲是想得到食物。（註2）以爲需欲有善有惡和無善無惡的，如柏拉圖說：「有飢渴便有需欲。飢可善可惡；需欲則有善有惡，或者是中性的（無善無惡）。」（註3）洛克從由「需欲」而生的「感受」來判別善惡，以爲「使人生出快樂感的需欲是善

的，使人生出痛苦感的需欲則是惡的。」（註4）洛克的這個說法，恐怕是沒有明白的劃分需欲的發生和滿足兩個階段的感受，才有這麼一個不太確定的說法，因為洛克自己說過，「需欲是由於所喜愛的還沒有得到。」（註5）根據我們的經驗，對於所想要的東西還沒有得到的時候，會感到快樂嗎？就拿「飢而欲食」來說，一定要吃到東西，飢餓的痛苦感才會消失，滿足的快樂感才會生出。如果在飢餓的時候一想到食物便會不餓、便會快樂，豈不是畫餅就可以充飢了嗎？所以這樣過早的「價值判斷」，不能算是確切的觀點。

對於「愛」這種情感的說法，柏拉圖也曾有過，以為愛也是欲望，同時區別出兩種愛來。一種是喜愛愉快的自然欲望，一種是後天獲得的意見（opinion）（註6）而且柏拉圖不惜一再辯解，人是愛「善」的。亞里斯多德也以為「愛是生自於看見所喜的，因而含有善意。」（註7）這就很接近於孟子把惻隱之心，看成為善的意思了。但是只從這樣簡單的話，還不能說得明白，留待下文做區分，然後再來分析。

(三) 欲求

把需欲和欲求加以區分，如前面所說的，柏拉圖稱「喜愛愉快的自然之欲，可以衍生出非分的」，就如荀子所說的「失去禮義，而違法犯紀的『欲』」；後天獲得的意見，是含有欲求的，可以成為最好的「性情」（temperance）。柏拉圖又進一步說，如果自然之欲為情所制，只貪圖愉快，便成為另一種發展的趨向。達爾文（C. Darwin）把「欲」清楚的分為兩類：一類是自然的、本能的「需欲」，一類是後天學習的「欲求」。本段要從「欲求」來說，有兩種可能的發展。

首先要說明到了欲求的層次，已經超過了「必需」的限度，而且其中不可避免的含有另一種情感作用。孟子和柏拉圖認為並存的情感是愛。荀子所說的好猶如愛，所說的惡猶如恨。斯賓諾沙把愛和欲相關聯。因此從欲求方面說，阿奎奈（St. Thomas Aquinas）以為「欲」是由於不滿足，洛克也以為欲是由於所喜愛的還沒有得到，於是可以說欲求的存在，是「想要」有所得。

欲求的兩種可能發展，由於發展的方向不同，便有了價值判斷中的善或惡的區別。

柏拉圖說超過了「必需」的欲（需欲），有種種不同的名稱。就以「欲食」來說，一種是比較「好的」含有較高的理性的；一種則可以稱之為「狼貪」。如果「非理性」的欲過強，必然驅使人和「美」與「愛」背道而馳。亞里斯多德也說，飲食過量的人是「彌勒佛」；對飲食有偏好的人，則必然會犯錯誤。錯誤是由於「嗜好」所「不應該好的」，或者雖然是「應該好的」，卻好的比「應該的多」，或是比別人「更要」多。由此和荀子所說的「好利」、「好聲色」比較，所指的「過分」和「不應該」，便是惡的趨向。具有這種趨向的人，常常有「非分」之求，表現在行為裡，便是荀子所說的惡。

然而在另一方面，柏拉圖同時也說，就在「欲求」的層次裡，還有一種趨向於「是」的意見，這種意見可以導向於「審美」，尤其能夠導致「個性的美」（personal beauty）。審美是欲求中的一個獨立系統，是最高的「欲」，可以成為最有力的欲求，便是「愛」。柏拉圖以為愛就是「美的」，由於愛美而要把「美的」（「意見」，非實物）占為己有，使自己也成為美的。正如「愛善」便要「為善」，於是「愛」和「善」相似，愛善便不會有惡，所以愛是「永恆的善」。（註8）用這個觀點和孟子所說的惻隱之心比較，便有近似之處。柏拉圖從「愛美」和「愛善」來推演善，就像孟子從惻隱、羞惡、恭敬、是非等心來推演善端。如果在「欲求」的層次裡，按著這個方向進展，自然是善的。

亞里斯多德談到友誼時，也曾區別愛的種類。第一類是愛無生命之物，無善可言；第二類是愛有用之物，不能算是「愛」；第三類是愛使我快意的，只能得到快感，也不能算是愛。於是亞里斯多德從人和人的愛這一方面來說，也就是從友誼來說，出於希望對方好的善意，不從相互的利益著眼，兩個人都具備善的性格，因為「相同」而互相愛悅，才是「真愛」。這種愛是基於「德」，已經不是基本的情感之愛，其中含有大量的後天作用，從這一方面來說，或者和孟子所說的善心和善端，有些近似之處。

　　總之，在欲求的層次裡，含有情感的成分，因為愛之樂之，生出「欲之」的心，從此可以分出善惡的差別：如果所愛所欲的是「非分的利」或者「耳目之樂」，便是如荀子所說的惡；如果所愛所欲的是美是善，便是如孟子所說的仁、義、禮、智等善端。在這個層次上單論善惡，恐怕不易得到結果。其實《禮記》〈樂記〉的一段話，說得更為透澈分明，如「人生而靜，天之性也；感於物而動，性之欲也。物至知知，然後好惡形焉。好惡無節於內，知誘於外，不能反躬，天理滅矣。夫物之感人無窮，而人之好惡無節，則是物至而人化物也。人化物也去，滅天理而窮人欲者也。」是把性、欲分得很清楚，到了窮「人欲」的層次，則無論中西，都不會再認為是善的，然而這卻不是天生就如此的。

(四) 官能

　　說到官能，中外哲學家一樣，都認為耳、目、口、鼻是感覺器官，它們的作用便是耳能聽、目能看、口能食、鼻能嗅；其中唯一不同的是，動物的口不像人的口，人口合上發聲器官，能夠發出複雜的聲音，成為語言。再進一步說器官的作用，是耳不但能聽，並且能夠辨別聲音；目不但能看，而且能夠辨別形狀和顏色；口不但能食，而且能夠辨別食物的美惡；鼻不但能嗅，而且能夠辨別香臭。在這些辨別之中，人和人便有了不同的嗜好。這一類器官，亞里斯多德早就稱之為感官。除此之外，對人來說還有一個更重要的器官，便是「心」。由於人心的作用，便顯出了和動物有很大的差別。

　　西方哲學家從心的官能比較人和動物之別的，也有兩種看法：一種看法認為是質的差別，一種看法認為是量的差別。相信人和動物之別是質的，像彌爾頓（J. Milton）以為人獨具有理性（註8）。亞當·司密斯（A. Smith）以為理性和語言是人的特質之因（註10）。洛克以為了解和發生觀念的抽象能力便是理性（註11）。康德相信人有先在的理性（註12）。詹姆士（W. James）和司密斯有同樣的主張，不過以為理性和語言是人的特質之果（註13）。相信人和動物之別是量的，則有盧梭（J. J. Rousseau）和達爾文（C. Darwin）。此外，也有以為人獸無別的，像普勒塔赫

（Plutarch）便以為人和動物都具有理性；馬齊維里（N. Machiavelle）則以為人和動物同樣的缺乏理性。這後兩者的見解辨別起來，不屬於本文的範圍，姑且從略。

無論把人和動物官能的差別當作是質的還是量的，都承認這兩者間存在著差別。而最大的差別，恐怕要以「心」的官能最為明顯。說到「心」的官能，早期西方哲學家多半指「心」，到生理學研究進步以後，才辨別出過去人們所認為的心的作用，實際上乃是大腦的功能。好在早期哲學家說到心的官能，所用的是「mind」這個字，很少用「heart」。本文沿用心的官能，是由「mind」而來，不必再去做器官的辨白。

除了感覺以外，人的官能作用還有很多，像知覺、意識、記憶、想像、思考、意志、判斷和理解等，其中最主要的是思考、判斷、意向和意志。

自從柏拉圖提出「觀念界」和「現象界」的區別，思想和感覺便有了很大的劃分。柏拉圖以為由思想而得的觀念是實體，由感覺現象而得的只是「幻象」，把思考作用看得最高，由思考才能得到「知識」；至於感覺的，是從感官而來，不但不能周延，而且所感到的並不是真實的。人能夠思考，於是人的地位便被提得很高了。亞里斯多德也把由思考而認識形式放在較高的一層，可是不像柏拉圖般，否定了現象的真實性。亞里斯多德以為從現象的「質」可以認識實在的「形」。到了笛卡爾強調思想，洛克強調經驗，仍然不出柏拉圖和亞里斯多德兩個主張的體系。此後理性與經驗便成了主要的官能，而且常常和智力、心智作用等相提並論。康德統括經驗主義和理性主義兩派的觀點，以為構成知識的整個歷程，是從感覺開始，經過悟解和認識等概念作用，最後成為最高的理性表現。在價值判斷上，便多半都以為是理性作用。到了這個層次，再來辨別「善惡」，就比較容易了。

四

心理學是研究「人」的行為的一門科學。對行為發生的歷程，已經有

很多報告。從行為發生的歷程來說，有關行為的心理作用很多，如感覺、情感、知覺、意識、記憶、想像、思考、意志、判斷和理解等。這裡且就和本文有關的，提出幾項做一個概略的說明。

從前述的「性善」和「性惡」兩個論點來說，「善」或「惡」的判別，多半從明顯的意向或行為表現而說的，所以便從構成意向和行為價值說起。在這兩者中所關聯到的，都不僅是一種簡單的心理作用，因此姑且從幾項最有影響力的說起。大致上可說是「認識」、「辨別」、「決定」和「實踐」。

(一) 認識

這裡所說的「認識」，是「明白的知道」的意思。人對於具體的事物或是抽象的觀念能夠認識，離不開由感覺、知覺、意識等作用，其中還含有相當成分的記憶和了解作用。和「知道」相等的英文字是knowing，到了「明白的知道」便含有認知（cognition）、了解（understanding）和概念（conception）了。概念作用是對於所知道的，能夠說出它的意義，這才算是清楚明白的知道。康德認為概念作用，是接近形成「知識」（knowledge）的一步歷程，便是這個意思。從這一點上說，「認識」不僅是「知道」，是比知道更進一步，超過了感覺、知覺和認知等作用，而且絕大部分和抽象的、觀念的、思考的有關。

人之能夠認識，當然出自於官能作用；這種官能作用，就我們所知道的，在動物界以人為最高。因為所認識的對象，已經不僅限於現象界的形象，還有更多的是屬於抽象的層次裡，人認識了價值，有了真偽、善惡、美醜等這些概念，並且知道真偽、善惡和美醜的差別。

這裡不妨且對「人何以認識」做一個了解。從心理學上說，人之認識，是因為人有認識的能力；哲學家也承認這一點，甚至更進一步說，是因為人有求知欲。說「人有認識的能力」，是承認人有這種「潛能」；所謂「潛能」，便指含先天的、與生俱來的意思。如果「能力是與生俱來的」這個觀點是正確的，那麼認識的能力便可以視為「人性」的一部分，這一部分人性，就目前我們所知道的，是人所「特有的」，或者至少人所

「具有的」，勝過了其他動物。不過重視「環境」的心理學家，以爲能力是後天發展的。於是和重視遺傳的心理學家比較，便成爲不同的說法。重視環境的一派認爲，人和動物的差別是數量的，而不是質量。我們無須站在這兩派觀點的任何一方去爭論，這兩派至少有一個相同的觀點，那就是「人和動物是有差別」。人的認識能力，是高出於動物。那麼姑且從這一點上說，「能認識」是人的優越之處。說人有求知欲是指「想要知道」也是一種欲求，後來心理學裡認爲是學習的動機。到了說是「學習的動機」的時候，已經很少去區分這項動機是原始的、基本的，還是後來發展的了。不過仍然有一個區別，便是分爲內在學習動機和外在學習動機，那麼就內在學習動機來說，至少是主動的，或者是自願的。

我們無法否認人有認識的能力，因爲人的確有認識的事實做證明。有這個事實，才有了由於對自然現象的認識而形成的自然科學的知識；也有了由於對人類行爲的認識而形成的道德哲學；更有了由於對「人事」的認識而形成的人文和社會學科的知識。其中道德、人文和社會學科，便常常牽涉到價值和價值判斷。談人性善惡問題的善或惡，便常指行爲或是由行爲所成的事而言。在分別善或惡之前，必須先對所判斷的行爲或是事有所認識。對這些行爲或事能做一個說明，並且懂得說明的意義。又在說明的時候，不但說明者自己懂得所說的意義，同時還要聽到的人也懂得這些意義、同意這些意義。由此對這些抽象的意義，才有了共同的了解，對於價值才能形成一個共同的衡量和標準。

(二) 辨別

辨別是「認清並辨識」一個客體的特徵或特質，以別於另一個客體的意思。這裡所說的客體，可能是具體的事或物，也可能是抽象的觀念或意義。和辨別意義相似的英文字是distinguishing；可是在應用上，並不像distinguishing般，必是要和differentiating，以及discriminating做那樣劃分，而是兼含有這三個字的意思（這可能便是中國文字在應用時，不像英文字般那麼確定的原因）。因此這裡所說的辨別，包含區分不同之處，也包含指認相似之處，要認識特徵或特質等明顯而基本的差別，也要分清細微的

差異。其中有認識，更有大量的比較作用，因而常有記憶的材料，以及相當分量的判斷作用。

把判斷作用放在辨別的範圍內，是因爲希望辨別是確定的，以免含有模稜或曖昧。就價值來說，是就對於眞僞、善惡和美醜的認識，區分出高下之別，判定一項客體在價值量尺上的位置。這一項作用對感官來說，在目所見的色裡，有「好色」或「醜色」；耳所聽的聲音裡，有「好聲」或「淫聲」；口所食的物裡，有「美味」或「粗劣」；鼻所嗅的氣裡，有「芬芳」或「惡臭」。

感官辨別作用的結果和情感作用相連接，成爲「嗜」或「惡」。由於人情趨於感覺愉快的和避免感覺不愉快的，前一種便成爲所「嗜好的」，後一種成爲所「厭惡的」。在這個層次上，荀子曾說目好色、耳好聲、口嗜美味是人人相同的，而判定了人性惡。實際上假如人的嗜好就止於此，不再加上由此而衍生的行爲或事件來說，還不必過早的判定就是「惡」。惡的形成，有待進一步的表現。這只是一個「可以致惡」的造因而已。

人的辨別作用，也不只在感覺到的客體一方面。另一方面，還有在意識之上，抽象的一類。在這裡先就對基本的情感作用來說，便已經辨別出喜、怒、哀、懼、愛、惡、欲七情，存在的時候會影響個體的生理變化。發洩出來會影響別人。所以認爲狂喜、狂怒和悲哀有傷身體；有惡有欲有害於「爲人」；「懼可能有害爲君子」，先哲先賢都對這些情感提出切戒。唯一的差別是不見有人教人「不要愛」（溺愛的意義不同，不在此限）。相反的是：「愛近仁」、「仁者愛人」、「愛人及物」，頗有「愛惟患其『少』，不患其『多』」的意思。可能就是因爲人有「愛」這種情感，成爲孟子建立「性善」說的根據。就從這一點而言，如果孟子的設想確實是如此，便有很多證明這說法是正確的。

愛使人產生愉快的感覺，就人趨向於愉快的心情來說，如果愛成爲一種「嗜」，也不致嫌其過分。當然這個「愛」字，是由「愛人」和「愛物」來說，不是狹義的專指「兩性之愛」，而是一種最基本的情感。人能辨別出這種情感對己、對人都是「好」的，就從「這方面」去發展，將會成爲善的，大概不必置疑。

　　但是愛這種情感發生和存在的時候，除了有一個具有情感作用的主體以外，還必然有一個情感所寄託的客體。客體可能是物、是人、或者只是抽象的觀念。由於所愛的客體不同，便有了善或惡的差別。荀子說性惡，是因爲看到人「好利」、「好聲色」，便是愛利、愛聲色的意思。愛好這一類的東西，引申出的行爲，便成爲荀子所說的惡。孟子說性善，是因爲相信人愛「別人」（惻隱）、愛「榮譽」（羞惡）、愛「禮節」（恭敬）、愛「眞理」（是非），由此而成的表現便是善。那麼從這一點上說，孟荀所說的性善或性惡都有根據，都可以成立，只是實際上愛好有差別。揆諸人類事實，有這兩種愛好的人也都有。有所愛可以說是人的共相，所愛的是什麼，則是「別相」，用哪一個別相來代表共相，都不能周延。不過在這個層次上有了價值的差別，則是無庸置疑的。

　　在辨別作用裡，除了受情感作用支配以外，還有大量的價值判斷作用。在這裡有了如孟子所說的大體和小體之分、君子和小人之別，也就是有了和本文最切近的善惡的不同。善惡是價值判斷，和善惡常常相提並論的，還有眞僞和美醜。「眞」是通常所指的「是」，「僞」是通常所指的「非」。再進一步，眞常常和美與善相連，僞與醜和惡相連；其中又比較常連在一起的，是善和美，以及惡和醜。通常以爲眞善美是積極的價值，易於爲人所接受；相對的，僞惡醜是消極的價值，在意識中便不免含有厭棄的意向。這兩類價值給人的感受大體上很少有差異，只是在一個客體和某一價值相連時，便不盡相同了。也因爲如此，我們常常把一個人對價值的辨別，用作判斷這個人的指標。孟荀說性善性惡，可能便是這個原因。當兩位先哲把屬於辨別層次的一種官能作用的別相，推論成本原層次的共相的人性時，才引起了那麼多的爭論。

　　判斷作用，就是通常所說的理性作用，這一項作用，除了生出和情感相連的「好惡」之外，還生出「應該」和「不應該」的責任感或義務感。由於責任感，使人和動物之間，有了更大的差別。

　　人的道德責任，我國先哲先賢說的最爲詳盡、不勝枚舉，多半涵蓋在修身之內：修身以正己，修身以安人，修身以安百姓。是先從自己成爲一個「有德的人」開始，進而和人建立和諧的關係，再進而謀求全人類的

和諧。這是人道，在這裡可以說是爲人的道理，是人和人之間相互對待的道理。依照這種道理而作爲，須要各守其分，才能各有所歸。這種道理是人爲和自己的同類所建立的。亞里斯多德以爲人和人之間的正義，是「利他」的義務，因爲這也是一種責任，所以由此可以得到幸福。這和蘇格拉底所說的「正義之士」便很接近。如果人在辨別出自己的道德義務以後，能夠確實遵守，孟子的性善說便可毫無例外的得到證實。顯然的，在這個層次裡，有了變化。有人能夠辨認自己的道德義務，而且能夠照著共同的標準去實行，這是孟子說性善的根據。可是也有人不能認清自己的道德義務，或者雖認清了卻不能實踐。前者是由於知識的缺乏，後者關聯到意志。後一項留待下文再做說明。就由於不知道而表現的行爲來說，便是荀子所說的性惡者中間的一部分。當然這只是一部分，不是全數的人，所以成爲荀子受到非議的原因。

認識道德義務，旨在辨別應該和不應該、當爲和不當爲。這是多數哲學家所認爲的理性作用，其中含有認識、辨別和判斷。有些哲學家說到理性，或者指判斷，或者兼指智慧。無論是否明白的說出理性中含有智慧作用，其中智慧作用是必不可少，也是很難剔除的。

哲學家說人性，無論認爲是善是惡，所判定的都是人的「共相」，認定了某一項價值，便認爲這項價值是人人所共有的，可是對於智慧，卻沒有人說「人的智慧都相等」。孔子先有「中人以上」和「中人以下」以及上智下愚的區分；孟子也說人有「勞心」和「勞力」的分別；朱子說人的氣稟不同，便表示承認人是有智慧的，但智慧也有高低之別。

如果承認人有智慧的差別，那麼在辨別作用上就會生出差異。就對善惡之辨來說，一些屬於「惡行」的行爲者，便可能是由於不知道那是「惡」，才做了出來。這一種現象，便是如蘇格拉底所說的：「人之無德，是由於無知。」是由於「知不及此」，或「見不及此」而致的。另一些人雖然知道「這是惡的」，然而卻忍不住「嗜欲」的誘惑而甘冒「大不韙」，這便是荀子所說的惡。再有一些人則逕認所謂「惡的」是「應該的」，「爲惡」仍然「振振有辭」這一類是由於智慧的差別，還是把「嗜欲」當作了理性作用，便不能輕易下判斷了。

(三) 決定和實踐

　　從上文所說，可知善惡的表現，有一部分是受辨認作用的影響。在辨認出善惡之別以後，必然會有一個選擇，選擇一個自己將要遵循的方向。一個確定了的選擇，便成為行動的造因，在行動之前，便是意向（volition）堅定的意向，即是通常所說的決定。

　　決定和實踐原可以密切銜接，即是在決定之後，可以立即實行。但是在人的行為這方面，卻不那樣簡單。因為道德義務和嗜欲是並存的，而且對人的情感來說，依從嗜欲能夠產生「切近的」快感，履行道德義務往往須要「忍受」。因而實踐和決定之間的距離，要看決定是選擇的哪一個方向而定。如果方向是如荀子所說的惡的一面，在「情」上說，是有相當的吸引力；如果是另一個方向，便要再加上一番力量，一則戰勝嗜欲的誘惑，一則勉強克盡道德義務。這一種力量，是哲學上所說的意志。

　　意向和意志是「哲學的心理學」中談得很多的論題。近年心理學中很少見到這兩個名詞。因為這是非常主觀的心理作用，很難用科學方法來處理。可是在談人性善惡的問題時，便不能不給這兩項心理作用以相當的分量。

　　選擇行為的方向，是人所獨有的一項特質，在本能的層次之上。由於這項特質，才使人能夠與天地參。從人和動物的區別來說，動物受本能的驅使，在自然狀況中，毫無選擇的餘地。例如：飢必須食才能飽，渴必須飲才能足，疲倦必須休息。如果人也止於這個層次，便和動物沒有差別。可是人能夠忍受飢渴和疲倦，來表現另一種方向，於是寧可餓死而不食嗟來之食，寧可疲其筋骨而不肯休息。是要和自然相抗衡，要達到一項人為的境地而不惜和「情」掙扎。有了這類表現，人才有了和造物般的力量，創造了觀念和理想，要超脫自然的束縛。人不一定能完全主宰宇宙，至少可以作自己的主宰，服從自己的意志，實現自己的選擇和決定。

　　孔子早就把選擇和意志的自由指示出來，所以說：「譬如為山，未成一簣，止，吾止也。譬如平地，雖覆一簣，進，吾往也。」康德所說的自由，也和這個觀念近似，而且把爭取自由當作是人的道德責任。依康德看來，只有不受自然（本能）的限制，在認識、選擇和判斷方面，人才有自

由。換句話說，除了人在思考方面可以任意馳騁以外，便是可以由自己決定，是否接受自然的約束。

在我們可以尋繹的史蹟中，人已經發明了許多方式，來改進滿足基本需要的方法，這就是物質方面的改善。改善了的生活方式，也就成爲對人有誘惑力，增加人「欲求」的目標。所以在《禮記》〈樂記〉中有：「人生而靜，天之性也。感於物而動，性之欲也。物至知知，然後好惡形焉。好惡無節於內，知誘於外，不能反躬，天理滅矣。夫物之感人無窮，而人之好惡無節，則是物至而人化物也。人化物也者，滅天理而窮人欲者也。」到了這個時候，人所面臨的情況，是一方面爲物欲所惑，一方面已經知道了惑於物欲的危險。順著物欲發展，依荀子所說的「人性人情」來講，是比較易於爲人所採取的。然而順著這個方向去作，便成爲惡。那麼要摒除物欲，不受物欲的誘惑，首先便要約束自己，然後順著先聖先賢的標準去做，可以成爲如孟子所說的善。於是在善惡之間，便要有一個抉擇了。

在善惡之間作抉擇，並不容易。否則孟子的性善說，便不致被荀子所反對。第一、抉擇善或惡任何一個方向，並不是與生俱來的。這是在人的價值觀念產生以後，印證行爲價值，然後生出「要成爲怎樣的一個人」的意向；而且只有意向並不夠，要再加上堅定的意志，貫徹始終，使行爲成了一定的類型，在別人的眼中，便是一個人的標誌；到了這個地步，才成了我們所說的品格或人格，如世俗所說的：「好人」或「惡人」。「好人」或「惡人」是人對自己的同類所作的評價，只存在於人和人之間。在這一點上，希望成爲別人心目中的好人而爲善，可以說是人所共有的，可是要實現這個願望，便要確守「至誠無息」的地步，要從不自欺而到不欺人、不欺天。不欺人固然不易，不自欺可能更難。就從人情的好惡上說，「好好色」、「惡惡臭」是不自欺的起點；好好色而不超出「做好人」的限度，便要相當的修養。

第二、單從決定了善的方向來說，趨於善的意向是有了，如何能夠始終如一，不沾染一絲瑕疵？在孔門弟子中，只有顏子能夠三月不違仁，可見向善的意志力，不是每個人都那麼堅強的。實踐德行需要相當的毅力，

由此可見，作者如此說，絕對無意鼓勵爲惡，更沒有曲宥惡人的意思，只是想在做過分析以後，對人性的論點做一個持平之議。

五

經過上述的簡略分析之後，再來鑑定一下孟荀性善性惡說的本旨，以便有一個確定。

荀子所說的人性，常和「情」與「欲」並論。如〈正名篇〉：「性者天之就也。情者性之質也。欲者情之應也。以所欲爲可得而求之，情之所必不免也。」這是從人的最低層次到欲求的共相。以情爲性之質，有特別重視「情」的意思。情動成爲欲，欲「超過必需的限度」成爲惡，因爲所欲的乃是「不應該的」。把不應該的「欲求」來作爲「基本的性」的斷定依據，而不從「基本的性」上著眼，可能是一個錯誤。因爲如果所欲的是「應該的」且「必需的」，便不能說是惡。這是因爲在「必需的」層次裡，是「欲望」，是人所不能免的，甚至於一般動物也是如此的。超過了必需的層次，才要加以辨別、加以選擇。如〈不苟篇〉說：「欲惡取捨之權，見其可欲也，則必前後慮其可惡也者。見其可利也，則必前後慮其可害也者，而兼權之，孰計之。」那麼如果在欲惡利害之間取捨得當，便不能算是惡了。荀子沒有計及到這一層，只說欲其不該欲的是惡，至於「欲其可的」，則稱爲僞，僞不算是性。如〈正名篇〉說：「……性之好惡喜怒哀樂謂之情，情然而心爲之擇，謂之慮。心慮而能爲之動，謂之僞。」既然心有選擇作用，何以選擇惡便必定是由於性，而選擇善便不是性呢？

孟子除了在〈告子篇〉中說人皆有惻隱、羞惡、恭敬、是非之心，而判定「性善」以外，〈公孫丑〉上又說「人皆有不忍人之心」，沒有惻隱、羞惡、恭敬、是非之中任何一心，便不能算是人；〈離婁下〉中又有：「君子所以異於人者，以其存心也。君子以仁存心，以禮存心。仁者愛人，有禮者敬人。」比較這兩段話，似乎對「人」的涵義，頗爲飄忽不定。〈公孫丑〉篇以「有什麼心」來推論「人」，〈離婁下〉篇以「存心」來區分「君子」和「人」，這兩段中所說的「人」似乎便有差別；尤

其〈離婁下〉中所說的和君子不同的「人」，是否即是〈公孫丑上〉中所說的「非人」。如果「是」的話，那麼在孟子眼中，便有了兩種「人」：一種是「有人心」的「人」，一種是「非人」。有人心的人，是孟子據以道性善的人，「非人」便是徒具形體的人。也就是說，孟子把人分成「兩類」以後，從他所「推崇」或承認的那一類來推論人性，卻把另一類從「人」中刪除了。

實際上，孟荀說人性善惡的論據，都不是基本的性。荀子從基本層次以上的一個層次推論回去，孟子也從價值層次上來做判斷。在這個層次上，的確有善惡的區別。荀子所說的「偽」，便是孟子所說的善，這兩者都可以成立。孟荀都承認人皆可以為「堯禹」或是「堯舜」；只是荀子認為成「堯禹」是由於偽，孟子就從成「堯舜」出發，到看見不合乎「堯舜」之道的人，只好再加一層君子與小人之別而已。

到此為止，可以看出徒然做性善性惡的爭論，除了在文辭上做工夫，實際上不會有一個完滿的定案。因此，作者希望做一個比較客觀的解釋。

首先我們不能否認人性中含有情感作用，情感作用是最切近的感受。在最切近的感受中，最具體而頻繁的是起自生活需要的「欲望」，如飢欲食、寒欲暖、疲倦欲休息。這是本能的需要，一切動物皆所不免；是自然狀態，是必然。如果飢而止於要得到食物，寒而止於要得到溫暖，疲倦而止於要得到休息，在食、暖和休息上更沒有「多餘」的要求，便無須加以價值判斷。因為本能的需要是基於生物求生存的自然狀態，對於自然狀態無法做價值衡量。

這個解釋，等於性無善無惡說。因為不見說者的解釋，所以作者不惜附驥補充進去。

在本能的需要發生之後，所欲的不止於所需的（欲望），而且受好惡的補助作用，「好」者成為「嗜」，「惡」者違反了原來的需要，——例如：飢而欲食是需欲，如果不問是「什麼」食物，凡是能夠療飢的便吃，吃了便不餓，便是在自然狀態的層次裡。可是如果挑剔食物，愛吃的（嗜）才吃，不愛吃的便拒絕吃，寧可忍受飢餓便是違反了原來的需要。——順著「好」「惡」的層次去追求，才有了可「惡」的趨向。善者

止於需要的層次，惡者超過這個層次去繼續追求，而成爲欲求。

　　欲求的目的物，不僅是滿足基本需要的食、暖和休息。在人類生活中，有更多的物質和享受方式是由此發展出來的，沿著這個方向追求，成爲惡的機會便比較多。另一方面，在物質享受之外，人也發現了精神生活和道德規範。道德規範固然限制物質享受和欲求的快樂，但卻能給人精神的滿足，吸引人趨而向之，沿著這個方向追求便能成爲善。所以在這個層次裡，有可善可惡兩個方向。何去何從，要看嗜欲之情重在哪一類的目的物。（這一層解釋，接近性可善可惡或性善惡混說，是出自作者的分析。）

　　從欲求的層次往上，善惡的分別越明顯，源於人有認識的能力、有選擇和決定的能力，並且有行爲（實踐）的能力。因爲人有這些能力，所以勝過動物，創造了價值觀念。用價值來衡量思考的方向和行爲，於是有了是非的認識、有了善惡的判斷、有了爲或不爲的抉擇、有了貫徹或停止的實跡。

　　價值衡量從欲求的分歧處開始。一個分支是沿著「感官的感受」而欲求，從耳、目、口、鼻的聲色等嗜欲以至於獲利，到了欲求獲利的地步，便想要大量的「占有」，想占有的數量永遠沒有極限，便不惜應用種種手段以達到占有的目的，於是在人和人之間才有了爭競殺伐。另一個分支是沿著「認識的理性作用」而欲求，從認識裡知道了嗜欲的不當，明白了人和人相爭是「不應該」，於是要節制「欲望」以防止前一種欲求的發生，同時並希望領受後一種欲求的效果，因而便推崇了解人和人之間的關係的人，更讚仰實現維持人際關係的人。「長善」便成爲積極的價值典範。這兩支的發展，也就是常爲哲學家們爭論的問題；人應該注重情感（順應嗜欲），還是應該注重理性（節制嗜欲，實踐道德規範）？

　　我國儒家一貫的重視理性道德，西方從柏拉圖、亞里斯多德之後，哲學家也多半認爲應該節制情感。這種嚴肅的道德觀，到了尼采才受到明顯而強烈的考驗。尼采認爲應該撕去人爲的道德理性的假面具，還出人本來的面目——人是有「情感」、有「嗜欲」的。心理學從麥克獨孤和佛洛伊德以後，逐漸認爲克制情欲是有害健康的。到了這個時候，道學家無法

再板著面孔只強調理性道德，心理學家也不能無視於縱情恣嗜所造成的後果。這是人類從有了文化以後就面臨著的一個問題。這個問題只存在於「人和人」之間，不存在於其他動物，或者說如果也存在於其他動物間，至少不像存在於人們之間的，和我們的關係如此密切，需要我們特別關心。

回到人間來說，無可否認的，如果人不曾創造價值觀念，便不會有道德標準，也就無所謂善惡。如果人不曾發展出「良心」，便不會由於為善為惡而得到獎勵或懲罰，對於善惡也就不會在意。事實是人已經脫離了野獸狀況，雖然各民族由於文化進展的差別，道德標準不同，至少已經有了文化形跡的民族，無法把傳統的痕跡抹殺，何況善惡的觀念，乃是根據人的行為實跡而產生的。現在的問題是：人類是否應該退回到原始的狀況——只求本能的滿足，沒有物欲的誘惑，縱然恣情縱欲，也只在很有限的限度之內；還是就著文化進展的形跡來想辦法——已經有了相當高的物質文明，不但增加了嗜欲的品目和範圍，而且有了很多求滿足嗜欲的方法和手段，在這種狀況下，如果「每」個人都要滿足無限的嗜欲，且不問是否影響別人，單只就「一」個人來說，能否滿足？如若不然，是否需要另一個方向？

作者無意板起面孔，嚴肅的來談理性道德；但是也不願意盲目的順著動機論者或快樂主義妄談自由解放。因為我們所遭遇的是「人的」一個根本問題。這個問題必須先認清了「人」，自認清了「人和人」的關係才能得到答案。

人是有情感的。荀子說人「好利惡害」是可以成立的；然而孟子也說人有惻隱之心，惻隱之心是仁，「仁」字似乎被一些道學家解釋得高不可及了；其實如果從「仁者愛人」來解釋，可能會使荀孟有一個共同的歸趨。

「愛」和「好」常常連在一起，就「愛之者不如好之者」來說，愛是最初的情感，「好」有嗜的意味。可是「好」必然是由「愛」進一步而來。我國儒家對「愛」這個字作單獨解釋的並不多。柏拉圖對「愛」字則極為讚美。除了「愛」也是「欲」之外，愛也就是「善」，並且認為「愛

善」則「無惡」，因為「愛善」必然「為善」，所以「愛」具有「永善」的性質。其次「愛」也就是「美」，由「愛美」而要「得到美」，於是也就「美了」。最後則說「愛」是「創造」，因為愛可以「由無生有」。（註9）對人來說，友誼便是由愛而生的。（註10）亞里斯多德以為在人的方面，愛始於有見而善，其中含有善意，進而想要親近之，便成為友誼。（註11）甚至霍布士也以為「為了社會而愛人，是善。」（註12）返回來看孟子說的「仁者愛人」的仁字，在字形上是兩個人，可見仁就是從基本情感的「愛」而來。兩個人站在平等的地位，互有「愛」的情感，自然很少會爭奪殺伐。那麼發展這一項情感，不但不會成為惡，正是孟子所說的善。

從這一點上來說，「愛人」不是道德理性，本是「人情」。人本來是可以「互愛的」，所以變成爭奪殺伐，是因為「愛」的情感，集中到「物」上去，於是為了「所愛的物」不屬於自己而是別人的，才要和人去爭奪。那麼如果保留「愛」的作用，使它仍然在人和人之間，不轉移到物上去，人性就不會被荀子認為是惡的了。如果真是這樣，可能在文化中，便不會有「道德規範」這個產品。

從若干道德學家的論點看來，顯然是自古至今，「愛物」的表現多於「愛人」，或者因為「愛人」有益無害，道德學家無須教人「不愛人」，反而一再教人「愛人」；另一方面，因為「愛物」而引起人和人的同類相殘，小則少數人爭競鬥毆，大則發動大規模的戰爭，以致在歷史上「人愛人」的可愛事件，掩不過「人殺人」的可怕事件。這是否是由於在「愛人」和「愛物」之間，有情感的強弱之別；還是「愛」這種情感，在人和物兩者間，有不同的作用？

從人和動物類似的基本性而言，「愛物」起自於求生的本能。只是在動物界，除了本能的少數種類以外，很少有「積蓄食物」一類的行為。人不但知道積蓄食物，而且發明了很多種「積蓄的方法」，才形成所謂的「無節」，才生出了爭奪殺伐。更不幸的是為了「積蓄」，不惜和「同類」爭奪，這才生出「人和人」的問題。所以爭奪殺伐在人懂得「積蓄」以前，是否也如此劇烈，是一個很值得研究的問題。

　　再從人和動物類似的基本情感上說，「愛人」原也是本能。只是本能的愛，很有限度罷了。我們知道「母愛」和「性愛」都是本能的愛。可是我國已經由「母愛」而進步到衍生出「子愛」（孝）、「友愛」，並且把「友誼」列爲五倫之一，可見已經把愛擴張到較大的範圍；到了「四海之內皆兄弟也」，便已經把愛擴展到全人類了。由此可知愛並不是不能發展的，而且發展到相當的程度，是人人親愛如手足的四海一家的和樂狀況。

　　在這裡可以看出，愛物足以使人和人互相爭奪殺伐，愛人則使全人類和諧雍穆，這後一種愛顯然是人最需要，也是最應該發展的。而事實上，人所希求的「互愛」還沒有出現，卻飽受爭殺之苦。這件事實至少顯示出「愛人」不及「愛物」之愛。然則原因是什麼？

　　作者不得不做一個武斷的臆測，以爲人是愛人的，但是和愛物比較起來，在愛人方面，除了有血緣關係或性、受經驗的影響、愛的情感曾經發生作用以外，對於「不相干」的人沒有接觸過，便很難發生愛的作用。至於對物的方面，則因爲和本身的生存直接相關，太切近、感受太強烈。相形之下，愛物的感受便超過了愛人的感受。久而久之，便和物密切的關聯在一起，和人的關聯不但逐漸淡漠，甚至因爲「競相取物」而立於敵對的狀態。

　　愛物而不愛人，甚至因爲爭物而仇視人的，是因爲不了解「人和人」共同生存的意義，更沒有認識物對於人的效用是「有限的」，同時人「所需的」物也是「有限的」。坦白的說，就是缺少一種認識。或者即使有這種認識，卻不能戰勝已經養成的物欲，不能堅持自己的認識，而屈服於切近的壓力之下。到了這個地步，先哲先賢才提出道德規範，有了「應該」或「不應該」的說法。在「應該」或「不應該」被強調了以後、被認爲是理性以後，本來是每個人都可以發展而實現的，卻被當作是只有「聖人」、「君子」才能做到，多數「小人」既然做不到，所幸當作是不可企及的高尚道德，留待聖賢去實踐，與自己幾乎是全然無關的了。

　　這樣說起來，通常稱作理性道德，只有少數人才具有或實踐的，實際上乃是每個人都可以認識並實踐的。只是在教育尚未普及的時候，誤被認爲少數受教育的人可以認識，對大多數便不做這個期望了。這是教育實

施的責任，並不是人性的偏差，更不能責備那些沒有得到這種認識的人。由此便可了解荀子強調「僞」的原因，和倡導禮義法治的理由了。因爲「僞」必須有相當的「認識」，實踐必須有相當的毅力。認識是非和實踐的毅力，是在人類文化進步以後才存在，要用文化的力量才能培養的。這樣說起來，通常被認爲的幾乎高不可攀，甚至違反情感的理性，雖然比「基本的」高了一個層次，但是仍然來自基本的系統，至少和情感不是對立的。相反的，應該說是「情感的最高和最眞實的發展」，但這僅限於「愛」這種情感。

六

作者想在這裡作一個主觀的結論如下：

第一、如果把「人性」看作爲自然的本質，則人有和其他動物類似的性質，有維持個體生命和延續種族兩項本能，表現出「食」和「色」的欲望。把欲望當作一種「情」，和喜、怒、哀、懼、愛、惡並存。本原情感的發生，只在本原的層次上，不能加以善或惡的價值判斷，因爲這是人最基本的層次。

第二、人的欲望有進一步發展的可能，超過「必需」而成爲欲求。欲求和愛惡兩種情感之一相連接時，對愛而好的成爲嗜，對所嗜的多趨而就之，對所惡的必遠而避之；因而所欲求的，必然是嗜好的。由於所嗜好的「目的物」不同，就其中兩個相對的類別來說，一類和物相關、一類和價值相關，由此而有了價值判斷的善或惡。

第三、價值是人的創造物，善惡的價值生自於人和人間相互形成的關係，有害於別人的歸於惡的一類，無害於別人且有益於別人的歸於善的一類。所以從人對別人所造成的影響上，有了善惡之別。

第四、一個人對別人的影響，源於行爲結果，故而善惡的判別，應該用於「行爲」，即是「行爲有善有惡。」

第五、行爲的決定，由於認識、辨別、決定和實踐，出於選擇、意向和意志。這些作用，固然由於「人」具有這些能力，但是這些能力的發展

和發展的方向，則是文化的力量。而文化乃是人的創造物。

　　第六、在「人」的生活中，和同類的交互作用不可免，而且是「必需」。要在和諧的人際關係中，才能滿足「個人」生存的需要，達到生存的「基本」目的。「善行」屬於相同的方向，因而對於人類基於「生存」而定的「行為規範」──善行，不是與「人情」相反的嚴肅的理性道德，乃是「基於人情」的最基本的「必需」。（註14）

　　針對這個觀點來說，我們所應該致力的，不是去爭論人性的善惡，而是要著眼於如何使人認識「愛」和「欲」這兩種最有影響力的情感，辨別「可愛」和「可欲」的對象，導引愛的情感朝向別人和價值，使欲求也向這個方向發展，那麼使愛、嗜和欲求趨向於對己、對人都適合的一面。在行為的價值判斷裡，甚至在對人性的價值判斷裡，都可以不再用「惡」這個字了。

註釋

註1：Aristotle, Ethics, Bk. III. Great Books, Vol. 9, 365-366.

註2：Hobbes, Leviathan. Great Bks, Vol. 23, 50-76.

註3：Plato, Lysis, Great Bks, Vol. 7, 162-166.

註4：Locke, J. Human Understanding, Great Bks, Vol. 35, 104-199.

註5：同4

註6：Plato, Phaedrus, Great Bks, Vol. 7, 115-124.

註7：同1

註8：Plato, Symposium, Great, Bks, Vol. 7, 164-166.

註9：Milton, J. Paradise Lost, Bk. VII. Great Bks, Vol. 32, 217-231.

註10：Smith, A. Wealth of Nature, Great Bks, Vol. 39, 6-8, 71.

註11：Locke, J. 同註 4, 39-42, 221-296.

註12：Kant, I., Pure Reason, Great Bks, Vol. 42, 270-348.

註13：James, W., Psychology, Great Bks, Vol. 53, 49-50, 712-737, 826-827.

註14：參考作者：倫理學的心理觀，師大學報第十六輯，13-28，民國60年。

本篇文章取自：賈馥茗（1976）。人性論平議。**國立臺灣師範大學教育研究所集刊，18，**1-25。

第五章

從教育立場看人的特質

引　言

　　在動物界中，人可能是唯一要認識自己的。認識自己，以一己而兼「知者」和「被知」，未必能看到全貌，所以「自知」並不容易。從認識的歷程中又發現，一個人和別的人固然有很多相同之處，同時也有很多差別，於是又得到一個經驗，便是知人也很難。因而在人求認識自己這件工作上，首先便遭遇到兩個不易突破的困難：從認識自己出發時，自己便是「自知之蔽」；若從認識別人開始，又「人各有別」，如何才能確切的對「人」得到一個「普遍的認識」，以決定人的「共相」；又如何才能遍舉人的差別而列述人的「別相」，將大費周章。可是人好像就有這麼一項特徵，不肯知難而退，反而要「知其不可而為之」，特別是在求知方面，更是如此。可能也就由於這項特徵，人確是解決了很多難題，把本來認為是「不可能的」變成了「可能」，對於原來「不知道的」得到了「知識」。

　　人已經得到很多對自然界的知識，也建立了很多和人「有關的」知識，唯獨對於自己和同類的知識，雖然有了一些，可是還並「不滿足」──人本來就是「不會完全滿足」的一種動物──甚至和對其他方面的知識比較起來，人對於自己的認識特別不滿足。為了尋求「滿足」，勢必要繼續追求這項知識。這種追求可能是夸父追日，是愚蠢的；也可能會有意想不到的收獲，這是期望。人也是一種「會期望」的動物。

　　作者從「人的現象」中感到很多問題，這些問題常常關聯到了基本的造因，便是人。如果對人找不到滿意的解釋，對這些問題的答案也不會完全滿意。因此近十年來，時時想在人的認識上先得到一個答案，也陸陸續續的蒐集材料。每次得到些有關人的論題，便欣然色喜，以為可以得到些啟示；然而在看完敘述以後，仍然不免有「所望未遂」的憾意。細想起來，自己也覺得這項追求有些愚蠢：如果這是一個容易解答的問題，無數先哲先賢有那麼多精闢的見解，一定早就有了明示，何待今天？既然先哲先賢都不肯作武斷的解釋，區區作者未免太自不量力，愚蠢！好像在經驗裡，愚蠢的人不會作出聰明事，讓愚蠢的人去作些愚蠢的事，從其中得些愚人的樂趣，倒也無傷大雅。因而作者本著愚人作愚事而自得其樂的主

旨，想來作一番不自量力的舉動，如果因此而引起智者的興趣，提出對人的滿意的認識，倒是對全人類最大的福祉。

一、有關「人」的概念

作者首先申明自己孤陋寡聞，參閱的材料非常有限，不但根本上必然掛一漏萬，事實上即使是作者的意見，也不是確定的必然。容待繼續探索，日後再加補正。

說到對人的認識，試先從概括的入手，因為我們在經驗裡看見「一個人」，也都是先從概括的輪廓開始，然後才進入認定「他」的特徵，而且作者所想認識的「人」，無論是概括的或是特徵的，都是「經驗的」材料，所以可以說所認識的，只是「經驗的人」而已。

在我國的經學與子學中，對「人」作分類說明的很多：如聖人、賢人、士、君子、大人、小人等，可是把各類的「人」統括起來，作普遍說明的則很少。《書經》〈泰誓〉上有兩句話說：「惟天地萬物父母，惟人萬物之靈。」明代劉蕺山（宗周）所著的《人譜》〈正篇〉中說：「大哉人乎，無知無不知，無能無不能。」〈泰誓〉所說，是指天地所生萬物之中，人是最「靈」的一類。姑不論「靈」所指的是什麼，單就這兩句話看，只能算是在比較或通觀之中，對「人」的「一個」概念。這概念也並不是「周延」的，因為在這個概念裡，是用比較的陳述，區別人和萬物，並不是從「人本身」來說明的。劉蕺山倒是就人本身來說明人，然而所說的，只是從人的「知」和「能」著眼。僅就這兩點，當然還不足以給予「人」清楚明白的概念。再看《禮記》〈禮運篇〉對人的說明，一則說：「故人者，其天地之德，陰陽之交，鬼神之會，五行之秀氣也。」再則說：「故人者，天地之心也，五行之端也，食味別聲被色而生者也。」這兩則說明比〈泰誓〉所說的詳細了些，指陳了人的生成和本性，卻是我國傳統的說法，由此衍生出來的，是以儒家為首的，重在敦品修德，以配合天地的觀念。所述多在於人所應該表現的行為，對於人做透澈認識的，便很少詳盡的敘述了。

時至今日，縱然先聖先賢所定的行為規範容或有若干變更，對於人應該遵守且經公認的行為規範卻從無疑義，問題是在我們心折於聖賢之道，致力於希聖希賢的過程中，仍然發現很多例外，這種現象使人感覺到對於「人」有做一番澈底認識之必要，在清楚明白的認識了人以後，再來談人的行為表現，可能對於某些不一致的現象，有一個滿意的說明。

在舉出我國早期對人的概念以後，試再看看西方學者所認識的人如何，以見是否可以增加些線索。

希臘先哲柏拉圖曾經以自己為例，提出人的問題說：「我是比一條毒蛇更複雜而充滿激情的怪物，還是一個生就為神聖而謙遜、溫和且又簡單的動物？」然後就著「造物」和「造物主」來分析人。柏拉圖以為在初始的混沌世界中，只是一片混亂，神造萬物而賦予性，並使萬物相參照，使萬物各得其所，因為在神造萬物之前，萬物沒有秩序，也沒有名稱，如果有物存在，物的形成僅是出諸偶然。於是造物主使萬物有序，並且創造了宇宙。造物主為萬物之父，萬物像其所生，又稟受了不朽的「性靈」法則，形成了有生命的體，成為性靈的工具，因而靈所附的體，不免一死，而且具有可怕而不能抗拒的情感：像「愉快」，便是導向罪惡的最大激動；「痛苦」妨礙善良；「輕率」和「恐懼」促成愚蠢；還有難以避免的「忿怒」，和使人迷失的「希望」，加上沒有理性的「感覺」，以及大膽而必需的「愛」，便成了人的架構。（註1）

柏拉圖對宇宙原始的看法，正是我國先哲「惟天地萬物父母」的觀點。所差的只是我國先哲把天地的最高原則，視為太極，但通常仍然以天地或天為名；柏拉圖以西方習俗，稱上帝為造物主而已。就人來說，我國先哲先賦予人以最高的性質，所以說「惟人萬物之靈」。由人之最靈的稟賦向上發展，可以達到人參天地的境界，是從人的優異之處著眼。柏拉圖在說到人以後，先看到了人和物相近的性質，這些性質使人在稟有的不朽的靈魂以外，又有了必死和若干低下的成分，而形成另一個性質，由此而區分出人的三種靈魂。只有其中最高的一個，因為愛知、求知，可以達到最高的理性，以至於不朽。於是在認識人的時候，便不能只從「人性」一方面著眼，更要觀察人的情緒作用，以及因情緒作用而發生的行為；並且

要衡量人生的需要和欲望後，再下斷語。此後哲學家們提到人的，或者用讚歎的口吻描述，或者用感慨的語氣譏諷，前者如哈威（William Harvey, 1578-1657）說：「人赤裸裸的來到世上，宛如自然命定其爲社會動物，安排其在平等與和平之中；似乎自然欲其受理性指引，不爲大力所驅遣，故賦予了解能力，生出雙手，使能製造器物以衛護自己。」（註2）彌爾頓（John Milton, 1608-1674）說：「在天國之外，另有一個世界，寄存著人，雖然沒有最大的力量和勇氣，卻獨膺天眷。」……「雖然宛似其他動物，卻稟有理性，直立，前額廣闊以統御全身，自知，心地高尚，可以通天。」（註3）司特恩（Laurence Sterne, 1713-1768）說：「是誰造了人，使他在頃刻間能從陸地升入天空，如此偉大，如此卓越！在世上成爲最高貴的動物。如左羅阿斯特（Zoroaster）所稱的自然的神奇，如齊里薩斯坦（Chrysosto）所謂的神聖的顯身，如摩西所指的上帝的意象，如柏拉圖所說的奇蹟中的奇蹟，或者如亞里斯多德所講的詭譎的潛行者。」（註4）托爾斯泰以爲人是全能、至善、至明的上帝的創造物。（註5）

後者中如培根（Francis Bacon, 1561-1626）以爲人充滿了野蠻與未經教化的欲望、利己、奢侈，並仇恨。」（註6）蒙田（Michel de Montaigne, 1533-1592）說：「人是最不幸而脆弱的動物，連帶的及於人的產物。人發現自己處在萬丈塵寰中，被侷限於宇宙之最低且荒涼的一隅，距天庭最遠，遠不如其他動物。卻自以爲是在瑤池之上，將天庭踏在腳下。因而自認與上帝齊位，自命不凡，超越其他動物。……可憐的東西，無法突破桎梏，必須與同類協和、謙卑，沒有特權，沒有卓越的眞實，所幻想出來的，缺乏軀體和風味。」（註7）

另外從人的複雜性說，巴斯加（Blaise Pascal, 1623-1662）說：「人天生易欺而又不易欺，柔弱而又粗野，需要依賴又期望獨立；矛盾、倦怠而又好動。」（註8）笛卡爾（René Descartes, 1596-1650）從確定本身的存在時，對人做了一番比較詳細的體認和描述。以爲人含有宇宙萬物之質，另有異於萬物之靈。在質的方面是有一個體形，包括面孔、手臂，以至軀體全部。由此推知人需要有所養，能夠產生行走、感覺和思想等動作；這些動作屬於靈。軀體有形，占有空間，可觸、可見、可聞、可嚐、可嗅，

而且可以自由運動。心靈或靈魂則能夠思考、了解、推理和認識。（註9）洛克（John Locke, 1632-1704）就英文字的man和person做了一番說明，以為man是從口說出的一個符號，是動物的一種，是僅從體形著眼的。至於person，在體形上是man的同體，然而卻是指「理性之物」（rational being）是能思考且有智慧之物，有理性和反省（reflection），能在不同的時間和地點認識自己，也就是靠著和思考不能分割的意識作用。歸結起來，人是一個複雜的觀念，由動物性與理性聯合而成。（註10）直到此處，似乎對人的概念，仍然沒有超越亞里斯多德用四種物質解釋人的範圍。亞里斯多德已經指出人的主要特質是「天生的可教養的動物」，人的相對的特質是「心體合一，心令而體從」；人的永久的特質是「如上帝之長生不死」；人的臨時特質是「各人的個性」。（註11）

近代存在主義者由於人的問題而討論「自我的存在」，想從本體上得到答案，台萊赫（Paul Tillich, 1886-1965）說：「人是會提出本體問題的『物』，在人本身之內，可以得到有關自我覺察的本體答案。」（註12）海德格（Martin Heidegger, 1889-）以為人植根於「一」（存在和思想）。生命即是存在的外表。但是從亞里斯多德以來，人被認為是理性動物，而且是最成功的動物。然而離開了「存有」，則毫無遮攔，且怪誕而失去了家園。（註13）存在主義的哲學觀點，不是此處所要討論的問題。由存在主義討論的問題，可以看出的一個事實，即是人對自己的認識或是對自己的說明，還並不滿意。

人要認識自己雖然很難，但卻並不會因此而減低興趣或努力。謝林（Friedrich W. J. von Schelling, 1775-1854）說：「從有意識以來，人便為造物之冠，是哲學中最有趣而值得研究的對象。」（註14）可是盧梭（Jean-Jacques Rousseau, 1712-1778）認為這方面的知識，仍然難以令人滿意，他說：「在我看來，人類科學中最有用，而又最不完整的便是關於人的。……」（註15）

人要對自己作一個概括而又周備的說明，的確並不容易。可是人的這項企求，卻已存在了幾千年。時至今日，人對宇宙和自然的知識，已經有了很高的成就，甚至於高到使人目眩神迷，因而對人今後應該走的途徑，

反而猶豫起來。由此連帶的想到，要決定人的歸趨，應該先來認識一下自
己，重新衡量人在宇宙中的地位，重新認識人的性質，於是便又回到哲學
上的一個老問題，人究竟是什麼？

二、人的根源

　　從前面所列舉的人的概念看，顯然還不能說對人有了清楚明白的描
述。因爲在這些說法裡，從說者的著眼點上看，便有方法的不同；或者更
明確的說，認識的立足點並不一樣，尤其中西的觀點有著明顯的差別。

　　〈禮運〉中所說的人，是從人的根源上推究，再指出人的特徵。至於
西方學者所說的人，多半是從人本身說起，側重人的某些特點。根據求知
歷程中尋根問底的慣例來說，似乎我國的說法在著眼點上，更合乎方法的
原則。我們不妨再找些例證來看。

　　首先，我國認識人的方法，是從本身的好學以求知，再由知而力行驗
證而來。例如：《中庸》第二十章中說：

　　「故君子不可以不修身，思修身，不可以不事親；思事親，不可以不
知人；思知人，不可以不知天。」

這是由於哀公問政而引出的論述，這幾句前文所說的固然是爲政者選拔人
才的標準，可是也不妨由個人取得別人的重視來解釋。那麼一個受人重
視，而能擔當治人之責的人，應該是一個學行俱優的人；要成爲這樣的一
個人，便要自己求知和力行；要收到求知和力行的效果，便要知道事親之
道；要明白事親的道理，又要先認識人；要認識人，就必須先明白天道。
是這樣一層層推演上去的，而不是只就著本身來認識自己，視野的廣闊，
往上可以通天。同時《中庸》裡所說的天道，也包含地在內，是指整個宇
宙的道理而說的，所以有時全部說明，便用「天地之道」四個字，簡略的
時候，便只用「天道」兩個字。

　　在這裡我們當然要問，爲什麼修身要從事親開始，而且一層層的把人

和天都貫穿在一起？

對這個問題的答案，我們可以說是源自於儒家推源溯始的原則。一個人在求知和力行的時候，難免先要問「我是誰」，問到自己是誰，不免要問到「我從哪裡來？」於是「我是父母所生」是必然的答案。又基於儒家不忘根本的一貫態度，對於「生我者」懷有極高的感激之情，因為是父母使我來到這個世界上，使我有了「無限」發展的可能性。則我的存在，如果沒有父母，根本便不可能，於是在感激之下，以求報償，便成為事親的事實，形成我國獨有的孝道。

從自己來自於父母而祖父母，而曾祖父母，而高祖父母；同時又可以由自己的同胞兄弟姊妹而做橫的連貫，於是有伯叔、伯叔祖。這樣一來，則所有的人可能都是來自於最早的一對祖先，於是從推究自己的來源而明白了人類的來源，便是由自知到知人的一方面。這一方面雖然是從溯源而得知的「一項」，而在自知和知人的其他方面，同樣的也可用這樣的方法來推究。這個方法，正是現代心理學中所說的「認證」（identification）的一項解釋。及至推到最原始的一對祖先的時候，已經超出了現象界的領域，而到了「本體論」的層次。那就是說，人的原始祖先不是像感覺中的人般，具有血肉之軀，而是天和地。

天和地如何會成為人類最原始的祖先，要想明白這個道理，便要努力以明白天地的道理，也就是「天地之道」或者「天道」。在古人的概念中，天只是可見的現象之一，不能接觸、不可及，可是天的道理卻是可以用思考來悟解的。這番抽象的思考和思考的結果，便成為形而上學。那麼我們的先哲所悟解出來的天道是怎樣的呢？

思考必須有藉以思考的素材，天道雖然不是感官所能接觸得到的，可是卻可以從可感的現象上去思考，對天道的認識，便是如此而來。《易》〈繫辭下傳〉第二章載：

「古者包犧氏之王天下也，仰則觀象於天，俯則觀法於地，觀鳥獸之文，與地之宜，近取諸身，遠取諸物。於是始作八卦，以通神明之德，以類萬物之情。」

　　這番觀察和悟解，囊括了天地間的萬事萬物，由此而歸納出〈繫辭上傳〉第一章：

　　「天尊地卑，乾坤定矣。卑高以陳，貴賤位矣。動靜有常，剛柔斷矣。方以類聚，物以群分，吉凶生矣。在天成象，在地成形，變化見矣。」

由此推斷乾為天，坤為地。而有「大哉乾元，萬物資始，乃統天。」以及「至哉坤元，萬物資生，乃順承天。」乾為陽，坤為陰，陰陽化合，生成萬物，這個道理便如第五章所說的：

　　「一陰一陽之謂道，繼之者善也，成之者性也。」

引申到人，便是「乾道成男，坤道成女。」男女結合而生育子女，正如陰陽化合而生成萬物一樣。那麼人的始祖，似乎也就是萬物的原始，是天地的元精妙合而成的。由此而生出的人，也就秉承了天地之道，順應天地之理，「天地之大德曰生」，「生生之謂易」，在人的這一族類中，便由世代繁衍而傳流了下來。

　　如此推演的結論，是「惟天地萬物父母」。人也是萬物中的一類，稟承了天地所賦予的「本性」。那麼在衍生下代的因素中，必然也像天地般，是「陰陽」二性化合而成的。只是就人來說，便用「男女」兩性的結合而生育子女。於是兩性結合，便成了人類生生不息的根源，《中庸》說：「君子之道，造端乎夫婦。」便有了一番道理在其中。

　　說夫婦是君子之道的開始，其中含有一番道理，是說男女兩性的結合，不僅僅是純粹的性的需要，在根本上，應該是如天地陰陽的化合般，有一個內在的趨向，趨向於德或是善。德字的古義是「用力徙前」，善字則是「美」的意思。這兩個涵義，如果是在其他的物類，可能便只停留在兩性相吸聚合以後，和諧的共存階段，宛如自然界的遇合與相安。在人類卻有了一些不同，因為人由知識而體驗出天道，又因為人在兩性遇合前後

還有很多複雜的狀態和行為表現。這些因素使得人類兩性的結合，和原來的自然狀態有了相當的距離，才有了「修身」的必要，由求知和力行來達到修身的目的，而行的表現，首先就見諸於夫婦的結合和結合以後的共同生活之中。

於是在人類，夫婦結合後所生的子女，是和天地化生萬物一樣的稟有生生不息的道理。又因為人所稟的，是「人的性質」，因而所生成的下一代，自然是「人」，這是「成之者性也」的一個解釋。同時也可印證《中庸》第一章所說：「天命之謂性」這句話；加上孟子中「告子曰：生之謂性。」來說，男女兩人都是人，所生的下一代是人，如同天地所生的萬物，都各有其性質是一樣的。這樣連貫下來，「我是人」這個觀念和「我從哪裡來」都追究出根源，甚至可以佐證人格心理學家容格（C. G. Jung, 1875-1961）所說的，人格原型中所含的對祖先的渴慕。

在人和萬物原始的問題得到答案以後，便可縱觀萬物，自然要把人也包括在觀察的對象之中。於是發現人是萬物中最傑出的一類，才有了「惟人萬物之靈」這句結語。說人為萬物之靈，並不是出自於人之自負或偏私。而是經過比較之後，所作的正確結論。首先我們可以看出，在我們所知的物中，只有人有求知和力行的意向，也只有人做到了求知和力行。在求知之中，人因為追究本身的來源而悟解出天道，並且從天道而推演出人道。人道關乎人的行為，知道了人道，才努力實現它，才有了配合天道的行為，於是才有了種種行為的道理出現，而成為我國文化的精華——倫理學，以至西方哲學中的道德論。

從行為方面說天道和人道，可以先從自然現象來看天道。

古人看到自然現象的幽深和變動，其幽深處不足以令人生「惡」，其變動中自有會通而不亂。（註16）於是「開物成務，冒天下之道。」「以通天下之志，以定天下之業，以斷天下之疑。」才能夠「明於天下之道，而察於民之故」，由此而得的是：

「闔戶謂之坤，闢戶謂之乾，一闔一闢謂之變，往來不窮謂之通，見乃謂之象，形乃謂之器，制而用之謂之法，利用出入，民咸用之謂之

神。」（註17）

總括起來，自然現象的要點為：

　　「法象莫大乎天地，變通莫大乎四時，縣象著明莫大乎日月。」（註18）

這就是天在不言不語之中，所表現出四時行、萬物生的道理，並且由這個道理而推究出天地運行的準則和情懷。準則是「誠」，情懷是「仁」。為了使人易於把握仁字的意義，特別從教育的觀點上，作者解釋為「愛的情操」。（註19）

　　天道不二，始終如一，在博厚之中，見出空間的廣袤和深遠；在悠久之中，見出時間的永恆；在高明之中，見出如日月般的光明、溫煦，和升沉有定的變動，才使萬物得以化生。化生兩字所含的意義，有新舊的交迭，更有歷久而彌新的進步不已。在這一方面，尤其可以領會到生之中所具的「愛」意。

　　如果天地把這番「誠」和「愛」賦予了所化生的萬物，那麼萬物也便稟承了天地的這種元質，而具有誠和愛的成分，而成為各自的「性」。因為物類所稟的誠和愛的元質，在「數量」上和「質量」上並不相等，所以物和物之間，便有了不同的「性情」。經過比較，發見人類所稟的元質勝過了其他物類，所以才把人看做是最靈的一類。這一點，從在萬物中只有人有認識天道的意願，並且能夠體會天地的意向，更進一步要申明天道，從行為上配合天道來說，也是不必置疑的了。

　　認識天道是求知的結果，配合天道，見於對人和對物的，乃是行。從程序上說，天地是「始作者」，人便是「述之者」和「行之者」。在述和行之中，才見出宏揚天道的效果，才有了盛德大業。

　　這是我國先哲由修身而引發出來的「認識」自己的工夫。這一番認識，到此為止，是從人的經驗的現象推究到形上的根源，進入到精神的領域裡，體會出天地之「心」、天地之「意」和天地之「情」。雖然還沒有得到對人的「完全」認識，卻已經奠定了人的立足點，也就是最重要的根

本。那麼在人的心理狀態中，便不會再感覺自己如萍梗般漂浮在地球上的茫然失措；也不會感覺到自己是孤零零的處在天地之間，寂寞而孤單。相反的，自己乃是根於天地，依於天地，而且可以和天地並列的。

把這番認識的結果作為人的「形」（form），看做人的「本原」，然後再來對人做具體的認識，或者說是認識人的象（現象），也就是可以由感官而得的認識，就比較容易了。因為這樣的認識，可以應用經驗的材料，而且中外哲學家不乏論述，再加上現代心理學和人格心理學的觀點，可供驗證的依據。

三、「人」、「物」之別

從前段的推究，認為人來自於一個根源；而這個根源之形而下的，是可感的天地；其形而上的，則是天地之「道」。這根源不但是人的根源，同時也是宇宙萬物的根源。這樣說的依據，先是已經見於《易》〈繫辭上〉的「一陰一陽之謂道，繼之者善也，成之者性也。」又見於《易經》〈乾卦〉中所說的「乾道變化，各正性命。」本義解釋為「變者化之漸，化者變之成。物所變為性，天所賦為命。」這種解釋和亞里斯多德所說的「生」（coming-to-be）、變（alteration）、長（growth）、消（diminution）相似，源自於一個最高的形式（form）（註20）。邵堯夫說：「天由道而生，地由道而成，物由道而形，人由道而行。天地人物則異也，其於由道一也。」（註21）是同樣的把道看成最高的形而上的，至於形而下的天地人和物，都是根源於道。

經過這樣的認識以後，人和其他的物同出一源，成了古今中外哲人共同承認的一點。然而在萬物之中，人又認為自己是最靈或最優秀的一類，那麼人的傑出之處，究竟在哪裡呢？這項比較工作，也有很多資料可以參考。

對萬物的分類，首先是分出有生命和無生命的兩類。然後在有生命的一類中，又分為植物和動物。人則屬於動物類。由此在比較人物的異同時，便只和有生命的物類比較，在這一方面，亞里斯多德的說法常被引述

出來，因爲他的比較是出現較早且又有系統的。

亞里斯多德把「自然」看作爲一個智慧的工作者，化分兩性而使生生不息。這裡所說的「自然」就如《易經》所說的太極，太極所生的兩儀即是陰陽二性。必須有兩性化合才會有「新生」出現，是《易經》的觀點，也是亞里斯多德的說法。亞里斯多德以爲植物的本質只有兩項功能，攝取營養以維持本身的生長，和結子以爲延續。在後一方面，既然結子就可以，便沒有分兩性的必要。（關於這一個說法，我們已經知道亞里斯多德雖然曾經作過很多科學性的觀察，大概還沒看出植物的花蕊有雌雄之別，或者因爲多數植物雌雄同株，在軀體方面沒有分開，所以才這樣說。）動物和植物的不同之處，是絕大多數雌雄異體，這是亞里斯多德看到了的。（當然動物中也有雌雄同體的，只是沒被他看到罷了。）同時他也指出動物除了由兩性化生下代以外，同時還具有知識。知識的多少因物種而別，其所以能夠有知識，則是因爲動物有感知作用（sense-perception）。感知作用，便可算是知識。（註22）人所以被認爲是動物中最高的一類，是人具有植物的生和長以及動物所有的知等功能以外，還有一項更重要的生命元素，那就是理性原則（rational principle），是靈魂的活動。亞里斯多德同時又以爲，靈魂中還有非理性的（irrational）部分，和理性的部分恰好相反。（註23）

在亞里斯多德之後，希臘名醫蓋倫（Claudius Galen, 130-200）也提出類似亞里斯多德的說法。蓋倫認爲植物只有生和長，是出諸自然；動物則有感覺（feeling）和隨意的動（voluntary motion），是由於靈魂。蓋倫所說的動，不僅是改變原來所處的位置，舉凡顏色、味道、溫度、濕度等的改變，都稱之爲動。所以他說的動，正如《易經》所說的變化。（註24）

蓋倫既然以爲動就是變化，於是動就會生出三個結果，那就是發生（genesis）、生長（growth）和營養（nutrition），這三個結果也就是自然的結果。若就動物來說，發生並不是自然的簡單活動，而是含有改變和形成。從原有的本質和胚胎期間的形狀，變成一個物類的定型；生長是體積的增加和擴展；營養是附加的，無助於擴展。（註25）由是便把植物、動物和人納入於一個本原系統之內，這本原稱爲自然（nature）。然而人卻

比植物和動物多出了若干官能，於是人和物便有了分別。

中世紀的教父哲學家阿奎奈（Thomas Aquinas, 1225-1274）就著亞里斯多德對生物的分類說，分出四種有生命的物類：吸取食物的、有感覺的、能局部運動的和有悟性的。人不但是有悟性的一類，而且「包含」所有的物。所謂包含所有的物，是指能夠主宰所有的物。阿奎奈所持的說法是：因為人有理性，所以如同天使；因為人有感覺，所以如同動物；而人所含的自然成分，則又使人如同植物；若就人體來說，則又如同無生物一般。（作者按：阿奎奈基於其宗教信念，認為體與靈不同，所以才把體看作是無生命的，這是和生理學不相同的一點。）人的理性可以主宰感覺，如同人可以支配動物；對於自然的植物和無機物，人主宰力不是命令這些物，而是應用它們；也就是說，人不能命令自然，而是在不妨礙自然的狀況下，利用自然。（註26）後一項說法，頗為接近荀子的「物畜而制之」的御物用物的觀點。那麼在現象世界中，人和動植物以至無生物的分別，便很明顯了。

就人和有生命的物來說，植物、動物和人可以分成由低而高的三個層次。植物只有營養作用，是屬於只能吸取食物的，是最低的一類；動物不但有營養作用，而且還有感覺作用，就比植物高了一級；人則在營養和感覺作用之外，又加上一種理性作用，比動物又高了一級。如此說，人不但在層次上居於最高的地位，而且涵蓋其下的動植物，使動植物都在人的包羅之中。這一點，從人能夠利用動植物或自然來說，是可以成立的，也符合了「人為萬物之靈」的說法。

依阿奎奈的觀點說，理性是具有「命令」（command）的力量的，人既然有理性作用，何以說對自然（植物）只能利用，而不能「命令」呢？阿奎奈所持的理由，不是說理性不能命令植物，而是植物缺少接受命令、服從命令的能力。用他自己的話說：「越是非物質的活動，就越高貴，也就越能聽從理性的命令。」植物所具有的非物質的成分最少；反過來說，植物幾乎全屬物質的，所以沒有接受理性命令的資格。（註27）若依此再推論一步，動物具有感性，是比植物高了一級，所以可以接受理性的命令，但是若和人比起來，便成為只能接受命令，而不能夠發出命令，因為

動物本身並沒有理性作用。

　　因爲動物沒有命令的能力，不但不能像有理性的人一般的命令其他動物，甚至沒有約束本身的力量，這是有無理性的一個很大的差別。就因爲動物只有感性而沒有理性，所以只會依照本能而活動。即使經過理性的人予以訓練，似乎是爲動物建立了一些行爲習慣，可是這習慣不是出自動物本身原有的，所以一旦離開了人對牠的控制，便仍然回復到原始，受本能衝動的狀態，失去了由制約而獲得的習慣。因此我們可以了解，阿奎奈之所以認爲動物沒有習慣能力，主要的是指動物缺少「自制」的力量。（註28）

　　所謂「自制」，在積極方面是能夠自動的「做」所「不願意作」的活動；在消極方面，便是能夠自動的「不做」所「願意作」的活動。前者也可以說是「自發的活動」，後者則是「自發的禁止」。我們不必如阿奎奈般，因爲動物始終需要人來驅使，便否定了動物的習慣力，因爲亞里斯多德曾經認爲動物和幼小的兒童一般，可以經由訓練或練習，而養成習慣。所不同的是，動物獲得的習慣仍有待於人的號令或驅使，然後才發出習慣性的活動，而兒童所學得的習慣卻能夠內在化，變成人格的一部分，宛如生來就如此一般，這就是我們所說的「自發」了。其實凡屬習慣都是由學習而來，並不是與生俱來的，人的習慣也是如此。這一事實，使得人常常受自己所養成的習慣支配而不自知，誤以爲習慣就是自己的「意思」。打破習慣，等於是背叛自己，或是否定「自己」一般，把習慣當成「自己自發的」，反倒犯了一種錯誤了。

　　因此所謂「自發」和「自制」，眞正所指的，乃是由自己來主宰「動」或「不動」，關鍵在於「主宰作用」。說得更明白點，便是由自己來做決定「動」或「不動」，是自己對自己發號施令。正如孔子所說的：「譬如爲山，未成一簣，止，吾止也。譬如平地，雖覆一簣，往，吾前也。」（註29）自己命令自己，和動物「聽命於人」，便全然不同了。

　　我們要把「自發」和「自制」同時提出，作爲人和動物的一項分別，還是從人和動物同有感覺而來。動物的感覺，脫胎於植物性的營養的需要。也就是說，動物的動，多半是受本能的驅使，尤其是食物的需要，因

爲感覺餓而要去覓食。覓食的活動或者可以看成是出於動物的自動，但是實際分析起來，這種自動乃是由本能支配的。動物學家或馴獸師用食物來訓練動物的活動，便是這個道理。因此要動物活動，用食物做刺激或獎賞是很容易成功的，對一個非常飢餓的動物尤其有效。可是如果動物的生理狀況不同，對一隻剛剛吃飽或者還不餓的動物來說，食物就不那麼有吸引力了。同樣的，要禁止一隻飢餓的動物不吃擺在牠眼前的食物，也一樣的困難。最好的辦法是，加以比飢餓還難忍受的痛苦——懲罰。這兩種情形，要動物違反本能的需要去「動」或「不動」，都要有人控制才有效，否則絕大多數的情形是，動物仍然聽命於本能的需要而動或不動。

人的不同之處，是可以不顧本能的需要而行或止。所以才有餓死首陽山下的伯夷叔齊，有不吃嗟來之食的餓夫；有不待召而赴死的勇士，有不待命而發的義士。這就是能夠自作主張，爲自己主宰的了。不須別人的命令，不必別人來約束，而且能夠克制本能需要的，是人。那麼人在具有和動物相同的感性以外，顯然還另有一些品質，使人成爲能夠超越動物、主宰自己，並利用自然的力量。

人主宰自己的能力是阿奎奈所說的理性作用。人的理性作用從這一方面說，便是「自發」和「自制」的力量。這也就是柏拉圖所說的「自發」和「禁止」（forbiding）原則。（註30）當然西方哲學家從柏拉圖以來，都把這種力量看成是靈魂的力量，以至神性。我們想拋開迄無定論的靈魂說，便不必再引申下去，那麼說人有理性，就比較容易接受。倘若再拋開理性，因爲關於理性的解釋仍然很多，不止於「自發」、「自制」，或自行主宰的力量，而說人確是能夠自作主張，自行決定「動」或「不動」，便是無可否認的事實了。

自古以來，無論中西，認爲人勝過動物之處，在於人有相當高的智慧，以及對智慧的應用。在今天說來，應用智慧大概是更爲充分的理由。因爲我們發現有很多動物，也具有相當高的智慧，甚至不亞於人，可是牠們並沒有達到與人齊一的地步，只好說是由於牠們並未將所具的智慧善於運用。而在人類方面，卻有了其他物類無與倫比的成就。直到今天，努力求知仍然是人所追求的目的，儘管求知的終極目的，曾經由「無確定目

的」——爲求知而求知，演變到爲實用而求知，以至於無人願意再浪費精力去爭論這項話題，人仍然在求知，卻還是一個事實。

亞里斯多德曾經嘗試確定人的特質（property），以爲「人就是一種能夠接受知識的動物」，（註31）能夠接受知識就是「能知」，能知即是通常我們所說的具有智慧，有了這種智慧，才能夠知道。在目前人們常說知識浩如煙海，甚至還有了「知識爆炸」（作者自譯爲知識「勃發」）的說法，那麼從這一點開始，作爲說明人類特質的進程，或者可以從千頭萬緒中，易於把握一個入手之處。

四、人的智慧

說到人的智慧，便不能不想到和智慧相連的官能——心靈，所以心靈（mind）、心智（intellect）、理性（reason）、了解（understanding）、意識（consciousness）、智力（intelligence），以至靈魂（soul）和精神（psyche），都成了同義字或相關字。尤其中世紀以前的西方哲學家們，常把心靈和靈魂視爲一而二，或二而一的，智慧便在於心靈。

說智慧是人的一種官能，是指智慧的作用和效用。早期心理學中既然認爲智慧是心靈的同義字，在說到心靈的作用時，就等於智慧的作用。關於智慧的作用，詳列起來不勝枚舉；綜括起來，可以從三項最主要的說起。

我們可以先從「知道」、「明白」和「理解」來說。

人類有所謂知識這樣東西，據亞里斯多德說法是由於人有接受知識的能力。但是如果認爲知識只是被接受的，就不免要進一步追究知識是先在的，抑或是形成的。若說知識是先在的，人只是去接受它，恐怕不會使人心甘悅服，因爲人類創造了知識，是早已爲人所認定的了。所以我們不但要說人有接受知識的能力，並且要說人有創造知識的能力；而在有了知識以後，人才應用知識，表現了人的優越性。

如此說來，便要先從人的「知」或「知道」的能力說起。

我們在前面比較人和動物的時候，曾經說過兩者都有感覺能力。在

動物固然可以有感而知，但知的深度可能只停留在感─知（sense-perception）的層次，而且往往限於切近的情境中。人的知雖然也始於感覺，可是在感覺之上，卻有更高的層次，並伴隨著多種複雜的作用。所以在「知」之中，便不只是切近情境中的材料；也就是說，知的範圍和內容，是廣泛而龐雜的。

這原因是由於人有記憶作用。記憶把經過的情境和材料保留下來，在事過境遷之後，回想起來，可以使原曾經歷過的事物，歷歷如在目前。現代心理學仍然要談到記憶作用，智慧或智力因素中有必不可少的記憶因素，便是這個道理。

然而智慧的重要作用，並不只包括記憶一項。如果只有記憶，也不過是對經驗的保留罷了，其效果僅像攝影機或錄音機。人在記憶之外，另一種更微妙的心理作用是想像。想像和記憶的類似之處，是使經驗的情境和內容重新呈現；但是這兩者的一個很大的不同點，則是想像能夠搬動情境的位置、顛倒材料的順序，把原來不相關聯的情境和內容置於一起，或者從原來共同存在的若干材料中提出一部分，以構成另一個「景象」。這一番變化作用，對經驗來說，是失去了部分的真實性，可是在「知」的形成過程中，卻有著很大的貢獻。因為在多數想像裡，可以把經驗改變得更完美，幾乎能出乎意料的使人滿足；或者由此而「新生」出一些東西，便成了創造。

像這種建設性的想像，通常我們也稱之為思考。不過若仍然叫做想像時，那是因為其涉及的心理作用，不似思考那麼複雜。先就含著「變化」情境和材料的想像來說，其中至少包括了兩種心理作用：一種是「分開」、一種是「聯合」。從若干同時共存的材料中抽取某些部分，是對這些材料之「分的作用」，先要把它們分開，才能取出一部分。把不屬於同一情境的材料放在一起，使它們同時並陳是「合的作用」，這樣才能使原來並不關聯的，連結在一起。這兩種作用，都是在想像裡，或者心理過程裡進行。用不著重回到原來的情境，更不必把其中的材料，都像積木般搬到眼前來實際操作。從動作方面說，是最簡便易行的，這也是心理活動的一大特徵。至於想像中的分合作用，是否一定有先後的順序，或者必須分

別進行，倒不是重要的問題。因為這一項心智功能，常常變化莫測，惟其不必沿襲固定的歷程，所以才能運用自如；因為能夠分合並用或交互應用，才使得「想像」的結果超出想像者的預料。亞里斯多德雖然不承認想像以至記憶是高層次的心智作用，然而卻承認「分合作用」在知識中的重要性。（註32）

　　思考是相當複雜的心理歷程，也是人引以自豪的能力，而思考對「知」的效用，也是公認的事實。說起思考的複雜性，常常和其他心理作用難以劃分。即如記憶和想像，便很難從思考的歷程中排除出去。因為思考並不是憑空設想，而多半是由某些已知的材料所引起。所謂「已知」，顯然是保留在記憶之中的。又在思考中常常把若干事物置於一起，這種聯合作用顯然出自想像。哲學和心理學中談到思考，所指的當然不是幻想、妄想或胡思亂想，而是指在清明的意識狀態中，常常是有目的的「想」。在這種情形下的思考，便會有一些可以追尋的形式：在程序上，思考可以分析出條理和步驟；在內容上有可以思考的觀念和道理；於是就產生了知識的因素，有了意義和法則然後建立了概念。到了這個地步，知識形成了，而人也就有了「會思考的動物」這個稱號。到了這個地步，人才明顯的表現出「知道」、「明白」和「理解」的能力，我們稱之為智慧。

　　用一個「知」字來指陳人的一項特質或性質，人所知的領域已經異常廣大而深奧。就我國儒家的觀念說，人知道有天地的存在，這是今天所說的天文和地理的知識；人知道天地間萬物並生，這是今天所說的物理學和生物學，以至礦物學的知識；人並且推究宇宙和萬物的生成與存在，成為哲學的本體論形上學，也是儒家所說的天地之道；又進一步印證天地之道和人道，而衍生出倫理學，馴至於今天所分的社會學以及社會科學。統括種種學問都是知識，都源於人有知的能力，能夠建立知識並接受知識。

　　「人為什麼要知？」站在當前實用的立場上，當然不難回答這個問題。可是早期西方哲學開始的時候，卻不是出自實用的目的。如果我們必定要簡短的，甚至武斷的說，只可說，人在本性中就是一種不甘居於愚昧的一種動物，而知是智慧的表現。或者說人天生的有「求知欲」，和其他的欲一樣，存在於人性之中。這一點，要留待討論「人情」時，再做解

釋。

另一個問題是，「人到底要知道些什麼？」這問題，站在今天的立場上，也不難回答，因為凡是現在已有的知識，以及尚未建立的知識，都是人所要知道的。我們想要的答案，不是列舉各種各樣的知識，而是希望從人性特質上，找出最基本、最普遍為每個人所需要的知識。這就不得不回到早期的哲學領域裡，看看先哲們開始追求的是什麼，因為今天儘管知識浩如煙海，卻是從那裡開端的。

希臘哲學家一開始便在辨別「真」和「偽」。從柏拉圖辯證觀念世界和現象世界的真偽開始，亞里斯多德繼而討論知識的真偽。至少使我們相信，在知的領域裡，不僅僅要求「知道」，而且要知道何者是真，何者是偽。所謂真，便是實的；偽，便是虛的了。那便是在「所知道的」之中，還要進一步知道真偽之別，才算是「真的知道」，這是在求知的歷程中，一番尋根究底的工夫。有了這一番工夫，才使得人類對知識的探究，可能得到一個「臨時」的答案，然而探究工作卻永無止境。因此歷來的哲學家，儘管根據一己的見地，相信所發現的「真」「是真的」，卻阻止不了另一位哲學家去繼續追求，提出另外的說法。就在這裡也就發現了人的一項特質，不因為得不到那個最後的、絕對的答案而沮喪不前，甚至於永遠不會承認所得的那個答案，就是最後的和唯一無二的。由此我們可以說，人在求知之中要求得真知，為了證明「真」，所以提出相對的「偽」，那麼什麼是真的、什麼是偽的，便是人所想要知道的了。

其次，人所要知道的是「什麼是美？」絕對的「美」（beauty）只在觀念之中，無法用感覺的東西來比擬，因此柏拉圖也只好用「美的」（beautiful）來做相對的說明。和「美的」相對應的，便是「醜的」了，這樣一來，美和醜便如同「真」和「偽」一般，成為相對的，為人所要知道、所要辨別的。前面我們說到人求知，原於人的本性或求知欲，在這裡我們要說人愛美，趨向於美的，也是人的本性之一。原因是人知道宇宙中有「美」，更知道有「美的」東西。

第三，人要知道的是「什麼是善？」希臘哲學家中如柏拉圖，曾經一再探討善的問題，他所指的善，就如我國儒家所說的「至善」，是絕對

的，至高無上的善。然而和美的問題一樣，難以做確切的指陳。到了亞里斯多德便改用幸福（happiness）來做話題。幸福似乎比善容易解釋些，不過困難的是，一涉及到至高無上的，或是絕對的概念，便無法成為定論。逐漸的善也有了相對應的名詞，是為惡。善惡成了相對的概念，便更不容易超拔到絕對的地步。馴至後世演變成道德論，特別指人的行為，並且有了一些類似的名詞，如「是」、「非」，就著某一個行為或某一個行為的結果來判別是非善惡，便更生出無數的爭端。

　　從人期望知道「真」、「美」和「善」，以及提出「偽」、「醜」和「惡」來辯證，至少使我們相信這是人求知的根源，最後將得到什麼結論雖然無從逆料，然而卻明白的顯示出人是希望能夠知道。就在企求知道的歷程中，才使人類獲得了如是廣博的知識。哲學家也曾承認，真、美和善，將永遠是哲學中待答的問題，那麼也就印證人在知的方面，是動物中唯一會提出問題，而又自行尋求答案的。儘管某些問題永遠不會有確定的答案，也不致妨礙人繼續提出問題。

　　在人由求知而形成知識的過程中，也生出了對「知」的解釋。猶如通常所說的，要怎樣才算是「確實的知」？在這個問題的內含裡，存在著「徹底的知」。意指對於所知的，不只是知道一部分或是明顯易曉的，而是徹頭徹尾的都知道；所知道的不只是易於感覺或想像的，而是還包括隱含的，須要深思或推究才能知道的。於是在知字之下，加上一個「道」字，成為習慣用語的兩個字—「知道」，來指陳「知」，並且包括「明白」在內。在這種情形下，如果所知的是指一件事實，則所謂知道，便不只是那個孤立的事件，常常還包括這一事件發生的原因，由此而引起的可能的後果，以及和這一事件相關聯的其他事件。如此說來，便牽涉到因果關係，以及並存的若干道理，要這樣才能算是「明白」。那麼所謂「明白」，實際上是指在「知道」的內容裡，是相當廣泛的。又如我們說「知道」一個現象，而不只是「感覺到」一個現象，常常的也是指同時知道和這個現象有關的若干關係。在知的領域裡，除了直線的因果關係以外，還有很多連鎖的關係。這些關係都是抽象的，不是靠感覺所能知道的，所以說知道，意指明白那些「非感覺的」材料。

由於這個原因，康德才提出純理性中悟性（understanding）的問題。（註33）也就是通常我們說的「明白」，實際上所指的乃是領悟，是說所知道的，含有和一個主題有關的明顯的以及隱含的各部分。在這個層次上，不僅「知其然」，並且「知其所以然」。人的這種特質，是在萬物之中最為傑出的；這種能力，我們也常常稱之為「抽象」的能力。

其實所謂之抽象的能力，乃是思考中的理解能力。理解能力常為哲學家視作理性作用的一部分，或者為心理學家稱為推理能力。無論用什麼名詞來指陳，人是有這種能力，劃在心智能力之中。因為前段所說的明白，便是理解的結果。是對於那些不能藉「感覺」而知道的關係，應用思考，逐次的推知；推知以後，再反覆辯駁，直到不會被駁倒時，推論才能成立。這步工作，在「知的領域」裡，除了所涉及的材料以外，並且有了工具——方法，這方法便是我們所稱的推理方法——邏輯。

我們稱方法為工具，因為方法是被應用的東西。然而推理的方法或工具，卻又不像一般工具般，有可見可感的形體。思考的方法沒有形體，因為這只是在思考中應用的，而思考本身就是不受時間和空間限制的，像這樣超越時空的「活動」，自然不能用空間概念中的工具來比擬。這一點——理解、甚至思考，幾乎成為人在某一「時間」和某一「空間」內，唯一能超越時間和空間的。

理解作用之所以能使人知道、明白，從形而下的達到了形而上的，關鍵便在此。這也就是人要求知道那至高無上的，唯一無二的，絕對的「真」、「美」和「善」的原因。如果我們接受理解作用可以超越時空的限制，則將來在知的企求中，說不定會達到最高的顛峰。

這樣說來，人之具有智慧，使人在知的方面希望無窮；而人之傲視萬物，在宇宙中自視為「非凡」的一類，也就不是沒有相當的理由了。

五、人的「愛」、「欲」之情

在人的特質之中，除了智慧以外，應該還有其他超越動物的品質，這裡想舉出的是「情感」。

　　我國哲學中談到情感時，常常只用一個「情」字，雖然有時和性字連用，實際上性和情兩個字是有分別的。（註34）西方哲學家中，較早的用「熱情」（passions），後來漸漸用「情感」（feelings）或「情緒」（emotions）；心理學中因為這兩個字在強度和作用上不同，在應用時分別起來反而增加困擾，往往把兩個字（情感和情緒）一起應用，即或只用一個字時，內涵裡也常常概括兩者。由於中文裡習慣用兩個字組成的名詞，所以本文用「情感」，但包含情緒在內。

　　我國哲學中談到人的情感的，如〈禮運〉中說：「何謂七情？喜怒哀懼愛惡欲七者，弗學而能。」《中庸》第一章中有一句是「喜怒哀樂之未發」，《荀子》〈天論篇〉中說：「天職既立，天功既成，形具而神生，好惡喜怒哀樂臧焉，夫是之謂天情。」若照〈禮運〉說，喜怒哀懼愛惡欲便是人的七種基本情感，《中庸》和《荀子》則多了一個「樂」字和「好」字。

　　西方哲學家中，先見於笛卡爾所列舉的六種基本情感，為愛（love）、恨（hatred）、欲（desire）、喜（joy）、哀（sadness）、慕（admiration）。斯賓諾沙（Benedict Spinoza, 1632-1677）先提出喜（joy）、哀（sorrow）、欲（desire）為三種基本情感，並以為和喜相連的有愛（love）和傲（pride），和哀相連的有恨（hatred）和懼（fear），合起來便有了七種。霍布士（Thomas Hobbes, 1588-1679）也提出七種基本情感，是哀（grief）、喜（joy）、惡（aversion）、恨（hate）、愛（love）、嗜（appetite）、欲（desire）。（註35）

　　若把〈禮運〉和《中庸》以及《荀子》所說的八種情感，和笛卡爾等三人所說的基本情感加以比較，可以看出共同承認的人的情感。

	愛（好）	喜（樂）	哀	惡	恨	懼	怒	欲	
我　　國	愛	喜	哀	惡		懼	怒	欲	
笛卡爾	愛	喜	哀		恨			欲	慕
斯賓諾沙	愛	喜	哀		恨			欲	傲
霍布士	愛	喜	哀	惡	恨			欲	嗜

這些情感的名稱字面不同，在感受上卻仍然有些是近似的。如果把近似的再合併一下，將更易看出中西觀點的類似。例如：把「愛」和「好」合在一起，把喜和樂合併爲「喜」，把惡、恨、怒暫且合併爲「惡」，便會成爲下列的六種情感：

愛　喜　哀　惡　懼　欲

這六種情感，除了「懼」以外，其餘都是共同承認的。我們可以就此來加以討論。

相信人是由動物進化而來的達爾文（Charles R. Darwin, 1809-1882）曾經觀察兒童和動物相同的情感表現，提出了喜愛（affection）、恐懼（terror）和忿怒（rage）三種基本情感，認爲這是人和動物所共有的。（註36）當然依照達爾文的說法，人在進化以後，各方面比動物都進步了許多，情感也變得複雜，心理學中談到情感、情緒的，可以列舉出幾十種，不過很多情感，都是複合的；也就是說，其中包括著一種以上的情感作用，這裡只是就基本的情感來說。

首先，我們已經承認情是與生俱來的一種特質。若從廣義的「性」說，性是生而即有的性質，那麼「人性」便是人生而即有的性質。在這樣界說的「性質」之中，自然含有「情感」。情感和性的不同之處，是在說性時，常常是指「中性的」，含有靜止或者是恆定的意思，這就是〈樂記〉說「人生而靜」的道理，也是告子所說「生之謂性」的原因。因爲從中國的哲學觀點說，「人是天生的」（是自然生物界中的一類）。所以《中庸》開章就說天命之謂性，於是把情看作是性中的一個成分，或者把性情連用，便不無道理。不過情的表現，必然處在一種動態之中，用現代心理學的話說，便是因爲受了刺激而發生反應，反應之最明顯的，是表現在外，不但反應者自己可以意識到，就連別人也能感覺到，這就是〈樂記〉所說的：「人生而靜，天之性也；感於物而動，性之欲也。」因此情感是動態的，最低的強度是自己能夠感受到，內在似乎有些「衝激」，比較強烈的則會引起外在的「表情」和行動。這類的動態在個人感受的層次

中，常常是腺體分泌有了變化，血流和心臟的跳動與平時不同，而有了改變；至於外在的活動，則可能伴隨著聲音、言詞、以至軀體的動作，由於情感的種類不同而異。在這裡就看出了人和動物有明顯的區別。

達爾文所說的動物的喜愛，最常見於親情和兩性之間，恐懼見於感覺到危險，忿怒則是由於受到阻撓或侵犯。但是由於動物表現情感的方式比人簡單得多，可能還有一些複合的情感是人尚未發現的，這裡不便再去深究，我們所要討論的是，人的情感，單從基本的情感來說，便比動物多。這或者是因為人會用不同的形容詞，來描述情感的原因。

人之超越動物之處，具有複雜的情感固然可以算是一項，可是依作者看來，人在情感方面所表現的人的特質，關係著種類的多少或複雜性的並不重要，重要的是對情感的感受，和克制本能的衝動作用。因為人知道了情感對人的影響，並且知道情感表現的後果，所以在這方面便有了很多發現，這也是動物遠不如人的一方面。

對情感的辨別，源自於兩種不同的感受：一種是愉快的、一種是不愉快的或痛苦的。既然說是感受，自然是感覺到了的。在感覺的層次中，人和動物似乎頗為相近，而且會引起相似的反應；那就是，樂於有愉快的感受，而趨向於能得到這種感受的刺激或情境；相反的是，厭惡不愉快或痛苦的感受，在可能的範圍內，儘量避免引起這種感受的刺激或情境，在這方面，人不但儘量避免，而且在涉入這種情況之後，還知道設法減低不愉快或痛苦的程度。到了這個地步，便進入於知覺、「經驗」，以至知識的層次中。

在知覺、「經驗」，以至知識的層次裡，人固然知道感受到的是愉快還是痛苦，同時還知道進一步的追究引起愉快或不愉快的原因和道理，然後求得保留愉快或增加愉快的方法；在另一方面，便是減低不愉快或免除不愉快的方法。於是在歷程上由感覺進入於認識，由感覺作用進入於心智作用，或者所謂之理性作用，這就到了人所創造的一項知識範圍內，成為道德。

人之所以要在感受方面努力追究，可能是「感受」對人的關係非常密切。因為在人的有生之年，除非處在某些病態狀況，以致失去感覺或知覺

之外，就是在睡夢中，也仍然會有愉快或不愉快的感覺，而由此而來的感覺，對人的作用更甚於飢、渴、疲勞等本能的需要，因為飢渴等需要在一天之內，並不是隨時都發生的。為了這個原因，人一方面希望增加愉快的感受，一方面希望減少不愉快的，於是才有了對基本情感的認識，才有了對情感情緒的繼續研究。

就前述歸併的六種情感來看，愛和喜的感受是愉快的；哀、惡、懼的感受是不愉快或者痛苦的；至於欲，便不能以愉快或不愉快來說明，因為其中牽涉到的感受不只一種。以下將就這三類之中，特別提出「愛」和「欲」來加以討論。

愛是人常用的一個字，因為這是人常有的感受，而且是人惟患其少，不厭其多的一種情感。然而很奇妙的是，對這個字很難下定義，可能因為是人人熟知的，所以反而不必再加以說明。但是為了申論方便起見，不妨先從感受上解釋，「愛是一種溫柔親切的感覺，是一種吸引的力量，使人樂於得到這種感受，並長期的孕育於這種感受中。」

首先，因為愛是一種感受，所以必須有一個感受者——「主體」。其次愛是情感的一種，而情是感於「物」而發的，那麼無論這被感的「物」是什麼——人、物、觀念（包括情境、活動），都是一個「客體」。因此愛便成了一個主體和一個客體之間的作用，由主體所發的一種情感；而在我們談人的時候，這主體便是人；我們所談的，便是發自「人的愛」。

就著人的知識領域，可以因人所愛的客體，而對愛加以分類，於是可分為自然的、擴展的和創造的三大類。

自然的愛，可說出自於人的本能。在這一類的愛裡，似乎人和動物非常相似，便是「愛子女」、「愛異性」。

愛子女是出諸動物性的本能，是在延續種族的自然法則下，綿延後代的一項「必然」。這種愛見於動物之哺育和保護幼小的動物；在人則是熟知的親情。

愛異性也是動物的一項本能，仍然是自然法則中，延續種族的一項「必然」。

在擴展的愛中，人和動物便有了明顯的區別。擴展出來的愛，可分為

本能的擴充和人為的創造兩類。

就著本能的愛而擴充的，第一是親情之終生的繼續。我們常見動物對其幼兒的愛護，也像為人父母者一樣的無微不至，然而幼小的一代長到能夠獨立謀生的時候，便各自分開，此後便視同同類中的一分子，甚至小動物若繼續依傍父母，會使得長一輩的動物有厭嫌的表現。人便不同了。父母對子女，不但在其幼年提攜奉附、愛護備至，就是子女成年以後，仍然時刻關懷，甚至為子女的一生而繼續辛勞；尤其是把愛子女的情感，延長到第三代、第四代，和生前所能見到的後代。這種無涯的愛，是人類一向歌詠而感恩的。

第二項本能愛的擴充，是婚姻制度的形成和夫妻之愛的永生繼續。動物中雖然也有雌雄兩者，相依終生的，可是更大多數，只是在生殖的季節裡，才尋求相結合的異性，過此以往雖再覿面，竟宛如不相識。人卻不如此。人類兩性結合，不只是為了繁衍後代，而且要求得一個終生伴侶。伴侶是在異性需要之外的一種需要，我們稱之為友誼。到了這個地步，夫妻二人的結合，存在著一種共同的諒解，即是要同甘共苦、白首偕老、終生不渝。當然兩性結合之後，也有中途離異的。但是若二人之間確實發生了愛的情感，便不會受其他因素的影響，或是改變初衷。這是因為夫妻雙方在本能的需要之外，擴展出來的較深刻而複雜的情感，在這種情感作用之下，雙方都成為互相吸引的力量，難以再分開。如是既使其中之一中途死亡，仍然不會改變生者對他的愛。

依愛的對象分類，由人所創造出來的愛可以分為三類，即是「愛人」、「愛物」和「愛觀念」。

在愛人的這一類別中，最重要的是子女愛親長和愛別人。

子女愛親長，是我國獨有的「孝道」。是人和人的情愛中，最值得讚美的一類。因為在人和人相愛的情感中，和任何情愛發生作用時，有必不可少的一個主體和一個客體。主體是「愛之者」或「愛者」，客體是「被愛者」。當「愛者」和「被愛者」之間存在著情愛的時候、當主體和客體都是人的時候，愛的作用便不再是單方向的；也就是說，愛者不會長久的是發出愛的一方，被愛者也不會長久的只是接受愛，而變成了相互對待的

情形。在這種情形中，愛的情感會日益加深成爲雙方交感的情愛，這是人和人相愛的一個最大特徵。我們的先哲體會到了愛的作用的這項特質，首先就賦予「親情」以逆轉的作用：子女把得自於父母的愛，反回來去愛父母。愛通常是由外在行動來表示，於是把幼年所受的提攜奉附，反回來，到了自己長大，有了能力以後去奉養父母。子女善待父母、奉養父母稱爲孝，這是最普遍的愛的情感作用，是人在體驗到愛的感受，認識了人和人相愛的意義以後的一大發現。不幸的是，在過去談到子女愛父母的時候，過分強調了倫理道德價值，反而忽略了孝是出自人的愛——人悟解出來的，最基本而普遍的、存在於人和人之間的情感。

　　由愛父母開始逐漸延伸，先從由血緣關係的人起，因爲這些人多半是在接受父母愛的時候，也得到了愛的感受，例如：兄弟姊妹、祖父母，以至於親戚。愛的擴延，先及於生活經驗中最常接觸的人，是合情且合理的應用。因此，於其強調我國的倫理道德價值，反不如承認倫理道德之情感作用，會更容易使人接受。

　　愛別人，通常稱爲友誼。我國先哲早就看出人和人的情愛，可以擴大到全人類，所以說「四海之內，皆兄弟也。」亞里斯多德對友誼討論得最多。他認爲友誼之中，必然存在著愛，因爲在開始的時候，是見到「對方」而感到喜悅；進一步則能夠爲「對方」設身處地的著想，這就是進入了「對方」的情感領域中。爲「對方」設想，猶如爲自己設想一般，是將自己與對方在情感中融合爲一，亞里斯多德稱之爲「善意」（goodwill），實際上就是孔子所講的「恕道」。到了「對方」「作用回來」，成了雙方的「交互作用」，便由情感而進入「德」（virtue）。這是愛之情感的交流，只有相悅、相善，沒有相互利用，自然更不會有利害的關係。（註37）柏拉圖也說友誼是由喜愛而生，所以是溫和的，而且能夠維持久遠。（註38）蒙田則以爲友誼是普通而普遍的火，不過是平等的、相互的、有節制的，所以是常存的「熱」，溫暖而滑潤、不烈不劇，是精神的享受。（註39）

　　人之所以創造出友誼的愛，追本溯源是人需要「愛」和「被愛」。（註40）可以說是心理的需要，也可以說是精神的需要；而且這種需

要——人和人相愛，可以廣大到無限，就是只患其少，不虞其多。由子女愛父母而成的孝，由兩性相愛而持續一生，以至由愛父母而擴延到愛親戚，爲數總是有限，到了愛朋友，便可以擴展到愛所有的人。如此發生的交互的情愛，將使人孕育在溫馨之中，在感受上便會是無限的喜悅和滿足，所以亞里斯多德特別讚頌「完美的友誼」。

　　除了愛人以外，在人所愛的對象之中，還有物。愛物有時成爲另一個情感的名詞，被劃入於「欲」中，特別稱之爲「物欲」。在愛物這方面，〈樂記〉曾說：「感於物而動，性之欲也。」亞里斯多德把欲分爲自然的（natural）和獲得的（acquired）。我們姑且把亞里斯多德所說的自然的欲列入於這裡的「愛物」，獲得的欲待談欲時再說。那麼自然的愛物是由於「需要」；例如：飢欲食、渴欲飲之類。因此，凡是由於需要的欲，不算在物欲之中。由此把物欲和需要分出之後，所剩下來的對物的愛，可能只是喜悅之情，猶如對山川景象的欣賞、對藝術品的喜悅，這愛是基於「愛美」而來，只是欣賞，而不想占有，便是人的一種「可愛的情感」了。只是這種情愛完全是主觀的，出自主體的一方面，客體沒有情感發出，若照亞里斯多德的觀點，是稱不上愛的。

　　愛觀念也是單方向的情愛作用，哲學中卻極崇尚這項愛。《易》〈繫辭上〉的解釋說：「仁者，愛之理；愛者，仁之用。」《孔子家語》中言：「愛近乎仁」，而仁一向被儒家視爲最高的德和善。這和柏拉圖所說的「愛即是善」、「愛善則無惡」，於是愛便具有「永善」的可能（註41）很接近。又如亞里斯多德所說，完美的愛。自主體來說，是依「誠」而行，如是便不失其德，且合乎正義，其中便含有了理性原則。

　　愛觀念必須有相當的認知和知識的基礎，因此在創造的情愛之中，居於較高的層次。不過層次雖然高，卻是從基本的情愛發出的。

　　現在來討論欲這種情感，原因是欲在人的情感之中，具有很多特色。是哲學，特別是道德哲學中最重視的一個論題。

　　在動物的基本情感中，並未列入欲這一項，而這項情感在人的一方面，卻很重要。因此首先我們必須把屬於本能的欲，如亞里斯多德所謂的自然的欲刪除，因爲這乃是「必需」，除非對於必需的希求「過量或過

分」，才列入欲中。

欲雖然是人的一種基本情感，可是在感受上卻比愛複雜。因爲當欲「發生作用」的時候，往往兼含著喜愛、而又患得患失的感覺，那麼由得或失所引起的，便是愉快或不愉快兩種截然不同的感受。

欲在發生作用的時候，和愛一樣，有必不可少的「客體」，無論客體是什麼，在主體方面總是希望能夠得到。依人的常情來說，所希望得到的，必然是「自己」認爲是「好的」，而且認爲得到了會使自己感到愉快；而希望有愉快的感受，又是人的一種普通的心理傾向。

欲還有一項特殊的性質，即是會成爲行動的造因，成爲行爲動機、目的或「意願」。也就是說在有了所欲的客體以後，便會採取行動，趨向這個客體，把客體據爲己有。那麼在達到目的之後，自己便成了占有者，然後來享受占有的愉快。

欲的另一項特性，就是在同一時間之內，所欲的可能不只一項，而兩個所欲的客體，可能相互矛盾；或是只能得其一，而不能兼有兩者。在這種情況下，往往先造成取捨之間的困難，因困難而不愉快，然後在有所捨棄之後，又免不了「失去的」遺憾，由是反而減低了「得到」的愉快。

欲的第四項特性是對人有相當的控制力量，能夠控制人的想像（imagination）、思想（thought）和行動。那就是當人有所欲的時候，在得到「所欲的」之前，會朝思暮想、展轉反側。或者越是「求之不得」，便越是顯得需要，而把所欲的、看成爲對自己是最好，甚至是舉世無匹的；同時在行動上，便成爲鍥而不捨、「義無反顧」的一往直前，必待得到而後已。

欲的最後一項特性，是它具有「無限」的擴張性和延伸性，也就是人們常說的：「欲望無窮」。無窮的欲望，使人無盡無休的希望占有，同時也在有生之年，永不休止的追求。所追求的，偏於感受的是愉快；而愉快是因爲「有所得」；於是在人群之中，所被追求的客體或目標，最明顯的是權力和財富。所謂權力，並不僅止政治上的領導或統轄，凡是對別人的指揮駕御之權，都屬於這一點。因爲人在心理上就有著一種傾向，「力爭上游」；反過來說，便是「不甘屈居人下」。財富所包括的很多，各種的

物都可算在內，完全是占有傾向的作用，也就是人常說的「占有欲」。在以無限為財富的欲之目標時，總是希望累積的越多越愉快；而以「無限」做終極的時候，「多」便不會有一個確切的定義。

「欲」有這些特性，可能是促使人來分析和討論它的原因。首先從人切近的感受上，人便知道了愉快是人「所欲的」，而不快則是人「所不欲」或「所惡的」。於是在積極方面，當然追求使人感覺愉快的；在消極方面，便要減少甚至避免「不愉快的」；認為在「不愉快的」減少了以後，才有可能感受較多的愉快。如此只在「欲」這一方面，便遭遇到一項困難。如果說在「欲」實現之前，已發生了不愉快的感覺，那麼減少欲，或甚至「無欲」，豈不是就避免了這項不愉快的感受了嗎？可是另一方面，「欲而能夠實現」，也是產生愉快的原因，如是「無欲」固然不會生出實現前的不愉快，但同時也就不會有實現之後的愉快，豈不是等於減少了一項愉快的來源？何況欲是基本情感之一，是與生俱來的，如何可以用人力而改變天生自然的稟賦呢？因此人的這種情感——欲，便無法只從企求愉快的感受上，得到適切的說明。

其次，「欲」雖然被列入於人的基本情感中，若從感受上分析，除了混合著愉快和不愉快兩種全然不同的感覺之外，還含有愛或喜好的成分。而這裡面所含的愛或喜好，並不同於前述的「愛的情感」，因為在欲中所感覺的，不一定是「溫柔親切」，反而是「想要得到」以至「據為己有」才會愉快。這種心理狀況，以「獲得」為目的，以「占有」為歸趨，這就是必然採取行動的原因。如是「欲」和「愛」，便有了很大的分別，而稱「欲」為另一種情感，也就不無道理了。

綜觀中西哲學中，對欲的說法有一些不同之處。西哲常常把欲和愛相提並論，然後再加以區分；或者把欲和愉快相並討論，然後指出欲的特徵。我國哲學中便很少有這種說法，往往直接把欲視為「物欲」或「非分」的想望，於是欲的特徵便很明顯了。

西哲中譬如柏拉圖在解釋「欲」的時候，說「欲」是由於「匱乏」，因為匱乏，才需要補充。這樣一來，便使得「欲」的範圍非常廣泛，把「需要」和「必需」都包括進去，於是飲食、睡眠等便成了欲的目標，

因此柏拉圖便不得不對欲再加以區分，否定了軀體的需要爲欲，以便進而強調他所重視的「心智之欲」。（註42）亞里斯多德在分別出「自然的欲」和「獲得的欲」以後，只好再對欲加以價值判斷，以爲自然的欲不算「惡」，除非是所欲的超過了所需的限度；而列入於惡的「欲」，多半是屬於人，尤其是「個人」的，因爲這些是「欲所不應欲的」或者是「過分的」。（註43）到了把欲加上價值判斷，分別善惡以後，被視爲惡的欲，就近似我國哲學中所說的欲了。因爲這一類的欲乃是屬於人的，不是自然的需要；而且是由人擴展了的，所以便多是非分的了；再加上「所欲的」是對「物質的」獲得或占有，可以統合列入物欲之中，便成了道德哲學中主要的話題。

　　物欲是「不應該的」和「非分的」，是人受物質誘惑而發生的情感作用，所以有時也稱爲「人欲」。事實上像這類的欲，無論稱爲「物欲」也好，或是「人欲」也好，所欲的並不全指「物質」，統括的說，是「本身以外的」，如是除了「具體的物」以外，「名望」、「權力」都算在其中。在這種情形下，因爲「所欲的」種類繁多，便成了〈樂記〉中所說的：「夫物之感人無窮，而人之好惡無節，則是物至而人化物也。人化物也者，滅天理而窮人欲者也。」由此便進入對物欲影響的認識。例如：劉勰《新論》中在〈防欲〉篇說：「人之稟氣必有性情，性之所感者情也，情之所安者欲也。情出於性而情連性，欲由於情而欲害情。情之傷性，性之防情，猶煙冰之於水火也。煙生於火而煙鬱火，冰出於水而冰遏水；故煙微而火盛、冰泮而水通，性貞則情銷，情熾則性滅。……」又在〈理欲〉篇中說：「今人乍見孺子將入於井……要譽于鄉黨朋友，內交于孺子父母兄弟，惡其聲而然，即是人欲耳。」至於屬於個人發展的欲，如亞里斯多德所說的，主要的是由於「私」。王粲的〈安身論〉中說：「蓋崇德莫盛乎安身，安身莫大乎存政，存政莫重乎無私，無私莫深乎寡欲。」到了荀子，竟把「好利」和「耳目之欲」視爲性惡說的論據，所說的「好」和「欲」有相同的作用，而且是由人擴展出來的。由是在我國哲學中對於欲，便從以其爲情感來加以認識和分析，進入道德哲學的「窒欲」或「去欲」。在這一方面，西哲也有相同的看法，也認爲「欲」是要加以控制和

抑止的。這些將留待討論教育時，再來探討。

六、人的意志作用

本文所要談的第三種人的特質，乃是意志（will）。

在我國所用的名詞中，有一些是意志的同義字，像「志向」、「志氣」之類。

談到意志的性質，哲學家們多從它的「力量」和「作用」來講，如此比對意志下定義，更容易使人了解。因為我們談到意志時，多半指人的一項心理作用，而在這些作用中，含著「趨向」、「選擇」和「決定」。

自從孔子說：「吾十有五而志於學」到令顏淵、季路「盍各言爾志」，以至「志於道」，「志」所指的似乎是「對於想要作的」一項決定；而這決定，通常是一個人為自己而作的。如是把志看成為決定的時候，便成了自己和自己的一個「協議」，原則上「不做到不止」；那麼對於「所要作的」，無論是短程的或長程的，便含有貫徹始終的意思，因此便大抵都是長程的了。而長程的作為，在實現之前，便是「心的趨向」，這可能是我們常常用「志向」這個名詞的原因。

志向是自己給自己所做的決定，決定了以後，便要遵循所定的方向去實行，這是很淺顯的道理，因而在做決定的時候，至少對於「做」或「不做」有選擇的機會：如果選擇的是「做」，便是有志「於此」；若選擇的是「不做」，便稱不上志了。因此，所謂「志於」還含著「必然要做」的意思；其中的一個特徵是，「權在自己」。這就是孔子所說的：「我欲仁，斯仁至矣。」也是「……止，吾止也；……往，吾前也。」的意思。

孔子之後，言志者多重「志向」，即是談「『所志的』趨向」的較多；其次則說「立志」的重要性；對「志」作解釋的，便不如是常見了。但《李維志字序》（註44）中卻有些解釋，如「志者，心之有所『之』也。心者，天地之蘊，化育之機，人之所以得以生者。人有是心，極其所『之』，則人道可立，雖參天地、贊化育，亦豈有所假於外哉。」這是說志是心的趨向，那麼便可說是心靈的活動了。於是從心靈上來說，就如

亞里斯多德所說的，是出自於思想；是因為人的智慧能夠計算達到目的（end）的方法（means），是經過周密考慮而做的選擇。（註45）這樣一說，意志便又牽涉到智慧和理性作用。

事實上，人有意志作用是人超越動物的最明顯的特質。因為意志含有智慧和情感的成分，而取決於理性作用的成分又特別多。理性作用，到目前還被認為是人類獨有，或至少人類有最高的作用。

因為意志關聯著智慧和「毅力」，便要對這三者作一比較，以視其不同之處和相互的作用。

就意志和心智的區別來說，依亞里斯多德的意見，意志的對象是善或惡，是由「事」「物」而定；心智的對象是真或偽，在於心靈。（註46）若就意志和心智的等次而言，阿奎奈以為有兩種說法：第一、從絕對的方面說，即是就這兩者本身說，心智是較高的力量，因為心智的對象比較簡單而絕對，也就是「只以善為歸趨」；而趨向於善既是心智之念，便成了意志的目標。阿奎奈的意思是志向取決於智慧，要先知道善的可貴、善為何物，才能決定趨向善，才是意志。第二、從相對的方面言，是就意志和心智「所作用的對象」來分，以意志為「趨向」，以心智為「知識」，那麼意志本身雖然低於心智力量，但若「趨向於神」時（愛神），便高於「認識」神；但若「趨向於物」時（愛物），便低於「認識物」了。（註47）至於意志和心智之間的關係，就阿奎奈看來，是兩者互有主動的力量，可以驅使另一者發生作用。例如：就目的推動「動作者」言，當以「知」為目的的時候，是心智驅使意志以「志於求知」；若就物為「用者」而用說，為了求知，就必須運用智慧，就變成了意志驅使心智了。（註48）用我國儒家的觀念印證阿奎奈的說法，孔子說「志於道」，是心智以「道」為目的，而立志去追求；且在立了這個志向以後，又必須不屈不撓的去求「明道」、「知道」，以至「行道」，便又成了以意志的力量，驅使心智發生作用來達到目的了。

阿奎奈也就著理性和意志加以解釋，以為人和動物之別，即在於人有理性，而動物缺乏理性。因為人有理性，所以人可以主宰自己的活動；於是那些為人所主宰的活動，才可以稱為「人的活動」；而人之所以能夠主

宰自己的活動，是因爲人有「理性」和「意志」；同時「人的活動」，是經過意志之「深思熟慮」而生的；由此可說雖然是出自人的活動，如果不符合「人之所以爲人」的條件（按：即不是出自理性和意志，未曾經過深思熟慮，爲自己所主宰的活動），也不能稱之爲「人的活動」。於是歸結起來說，活動受一種力量的驅使，也就是由這種力量所造成的，是伴隨著活動對象而來的，故而人的活動必然有一個目的。（註49）反過來說，意志是趨向於達到目的的力量，故而是人自己決定的，那麼若不是出於自己的決定，便是沒有「主宰」的活動，而不是「由自己作主宰的活動」（例如：本能的、衝動的），便稱不上是「人的活動」，也就不會有主動的力量。

　　如此說，是以意志爲決定力，而且含有智慧的認識和判別作用，由此可作的決定，便形同自己對自己所發的命令，然後才產生行動；這樣的行動，便等於是意志的行動了。在這樣的情形下，一經意志決定的行動，便會勇往直前、百折不撓。（註50）和我國諺語所說的：「三軍可以奪帥，匹夫不可奪志。」一樣。在這樣的觀點中，意志是理性的決定，是經過理性的認識和判斷而做的決定。這種決定和由感覺的嗜欲所產生的行動力量，完全不同；因爲感覺嗜欲所生的力量，是針對著一些「特殊的目標」，不會維持得太久，只有出自理性意志的力量，針對著普遍的善，才有最大和最持久的力量。（註51）如此說來，便又近似《中庸》所說的「擇善而固之者」了。

　　另一方面，阿奎奈也說，意志可能爲感情所左右，因感覺的變化而改變。不過阿奎奈解釋說，由感覺嗜欲而生的活動力量，可能被人認爲是自己的志向，事實上像這樣的趨向，不能算是志。第一、嗜欲引起的力量，不能維持長久，連帶的所生的力量也就小了。第二、以嗜欲爲志向者，出自「非理性的」目標吸引，可能是由於「無知」，不知道除了嗜欲所趨的目標之外，還有更高的目的，而這更高的、或者最高的目的，乃是「善」。因此「志於至善」才是最高的目的，才有最大的力量。（註52）把阿奎奈的觀點和孟子加以比較，見於孟子和公都子討論「大人」和「小人」之別，「從其大體爲大人，從其小體爲小人。」小人之所以從其

小體，是由於「耳目之官不思而蔽於物，物交物，則引之而已矣。心之官則思，思則得之，不思則不得也。……先立乎其大者，則其小者不能奪也。」（註53）便有很多相近之處。

其次，阿奎奈所說的，由感覺嗜欲所引起的「不成其爲志向」的趨向，猶如亞里斯多德所說的，由感覺而引起的活動，並非源自意志的活動，不曾經過思考作用，也沒有經過選擇，只可稱之爲「欲望」，而且是「不當的欲望」。相對的，真正出自於意志的活動，是經過思考而選擇的。如此說來，意志便不但含著心智和理性作用，而且含有道德成分。（註54）

意志中含有道德成分，爲多數西洋哲學家所承認，更是我國哲學家的主要觀點。這一項看法，源自於意志的性質。我們認爲意志是人自作的決定，在決定的時候，曾經慎重的選擇「取捨」；對於所選取的，便將以行動來達到目的，因而成爲貫徹始終的力量。那麼在取捨之間，便必然有一個劃分兩者的界限，我們稱之爲「原則」或標準，可以從這一方面再來加以探討。

首先，我們認爲在人性之中，含有動物性，這是感覺的層次。在這個層次裡，行動取決於本能的需要，趨向於所需要的目的，動物便是如此。在人說是嗜欲，嗜欲可以超過了需要的限度，是人和動物的不同之處，然而因爲所嗜或所欲的對象，仍然在本能需要的類別中，便不曾進入心智領域，沒有經過思考，也就等於沒有經過選擇，自然更稱不上是決定。這一類的猶如孟子所說的「食、色」，猶如荀子所說的「耳目之欲」。儘管由此而生出行動，卻不能稱之爲志向。

這一步「人」「物」之別，首先便給了人「志向」一個啓示：避免陷入動物界，保持「人爲人」的狀況。這就是等於有了一步取捨的作用。這作用來自人的智慧，能夠辨別人和物的不同，而且區分了人和物的高下。趨向「高的」成爲人選取的方向，「低的」便是人要捨棄或避免的了。

以高爲趨向的目的，顯然的，高成了人所想望的，而「高」不是指空間的位置，乃是觀念的價值，於是人便由具體的感覺而進入抽象的思想。在價值中，便有了美和善，成爲人所趨向的目標。到此已經不全然是智慧

作用，而是智慧和理性或道德相併作用，並且由辨別而進入於判斷。所謂判斷，便是分出了高低、美醜和善惡。高、美、善也就成了行動的鵠的。

意志是行動的方向，是產生行動的力量，到了和行動密切相關，尤其成爲行動的目的之時候，判別行動的原則或標準，便是善或惡。依照柏拉圖所說，以善爲目的，所行便將是善的，孔子說：「苟志於善矣，無惡也。」（里仁）由此便判定了意志的道德標準和方向，更含有了道德義務的意義。關於這一點，康德（Immanuel Kant, 1724-1804）曾經有很詳盡的說明，可以借他的觀點來擇要闡釋。

康德說意志本身是一個極受重視的觀念，存在於「明白」之中，只需要加以廓清，用不著再去思想；意志是用來估計行動價值時首先要顧到的，而且也包含一切其他的情況。爲了說明意志的性質，先要從「義務」（duty）說起。義務包括「善惡」，指某些主觀的限制和抑止。（註55）

康德區分是否爲「義務」，要從行動的出發點來看，即行動是源自於「義務本身」，抑或是由於「自私的觀點」。例如：商人之童叟無欺，說起來應該算是誠實，可是這份誠實乃是買賣中所必需的，而且是建立信譽以達到營利目的的條件，因此商人之誠實便不能說是由於「義務」，也不是「直接的趨向」（direct inclination），無寧說是出於自私。另一方面，保持自己的生命，應該是每個人的「直接趨向」，但是很多人爲了保持自己的生命，而生的「不必要的小心」（anxious care），並沒有本原的意義，談不上是道德。也就是說，保持自己的生命，「似乎」是道德的需要，其實並不是。但是如果生活在艱難困苦之中，了無生趣，本來可以「一死」以求解脫，卻仍然堅強勇敢的活下去，這就是「義務」，就進入了道德價值的範圍。

再進一步說，仁慈是義務，馴至於同情。因爲在仁慈之中，沒有虛幻的目的或自利，可以使得別人快樂，自己從而得到樂趣。不過在這一方面，也可能含有期望得到榮譽的志向。當作爲出於某些其他意向的時候，便失去了道德意義。像某些慈善家，基於本身所受的苦難而博施濟眾，這樣的仁慈並不是出自「仁慈的心懷」，不過是爲了減輕「自己」心中的痛苦而已，這便不是由義務而生的。除非能夠擺脫本身的感受和動機，「博

施濟眾」只是為了別人，才具有道德價值。（註56）康德的這一說法，正和孟子所說的「惻隱之心」相似，也就是說去挽救可能被溺於井中的孺子，不是為了納交於孺子的父母，不是為了在地方上得到慈善的聲譽，而是出於「不忍人」之心。那麼孟子所說的人性善端，也就是自發的，康德稱之為「義務本身」，而這種出自於仁慈之心的愛，可以「呼之即出」，成為意志。

其次，康德以為由義務而生的行動，才有道德價值。這樣的行動，不是為了達到某一目的而生的，而是決定於「意志力原則（principle of volition），因此這不是從行動的目標判斷，也不是所欲望的任何對象。道德價值存在於「意志原則」（principle of the will）之中；意志居於一個形式的「先在的」原則和一個物質的「後在的」行動之間，就如在兩條路之間，必須有所取捨。有決定力的，是形式的意志原則，而不是物質。

由於以上兩點，康德又說出第三項說法，即是「義務是尊重法則（law）的行動的必然（necessity）」。「尊重」在這裡含有重要的意義。康德說人可以因利而趨向於某一目的，由是產生行動，卻不必由此而生出尊重，因此行動只是「結果」，不是「意志的力量」。同樣的，「趨向」也不是尊重的對象，無論趨向是自己的或是別人的：如果是自己的，只能說是「贊成」；如果是別人的，有時可能說是「可愛」──因為對自己有益。剩下來的，便只有是出於自己的意志原則，不計利害的「法則」本身。法則才是尊重的對象，是一個「命令」（command）。故而導源於義務的行動，完全沒有趨向的影響（有所為），沒有任何目的，只有客觀的「法則」，和主觀的對實際法則的純粹尊重。結果只有依法則而行，更可能因此而抑止所有的「趨向」。法則觀念只存在於理性之物中，是意志的決定者。（註57）照這樣說法，康德不但強調了意志的道德性，並且把人的道德性置入「理」之中。

這客觀的法則或義務以至意志，究竟是什麼呢？在康德明確的指出之前，先確定了法則的性質，那就是必然是「普遍的」（universal）。通常說到「普遍」，總是指全體一致，毫無例外的。反過來說，只要有一個例外，便失去了普遍性。而在實際方面，如俗語所說的，人各有志，這至少

指出所志各各不同，那又如何判定「志」的普遍性？好在康德在說出志是出於法則，而把趨向之物排除，又指出法則的認識靠理性，而人是理性的以後，我們便有了可資探尋的線索了。

康德曾經指出，這普遍的法則可以靠著理性去探索，並且用「直覺」（intuition）去發現。從意志方面說，意志有個形式的「統一性」（unity）、有物質（對象）的多元性（plurality），和系統的整體性（totality）。（註58）依照西方哲學的觀點，通常是根據這樣的觀點去作最高的推究。在此與其引述西哲的說法，進入於宗教領域而推究到至高無上的神（God），不如就著我國自有的觀點來說，可以得到更普遍的了解，為每個人所接受。

以儒家為代表，在探討類似康德所說的普遍法則的書籍中，當推《中庸》。首先從世俗經驗的知覺入手，可以知道我們所生活的天地之中，或者稱宇宙，萬物並陳，顯示了多元性。如果就以這些物為行動的趨向，便落入阿奎奈和康德共同否定的志之中，而且根本不具有普遍性。然而我們卻可以從這些特殊之中，去尋求一個共同的方向，那就是儘管萬物各不相同，卻各有一個方向。這「各有方向」，便是不同之中的相同的一點。「相同」含有統一的意義；不同之中為「共同」，便見出了系統的整體性。由此所見於萬物的，是在「一個」空間之內，定時而有序的發生變化。人既是萬物中的一類，也包括在整體之中。人和其他的物唯一不同之處，是人有智慧和理性，不只是占有一個空間，也不只是生活在一段時間之內，而是要了解、要認知；在諸多的了解和認識之中，「普遍原則」便是其一。於是人推究到由特殊而趨於統一，由分化而根究出整體，見於這普遍原則是一個本身自明的道理（誠者自成也），是先見的智慧（至誠如神），是萬古不磨的真理，是無窮無盡的力量（故至誠無息，不息則久，久則徵，徵則悠遠，悠遠則博厚，博厚則高明）。歸結起來說，便是道；從人的志向來說，「志於道」，便是行動的最後歸趨。

「志於道」含有「立志」的指引的意思，不是本段所要談的主旨。這裡所要說的，是就著康德的觀點，指明「普遍法則」是什麼。若說普遍法則便是「道」，因為「道」字的涵義太廣，不容易作簡潔明確的指陳，故

而要退一步，就著和意志有關的來說，可以說：道的普遍法則是「誠」。因為就前文所註的《中庸》裡的文字，已經很明顯了。

把意志和誠連在一起來說，著重在意志的性質和力量。因為我們已經再三的說過，意志是一種「堅持到底」、「不達到目的不止」的毅力。意志既然是「自己的決定」，是自己和自己的「協議」，決定之前曾經「認識」，「辨別」和「深思熟慮」過了，那麼一經決定之後，便是自己對自己發出了一個不能更改的「命令」；而在命令發出以後，自己並且要監督自己，以求貫徹實行。到了這個時候，不但外在的物不會成為干擾實行的對象，「別人」也不能「橫加干涉」，自己才是唯一的「主宰」，可以見出自己的「權威性」。像這樣只有聽命於「自己」的情況，西哲稱為「意志的自由」（freedom of will），或是「自由的意志」（free will）。對於後者，其實與其譯為自由的意志，不如說是「自己的意志」，反而更能表現出代表自己的意義。用誠來說意志的性質和自己最相關之處，便是如《大學》中所說的：「所謂誠其意者，勿自欺也。」那麼意志既然完全是自己和自己之間的「關係」，意志中便絕不會有「自欺」的成分。

其次，誠不但是堅持到底的毅力，必然還含著與之俱生的情感，是對於「所向」的目的的熱情，有時我們稱為「狂熱」。這種情感，西哲中多說是「欲」，為了避免和我們所說的情感中的「欲」相混，說是「愛」或者更確當些。當然作者無能改變先哲的說法，因為在我國先哲中，也常常在這一方面，有「欲」與「愛」不分的言辭。例如：「我欲仁，斯仁至矣。」「苟志於仁矣，無惡也。」和「愛近乎仁」之類。

然而談到意志的情感作用，將會受到康德的駁斥，因為「志於道」固然可以說含有「愛其理」的意思，可是若完全從情感方面著眼，未免會如康德所說的，便低了一籌。原因是在感受方面，「愛」使人有溫柔親近的感覺，應該屬於「快感」，可是在「貫徹始終」的歷程中，不會永遠給人愉快的感覺，反而是常常在「履行自己的義務」的過程中、在切近的情境裡，含有和愉快「相反」的感受，在這種時候，自己就必須和自己「戰鬥」，拋棄「切近的快感」、忍受痛苦，以達到「原定的目的」。如是在自己的感受中，便有矛盾出現。到了這種時候。我們常常說，便是理性和

情感交戰了。那麼便要強調理性，而抑止情感。

不過在意志裡所說的愛，是指目的而言，是說愛那個意志的最高趨向，而不重在有所愛時所得的溫柔親切的感受。只有這樣說才不致陷於「愛物」的較低層次，合乎「愛其理」的意義，而無涉於情感作用，更不致於落入康德所說的「情感矛盾的困擾中」。

由此印證前面康德所說的義務或普遍法則，如果只從字面意義，義務對意志而言，便是決定了就必須「履行」。在這樣的原則下，應該有「共同性」，即使退一步說，無論「所志的」是什麼，就必然要做到，是自己盡對自己的義務。這樣的義務，不像「犬守夜」、「雞司晨」之出於本能，也不像商人之「童叟無欺」之基於營利的目的，更不像某些慈善家之基於本身的痛苦經驗，用博施濟眾來減低痛苦的感受，以求補償；而是近似一個處在艱難困苦之中的人，無論有多少困難或痛苦，仍然把握住一個目的，勇敢堅強的活下去的精神。在這裡便表現出意志力的兩個方向：一個方向是「自動的」趨向於「所決定的」；一個方向是「禁止」和決定相反的方向出現，或者禁止足以阻撓志向的任何因素。

結　語

前述對人的認識，只是一項初步工作。因爲認識人並不是一件簡單而容易的工作，我們所得自於先哲的啓示，是人在宇宙萬物之中，爲最傑出的一類。爲了證明這一點，有很多資料可供參考。本文只就作者所知與篇幅容許的限度，略加引述。

人爲萬物之靈，已經是確切不移的信念。儘管有些哲學家或文學家，因爲有見於人類的某些表現並不完美，而作出嘲諷之詞，但這只能作爲「人自行警惕」的說法，不必因此便妄自菲薄。因爲我們就生物界中的植物、動物和人來比較，人仍然有許多超出動物之處，而動物是居於高於植物的地位的。人之所以在這三者中被列於首位，是因爲人「有知識」；而有知識，是因爲人會「提出問題」，爲了解答問題，才去求知。

人最關心的一個問題，而又和人密切相關的，當是「人的根源」問

題。這固然是出自人有「尋根究底」的「本性」，時至今日，人已進步到工商生活的領域，在心理上，根源問題也成了最迫切需要解答的了。因為人在這方面的惶惑與日俱增，這個惶惑不解除，人便又生出一種病徵的造因——不認識自己，馴至對自己的行為，也失去了指引。

認識人的第一步困難，是芸芸眾生，各不相同。很難用科學方法，從特殊中去歸納普遍；因此不得不沿用哲學方法，從普遍處著眼，注意人的共相，當然在可能的範圍內，仍然盡力配合歸納的方法，以免陷入過分的主觀的境地。

本文特別想從教育的立場著眼，由認識人的特質，觀察人在教育歷程中可能產生的改變和進步，所以初步的認識，只提到智慧、情感和意志三者。這是說，這只是認識的開端，距離全部或透澈的認識尚遠，雖然全部的認識在作者計畫之中，但到了全部出現以後，是否能達到透澈的地步，須待日後來決定。

人的智慧在於能知，而知包括記憶、想像和思考等作用。由於人具有這項得天獨厚的稟賦，使得在人類中有了「知識」這個名詞，而且有了知識的內涵。這是站在教育立場上，必須要提到的一種人的特質。

人有情感，已經涵蓋在「人」或「人性」之中。而人情感的特質，特別見於「愛」和「欲」兩者。前者使人確定「人之為人」的性質，後者表現人的明顯特徵，而且多方的和人的問題相關；或者說，是人最困擾的一個來源。

人有意志作用，這是人和動物最不相同之處。因為人有意志作用，才使人超脫「外在」或「本能的」桎梏，成為自己的主宰，並進而主宰萬物。而意志作用又是相當複雜的作用，其中含有智慧的認識和辨別、理性的判斷和決定，且又在歷程中時時伴隨著不同的感受，因而這項「完全取決於自己」的作用，是認識人時最難入手的一項，也就是教育工作中必須要做，而又不容易成功的一項。

在這三項特質之後，對人的認識將作較詳細的觀察，以便指出教育工作的方向，故而尚須一段時間來完成。

註釋

註1：Plato, Phaedrus, 230.

註2：William Harvey, On Animal Generation, Exercise 56.

註3：John Milton, Paradise Lost, Bk. III, 80-216行；Bk. VII, 506-511行.

註4：Laurence Sterne, Tristrem Shandy, Bk. V, Ch. l.

註5：Leo Tolstoi, War and Peace, Epilogue II.

註6：Francis Bacon, Advancement of Learning, 1st Bk.VII.

註7：Michel de Montaigne, Essays, II, 12.

註8：Blaise Pascal, Pensées, Sec. 2, 125-127.

註9：René Descartes, Meditation II.

註10：John Locke, Concerning Human Understanding, Bk. II, Ch. 27; Bk. III, Ch.11.

註11：Aristotle, Topics, BK. V. 14.

註12：Paul Tillich, Systematic Theology, Vol. l，見The Encyclopedia of Philosophy, Vol. 8, 124.

註13：Martin Heidegger，見Encyclopedia of philosophy, Vol. 3, 463.

註14：Friedrich W. J. von Schelling，見Encyclopedia of philosophy, Vol.7, 308-309.

註15：Jean Jacques Rousseau, A. Discourse, Preface.

註16：易上傳八章：聖人有以見天下之賾而擬諸其形容，象其物宜，是故謂之象。聖人有以見天下之動而觀其會通，以行其典禮。……言天下之至賾而不可惡也；言天下之至動而不可亂也。

註17：易上傳十一章。

註18：同上。

註19：作者：從「學」「庸」中所見的教育「準則」與「情懷」，師大教育研究所集刊第十九輯，頁1-10。

註20：Aristotle, On Generation and Corruption, Bk. I, Ch. 5.

註21：邵雍：皇極經世，觀物內篇之九。

註22：Aristotle, On tha Generation of Animals, Bk. I, Ch. 23.

註23：Aristotle, Nicomachean Ethics, Bk. I, Ch. 7-12.

註24：Claudius Galen, On the Natural Faculties, Bk. I, Ch. 1-2.

註25：同24, Ch. 5.

註26：St. Shomas Aquinas, Summa Theological, Pt. I, Q. 96, Art. 2.

註27：同26, Pt. II-1, Q. 17, Art. 8.

註28：同26, Pt. II-1, Q. 50, Art. 3.

註29：論語：子罕。

註30：Plato, The Republic, Bk. IV, 439.

註31：Aristotle, Topics, Bk. V, Ch. 3.

註32：Aristotle, Metaphysics, Bk. VI, Ch. 3.

註33：Kant: Critique of Pure Reason.

註34：樂記：「人生而靜，天之性也。感於物而動，性之慾也」。白虎通：情性者，何謂也？性者陽之施，情者陰之化也。人稟陰陽氣而生，故內懷五性六情。情者靜也，性者生也。」

王充論衡：「情性者，人治之本，禮樂所由生也。」

註35：Sadness, sorrow與grief等英文字不同而意近，故皆譯為哀，以便比較。

註36：Charles Q. Darwin, Expression of the Emotions in Man and Animals, 1872.

註37：Aristotle, Nicomachean Ethics, Bk. VIII, Ch. 3.

註38：Plato, Laws, VIII.

註39：Montaigne, Essays, I., Ch. 27.

註40：賈馥茗，人性教育，嘉義中等教育輔導小組與新港國中印，民58。

註41：Plato, Symposium, 206.

註42：Plato, Lysis, 215; Philebus, 35.

註43：Aristotle, Nicomachean Ethics, Bk. III, Ch.11.

註44：黃幹，李維志序，古今圖書集成，學行典上，頁607。

註45：Aristotle, On the Soul, Bk. III, Ch.10; Ethics, Bk: III, Ch. 2-3.

註46：Aristotle, 同43, Bk. IV, Ch. 4.

註47：St. Thomas Aquinas, Summa Theological, Pt. I. Q. 82, A.3.

註48：同上, A. 4.

註49：同47, Pt. II-l, Q. 1, A. 2.

註50：同47, Pt. II-l, Q. 6, A.4.

註51：同47, Pt. II-l, Q. 19, A. 3.

註52：同47, Pt. II-1, Q. 19, A. 6.

註53：孟子，告子上。

註54：Aristotle. 同43, Bk. V, Ch. 2.

註55：Theodore M. Greene, Immanuel Kant, Theory of Ethics, C. Scribner's Sons. N.Y., 1957, pp. 274-275.

註56：同上，pp. 275-278.

本篇文章取自：賈馥茗（1978）。從教育立場看人的特質。**國立臺灣師範大學教育研究所集刊，20，**1-33。

第六章

從教育的立場看人生

引　言

　　人有知覺能力，從而有了認識，又從而形成觀念，其中爲個人所確定了的，便成了一己的信念。此後信念對一個人便有了很大的指引力量，使他本著自己的信念去知覺、去認識，去形成更多的觀念。在這些觀念之中，受「一種」心理作用的支配，常常選擇並強調和自己的信念相合的，而以爲是「眞」，是確切不移的；對於和自己的信念不合的，不是予以忽視，便以爲是「僞」，縱然不能否定其眞實性，也可解釋說：「那是出諸偶然的例外」。

　　從這裡可以看出人的主觀作用，在知覺和認識裡先確定了「自己爲主宰」的地位。作自己的主宰，是中西哲學家公認的、人的超越性和天賦的能力。也由此可以看出人的自主作用，控制了知覺和認識。這是事實：因爲產生知覺和認識的是人，當然先要從「自己」出發，本著自己所知和所識，來進行此後的活動。

　　人的「知識」能力，使人認識了人以外的若干事物，這是很自然的事，因爲人感官中最常應用的眼睛，便是向外看的，那麼凡是眼睛可以直視的，都可以被看到（盲者不在其內）。視覺雖然這麼有用，用的又這麼廣泛，卻也有些缺陷：第一，只能直視（既使斜視，所採的還是直線），不能拐彎；第二，只能向前或向外看，不能向後或向內看（向後看要把附著眼睛的頭部轉過去，向內看指身體內部，就不是視覺所能達到的了）；第三，視覺有限度，超過這個限度的便看不見了（用望遠鏡不算）；第四，視覺沒有穿透力，被不透明物體阻住的時候，那物體前面的東西便看不到了。

　　好在人的這些視覺缺陷，能夠藉其他「官能」的相輔作用來彌補，或者藉人自己製造的工具來補充。所以儘管視覺的生理作用有限，仍然能夠「看見」很多、很遠；而且不但能「看見」具體的現象，也能「看見」抽象的。當然這只是習慣上用「看見」，事實上所用的器官，並不一定指眼睛，而且也不只眼睛而已。

　　於是人對「知識」的好奇心，也就擴延到本身上來，不僅是自己的

形體，還有自己的「知識」；更進一步把自己和所有「能見的」連接在一起，也要「知識」一番，因爲人是活的（這裡只說活人，對死人所能「知」的還太少），要「活」下去便要認識生活，決定生活的方式，其間便形成了對生活的「看法」。

每個人都是自己的主宰，決定自己對生活的看法，選擇自己生活的方式。看和選擇是自己作主，可是所看見的和據以選擇的材料卻有很多來源，其中大部分來自自然界和人群。在後者之中，由於某些人和一個人有關係，基於關係之中的情愛和關切，特別提供對他積極而有效的資料，幫助他去知覺、去認識，去建立對他「有益的」看法，去選擇「適合於他的」生活方式。這些人和這個人之間的活動成了「教育」，所以我們儘管舉出若干教育的功能，其中最主要的一項恐怕應該從「看法」的形成和建立來開始，所以這裡從教育的立場，來觀察並認識人生。

一、經驗的人生

人生這兩個字的意義和內涵非常複雜而廣泛。就所用的兩個字言，對「人」字要作一個周延的解釋便不容易；「生」似乎確定一些。可是把兩個字連在一起，既不能只從個體的生命來解釋人生；又不能確切指陳人的實際和抽象的所有生活。因而在說明之前，暫且不下任何定義，以便討論。

然而對「人生」不作說明，便益發千頭萬緒，有不知從何說起的困難，再三籌思，姑且從「經驗的」方面入手；或者可以有些可資尋繹的線索，並且先從已有的說法來看，借重前人的觀點，以匡一己之不逮。

談人生問題的，在「人生哲學」的領域裡，可是人生哲學，字面上似乎限於「人生」，內涵卻仍然包羅萬象。試先引述些切近的以爲例證，而這樣作掛一漏萬不但是在所難免，而且也是必然。

事實上每位哲學家的哲學觀點中，都含著人生哲學，因爲從「他」個人的悟解中，建立了他對人生的看法。表現在語言或文字裡，儘管不曾用「人生哲學」這個名詞，「人生哲學」仍然顯示了出來。

因為哲學家依自己的悟解來建立觀念，每位哲學家的「人生觀」都免不了有主觀的成分；或者說，每位哲學家的人生觀，是「他自己」對人生的看法，因而也就各不相同。這是在哲學求普遍方面一項很難突破的困難。好在我們承認了人作自己主宰的特性和能力，因而不妨先來概觀，把選擇和決定留給個人。

(一) 生活經驗

德國哲學家狄爾泰（Wilhelm Dilthey, 1833-1977）的哲學觀點，顯示了康德（I. Kant）、黑格爾（G. W. F. Hegel）、謝靈（F. W. Schelling）、什萊爾馬哈（F. E. D. Schleiermacher）和英國經驗主義的影響，對人生哲學有了明顯的看法，所以借用他的觀點作一個最簡單的範例。

狄爾泰以為生活（life）不徒然是人和動物同有的生物的事實，而是我們所經驗的明顯的複雜人生（human life），是由無數個體生命凝結而成的社會和歷史的實體。生活包括希望和恐懼、人們的思想與活動、人所創造的社會結構、指引行為的法律、宗教信仰、藝術、文學和哲學，這些都是構成生活的部分；甚至於科學，雖然所涉及的是無生命的自然，卻仍然是人類的活動。用這種綜合的方式來界定生活，則任何哲學都是人生哲學：即使著重於生活的一兩方面，還是屬於生活的。

第一，狄爾泰認為生活不僅是哲學的主體，也是哲學唯一的素材。由是哲學家可以從內在來認識生活，其本身也成為生活的一部分。因而可以說思想沒有絕對的起點，在經驗之外沒有絕對的標準體系，可以用來建立純粹的臆測。生活的一切反省、價值和道德原則，是一個特指的個人，在其固定的時間和空間內，為環境所決定，受周圍人意見的影響，為其生活的天地和時代所束縛，故而這些反省和價值作用都有相對的色彩。

第二，依狄爾泰的意見，我們實際經驗到生活整體的豐富和變化。從實證主義者的觀點說，只經驗到獨斷的感覺和印象，把真實的經驗加以抽象化，使知識進入狹隘的孔道。我們看人和東西、聽音樂詩歌、觀察法律的效果、感受宗教的敬畏、愛國的熱情或美的滿足，這都是經驗主義者要經驗的，當然後來也許會對這些成分再加以分析。

　　第三，若把生活只看作是分散的事實，便談不到生活的意義和範型。狄爾泰的解釋是，生活不是一堆毫無關聯的事實，而是無處不已經組織過和說明過的，因而生活還是有意義的。哲學家就是從人類所賦予宇宙的意義開始，才使得哲學家成為生活的一部分，是一個和別人同樣的受時代和環境影響，才有了意義。由此哲學家才熟悉有組織和有意義的生活，知道自己心靈的活動，知道由觀念而引發情感，情感彙成意向（intention）。哲學家熟悉生活的現時品質由於時間連續，使得當前的經驗，為對過去的回憶和對未來的預期所渲染。和常人一樣，哲學家也用原則來組織經驗。（註1）

　　這裡把狄爾泰的觀點引述出來，有幾個理由。第一，狄爾泰強調哲學家是哲學的一部分，是說在談到生活的時候，少不了那個經歷生活的「人」，如果沒有人這個主體，便不會有所謂之「經驗」。因為心靈活動發自於主體，有了心靈活動，才能體驗自己的情感、才能意識到意向之所趨、才能發揮記憶作用，把已經過去了的重新呈現在意識裡，加上對於未來的想望，彙集成「當前經驗」的整體。如果不是如此——沒有主體的人，便什麼都談不到了。

　　第二，主體的心靈活動，不只是把「經驗」組織成整體，還要能夠知覺經驗的存在；也就是說，知道自己有這些經驗。所謂自己知道有這些經驗，要靠人所常用的工具——語言，把經驗加以描述或說明。這時所用的語言，不必是有聲的，也不必有聽眾，而是一己的活動，這就是狄爾泰所說的反省，也就是我們常說的思想。

　　第三，到了把經驗的一切歸諸於生活的時候，是組織和描述的整理活動。要把其中若干具體的事實、物，給予名稱；尤其要把一些抽象的關係指陳出來，那就不但要說明，還要悟解。基於這最後一個因素，即使已經把生活限定在經驗的範圍，其內涵經驗已不徒然是感覺材料了。

　　在確定了人是生活的主體以後，來談人生，先要指出心靈活動的重要性。尤其是悟解，可以再就狄爾泰的觀點來看。

　　狄爾泰所說的悟解（Das Verstehen），是一些心理內容，如觀念、意向或情感等，表現在文字或姿勢的說明裡。對於一項說明的悟解，靠著人

所知道的一個情境，或是整個的生活。人如果以爲所經驗的生活是有意義
的，便要說明意義，而且所說的須要能夠爲別人所了解才可以。於是悟解
有三個條件：第一，要熟悉心理歷程，在這樣的歷程裡經驗過意義，並且
曾經予以證實；第二，要具備和一項事件確切有關的知識，有了全部的資
料，才能眞正了解一個孤立的事件；第三，決定說明的社會和文化系統。
這三個條件用在了解人生方面，已經不再是純主觀的作用，尤其第三個條
件，把主體經驗和他的全部社會文化關聯在一起，後者並且有決定性。如
此經驗者便不再是一個孤立的人，他的經驗也不只於包括一己的經驗。只
是當他對經驗作說明或描述的時候，免不了含有主觀的成分：因爲他的確
是從自己的立場出發，依照自己的感受而認識，而悟解，而選擇所要描述
的材料，並且根據自己的觀點和概念，來組織材料、來說明材料；更主要
的是，儘管他所用的是他社會文化中通用的語言，他卻無可避免的應用自
己習用的名詞和述語對別人來說，是否和他的「用語意義」完全相同，仍
然有問題。因此本文談到經驗的人生，便必然含著作者的主觀，能否得到
共同的了解和承認，不能確定。

(二) 人生經驗的類別

這裡用類別而不用「範疇」，有兩個用意：第一，範疇兩個字在哲學
裡，指分別等、屬、種等在陳述裡，使概念有組織、有區分，因而屬於一
個範疇的和另一個範疇的，截然有別；反過來說，屬於不同範疇的，應該
沒有共同之處。依照這原則來分別人生經驗，恐怕不會達到那麼嚴整的程
度；分類和範疇近似，但不敢期望能和範疇一樣的嚴謹。第二，在教育中
有時的用語，顯示「範疇」和「範圍」有混淆不清之處，這裡說出類別和
範疇相似，可以看出範圍和範疇不相等。我們可以勉強把人生經驗分類，
卻無法劃定人生經驗的範圍。因爲以狄爾泰的觀念來說，人生經驗是無所
不包的。

從亞里斯多德提出十個範疇以後（註2），康德又就著判斷提出十二
個範疇（註3）。歷來哲學家們也曾一再嘗試，要建立完整而有據的範
疇，但是還沒有令人完全滿意的結果。狄爾泰從有意義的人生經驗著眼，

提出了八個範疇（註4）。這裡想從經驗的最切近處，先作一個簡括的劃分。

1. 宇宙以及人和物的關係

自然現象。自然現象之最明顯的是高高在上的天，發光的日月星辰，神奇變化的風雲雨雪；是厚重的地，地上的山川草木。禽獸魚蟲，和蘊蓄在地中的物質。這些現象已經存在，變化雖然神奇，也是存在的。

應用和認識。自然現象已經存在，人也是其中的物類之一。如果人只停留在其他動物般的階段，可能也是應運而生，隨機而長，在生命繼續的時候順應本能，取自然界的物質來維持生命，以終天年。然而人卻顯示出和其他生物的不同之處，不但擷取物質以求生存，還要認識物質，了解物質，以求更廣大和便利的應用。如是便要靠感官來觀察，靠知覺來認識，靠記憶來保留印象，更要靠思維來悟解無法由感官而得的關係，於是便把所悟解的，用手勢、姿態、和信號來說明。如是對於自然現象的存在，才有了觀念和概念。那麼前段「所描述」的天高地厚、日月代明、風雲變化，都出自於人。人對自然超出了本能的取給，建立了認識和描述的系統。

人對自然的認識和描述，從歷史記載看來，先是懾於自然的神奇莫測而生出敬畏之感，由此而想像，以為自然統攝於一個最高的智者兼能者。因為人的生命仰賴自然界的物質，對於物質的供應者在敬畏之中，也有了愛戴的情感。早期宗教意識，可能便是如此產生的。

適應和改善。自然界存在著人賴以生活的資源，是人應該敬畏和感謝的，可是自然現象的變化，卻並非都是於人有利的。我國傳統堯舜時代，洪水為患，平地被淹沒，人不得不避居高處以逃生。然而洪水來襲之後，長久的淹沒了大地，如果等在高處待洪水自行退去，顯然無望，所以才有堯命鯀治水的傳說。逃避洪水以保全生命，是適應；想辦法防止洪水的災害，便是以人力來改變自然了。於是因為人對自然的認識有差別，人力的功效也就隨之而不同。鯀不懂得水性，用築堤來阻擋洪水泛濫，久而無功。舜命禹繼續治水，禹或許從父親的經驗得到教訓，或者由於自己的認識，知道洪水是擋不住的，只有疏導，使水流到沒有人居住的地方去，才

可免去人所受的危害。禹治水的事蹟已經有了記載。《山海經》裡很多河川，據說曾經禹疏導整治過。

這項記載所顯示的人和自然的關係是，人要利用自然以求生，更要避免可能的自然災害，增加自然對人有利的一面。如果自然原本對人有利，人可以順理成章的去利用，這時人可能會認為，「自然站在人的這一邊」。可是到了自然對人有害的時候，人卻不能只根據自己的立場，和自然居於對立的狀況——如鯀築堤防水之類。最好的辦法，還是要就著自然現象的性質，加以人工來改善。那麼便先要認識自然，承認自然的性質，從而利用，這就是禹治水所以能夠成功的主要原因。

從這一方面說，我國在早期，便已經建立了由認識自然而利用自然，服膺自然法則，再進而改進自然的天人和諧、以至天人合一的觀念。這個觀念的可貴之處，啟示了人有認識自然的必要，而人有其主動的地位和能力，不但利用自然，還含著愛護自然、保衛自然的意思。所謂「人參天地」，一開始就在想到自己的時候，也想到了自己所生存的宇宙；在人和天地成為一個整體的觀念中，人利用自然是「必然」，改善自然是「必須」，維護自然也是從根本上就應該想到了的。

我國先哲的觀點，經過幾千年後，才被西方人士因事實的危機而覺察到。西方早期的哲學家只想揭開自然的神祕，由此而出現了哲學中的形上學，固然是一大成就；但是這些哲學家很少想到人和自然的關係。直是近年科學和技術發明的結果，才體驗到自然有被人破壞的危險，才來談生態，才來提倡保護自然界生物。如果能夠早一些認清人和自然的關係，在製造科技工具的時候，考慮到自然可能受的損害，以這些科學家和技術家的聰明才智，預先設下防止損害之道，那麼當前人們所面臨的危機，至少可以減少一些。

中國的天人合一關係，可能被認為是我國科學和技術落後的原因。事實上在秦漢以前，我國的技術已經有了很好的成就，這是從若干文物可以證明的。製造這些文物的技術，自然出自於科學知識。所以我國早期的天人觀念，一方面接受自然中的物性，一方面也不放棄人的努力，可以由荀子的主張看出來。

　　《荀子》〈天論篇〉開始便說：「天行有常，不爲堯存，不爲桀亡。」便是承認了自然現象的必然；然後在天和人之間，作出一些區分，便是人必須就著自然所有的，加上一番自己的努力，即是：「天有其時，地有其財，人有其治，夫是之謂能參。」於是便應該盡自己的職分，敬其在己者，而不慕其在天者。歸結起來，用荀子的幾句話，更可明白人和自然的關係，即是：「大天而思之，孰與物畜而制之。從天而頌之，孰與制天命而用之。望時而待之，孰與應時而使之。思物而物之，孰與理物而勿失之也。」

　　儲積和製造。物質是維持生命的必需品，爲了不虞物質的匱乏，人有了儲積活動。這種活動，不知道是源自於人的本能，還是從某些動物，如蜂蟻之類那裡學來的。總之，人會儲積。在儲積之中，悟出了保持物質，以免於腐朽的方法，不過這還是第一步。

　　就著已知的可用之物來用，似乎還不能使人饜足，於是再進一步，就著已有的物加以改造，而增加了物質的來源。但是改造的結果，所得的還是「有限」，仍然會使人感到不足。倘若能夠自行製造，就製造的結果來說，幾乎等於無中生有，這才會叫人滿意，而且更滿意於自己的力量。

　　由製造而生的，不但是物，更有用以製造的工具。這樣不但是物的增加，也是「人力」的增加。人的智慧和才能，使明顯的表現了出來，進而擴大到天地之間的物，無不可以爲人所用。

　　爲了用物和製物，人所要認識和悟解的，已經超出了感覺和印象之上。即不只是從物的外觀來認識，更要進而試驗物的性質或品質，分析其中的成分，了解每一種物的特性，才能作適當的應用。我國的《大學》，教人從格物致知開始，顯然是有實際應用的目的，只是在致知以後，推究到更高的層次去。後世學者，忽略了格物是出發點，拋棄了這基本的工夫，是科學技術落後的主要原因，以致反而不如西方。從啓蒙運動以後，致力於對物的了解和應用，而有了後來科學的成就。

　　不願意因物質匱乏而遭受困窘，是人生普遍的願望。我們很早就有了「惜物」的觀念，由是而形成「節儉」的規範。柏拉圖也提出「節制」（temperance）是人的一項美德。這是否因爲古代對物資的開發，還沒有

達到「豐富」的地步而生的，不能確定，但是卻不能否定，是人對物的一種正確的觀念。不幸的是，二十世紀的發明和發現，首先使人覺得地球上有無盡的資源，有了「有恃無恐」的意味。在工商業的競爭下，竟生出「以消費促進生產」的說法，對物的應用不但不再愛惜和節儉，甚至有「故意浪費」的傾向，結果不到一百年，便又生出物資有匱乏之虞的恐慌。

不過人對自然界的認識，從感官經驗的「天覆地載」，發展到「太陽系」，再進而到「太空」，仍然在繼續增加。其最基本的出發點，用物質來維持生命，仍然不變。而且對於物的認識，也已經由物體到元素，到了物質的最小單位——分子、原子、核子等。

2. 群體以及人和人的關係

從人類知道了自己的生活形態以後，所知道的最初便是群居生活。孤獨的隱士只占人類的最少數。群居似乎是動物界的共同現象，既使不能完全斷定是出諸自然還是由於必然——心理學家如弗若姆（E. Fromm）以為人有依屬感，如果得到完全證實，便可說出諸自然；很多種動物，定期的出現於某些地區，其中可能有生存與環境的因素在，如果是本能的到一個領域去，是自然，如果只有那個領域適合生存，便是必然了。

由群居而群體。不管群居是由於自然或必然，人類有群居的事實，這一點是無可置疑的。在這一方面，動物和植物有著明顯的劃分。植物的生長，固定在一個地位上，由種子附著的地點而定；一經確定之後，便無法變更，此後只有靠根和莖的適應性，去吸收所需要的養分和日光，缺乏地利的，會喪失生機。所以儘管許多植物生出在一起，每個植物的生機限定在本身的適應性上。不似動物，其適應性的不足，可以靠體力彌補，可以爭奪。因為這個特點，在群居的動物中，便顯示了組織的形式——有一個領導者，有多數的服從者，有享受獵物的次第，有分工的跡象。

人的群居生活比動物複雜得多。群居的必然，據某些哲學家說，是由於人的弱點：人沒有如猛獸般攫嚙的爪牙，沒有鳥類般會飛的翅膀，沒有魚類般能漂浮或游泳的鰭和鰭，而且全身無毛，又少了一層保護作用；同時和某些強壯的禽獸比起來，力氣也不夠大；加上人類幼稚期很長，要靠

父母扶養才能長大。於是人便必須合作以增加力量，結夥居住以獲得安全保障。

和動物比較起來，人也是更會互相爭奪的。因而在群居以後，更要有組織以維持人群互助合作的關係，以保障每個人生命的安全。組織使得一群烏合之眾形成一個整體，有了秩序和條理，也使得每個人之間，有了不可分割的聯繫。這聯繫是一種更大的力量，超出個人力量的總和。

群體的結晶——創造。群體和群眾的不同之處，在於群眾是多數人的「聚集」，聚集以「地點」為主要條件，很少有精密的作用；群體固然也有「地域性」，可是並不一定在唯一的一個「地點」，而可能是比較廣大的「地區」，其中的人，各有自己的活動，但是在活動的內涵裡，存在著「凝結」作用。凝結是抽象的、精神的，如是使得這個（群）體有了完整性，因而在凝結之後有了新生成物，是凝結的精華，我們稱之為結晶。是由人和人的凝結而生出來的，是人的「創造」。這就是狄爾泰所說的「社會和歷史實體」。如果把社會看作是面，便是群體所存在的地區——空間；把歷史看作是線，便是群體存在的連續——時間；在這個空間和時間之內，人的心態和活動的結果造成一些跡象：其中有過去的、現在的和未來可能的發生；也就是狄爾泰所說的：人的希望和恐懼、思想與活動、人所創造的社會結構、法律、宗教、藝術、文學、哲學，以至於科學，把這些合起來，我們稱之為文化和文明，是狄爾泰所說的生活的部分。

在這裡可以看出人類生活和動物生活的差別：動物只有群居生活，牠們的「群」，只是適應自然環境，因環境是否適合維持生命——物質的有無——而遷移，不能改造、不能製造、更不能創造，生活只限於物質的領域裡，因為牠們沒有凝結——沒有把個體當作整體之不可或缺的一部分。一個明顯的事實是，在牠們之間，只存在著物競天擇的定律，個體生命的消失，引不起「痛癢相關」，甚而是維持其他生命的機會——藉一個或數個個體的犧牲，使得其他的生命得以免於災難，甚至以死亡了的個體為食物，來延續其他的生命。

人類生活凝結為群體以後，固然仍舊仰賴自然界的物質，可是卻能就著已有的而增加，而生產，而成了製造。其所以能夠有了這樣的結果，

是在人類的凝結中，有了維持人和人的關係、增進人和人的情感、表現並溝通人和人的意見的形式，這些是人創造出來的。如是群體中的各個體間，有了痛癢相關，人溺己溺的情懷，把互助合作的「必然」演進成「應然」，逐漸的成了「人為的自動趨向」，而有了下述的創造。

社會結構：先是根據自然的血緣關係形成結構的最小單位──家庭。在這個結構裡，強壯者養育年幼者，乃是來自於動物性的天職，並不足奇，可貴的是情感的擴張，由小而及於弱，及於年老而失去謀生力量的人，強壯者擔任了養護他們的工作；並且由直系血統擴展到旁系，一直擴展到略有瓜葛，便在關切的範圍內，於是由家庭而成為家族。

一個群體，即使只有最初的少數人，也不可能都是具有血緣關係的，但是既然已經居住在一個地區之內，不屬於家族，便要有另一種聯繫，而成了鄰居。鄰居之間沒有親屬情感，卻因患難相恤、疾病相扶持，而生出情感，成了人們所稱的「鄉情」。

鄉情的擴大，使得不是比鄰而居的人，只要在一個地區範圍之內的，便能激起情感的應和；馴至於凡是曾經接觸過的人，由於某些「共同」之處，而生出情感。這一類情感，存在於人所在的領域，即是所稱的友情。

社會結構演進到今天，有了鄉、鎮、區、省，以至於國的政治組織中的名稱，將來可能擴大到地球，但是還需要相當的時日。從社會結構的演進看，其中出現了兩項主要的人類創造：其一是倫理道德，其二是法律。

倫理道德：倫理和道德相關，分別起來，倫理重在行為和實際的規則與標準，道德是在一個社會中所承認的行為習慣。兩者都是在群體之中，由人際關係而發生的。我國是一個特別重視倫理的國家，《禮記》〈樂記〉中說：「樂者，通倫理者也。」朱注以為：「倫理、事物之倫類，各有其理也。」段氏《說文解字注》以倫為「輩」，意指同類的次第。如果再引申一下來解釋，倫字的右半是侖，在倫字是取其聲，侖字的本義含著侖其思想；取簡冊的聚集，必須按照次第的意思；到了從「人」來說，便有指「人的次第」的意思了。那麼把「倫字」限定在人和人的關係，排除事物，或者更切合字的本意。好在我國的倫理，大部分在人倫方面，即使不在意義上去辯駁，也沒有太大影響。

　　倫理道德在我國和外國的對應字上，都有共同的意義，關係著人的行為道理。行為被區分為對和錯，要在人和人之間才能形成，事實上也就是從人和人的關係中產生的。所以儘管倫理學在探討行為法則的最高價值和本原，道德則有著明顯的地域性，這就是今天社會學或人類學中所說，不同的社會文化類型。

　　倫理道德的產生，是在顯示群體中人和人的次第，維持群體的秩序，以免破壞群體的凝結力。這原因，可能是在一個社會結構中，具有血緣關係的，由於生活的接近，易於表現情感作用，其中正的情感——愛——是凝結的力量，但是負的情感——恨——則會破壞凝結。擴大到沒有血緣關係的眾人，如何增加愛以強固凝結，減少恨以免於渙散，便需要一些約定俗成，以及較高的道理，而成為行為法則或標準。這顯然是人創造出來的，而且是因為人和人之間必須相互活動而促成的。

　　為了群體的凝結而創造出倫理道德，自然希望正的情感和對的行為。情感是與生俱來的，不能增減，但是人卻可以控制情感作用。在人和人之間，要求一個人的情感作用，不傷害另一個人；或者說，不傷害另一個人的情感，以免引出另一個人的負情感作用。在這一方面，人發展出「設身處地」、「推己及人」的心理作用，心理學裡稱為擬情作用（empathy），我國則稱為「恕」。恕道強調「己所不欲，勿施於人。」正是預防性的活動，看似從消極的出發，實際上乃是為了收到積極的效果。

　　推己及人是積極的、主動的，愛的情感的擴張，也是我國所說的「仁」。仁道的根本是「仁者愛人」，擴延開來，是「己欲立而立人，己欲達而達人。」

　　從人情出發而到正義的一套倫理道德，成了人和人間約束自己，期望別人的規範，雖然有外在的行為表徵，卻基於內涵的精神發展，成為社會和文化的神髓，也成為人所珍視的「價值」。

　　法律：倫理道德，重在價值的提升，對於某些違反價值的行為，也就是有破壞社會凝結的行為，需要一些即刻的、切近的處理，這是基於公眾同意的正義之下的制裁或懲罰，由是成為法律。那麼法律便是公認的對於「錯誤行為」的報償。這一類的制裁，在社會結構中有了行政組織以後，

通常有負責執行的人和單位。制裁的力量，也是凝結社會力量的表現。

法律之切近的效用，固然在於懲罰錯誤行為，以維持正義；還有比較久遠的效用，就是對於那些缺乏自行約束力的人，含有禁止的作用，也就是通常所說的嚇阻作用。一個凝結牢固的群體，一個正義彰明的社會，法律規定必然是明確的，法律的執行必然是信實的。因為這是這個結構中的人所期望的，也是共同需要的。

3. 人本身以及人和自己的關係

人對本身的描述源自於知覺能力。所知覺的一部分來自於切身的經歷，一部分則借鏡於別人。可就下述各項作一簡略的說明。

生物性的生、老、病、死。一個人對於自己的生不能記憶，但終究知道了曾經有那麼一個歷程。對於自己的死，也不知道將會發生在何時，然而也知道遲早會發生。老年的狀況，要進入那個階段才能體驗。至於病的況味，則是每個人都多多少少領略過的。其中的生只有一次，而且已經發生了，無能為力。對於老、病和死，則會形成各種不同的感受。

希望活下去，是生物性的本能；希望活得長久而健康快樂，則是專屬於人的。因此從另一方面說，便不希望夭壽，不希望在有生之年，遭受疾病纏繞和老邁衰弱的痛苦；也因此而恐懼疾病的侵襲、老年的衰邁和死亡的來臨；更恐懼在有生之年，遭受到物質的匱乏。

於是人知覺到自己有需求物質以維持生命，並保持生命的健壯，這還是基本的生物性的需求。為了滿足自己的需求，每個人都發揮出自己的智慧和能力，去尋找物質材料的來源；並且盡可能的累積物質，以免匱乏。

為了滿足自己的需求，人成為辛勤工作的動物，用體力也好、用腦力也好，其最初的目的乃是相同的。因為人們認為物質匱乏，是痛苦而可怕的。因此人失去了計算的精確性，不知道自己一生到底需要多少物質（事實上也不易計算，因為誰也不知道自己能有多長的壽命，何況還希望自己能夠一直活下去，越久越好。）於是一個人的需求演變成欲望，「欲望」便沒有限度了。因為欲望沒有止境，反回來又使人多經歷一些痛苦情感的困擾。

喜怒哀樂。每個人都會經歷到自己的情感作用，體驗到各種情感作

用的當時和以後的況味。最常發生的情感而又有明顯的感受的，是喜怒哀樂。從這些情感作用的體驗，使人對於這些情感又生出好惡之別：喜和樂是人所好的，哀和怒是人所惡的；對於所好的，願意其發生、樂於其保留得長久；對於所惡的，則望其儘量少出現，或者不出現。

情感雖然是與生俱來的，情感作用則賴於情境、時機、人，以至於物等因素而引起。因而在生活經驗裡，有個人無可避免的情境和時機，有人必須接觸的別人和物，就不會不生出情感作用。而一個人如果長久的處在「無動於衷」的狀態，可能會失去生活的趣味，即使不是情感激動，也不能是全然「無情」的狀態，這也是人的神祕或微妙之處。

人既然有無可避免的情感作用產生，而產生了以後，自己又是最切近的經歷者，那麼如何面對這些情感作用、如何處理自己的情感作用，便成了經驗中一個重要的課題。得不到適當的解決之道，往往使一個人和自己糾纏不清，無以「自處」。

從根本上說，喜樂的情感是人所好的，因而有趨於喜樂的傾向。既然喜樂發生於某些情境、時機、人或物，也就自然的會尋求這些，可能的時候，也可以主動的形成或促成。哀和怒的情感是人所惡的，因而有避免這些情感作用或是引發這些情感作用的情況的傾向。兩者合起來，成為人「避苦求樂」的傾向。然而人雖然有主宰自己的能力，並且希望能夠控制情境，這種希望卻不能完全實現。於是在生活中，就會有超出意料的、或是自己無能為力的刺激發生，那時候便不能無動於衷，也就有了無可避免的悲哀和忿怒。對這兩種情感作用，要想減低其不愉快的程度，唯有自己想辦法來解釋、來使自己恢復平靜。

「我」的意象。現今通用的這個我字，照《說文》的解釋，其中含著和別人對稱的意思；也就是說，當本身和別人相關聯的時候，才有了用「我」字的必要。和我字通用的，還有「予」、「余」、「吾」等。予字取以手推物給人的形象；余字在經書裡有代「予」字，其本義又有不同的解釋；吾是稱呼自己用的。由此可以了解這個我字的出現，是由於在本身之外，還有相對或相關的人或物而生的。這和布伯（Martin Buber, 1878-1965）所說的很相近，即是最初的字並不是孤立的，而是連接的。

和「我」相連的一個是「我─你」（I-Thou），一個是「我─它」（I-It）
或是我─他（她）（I-He, She）。（註5）這和我國比較，與人說話或關
聯著別人的時候用我，古時多用吾或余；有所賦予的時候，牽涉到物，嚴
格的便用「予」。只是在《禮記》、《詩經》、《爾雅》裡，用予或用
余，因書而不同；或者出自記錄的差別，後來便隨用者的習慣，因人而
異。就目前常用的「我」來說，由發展心理學的研究得知，在兒童的意識
分化出自己和別人，或者自己和物以後，才有了「我」的意識，可見如果
不把自己和別人或物區分開來，我字便不存在於意識之中。至於「他」字
的用法，我國早期物和人通用，更沒有男女之別，如布伯所說的它、他和
她可以列在一起，更為相像。

　　總之，在生活中，一個人是環繞在別人和身外的物之中，所以有了
「我」這個意識，生出這樣的一個聲音，漸而有了指定自己的這個字，
不但在語言裡常常用到「我」，就是在思想裡也常常用到「我」。於是
「我」和人（你或他）相連的時候，有一些內涵的作用；和物相連的時
候，又有另一些內涵的作用。和人的連接，只是一種關係，但是「我」
有自己的立場；和物連接，物便包含於「我」之中了。反過來講，當說
到「你」的時候，自然會關聯到「我」，然而「你─我」之間只有關係，
「我」並不能真正的經驗你，不過「我」卻可以知道你或認識你，但這樣
須要不把「物」牽涉在「你」或「我」的身上。

　　在這樣的關係作用之下，「我」和「我本身」之間會生出一種關係，
和「你─我」的關係不同：因為「我」可以知道「我自己」、認識「我自
己」，同時也可以經驗「我自己」，而形成「自我意象」。

　　自我「意象」和「本身」並不相等，因為對於自我的意識，就是由本
身和別人以及身外之物對照而生的，所以一個人在經驗自己的時候，無形
中要把那個被經驗的自己，當作是「彷彿」的另一個人，而有了比較的作
用。如是自我意象，乃是自己製造的。

　　製造是人的活動，活動又是人的天性，於是人對自己的製造──自我
意象，便是後天的。環繞在別人和物之中產生的，也就是心理學家和社會
學家所說的社會化。

　　說「自我意象」是一個人自己所製造的，不如說是創造的。因為自我意象和人的其他創造，有著密切的關係。這裡所要指出的是，意義和價值。

　　個體生命的意義和價值。個體的人，如果只從一個生命的存在時間和地點，或者說從生物的一方面看，不過是芸芸眾生裡的一個，是廣大宇宙中的一個分子。若說到個體人的意義和價值，就不是從生物性的生命裡能夠得到答案的了。首先我們所了解的，當我們說到人生或生活的時候，內涵裡並不僅指生命的存在，而是還有一些其他的成分。這些成分，既使不明白指出，也印證著意義。意義是人能懂得的，懂得了意義，才能了解人生。

　　由是個體生命的意義，須要見諸於他的生活。生活是個人把過去的記憶和對未來的想像彙集於現在。感覺印象可能牽出記憶，記憶引起情感，情感連接著欲望，由欲望而發生行動，生活的意義便是個人行動累積而成的。

　　個人的行動如果能使自己滿足，對個人來說，便有了意義，也就是有了價值。這些意義和價值連接到「我」，便成了個人的意義和價值。然而個人的行動，不會自始至終都是個人，常常要牽涉到別人和物。因此說到個人或個人生活的意義和價值，須要從整體上著眼。在整體裡——所有的人和物，個人只是其中的一部分。那麼「我」要衡量我的意義和價值，便要從整體著眼；而且不能只以一個行動為準——雖然有時候一個行動會決定一個人的價值；乃是指一個人所有的行動，這裡面又包括了時間，指個體生命的全部歷程。我國有句成語說：「蓋棺論定」，便是指在一個人還沒有完全停止活動以前，若就予以論斷，尚不足為評。因為他的生命歷程還沒達到終點，還有可以用意義和價值判斷的行動會發生。

　　就在這樣的情形下，一個人對自己存在著希望，也懷有恐懼：希望自己的生活有更多的意義，希望自己獲得更高的價值；也恐懼自己作出無意的行動，貶低了自己的價值。

　　由於人也像觀察別人一樣的觀察自己，像衡量別人一樣的衡量自己，把自己當作別人般的對待，彷彿自己成了兩個個體，於是「人和自己」便

形成了一種微妙的關係，有情感作用、有愛、有惡、有滿足，也有失望。

自從亞里斯多德談人的自我實現，到目前心理學中的「自我論者」，都想對於人和自己的複雜而又微妙的關係，尋出些明白的解釋，以解決人和自己的困擾。如果我們相信人能作自己的主宰，則如何自處應該不成問題。困難的是，意識中的「我」，從形成的時候便不是只有自己在其中，這是人所經驗的。

自我表現。人的能力，由心靈活動表現到外在。藉著人的語言能力，再創造出符號來代替語言；另一方面，以人靈巧的雙手活動而製造器物，器物的製造集合了巧思和巧藝，除了應用，還給人另一種滿足，由美的表現而到美的欣賞。這兩種活動的結果，構成人類文化的高度成就。

從一個人對自己的關係來說，文學和藝術是自我表現的結果。由前所說的，人對自己也會有情感作用，而且自己是經歷情感最切近而直接的人。在情感作用的時候，自己會受到內在的衝激而產生活動的願望。這些活動，可以不用其他的人或物作對象，只成為一種個人的。同樣的，對於自己的希望和想像，可以和情感交織在一起，用語言符號表達出來，成為文學作品；用器物形象表達出來，成為藝術創造。

佛洛伊德（S. Freud, 1856-1939）以為愛的情感昇華，可以使人從事文學或藝術創造。便是因為內在的熱情衝激，使人要有所活動，是一個人處理自己情感的一種方式，於是藉用一些工具，以生活經驗為素材，由想像加以組織而表現出來。所以文學和藝術，從創造的開始處說，是個人的。其中的因素：熱情、經驗和想像，則不免有來自本身以外的材料，特別是經驗，來源更為廣泛。

文學和藝術創造對自己言，不但可以處理自己的情感衝動，其結果又能使自己得到滿足，滿足於自己的成就、欣賞自己的成就，由是也賦予自己一些評價，摻入到對自己的態度裡，成為自己生活中的一部分。

二、經驗的特性

人生難以描述，即使只從經驗著眼，還是複雜萬端，因為經驗至少有

兩個特性，限人於撲朔迷離，不容易理出頭緒。這兩個特性，其一是複雜性，其二是相對性。

(一) 經驗的複雜性

前述人生經驗的類別，乃是勉強提出的，而且多少以一個人為核心來描述。事實上即使以一個人為單位，他的經驗只能說是「他經歷到的」，而他所經歷的一切，卻並不「全都是他個人的」。這是說，一個人在出生以後才開始經驗，可是「經驗」卻不是從「他的出生才開始」；同時一個人雖然能夠對切近自己的作親身經歷，可是在他所投身的距離之外，還存在著經驗，這些經驗可以透過其他的媒介，進入於他的經驗裡。於是所謂經驗，不純指「現在的」，必然含有「過去的」；因為有現在，也就包含著「未來」。成為經驗的時間內容，說它有「長度」也好，說它有「歷史性」也好。經驗之在一個慣常停留或到達的距離以外的，通常指不屬於所居住的地區。這是面的擴張，是空間的廣泛。以所居住的地區為準來說，可以說是社會、是國家，再擴大到全人類所居住的地球。

一個人經驗的範圍，既然不限於生活的當時和居住的地點，那麼來自於其他時間（特別是過去的）和地點的，就有傳達的媒介。傳達的效果在於所用的工具，運用工具的卻還是人（其他的人），所以在人有意或無意的作傳達經驗的活動的時候，又摻進了人的作用。

從經驗的長度來說，有紀錄的過去，已經浩如煙海，人還在追尋更早的生活狀況。所以所謂經驗，以一個人為單位來說，固然含有切身直接經歷的，更包括無數前人的經驗。如此分析起來，一個人一生不過百年，雖然達到百歲和百歲以上的人很少，就百年對一個人說，是相當長久的。其間經歷了自己的幼年、成年、壯年和老年；在這些歲月之中，經歷過若干自然界的日升月沉、寒暑變化；經歷過若干人事消長、離合悲歡；更因為經驗的增加而增加了各方面的認識和悟解。如果經驗只限於個人經歷的，儘管在一生當中有這麼多的變化，終究還是有限的。真正使得經驗更加複雜的，乃是在一個人出生之前，曾經有若干人存在過，那些人的經驗，並不曾隨著他們的死亡而消失，因為人會傳遞經驗：上一代在有生之年，把

自己的經驗告訴給下一代，下一代再告訴自己的下一代。

經驗的傳遞，如果只用語言一項為媒介，所傳的仍然會很有限。因為傳遞者受時間、環境和機會的影響，能傳遞多少無法預定，也無法限定；同時接受者是否接受，接受了能夠保留多少，也無法確定。久而久之，相距越遠的經驗，保留得將會越少。如是經驗的數量，固然會因世代綿延而增加，也會因時間相隔長久而消失，彷彿遺傳因子一般，先代的因素將日益減退。

好在人在語言之外，創造了文字符號，經驗的保留不必完全仰賴記憶，可以借用其他的器物代人作記憶工作。這一來使經驗的保留效果大增，在人類生活中便有了歷史。

人類有記載的歷史，確切可信的在三千年到五千年之前；已經淹沒了的，要待繼續發掘和發現。如果說每個生活在目前的人，其經驗中可能含有三千年的材料，便可見出其豐富性。只是在一個人出生以前的經驗，未必都存在於其意識層次裡而已。換句話說，一個人的經驗，自己並不能確切的知道來自於前此的哪個時間，或是屬於哪一個人，然而自己卻「知道這些」。或者是為了自己想「確切知道」，有些人熱衷於史學的探討；有些人歌頌歷史的偉大。這些人努力的結果，使得歷史或前人的經驗，在生活中居於相當重要的地位，具有相當價值。根據心理學家如容格（C. G. Jung）從心理分析說，是因為人追懷遠祖，企圖保留祖先精神的原型。我們中國對數典忘祖的人有鄙夷的態度，頗有異曲同工之概。

使得經驗具有複雜性的，在此也可看出一些端倪。

首先，保留下來的經驗無論是靠口頭的傳說，或是靠文字的記載，在時過境遷以後，無法藉感官再來證實，因而不免引起疑義。持懷疑態度的，懷疑先指向傳遞的正確性和可靠性，因為傳播者可能加上了渲染，也可能有所遺漏；推演下來，經過歷次的渲染和疏略，和原來的事實真相將會越去越遠，以致為了確定某一過去的事件，往往又窮若干人的時間和精力去尋找證明；這尋找和求證，便又構成了經驗。懷疑之最澈底的，是對是否發生過這樣的事件根本就存疑，這就等於對某一部分經驗有了否定的反應；順而認為過去的已經成為過去，既然沒有人能在同一渡口涉過同樣

的水，時間不會倒流，歷史也不會重演，我們所應該重視的，不是過去而是現在以及將來，因爲生活可以用任何時間連續爲起點，不過從這個起點開始，只能走向未來，卻不能逆轉回去。

這是對歷史的兩種不同的觀點，各有立場，也各各言之成理。然而卻因爲如此，使得經驗的複雜性增加，影響到對經驗所持的態度。相信歷史的，尊重過去的經驗、謳歌過去的經驗，甚至把過去的，想像成爲最理想，也是最完美的。在這樣緬懷過去，將重點置於過去的情形下，更認爲現在的不夠美滿，對於現在反而有了鄙夷和排斥的作用。就在這輕忽現在的情況下，使得「現在」輕易的流轉爲過去，也就等於失去了「經驗現在」的機會。

另一種輕視過去的態度，倒是能夠把握住了現在，然而卻沒有注意到所謂「現在」，不過是極爲短促的一刹那，瞬間即成爲過去，成爲所揚棄的。那麼即使是密切的注視著將來，事實上那個所被重視的將來，不久也將爲另一個將來所代替，而再加以揚棄。這就等於把時間連續予以割斷，斷成無數的「現在」，然後再逐段捨棄。這種態度的好處是，因爲重視現在而把握現在，可以免於因沉緬於過去而忘記採取行動，行動則是增加經驗的來源。

其次，因爲經驗的傳留而致經驗益趨複雜的原因，在於生活的幾個因素。生活中必須有滿足切近需要的物質，同時也不能缺少意義和價值。沒有後兩者，人生將只剩下生物性的部分，不是人所期望的生活。於是在保留經驗的時候，常常依據三個條件，即是：切近而有用的，具有意義的和具有價值的。

從生活經驗的增加上言，這三個條件雖然不變，但是條件之下的內容卻改變了很多。人類早已放棄了漁獵生活，那些在漁獵時期有用的經驗，在目前、在切近的生活裡，已經不再有用，因爲生活的方式已經變了：變到可以不必待日出才作，也不用日入即息，不耕田而有食、不鑿井而有飲。在今天，極端的擬古主義者不但不需要自己去鑿井汲水，恐怕也不會願意去鑿井了──即使要鑿井，也不必用自己的體力，可以利用機器了。如果放著機器不用，體力的消耗會毫無意義，也毫無價值。

就從這一點說，由生活經驗而生出的意義和價值，已經進入切近而實用的部分，那麼傳留下來的經驗，如何衡定其意義和價值，也就更為複雜了。

這是時間因素。某些在一個時間之內認為有意義、有價值的，到了一個時間階段，其意義和價值可能會減低、減輕，以至於消失。那麼哪些經驗，才是應該且值得保留的呢？

在這裡我們可以確定的一點是，個別的經驗內容可能因無用而失去意義和價值，可是這種經驗的產生、形成，在當時的意義和價值，以至成為過去的原因和經過，這個歷程，這個時間連續，對於繼起的經驗不但有關聯，而且有用。因為人生仍然是時間連續，雖然一個人的一生只占時間連續中的一個段落，這個段落仍然和過去與未來銜接在一起。

從經驗的廣度來說，這是空間性質，是屬於面的。在這裡必須以地區為單位來看。

一個地區被人選定作生活空間，取地區之內的物質以為生是必然的事實，於是在求生的經驗裡，便含有極為濃厚的地域色彩。求生的必然條件經久而成為風俗習慣，到了風俗習慣形成之後，便又有了一些性質。

一個地域之內的人，生活在其熟悉的風俗習慣之中，接受了既有而又認為有用的經驗。對於這些經驗，自然也認為是有意義而又有價值的，因而極為重視，並且盡可能的保留下來。

保留含有不容破壞或消失，而且不容改變，由是而成為保守。保守的一面，是忠於過去的和既有的，對經驗的保留而言，最為有效；另一方面，則是不容改變，因為改變中含著一部分將失去，而代以新的成分，這是和保守相反的。如果保守的力量占到優勢，顯然的，新經驗便不易出現。

於是地區經驗的保守性，會生出對本地區和對其他地區兩種完全不同，而又錯綜複雜的作用。

其一，由於重視本地區的經驗，無形中會認為自己的經驗是最好而又最有道理的，於是對自己的經驗難免渲染其意義和價值，甚至含有神聖不可侵犯的意味。相對的，也就不免貶抑另一地區的經驗，而含著輕藐，甚

至認爲荒誕不經，最後成爲一種排斥的力量，不允許外來的經驗混入於自己的生活之中。

如果人對經驗，因地區而只生出這兩種態度，最多也不過像各地人常常表現的，有了所謂之「偏見」。事實上人在生活裡所發生的，並不只是態度而已，此外還有伴隨著其他情感而生的作用。

例如：人對於「陌生的」，因爲不習慣而產生拒斥；同時也會因其爲「新奇」而又感到驚異；對於自己已有的固然沾沾自喜，對於自己沒有的也會豔羨並想望。對自己的經驗和外來的經驗也會產生這一類的心理作用，所以保守、排斥和接受可以同時發生，在這些相互交錯的作用之下，雖然兩個地域各有界限，卻阻止不了經驗的交流、擴張和融合，其歷程可能很長，進度可能極爲緩慢，只要兩地之間互通往來，這些結果還是會發生。

經驗的複雜性也就在此。因爲兩地交通而生的經驗的交換和變化，不能把一個地區的特性完全消除，完全取而代之。而且外來的經驗，常常會有一些折衷或演化。經過這樣的改頭換面以後，無法再認清原貌，也就無法確定其原本的地區。這時候除了應用條件以外，所具的意義和價值，至少在判斷上的情感作用，已經不能徒然分爲「好」或「惡」兩個明顯的方向，那麼對於追根究底的工夫，就加上了相當的困難。

經驗中的情感困擾，即使不是自己所能覺察的，或者如容格所說的，累積的下意識中的原型是否由此而來，可能有探討的價值。

各地區經驗的流傳，受空間限制。在交通工具有限的時候，或者不易達到的地方，容易保留既有的經驗。然而在交通突破了空間限制，傳達消息的工具非常有效的今天，這些限制力量日漸減少，只剩下一些未與文明世界接觸的原始部落，還保留著他們原有的單純經驗。在所發現的若干原始部落中，同時也發現了他們保持自己經驗的有效方法，雖然他們自知的目的未必是出自保持經驗，然而他們所用的方法卻生出這樣的效果，因爲他們禁止外界的人進入他們的地區中。

由地區而成的經驗複雜性，其中所含的情感成分可能多於由時間而成的。因爲在人類的經驗裡，很早便有了地區的成分。這一點或許源自於

生物性。我們見到動物界，或者以個體爲單位，或者以一群爲單位，往往以一個地區爲自己的勢力範圍，爲自己所占有，不容本身以外或群體以外的同類侵入。在動物界，可以用物質需要來解釋，要獨占所領有的區域之內的物質；在人則有了一份鄉土之情，認爲自己區域之內的是好的、是對的，這也就是偏見之所由來。雖然偏見未必能阻止經驗的交流，但在經驗的接受上總會受到影響。

從時間和空間來談經驗，有長度和廣度的區分。然而經驗本身，卻不因這兩個因素不同而截然劃分。在這裡必須指明，這裡所說的經驗是人生經驗，經驗者是人，有人才有經驗，而人乃是將時間和空間交織在一起的唯一的活動者。

這樣說來，人生經驗便成了三度的：時間、空間和人。因爲人的存在、因爲人有記憶，又有了延長記憶的方法和工具，才使時間成爲永恆的連續；因爲人能活動，又製造了有效的活動工具，才把空間連接爲一個整體，將來可能也會擴展到無限；而證實時間和空間性質的，則是人的活動，人的活動永不停止，才使經驗在繼續之中不斷的增加。

現在的問題是，到目前爲止，人已經累積了許多經驗。一個人固然不可能把這些經驗都親身經歷到，也不須要把所有的經驗都納入於自己的生活之中，那麼就要選取一部分，但是選取經驗的標準是什麼？

前人曾經說，可以根據價值來選取經驗，但是所謂價值也沒有絕對的標準，所以斯賓塞（Hesbert Spencer, 1820-1903）（註6）以「有用」爲價值，選擇經驗，以效用作爲標準。如此決定價值標準來衡量經驗，未免把經驗限於狹小的領域，而且也使經驗價值不得提升。因爲在實際經驗裡，生活中所需要的除了有用的以外，還另有一些東西，缺少這些東西，生活並不滿足；尤其是在生活中發現，一些全無實際用途的東西，仍然在經驗之中，甚而是經驗中頗爲重要的部分。如是對經驗的認識和了解以至於衡量，便不如是簡單，那麼只說經驗浩如煙海、異常的龐雜，還不足以說明經驗的性質，其最困難之處乃是複雜。複雜在經驗的錯綜交織，不易理出頭緒、不易予以衡量。

(二) 經驗的相對性

　　人生經驗不僅複雜，而且常常顯示出對立以至矛盾。經驗由人體驗和認識而得到，因而人會發現一種現象或一件事實之中，便包含著正反兩面，不能只就著一方面來作決定。試舉幾種作為說明。

　　1. 利——害

　　先從自然現象來看，自然界是人賴以生存的環境。從「生」這方面來說，適於生存的是「利」，防礙生存的是「害」，在這裡便有很多兩者並見的現象。

　　例如：日光是生命的根本要素。沒有陽光，植物不能產生光和作用，則枉有根吸收養分、葉吸收氧氣，仍然不能成為植物所需要的養料。人和動物也同樣的需要日光，長期的缺少日光，先是使人不舒適，然後會陷於疾病狀態，所以接近地球兩極的地方，不是人所需要的最有利的環境。但是在其他地區，晝夜縱有消長，卻是在二十四小時內有一個輪轉，即使如此，仍然有冬日之日，人皆愛之；夏日之日，人皆畏之的感受。

　　再如水分，是生命賴以存活的泉源。可是人所飲用的是淡水，海水便不能直接作為飲料。陸地上的淡水，靠著雨雪而不致枯竭。不過雨水太多，會有河川泛濫的危險；雪最太大，不只形成令人難耐的寒冷，並且傷害到人生存的其他物質，於是有了甘霖或淫雨的區別，有了瑞雪和狂風雪的不同。

　　就食物說，在植物中有必需的穀物，也有有毒的植物，特別是這些有毒之物，其毒性雖然有害於人，卻又可成為治療疾病的最有效的藥物。而人又是雜食動物，同時還取動物的肉以為食，而在可食的動物之中，如果不是經過豢養的，其本身往往就對人有侵害性。

　　由於自然現象的本身對人存在著利害參半的作用，以人類的智慧來改造自然，取其於人有利的，並且擴大其利；防止於人有害的，並且消除其害。於是人利用自然，而製造了於人有利的器物。

　　既然是基於於人有利的目的而製造器物，其結果應該是在利的一面，利可能有大小的差異，無論如何，應該不會生出害來。

　　就人所製造的刀斧說，本是利於取用自然物的——砍伐，然而刀斧也

會傷到持用的人，甚至用來傷害同類。交通工具是用來便於人的行的，同樣的也會在行中，傷害到自己或別人；近年的交通工具，更成了危害生存的另外因素的東西。

這些利害並存的現象和事實，是人所經驗的。人要生利除害，是生存的必須，關鍵是生利除害的活動結果，又生出無窮利害參半的事實來。這是生活中最令人感到惶惑的問題。是人的智慧還沒有達到使自己的活動，能夠百無一失的地步，還是人的能力本就有一個最高的限度，在根本上就不能面面顧到，因為求達到一個目的，忽略了可能伴隨的後果？還是在自然界原就存在著一個相對原則，沒有絕對？

2. 個人——別人

經驗是從一個主觀的個人開始，由他自己來體驗、認識和悟解。可是經驗的內容裡，卻不僅是只有個人，專就人說，就存著很多別人。於是這個主體的個人和別人之間，便產生了相對的關係。

從經驗的歷程推想，一個人當然先經驗到自己，然後經驗別人。是由於人類一開始，便不是「個體」的存在，而是有很多人同時存在，而生出人和人的關係，還是先天便存在著這種關係，還須要再行探究。我們所知道的人和人之間的情感，是關係的第一步，生存條件可能還是次一步。

如果一個人能夠獨立生存「一生」，經驗中從來沒有別人，將是如何的情形，須經實驗來證明。在得到這樣的結果之前，我們知道人在情感上需要別人，同時也厭惡別人，而情感是與生俱來的。

人需要別人，因為人需要伴侶，至少有另外的一個人同時存在，才不覺得寂寞孤單。雖然這項需要，可以用「物」或者「觀念」來代替，需要還是存在的。所以才有「舉杯邀明月，對影成三人。」「乘興而來，興盡即返。」的說法或事實。另一方面，人也厭惡別人、厭惡鄰居的吵鬧、厭惡人群的煩囂，而需要清閒、需要「私密」（privacy）。顯示出生活中不能沒有別人，而又希望只有自己。這還只是從情感的體驗而說的。

從生活的需要來說，個人和別人的相對性更為明顯。一項已知的事實是，一個人從出生的一刻開始，便需要別人。沒有父母或其他成人的養育，一個嬰兒很難活下去，因為他還沒有生活的能力。有了生活的能力以

後，仍然多方需要別人才能夠「生活」。從早期的結夥打獵，到現在的各有行業，無論把生活的需要限定到如何簡單的地步，其中都少不了別人的貢獻。仰賴別人的這項事實，在生活方式進入到現階段以後，似乎被人忽略了。在人們創造了錢幣制度以後，可能以為只要有錢，便可換取一切生活所需的，而不必求助於人：可以用錢購買衣、食、住、行等生活必需的物品，甚至可以用錢換取服務——工作、醫療以至看護。由是而生出「錢才是生活最需要的，有了錢，便等於有了一切。」的想法。這樣想是忘卻了生活必需品乃是人——別人——製造的，沒有這些製物品的人，便沒有物品；服務更來自於別人，沒有別人，「錢」不會服務。故而貨幣只是聯繫人和人的媒介，不能代替人。

人在物質生活方面需要別人，也因為物質生活的需要，人更厭惡別人。因為物質需要是人共有的，於是在人和人間，便有了得或失的差別。在相對的兩個人間，一個人有所「得」便會成為另一個人的「失」，於是可能由「相對」而成為「敵對」；兩者之間，也就可能由「厭惡」，而變成「仇敵」。

一個人和別人在平等的地位上，已經存著如是相對的情勢。到了一個人面對一群人的時候，如果這一群人基於某些原因而結合在一起，在數量上便大相懸殊，而那一個人的處境，也就不言而喻了。孟子把桀紂比作獨夫的一段話，可以作為很好的解釋。

好在人類中由一個人和一群人對立的事件不多，而且這樣的關係不會相持太久。普通的情況是，一群人在大體上形成「一體」，不會把某一個人排除於群體之外。群體是由人的需要和理性組成的，其基本目的在於維護群體中每一個體。使每個人都能貢獻一己的力量，從其中滿足個體生活的需要，達到生活的目的。

然而就在基於這樣目的而組成的群體中，仍然存在著個體和群體的相對性。

基於共同的需要而組織的群體，「需要」是基本而首要的條件。如是就個體說，從群體處得到所需的，是一種「滿足」，是個體所期望而又「樂意」的；可是這種滿足，很少會在個體一個活動之後立刻得到，那麼

在個體印象之中，便彷彿只有貢獻而沒有報償；或者貢獻的很多，而所得的太少，由是而形成個體與群體間，因意念而生的不平衡，以致個體對於群體，由「一體」的關係變成相對的情勢。

另一方面，一個群體形成之後，對其中的每一個體，必然公平對待，以各個體的共同條件為原則，不能顧及到個體的「特殊」狀況，否則便失去了公平原則。為了維持「公平」，也必須限制「特殊」，這對一個特殊的個體說，便成了約束或禁止。人並不喜歡受到約束，更不喜歡被禁止，如果有這樣的情形發生，則不但喪失個體在群體中的凝結力，甚至使個體和群體由對立而變成矛盾，以至於破裂。

由此可以看出，個體和群體之間，如果只以需要為條件，終不免生出相對的關係。而且所謂「需要」，乃是「利」的代替字，說到利時，便不免有相對的「害」存在。關鍵在於陳述者的立場和觀點，以及所認為的「主體」是哪一方面而定。這一類的問題是，名稱上雖然用的是群體，而這個群只不過是一個名稱，實際上構成群體的仍然是人；而且以其中的任何一個人為主體的時候，其他的人便成了別人，那麼個人和別人，這些個別獨立的個體，如何才會凝結成不可分割的整體，以減少對立的可能呢？

在人群中，「群體」已經是比「群」包含著更多意義的名稱。當稱之為「體」的時候，所蘊含的不只是集合，還有促成集合的條件、關係等。即使如此，仍然在個體和群體之間有相對的可能在。於是把構成群體的關係再加檢討，發現其間對立的原因。在個體方面，是對群體存有奢望，那是群體對其每一個體，無法一一實現的；在群體方面，對每一個體也存在著似乎限制個別活動的約束，以致個體不得充分發展。這裡會不會有兩全其美的辦法，使群體中的個體，一方面能得到群體凝結的利益，一方面又能個別的有充分的發展？或者由個體所組成的群體，既能蒙受各盡其力的利益，又能維持公平？使兩間者成為真正的一體，在任何情況下不再作區分，而只有息息相關且表裡一致。如果有這樣的可能，又將是什麼呢？

3. 實際──理想

生活常常用時間為界，分為過去、現在和將來。過去的不會再回來，既然已經過去了，也就無能為力，這也是人要把握現在，面對將來的原

因。現在和將來兩個階段，如果仍然用時間計量，可以看出每一個所謂之「現在」為時極短，不久便成為過去；而將來，在有生之年，既然沒有確定的死亡日期，便比較長久。第一，「將來」可以分成無數個「現在」，比「現在」長得多；第二，人傾向於把將來認作盡可能的延長，則又比「現在」長得多了。

如是在經驗方面，過去的已經確切不移，現在的還正在經驗，對於未來，乃是想望。想望是在想像之中，含有傾向於美好的方面。也由此在經驗裡，有了「實際」和「理想」兩個概念。

這裡所說的實際，是指「真實」（real）而言的。過去經驗的是真實的，自不待言；現在正在經驗的，如果有了端倪或「正在」出現，也可以多少確定其真實性；唯有對於將來的出現，在其出現之前不能確定其真實性，而只能出自於想像。

對於將來的想像，可能就著過去和現在，作出若干預料。這些預料可能和將來的出現，極為接近；也可能相距很遠；更可能大相逕庭、南轅北轍。而人的常情，在想像將來的時候，必然含著期望；所期望的，乃是「合乎己意」的出現，於是其中有「完美」或「美好」的成分，這些成分卻不一定在「可能的出現」之中，才有了「理想」（ideal）這個名詞。於是凡是稱為理想的，總是在比較之下，好一些、高一些、多一些，而以「完美」或「美好」為歸趨。

在實際的層次裡作比較，因為是已經出現了的或存在著的，可以判別高低或好壞。可是理想並不在實際的層次裡，理想是還沒有出現，並不存在的（只存在於想像裡），這兩者的相對性，除了時序有前後之別以外，更有「可能」或「不可能」為決定性的因素。因此生活便有了相對的兩面：一面是實際的，發生的，或正在發生而又可能發生的；一面是理想的，尚未發生，而且不一定必然發生的。對於這樣的情形，人也慣常有一種心理狀態：那就是對於已經存有的或得到的，失去了「熱切的情感」，往往認為無足輕重、不予欣賞，也就失去了滿足度；轉而對於尚未存在或未曾得到的，想望得更為殷切，也就更覺得沒有「它」的不滿足。尤其對於那些希望很渺茫，自知可能出現或得到的機會非常少的，更是如此。

　　在這樣的情形下，人一方面要把握現在以面對將來；一方面也在企望將來的殷切情況中，忽略了現在，錯過了現在；待到現在成為過去以後，又陷入於追悔和懊惱中。

　　實際和理想永遠是相對的，已經確定在兩個概念的性質上。凡是稱之為實際的，便隱含著在此之上還有比較美好的理想的；而稱為理想的，也蘊含著在實際的以上，並且尚未出現。

　　談生活的實際和生活的意義，便含著這樣的作用。在裡面有「個人的生活」，也有人（全人類普遍的）的生活。在受需要限制的情況，一個已經存在具有需要和欲望的個人，所謂生活的意義可能只屬於他自己；如果就著全人類之普遍的需要尋求生活的意義，便會牽涉到下一代，那就不僅是一個人一生的問題，而是人類久遠的問題。如是便是在今後的無限時間，尋求生活的意義。

　　生活的意義和生活的實際密切相連的時候，其中也會關聯到生活的目的。有一個目的為指引，可以賦予生活意義，即是為了達到這個目的而生活。在這裡仍然存在著個人和全人類的差別。在個人方面，如果只以滿足實際的需要，實現個人的欲望為目的，實際需要之最基本的在物質層次，那麼目的就可能只求衣食無缺；若再由需要擴展為欲望，便會在衣食上求無盡無休的奢侈，成為所謂之物質生活的享受。如此即使關懷到自己的下一代，也仍然寄望於他們衣食無缺，或者辛辛苦苦的為他們積聚和儲存。像這樣的生活，似乎也有實際和理想兩方面：實際是自己所認定的物質需要，理想是將來的下一代或若干代，也能滿足實際的物質需要和欲望。至於下一代會不會有其他的需要和欲望並不關心，縱然認為可能會有，也認為那並不是「最需要的」。

　　就生活的目的說，並不只限於物質一方面。經驗的生活如是廣泛，可以擷取任何一項為目的，那麼將可列舉若干目的。不過一項最常為人談論的，是就著人生而看生活的目的，其實際和理想的兩面，有幾種說法。一種是把目的分成明顯的和隱含的。明顯的目的是人所明白知道的，既然知道有這樣的目的存在，自然趨向於實現目的的途徑，而成為生活。隱含的目的是並不為人所明白的知道，可是生活卻趨向這一方面。明顯的生活目

的多半和實際的有關，但並不限於物質層次。隱含的目的常常被描述成先在的。如艾德路（A. Adler, 1870-1937）所說是虛構的（fictitious），這個目的與生俱來，每個人並不自知，但終其一生都受這個目的的驅使。這觀點和亞里斯多德所說的自我實現（self-realization）頗為接近，以哲學的觀點看，人生具有可以實現的潛能，生活便是自我實現。

　　以上的說法出自西方學者，他們認為個性的實現是可能，個人並不明白的知道，縱或人受這樣的目的而生活自己卻並不知道，等於在認知方面，失去了一項意義。我國先哲把這樣的人生目的，置入認知領域裡，成為指引人生的明確方向，也成了生活的力量，這就是《中庸》所說的「成己」和「成人」。在成己和成人的歷程中，每一實現的和正在努力的階段，都可當作是實際，而把下一階段視為理想。在層層的理想之後，永遠有一個最高的理想在那裡。「止於至善」好像是一個最高、最後的理想，因為「至善」和每個實際的「善」比較起來，都有更進一步的「標準」，所以「止」事實上是永無止境的。這樣一來，無論從生活的意義或是從生活的目的來說，實際和理想仍然存在著相對性。

4. 物質——精神

　　物質和精神之分，早已見於儒家之說。孟子曾經明白的說：「飲食之人，則人皆賤之。」然後又說：「大人養其大體，小人養其小體。」到了曾子養曾皙和曾元養曾子，又有了「養志」和「養口體」的分別。孟子所謂之大體，是指口腹以外的「志」、「氣」等心靈，和西方哲學家從柏拉圖區分心智、氣血和欲望頗為接近。所以在人的切身經驗裡，自本身開始便有軀體和心靈、物質與精神的分別。

　　體驗到人本身有軀體和心靈的分別，是早期哲學家的觀點。這一觀點到了笛卡爾（R. Descartes, 1596-1650）便明顯的分成兩個系統：軀體在於活動，心靈在於思考。雖然此後又有了二元分立和二元平行的說法，這兩者都存在則是公認的。即使主張經驗說的洛克（J. Locke, 1632-1704），也承認感覺有內外之分，外在的感覺作用在感官，由視、聽、嗅、味、觸等與外在世界的現象而得到觀念；內在的感覺作用為知覺、思想、懷疑、信念、理解、認識和意願，仍然歸之於心靈。把這兩者作一總括的區分，便

是軀體著重於外在活動，見於物質世界；心靈是內在作用，主要的在於思想。

　　由此而分物質和精神，屬於物質的是感覺和想像（imagination），屬於精神的是智慧和理性。把想像置於物質層次裡，可能是指由感覺而引起的想像，所想像的材料多屬於物質界，不似思想，雖然內容可能仍然有物質界的材料，卻全屬於心靈活動；或者是受了笛卡爾的影響，只有從思想才能證實自己的存在，縱有其他的作用，算不上本身存在的證據。

　　如果以人的活動來區分物質和精神，早期和目前略有差別。所謂活動，是指運動（movement），指改變物體的方向或位置而言，這樣的改變是可以感覺的，所以算是動；思想是心靈作用（當然現在已經知道主要在大腦），思想的時候，心靈是不是動，並不可見，所以哲學的心理學便把思想看成靜態的，因為一個人思想的時候，軀體可以不動。現代心理學把人的內在作用和外在活動，都看成是動態的，無論外觀上是否有改變，一個活人就必然不停的活動，包括生理方面血液的運行，腺體的分泌，和心理方面的知覺思想等，都稱之為活動。於是活動有了外在和內在的區別，外在的活動見於軀體各部位的改變，內在的活動在於心靈，把軀體當作物質，軀體活動便是物質的；把心靈當作精神，心靈活動便是精神的。

　　我們知道軀體和心靈都屬於一個人，既使區分出兩類活動，這兩者間也並不是全無交互作用。如是兩類活動應該還是一個體系直接相關，不應該有相對性。事實上卻又不然，如何能說明這一點須要加以考慮。

　　試以人的感受（不只是感覺）來說，在於一身之內。如果仔細體察，便會有生理的和心理的區別。感受中包括感覺（sensation）、情感（feelings）和理性（reason，含有思想、判斷等作用）。如果物質和精神是一體相連，則一個感覺的發生到理性作用的結果，應該是一致的。然而卻有如下的情形：

原　因	感　覺	情　感	理　性
饑	不快	欲食	食——不食
渴	不快	欲飲	飲——不飲

倦	不快	欲息	息──不息
傷	痛（不快）	欲癒	號叫──忍耐
病	痛（不快）	欲癒	呻吟──靜默

上述的原因，都在軀體的生理方面；所引起的感覺，都屬於不快，雖然程度上有差別。伴隨的情感是有所「欲」，所欲的因所需的而不同，到了理性的層次裡，卻可能生出兩種相反的結果，可以順著需要而反應，也可以和需要恰好相反；飢而食，是生理的本能。覓食有心靈的作用（根據經驗去找可吃的東西），是一貫的因果關係，然而卻有了「不食嗟來之食」的事發生。渴而飲，也是生理的必然，可是也有「不飲盜泉之水」的先例。倦而休息是同樣的事實，但是仍然有「頭懸梁、錐刺骨」的不眠不息的記載。刮骨療毒而仍談笑自若的關公，是人們樂道而又非常欽敬的，扶病治事的例子更是不勝枚舉。

是什麼原因生出了和生理本能需要相反的活動，每個事例的實際原因可能不同，關鍵在於人的經驗，使心靈採取一個和生理需要相反的活動。這樣決定的結果，不會使不快的感覺消失是可知的，那麼是否因為不這樣決定，會生出更高的不快感覺？或者是由於不強使所感的不快消失，反而會生出快感？

人在情感和理性兩個層次，有了不同的概念。在情感層次裡有所謂愉快或不愉快，是感官和物質接觸而生的結果；在理性或心靈的層次裡有幸福或不幸，是超出於感官和物質之上的，認為是精神的。於是物質和精神的相對性，從前述的例子便看了出來。

滿足一己的物質需要，是生命的本能；作出和本能需要相反的行動，關鍵在哪裡？

經驗之超出物質界的，稱之為精神界；生活之屬於本身以外的，屬於全人類。這兩者都在一個人的經驗之中，也都是這個人所需要的，而兩者並不是直線的貫通，對於同一個人，就會成為相對的情勢，有時甚至互相矛盾。也因為如此，更增加了經驗的複雜性，形成更多人生問題。

唯物論者強調物性，把人也看成物，因為人的軀體也是物質構成的。

因為著眼於物，所以從物的生產和消耗上來談人生。持這樣觀點的人，可能深深受到物質需要的威脅，唯恐因物質缺乏使人無以為生，同時人又是物質的最大消耗者，因而強調生產，並且把人當作生產的工具，只求生產得越多越好，而不允許消費，更不容許生活的享受。馬克斯便是這項觀點的代表者。這項觀點走向極端，不但否定人和人生有精神的一面，也從根本上把「人生」忽略了、抹殺了，因為對其最初的動機已經忘懷，無法回答「生產的目的是什麼？」和「人努力生產是為了什麼？」這樣的問題。

這樣病態的觀點和德國文化學派的觀點恰好相反。文化學派注重精神。因為人有精神，從事精神生活，才有了文化，才使人類從自然的野蠻狀態進入於文明。文明是手段和結果，不是目的；也就是說，是人的精神活動，產生了文化和文明，精神才是生活的實證，生產乃是伴生物。人不是為了生產而活動，是因為活動而產生了結果。

從人的精神活動說，個人和全人類之間，便有了適當的說明。一個主體的個人，藉著物質生活而發展精神，孕育在客體——全人類或文化——精神之中，吸收客體精神，使主體發榮滋長、逐漸擴大，融入於客體之中，成為一個完整的大體。在其中，不但主體精神得到滿足，並從而發揮主體的力量，使大體益形增加擴大，而主體也得到了需要的滿足。

在這種觀念裡，似乎少了物質成分，一些短視而急功好利的，不免失望，於是拋棄了這個方向，仍然回到物質界去孜孜謀求，結果是物質方面雖然不虞匱乏，滿足「感」反而越來越微弱了。

直到今天，側重精神的人，在生活中仍然不得不面對物質的實際，因為不食嗟來之食的人終歸是餓死了；不飲盜泉的水，還是得喝別處的水才能解渴；維持了一段頭懸梁、錐刺骨的辛苦工作之後，還是要休息；而強忍著痛苦與疾患，並不是對痛苦和疾患全無感覺。同樣的，側重物質的人生活無匱乏之虞，而且越積越多，大可以由數量的增加而感到快樂和滿足。事實上卻仍然憂心重重，煩惱叢生，並沒得到所謂之幸福。那麼生活中的一個長久以來的問題便仍然存在，「要怎樣才會有幸福？」。

三、經驗的覺察、選擇、和認定

在心理歷程裡，常常爲了陳述的方便而區分感覺、知覺、覺察、意識，以至意向等作用，把屬於由外在感官而接受的材料，稱之爲感覺。把所感覺到的作主觀的說明時，其中伴隨了主觀的成分的，稱爲知覺。那麼在知覺中，已有了一部分心靈作用。覺察（awareness）是心靈知道了所感覺的，其實和知覺頗爲接近。意識則不但知道所覺察的，並且知道覺察作用的存在。把這些作用放在一個歷程裡，是逐步的由外而內，逐漸的增加清晰的程度。意向是注意的投置，有進入認識的可能性，心靈作用更爲明顯。

哲學家們對於覺察和意識，曾有很多描述。從布蘭坦努（Franz Brentano, 1838-1917）提出心理活動指向於某些客體或內容，其中便含著兩個元素，活動是心理的，客體或內容則是物質的或物理的（註7）。其中「心理活動的指向」賦予主體或心靈頗爲重要的地位。一方面認爲有「可被覺察的客體」，一方面也承認「對客體的覺察」。

此後哲學的心理學中從而討論，強調「心理活動指向」猶如「探照燈」，燈光指向於所要搜索的目標，於是把「覺察」看作是心靈的「享受」（enjoy）：被覺察的客體在思想之中。心靈是會思想的，但是必須有思想的內容，因爲心靈本身並不是思想的客體。（註8）這種說法，似乎和康德所說：「沒有思想的內容是瞎的，沒有內容的思想是空的。」仍然接近。

既然把覺察看成心靈活動，對經驗之進入於個體知覺領域，便有認識其作用的必要，可以就此而作一探討。

(一) 覺察和意向

談到覺察，不得不和感覺相提並論，因爲所覺察的材料來自於感官作用。經驗主義者洛克說到觀念形成時，外在感覺占有重要的地位，不過洛克認爲物質有引起感覺的性質（註9）。在常識和生活經驗裡，常有「某物引起我的注意」這樣的說法，如果認真的分析字義，恰和洛克的說法相

合，如是便賦予物以主動的性質，能夠刺激感官，使感官發生作用。然而相對的，主體或主體的心靈便處在了被動的地位，不是心靈主動的要去感覺，而是感官受到刺激以後發生反應。好在洛克並沒有賦予心靈以重要的作用，只從經驗來說仍然自成道理。這裡要指出的是，洛克承認外在世界的存在，所以才有感官作用。

然而柏克萊（George Berkeley, 1685-1753）卻強調心靈作用，以爲未被心靈知覺的物，便不存在（註10）。拋開哲學的論點，就柏克萊的主張說，如果一個人無意去感覺，則其附近的現象便會被忽略，也就不會被覺察，對這個人來說，和不存在並無二致。這個說法，印證孔子所說的：「心不在焉，則視而不見，聽而不聞，食而不知其味。」頗爲相同。同樣重視心靈的功能，縱或感官已經發生作用，曾經視，曾經聽，也曾經食，然而卻無所見，無所聞，不知道是何味道。在這樣的情形下，沒有覺察，也就沒有被覺察的材料，因爲那些感官活動的歷程和活動的客體，都沒有進入意識之中：既然沒有覺察，自然難以知道；不知道，便不存在於意識之中。所以在日常生活中便在同時同地爲別人感覺到的，自己卻未感覺到而說是忽略了，或是未曾注意。

於是哲學家們便有了不同的說法，前述把心靈活動和被覺察的客體看作是兩個並存的元素是一種說法。依照這個說法，物的呈現和有意的去覺察同樣重要。羅素（B. Russell, 1872-1970）以爲心靈現象只是感覺和意象，此外並無別物。（註11）因而物之是否被感覺或覺察，在於是否把該物置入意象中。這樣說來，似乎仍然隱含著感覺和意象有一些主動的功能，或者這功能是屬於心靈的。如同是否有意把所感覺的保留在意象中，是否在記憶裡重溫這些意象，很可能是受意識中意向的指引。

懷特海（A. N. Whitehead, 1861-1947）把經驗看作是「多數之中的一個自我享受，或在多數中躍起的一個。」等於是以一個人爲主體，所感到的宇宙成分中爲自己所欣賞，或是特別引起自己注意。在欣賞和注意之中，得到自我滿足。如是感覺便是宇宙中的某些元素，變成一個主體的內在，一方面含有客觀的被感覺的材料，一方面含有主觀的滿足。（註12）

設如我們承認感覺作用的發生，少不了外在的材料，感覺作用的效果

有內在的影響，對於經驗的形成和增加，或者比較容易著手。因為在生活中，對外在的感覺，在相同的時間和空間內，不但感覺的內容不同，甚至感受的程度也有差別，兩者都和此後的心理歷程有關，即是有無覺察曾否進入意識，其中有無意向作用。

1. 由感覺到覺察

感覺作用在於感官。感官的功能除了生理缺陷的影響以外，其效果還受其他作用的影響。

以視感為例，視覺作用是看。如果止於看，便是只有視覺活動，活動歷程也就停止在這裡。倘若再進一步，看而有所「見」，便是產生了覺察；所覺察的，是視覺作用的結果，覺察的內容仍然是外在的，和感官所接觸的材料；但是就在這裡，便有廣度和精密度的差別。

因為看而見到一棵樹，和過去的經驗有關，初見是一棵樹的形象：有一棵直立的軀幹，上面是由枝葉構成的擴展而仍然向上的一團。如果覺察到此為止，則所覺察的，仍然只是一個朦朧的形象而已。

倘若再進一步，由樹枝分歧的狀況和樹葉的概略形狀，而知道是一棵「什麼樹」，覺察便又深入一層，這時候應用了較多的過去經驗為參考資料，所覺察的已不只是眼前的材料，而是伴有意象和記憶。

如果這棵樹恰好在適當的距離之內，可以看見枝頂的葉小於下面的葉，可以看見樹枝分歧的勢態，甚至可以看見樹幹上的一個瘢痕，並且由瘢痕而看出是由表皮的畸形而造成的，或是由外在傷損而致的，則覺察的便更為精密了。在這個階段中有兩個因素存在：其一，被看見的樹是否有特別值得注意之處；其二，注意力是否投向於這些情況上去。這裡的問題是：這兩個因素是否居於同等重要的地位？

覺察不僅能領會由感覺而得的材料，同時也能覺察到這個覺察活動，就像在看東西的時候，知道自己所看到的東西，也知道自己「正在看」。在這個層次上，對於所覺察的內容將會生出更深刻的印象；等於把感覺材料，從感官烙印在心靈的記錄版上，不致成為「過眼雲煙」。有了這一步保留於內在的歷程，在時過境遷以後，才會由表象（representation）出現為意象（image）；才能伴隨著思想，生出其他的「產物」（products）。

如是在覺察之中，便或多或少的含有主觀作用，即是所謂的意向。把原來無意的感覺變成有意，把感覺變成爲知道。通常感覺的靈敏或遲鈍，視是否有所見，聽是否有所聞，常常和「有意」或「無意」有關。

2. 記憶和保留

記憶作用有保留經驗的功能，記憶也被認爲是人的一種能力。不過和記憶相反的現象，則是遺忘；那就是說，記憶受某些因素的影響，會使其保留作用減低。其中最有影響力的一個因素是時間，時間相隔越久，遺忘的便越多，所保留下來的材料也就相對的遞減。不過這樣的事實，仍然有時間條件；記憶或遺忘，有一個相當的時間長度。如果長度很大，便會生出另一種情形。

最明顯的是老年時期，甚至於中年以後便會發生。此時的情形是，相隔越久的經驗，反而保留著清晰的記憶；而發生在不久之前的，倒會忘得無影無蹤。所謂相隔很久的，常常指幼年的經驗，似乎童年時的某些景象，在記憶中仍然鮮明活躍，彷彿如在目前；而昨天或前天的經驗，倒茫乎無存。這是常識中的事實，心理研究仍然在努力要得到確切的解釋，其中一項可能，是幼年記憶力較強，而記憶力的發展到了一定的限度以後便逐漸消退，故而在記憶趨於消退後的經驗，便不易保留了。

另一個可能的解釋是，童年的經驗有限，假定記憶有相當的容量，保留下來的經驗所占有限，因而可以儘量保留。隨著年月累積，經驗越聚越多，幾至再無餘隙可以容納更多的經驗，新近的便無處儲存了。這好像是百貨商店的櫥窗，在空間充裕的時候，可以逐件有條理的擺列，甚至分門別類，每一件都清清楚楚的在那裡，要想拿取可以「手到擒來」。到了物品既多，只有擠入隙縫裡，成了儲存的倉庫，累積的越多，越沒有多餘的空間置入新物品。而在尋找的時候，甚至無處插手，結果成了擁塞不通的堆積，不但無處容新的物件，就是要尋找其中的某物，也不容易了。

上述的第二個可能有把心靈或大腦看成物體，陷於物質論的觀點。再有一個可能，從心理現象解釋，童年和老年的經驗範圍不同，生活的領域有大小之別，經驗的品質也有單純或複雜的差別，所以心理反應便有不同的狀態。這樣說，可以從幾方面來看：第一，童年的生活領域確是沒有

成人那麼廣泛，以數量來計算經驗，所能經歷的便少得多；第二，在童年生活中，大部分材料是直接的經驗，來自於外在，也就原原本本的保留在那裡，不似成年以後常把外在的經驗材料，加上了內在（主觀）的解釋和渲染，經過改頭換面以後，可能不會如原來的那麼生動和明顯，那就可能有一部分變成模糊不清的了；第三，就心理狀態說，兒童來到這個世界不久，一切對他都是新奇的，他以新奇的眼光來看世界，也以好奇的態度來經驗人生，如是呈現在他眼前的，將會加倍明顯而留下深刻的印象。成人對於生活已經領略了許多，不會再有如兒童般那麼高的新奇感，何況成人有了較多的煩惱和活動，不會全心全意的只是領會人生，欣賞人生，反而要用更多的精力去解決生活中的問題。

再一個可能的解釋，是從學習心理方面著眼，以為在經驗時印象深刻的，容易保留於記憶中；而沒有印象的，也就不會記得了。這裡所謂印象深刻便和覺察有關，更和覺察時是否注意有關。不過兒童的全神貫注，比成人叮囑自己去注意、去作有意的保留，往往會有較高的效果。至於這種事實只是意向因素，或是仍然和年齡有關，則仍有待於探討。

3. 回憶和參照

回憶是過去經驗的再呈現，所呈現出來的，在意識層次之中，因而和記憶密切相關，即是如果沒有記憶作用，便無從保留過去的經驗；如果沒有記憶的材料，便不會有回憶的內容。

回憶因為這項活動的目的或狀況，而有不同的情形產生。有目的的使過去的經驗重新呈現，如果重溫經歷過的情境、觀念的內容、事件的經過，是有意從儲積的經驗中提出一部分，以滿足當前的需要。有時因為當前情境中的某些因素，和經驗的內容有相似或相近之處，因而想到了過去的情形，屬於聯想；也有時由當時的某些因素觸發，使過去的情形重新呈現，似乎看不出現在和過去有明顯的關聯，然而卻連接到一起，這是偶發的，仍然是聯想的一種。心理學中的聯念說雖然已逐漸失去原來的光輝，可是在經驗裡仍然占重要的成分。

因為生活是一個連續（continuum），當前的生活常常以過去的經驗為參照。自然當前的一個情況，並不需要參照全部過去的經驗，無須使過

去的經驗一一呈現，所需要的只不過是其中的一部分。那麼這一部分經驗，如何能適時適用的呈現出來，是回憶的微妙作用，可能記憶便有一些神祕性。

經驗裡常常有這樣的事實，便是在需要過去的經驗為參考的時候，似乎茫無所記，也就是所需要的並不呈現；反而是在過去以後，需要已經消失了，那些經驗卻湧現出來，因而懊悔「當時怎麼沒有想到」！所謂沒有想到並不是不曾想過，只是在意識裡或者回憶裡，這份資料未曾出現。這個原因是值得推究的，因為過去的經驗日後常常會應用，而且必須應用。

我國有「讀書破萬卷，下筆如有神。」的詩句，印證「如山川之有靈，草木之有華實，充滿勃育而發於外。」（註13）的意思，隱含著經驗的豐富和熟悉，對於再現和再生有很大裨益。所謂文思泉湧便是經驗再現的豐富和暢通；而所保留的經驗，也不僅是一堆靜止的材料，乃是有自行融合，形成生機的力量。於是吸收、儲積、醞釀，對於經驗的參照便成為一股新生的力量，這也可說是創造性思考的來源。當然用思考或思想，更見出心靈的高層次功能，而回憶和參照，實際上也沒有脫離思考或思想的領域。

這裡顯示出一個事實，即是回憶和意向之間，並不是完全連接的，因而某些經驗對有意的召喚來說，並不應之如響；反而是在無意的時候倒會出現，宛似那些材料有自動升起的能力一般。這和洛克所說的物質的性質並不相同，因為此時的外在材料已經不在眼前，不能發揮吸引感官注意的性能。回憶的內容在記憶之中，其出現應該是內在的某項功能。究竟是哪一種功能，正在潛意識的研究中嘗試找出答案。

一個所可知的事實是，凡是留有深刻印象的經驗，保留得比較牢固。如果把這些歸入於觀念或概念，則因為印象深刻而保留得完整；完整的觀念在保留階段是吸收，心理活動可能和生理活動有相似的功能，對於所吸收的材料，不是原封不動的放在那裡，而是繼續某些作用，如同融解、消化發生同化作用。到了參照的階段，便是同化的歷程。此時固然還可以顯現材料的原形，可是這些材料在出現時，和當前的以及過去的某些材料融和在一起，才能應當前的需要而加以運用。如是在經驗的繼續歷程裡，

吸收、保留、應用成為交織的狀況，經驗的範圍不斷擴大，也陸續構成整體，使生活越來越豐富，並且具有新鮮生動的性質。在主觀個體這方面，則取決於心理活動的功能，其中有意的活動，在初步歷程裡，有很高的功效。

(二) 選擇的主觀作用

經驗的產生和形成，意向有相當的影響。意向全是主體的活動，因為在談到感覺、知覺、相信、懷疑、判斷等這一類的活動時，必然有一個人存在，是這個人的感覺和心靈在作用。所以無論經驗的內容涉及到多少別人和其他的物，仍然是根據一個人為單位來陳述。

在前述經驗的類別裡，雖然所列舉的非常有限，但是也可以知道可能成為經驗材料的，從一個人本身以至於廣大的宇宙，無所不包。然而這些材料，是否都能夠進入於一個人的經驗範圍裡，個人的主觀作用最有決定力，要以個人對所經歷的材料抱著怎樣的態度來看。

主觀對於經驗材料的態度，可以三種相對的方式來說明：忽略—注意、排斥—接納、懷疑—相信。

忽略可以說是形成經驗的大敵，因為在經驗初起的時候，便會被這種態度從根本上斬喪，即是在感覺的層次裡便沒有發生作用，這就是視而不見、聽而不聞的狀況。這是對外在的忽略，由於這樣的態度會失去很多可以成為經驗的材料。

已經保留的材料，可說是存於內在的了，也會因為忽略而逐漸消失。這就是在意識裡，一個意念初起還沒有明顯的呈現出來的時候，因為未予注意，使得這個意念在朦朧中便消失了，這樣又會失去一部分已經保留了的材料，當然這些材料也有再呈現的可能；不過如果多次被忽略，會使出現的機會越來越少。

忽略是如何形成的？可能有若干原因。照經驗說，如果不是材料缺乏吸引力，便是主觀的認為「無趣」，甚至會引起痛苦的情感。

物質吸引感官注意的力量，依洛克的主張是存在的。倘若承認洛克的說法，材料缺乏吸引力便不是忽略的真正原因。因為在經驗裡，在同一時

間、同一地點的同一個物，會對兩個人有不同的作用：即是引起了其中一個人的注意，而另一個人則渾然不覺。這一類的差別，顯然不在於物，而在於人：那個「予以注意」的人，生出了主觀的注意作用；另一個則由於主觀作用，而忽略了。

以「有趣」來說，即近似羅素所說的，由覺察到物，使物進入意識之中，而得到享受的滿足。享受是主觀的，因為有這一類的感受而去欣賞所接觸的物、觀念或理想，這些都適合個人的「口味」。所以一個人可以把玩一條蛇，去領會蛇和手接觸的感覺、去體驗蛇的「七寸」在自己掌握中的情形。

和有趣相反的，則是「無趣」。不認為蛇有什麼可愛之處，便不想去把玩，甚至不想看牠一眼；被毒蛇咬到有生命的危險，當然不想去碰牠，根本就不要走近牠。推而廣之，一朵嬌豔的花會使人覺得「太」豔麗，玫瑰的芳香也會成刺鼻的味道。

如是主觀對經驗材料，從開始處便會予以忽略。

對於記憶材料，也可因同樣的態度而忽略，便是對引起痛苦的記憶，有阻止其進入意識的傾向。佛洛伊德潛意識的理論，便建立在這樣的觀點上。

經常忽略可能成為習慣，而習慣性的忽略可能又形成一種信念，以為許多事物都是毫無趣味的，而漠不關心。同樣的，注意也可成為習慣，而由於多方注意，又有了更多的發現，生出更多的趣味，也就習慣的隨時隨地注意外在的情形，和內在意識的內容。

排斥作用，常常起自於心理上的反射作用。就心理能量來說，認為心理活動是能量的變化狀況。在常態的情形下，能量平均分布，稱為平衡（equilibrium），但是在受到外界刺激需要反應；或者內在意識中有意念升起需要思考的時候，能量便集中到產生活動的器官或部位去，如此便破壞了原有的平衡，故而排斥近似本能的反射作用，能量為了保持其平衡先產生一種拒斥作用，和物理的惰性作用相類似。這樣的作用非常短暫，就如原本處於黑暗狀態，突然發生的光亮使眼睛閉合一樣，是無意識的反應。

　　對經驗的排斥，在主觀發生作用時，乃是有意識的。有意的排斥經驗也有若干原因，可以舉幾種為例。

　　和原有的經驗不一致的。所謂和原有經驗不一致的，即是在原來的經驗中，沒有這種材料現象；對已有的經驗來說，便是「反常」的。因為原來的已經被接納，已經承認其存在；那麼和這些相反的，如果也予以接納，並承認其存在，就等於推翻了已有的存在，否定了原來的意識內容。這樣就心理能量說，是破壞了原有的平衡；對「自我系統」說，便有破壞自我、否定自我的危險，站在「自衛」的立場，必須予以排斥或拒絕。

　　這樣的作用，也和打破習慣有相關的情形。通常所謂習慣，便是對已有的已經接受，而且有安之若素的情形。如果和習慣相反，便會感覺到「不同」，而「不同」的，常常隱含著有「錯誤」的意思。在實際經驗裡，不同於習俗的往往被排斥，因為某些行為表現和既有而成為慣例的不一樣，可能用「不好」或「不對」來評判這樣的表現。所謂「先入為主」，便含有這樣的作用。於是在經驗裡，人們對於「異鄉人」，對於另一種宗教信仰，對於不屬於自己的風俗習慣，都含有排斥作用；而自出生後所常用的語言，是日常最慣常應用的，縱使此後學會了其他語文，無論多麼精確，終不免有一種「不屬於自己」的感覺。

　　那麼被排斥的經驗，常常是主觀所認為的「不好」或是「不對」的。雖然經過道理的闡釋和辯解，不能堅持主觀所判定的「不好」或「不對」的正確性，對於所排斥的仍然不肯接受，主要的是「那些」不屬於「自我系統」所有，「自我」不容許「侵犯」；而且若不是「自我」首先發現的，也不會納入自我系統之中，因為「摻雜」了「非自我」的成分，便無法保持自我的完整性和獨特性。

　　由於這樣的原因，很多經驗被排除於主觀之外，使主體經驗不易擴大，其生活經驗中也缺少了許多材料，即使不成為貧乏，也相當有限。

　　和排斥相對的，是對經驗的接納。從前述可以看出，接納原來沒有的經驗，是增加經驗的首要條件。那麼在基本的層次裡，最好沒有強烈的「惰性作用」，或者用另一個名詞，要有相當的「適應性」。心理能量不堅持保持固定的平衡，偶然的變化不是長期的破壞平衡，而是促進能量集

散的活動性。因為心理能量有一種性質，在有集中的狀態以後，也有解除所遭遇的刺激和變化，以恢復平衡的趨向。生命的特徵不是靜止狀態，而是「活動」，生活便含著這樣的意思。如果構成生活的能量只有靜止而沒有活動，便很難符合「生活」的條件了。

因此自我系統便要開放，以便於接受新經驗，將新成分納入於系統中，自我的容積才會增加，如此可能生出兩種主觀態度。

其一，是對於已有的經驗和新經驗，不先作是非善惡的判斷，不以已有的為好為對，也就可以不以「新的」為壞為錯。沒有這樣先入為主的觀念，對新經驗便容易接納，而且容易吸收，使其成為自己的一部分。

其二，縱或有了先入為主的觀念，對於「新的」或「不同的」的，抱著「不妨一試」的態度，用試驗來證實其有無「好」或「對」的可能性。如是對於經驗的吸收和增加，經過一番考驗將有更深刻的印象，更確切的判斷，待到融和於自己的經驗以後會更為堅實。在這裡，似乎主觀放棄了一部分「權力」，然而如果主觀認為應該如此的時候，仍然不失其「主觀的作用」。

對經驗的懷疑和相信，也是主觀選擇經驗的一個因素。這裡涉及到存在和真實一類的問題，也是價值和意義的問題。

首先，談到懷疑和相信的時候，必然有一些對象或客體。這些對象或客體，可能是現象的具體事物，也可能是抽象的觀念。於是從經驗所經歷的官能說，便會有幾種不同的態度。

第一種是主觀信賴感官作用，凡是透過感官而來的經驗，即承認其存在，而且真實。到了絕對的地步，也可能認為只有可感的，才是真正存在的。像這樣的主觀態度，以親身的經歷為主，除非自己經歷過，便存著或多或少的懷疑。而所謂親身經歷，更以視覺和觸覺為主，要身臨其境，親自看到才相信；至於聽到的，仍然列居次要地位。

第二種類似第一種，不過不似第一種那麼嚴格。即是凡是曾經經歷的，都可相信；而經歷不徒藉視覺或觸覺。那麼對於聞聽的，也可姑予信任，但是卻要再經過一番驗證，如果證實所聽所聞的確屬可靠，便予相信。

第三種和前兩者不同，以爲感官作用雖然有效，然而感官有缺陷，故而感覺會發生錯誤。眞實可信的，不來自於感官，而是來自於思考。笛卡爾由於自己能思考，才相信自己的存在，便是一個代表。

第四種是信任思考，但是徒有思考，還是不能寄予全部的信任。因爲思考的材料可能不完全，思想的次第可能缺乏條理。所以在思考之中，應該伴隨著理解和判斷。便是相信有法則的思考，有推理的判斷。

持第一種態度的，相信生活之實際經驗，相信生活就如實際現象所顯示的，在一個空間之內時間流轉，和在這中間所發生的事件。甚至相信這些事件的發生是必然，用不著追究前因後果，也無從做什麼判斷——反正必然是如此，那是無可置疑的。

不過持有這樣的態度，並不是沒有懷疑。所懷疑的是沒有親身經歷過的，和不存在於感覺經驗之內的。麵包可以消除飢餓，是經歷過的，也是可信的。至於有沒有上帝或鬼神，不曾親見過，也不可能見到，只好存疑。

持第二種態度的，同樣的相信經歷的事實，這是直接經驗證明了的。對於間接的經驗，雖不輕易的接受其爲眞實，也不因存有疑念便否定其可能性，因而願意就著可能的範圍加以驗證，驗證了是眞便相信；至於無可驗證的，連懷疑都不需要，反正那是得不到結果的問題。

相信思考的存在，著重在意義，必須在思考裡能夠成爲觀念或概念，才能算是存在；至於是否存在於現象並不重要，甚至可以把現象中存在的當成幻影，不是眞實的存在。如是對於經驗，便從是否可以成爲思考的內容來判斷。

相信思考的形式和法則，合乎這些形式或法則，或者可以用這些形式和法則來比照，證明沒有錯誤才能相信。形式和法則不全是自己的，但是可以依照主觀，去選擇自以爲是的形式和法則。

(三) 經驗的認定和內在化

選擇經驗的主觀作用，由於人有選擇的能力，有些哲學家稱之爲「自由」。基於這項能力或自由，在生活的歷程裡，人對於經驗加了一番過

濾，把自己不想要的排除；留下來的，是主觀認爲可取的，也可進而據爲己有，納入於自我系統之中，形成個人的經驗體系或是生活系統。這樣的系統，倭鏗（R. C. Eucken, 1864-1926）認爲是人對於生活的經驗，不可免的會形成人生系統，有機而且存在著結構形式，宛如個人的制度。（註14）

就倭鏗的觀點解釋，每個人都會選擇一個生活系統，不過每一次的選擇，都不免牽涉到別人，這是社會性的介入。所以在自我意識裡，含著超出主觀個人的材料，和別人的意識連接在一起；不過其中屬於別人的部分，已經爲主觀所接受，並且納入於自己的系統之中，已經沒有了「別人」的色彩，而完全成爲自己的了。

把別人的經驗當作是自己的一部分，是經驗的認定。認定的形成在本質上，所認定的經驗必須和自己的系統一致，無論根本上相同或者是自己所欣賞的。

像這樣的生活系統，雖然包含著很多外在的材料，卻已經在內在的整體裡，形成完整的結構；對個人來說，便成了「意識」系統，其中存在著觀念、認識、信念、價值、情感、欲望、目的、思想等。由此而產生的活動，也就表示出特有的態度、信念、情感、價值判斷和理想等。

人所認定的經驗，在選擇時便有了主觀的基準，於是代表生活系統的觀念，便因爲著眼點不同而各有差別，成爲通常所謂之人生觀。因此我們可以了解所謂人生觀，有非常強烈的主觀作用；或者說，乃是「個人的」。試依對人生的著眼點，分別幾種人生觀或人生態度，當然無法全數列舉，也沒有這個必要；同時還要了解，每一種觀點也不能說即是絕對的或極端的。

1. 從自然界或生命歷程著眼

從廣大的宇宙和宇宙中的自然現象，可以看出有無窮的變化。其中最明顯的，便是生命歷程，以生爲開始，以死爲終結。但是生物的壽命長短不一，有的朝生而暮死、有的春生而冬亡；有的在一個人的生命期間，見到了牠的生，而不知死將在何年；也有的只見到了牠的死，而不知道生在前此的什麼時候。不過這生生死死的現象繼續不斷，是可以推知的。這些

現象可能引起一些情感反應，喜於一個生命的出現，卻爲一個生命的終結而悲傷。然而生和死都是必然，爲這些無可避免的現象而喜樂或悲哀，似乎並不聰明，由是有了如莊子般的達觀而樂天的看法：以爲「天地與我並生，萬物與我爲一。」（註15）把天地和自己看成共同的存在，便不必斤斤計較生物性個體的存亡，因爲即使人「死了」，還是和天地同在的。把萬物看成是自己的一體，則物的消長，猶如自己的消長，在消長繼續不斷的情況下，就無所謂眞正的生或死。所以莊子把生生死死、死死生生，看作是一而二、二而一的，不因生而喜，因爲生的終結將是死；也不因死而悲，因爲死是生機的可能。如果不以修道長生的「道家」觀念看莊子，而從他對人生和自然的豁達態度說，會感到胸懷和暢，自己和宇宙一樣的無限。

其次是悟透了生命歷程中生死的必然，拋開生物性的軀體，去尋求本原精神的佛家態度，要進入到精神的最深一層和最高處，去尋找人的眞諦。避免情感作用，同時也漠視生物性的生活。這一種生活方式和世俗生活不同，成了很明顯的一派。

2. 從人的行爲表現或人性著眼

哲學家們所謂之人性善或人性惡，是從人類行爲表現而作的推論，所以才有若干相對或相反的看法。因爲事實確實如此，從某些人的活動可以明顯的看出或推論到內在的善意，根據這樣的事實推論，便可以說人性本是善的。但是若從另一方面著眼，某些人的活動顯然是有意的造成「惡果」，因而也可據此推論說人性本是惡的。其實如果說是「人性」，便應該指「凡人」共有的性質，不可能有這般南轅北轍的差別，故而不如說是行爲表現，才使差別可以成立。

這裡無需作人性善惡之爭，所可知的是這項觀點，把重點放在人這一方面。提出觀點的也是人類之一，可能存著些切身的情感作用，因而對於「人」便有了一種看法，推廣到人生便成了對人生的觀點。

相信人性是善的，自不免於對人的樂觀，從而對於人生也以一種欣賞的眼光來看，以滿意的心情表示其欣悅，於是認爲人生是美好的，生活中充滿了快樂和希望。

相信人性是惡的，自然對人有很多的不滿，因爲許多人類行爲令人唾棄，從而認爲人的前途黯淡，生活是無可奈何的忍受痛苦，人生就是痛苦的深淵。厭惡人生，可能陷入悲觀以至消極，人既然已經無可救藥，也就不必作任何努力，因爲一切努力都將是白費。

不過也有雖然持著悲觀的態度，卻在憤慨之中，仍然不放棄努力的。企圖以人來矯正人的行爲，由人來創造令人滿意的生活。這樣對生活仍然發生興趣，而且抱著希望，還是積極的態度。

3. 從功利著眼

把重點放在實際效用方面。人要生活，生活便要求物質無匱乏之虞，更要生活得方便而舒適，所擁有的物質常常用來作衡量生活的標準。

著眼於功利，從個人出發時，免不掉利己或自私的成分，但這並不是絕對的。也可以全人類的生活爲目的，希望全人類都不虞匱乏，而以物質爲前提。

持這種觀點的時候，必然重視現實和實際，有計量的長才，注意每一個行動的結果，因而把生活看作是努力工作的歷程——努力於追求物質和利益。抽象的觀念居於次要的地位，價值標準建立在可以計量的單位上。所謂眞理便是利益的獲得，最大的利益是受益者人數最多。那麼人生幾乎成了競技場，技術高明的應該居於首位。

著重於功利，並不表示必然趨向爭奪。因爲在個人的心理狀態中，還含有道德義務的意識，恐懼懲罰是履行道德義務的動機；尋求愉快是心理傾向，所以從利他方面也可得到愉快。

4. 從歷史文化或精神創造著眼

重視人類的精神發展，歷史便是人類精神發展的紀錄。在這些紀錄中，顯示出人的創造是爲文化。文化是生活的整體，不能只從一個角度，或任何一方面去衡量文化。在歷史過程中，每一主體的個人以自我爲經驗的中心，這是精神的和軀體相連，居留在時間和空間之內，受到流傳下來的和當時的文化精神的影響，吸收到主體裡，使主體逐漸擴大，形成一個結構，發揮它的功能，有了成就便是對文化的一份貢獻。這時候主體（個人）和客體（文化）成了一體，此時的生命已經不只是生物性的，而成爲

精神的；生活也不全屬於個人，而是人類整體。於是尋求生活的意義和價值，有意義的生活不因個體生命的終結而停止；有價值的生命，可以綿延無窮世代，以至於永久。

從這種觀點看人生，固然不會拋棄個人的立場，因為這是文化精神所不可少的主觀部分；但是眼光卻放大到無垠的空間和連續的時間上去。所以這樣的觀點，也稱為世界觀，而不是人生觀，其領域不只在人，更不只是某一個人的一生。然而對每一個人，或者每個人對於自己，都有最高的期許和無限的希望。

5. 從道德義務著眼

從道德義務著眼看人生，有兩個層次的看法：其一，是就著人生的實際，在群體生活中，每個人都負有一份道德義務；其二，從人的最高理性著眼，人有一種先天的道德義務。

第一種看法，在實際生活層次看出社會性的必然，那麼要在群體之中討生活，便要遵守多數人同意的行為約束，即是社會倫理道德，指行為範型或生活方式。在任何一群人的生活裡，都存在著這樣的範型或方式，其內容並不相同，但是這一群中的任何人都應該遵守，由此而形成政治、法律、宗教、風俗、習慣等。在約束所允許的範圍內，個人可以有相當的自由而生活，並且可以得到生活的保障；但是如果超出了約束的範圍，則會受到制裁，無論是成文的或不成文的。故而個人必須對自己的行為負責。

第二種看法，把人放到最高的理性境界，人「可以」有絕對的自由。不過所謂絕對的自由，不在於行為或生活「方式」，而是意志的自由。人在生活中受本能的控制，必須滿足這些本能的需要，而滿足本能需要，並非來自意志。例如：因為餓而吃飯，是受本能的驅使，不是意志要吃飯。掙脫本能的枷鎖，才能有意志的自由。換句話說，人要超脫自然生物性的控制，回復人的理性是人先天的義務。生活便是追求這一項自由，由此衍生出來的道德倫理，便是為了達到這最高的目的而發的。人之仰慕神，希望達到神的境界，就是希求絕對的自由的象徵。

6. 從人道著眼

相信宇宙的形成，基於一次至高無上、永恆不變的道理或法則；人也

是秉承這樣的道理而生的。人是宇宙萬物中的一類，卻不似其他的物般，只在道理的運轉之中，自然的生生死死，而是人有發揚這道理，促進萬物滋長繁榮的能力。那麼若把道理寄託在萬物滋生的現象，天和地，人可以達到與天地齊一的地步。

然而人不是一生下來就是一個「人」，要經過生長發展的階段才能成熟。要達到成熟的境地，須要自己的一番努力，努力使自己「成己」，把人的潛能實現出來。這一步工作，也等於是人幫助造物，促進物的滋長一般，不過對象是自己而已。

達到了自我實現，並未完成人的全部歷程，因為個人對一己的成就終究有限。下一步則是幫助其他的人，以至所有的人，各各得到充分的自我實現，這叫做「成人」，是人幫助造物的第二步工作。

全人類都能充分發展，其成就也只在萬物中的一類。人的能力尚不只此，人的義務也不只此而已。所以第三步工作，是促進萬物的發展，使宇宙（或天地）成為一個和諧的整體。達到這樣的地步，人才能列居於和天地同樣的地位。這是我國儒家的人道觀點。

這個觀點和文化學派的觀點有近似之處，但以人為前提更切合人生，而且指出了努力的方向和步驟，把握了生活的實際，著眼於廣大的宇宙，仍然是世界觀；同時把其他的幾種觀點包羅在一起，是一種內涵完美的人生觀。

這樣的人生觀，從對自然界和生命歷程的認識，參照對自己的體驗。從主體開始達到客體，悟解出人在自然中的地位，再把人的地位提升到精神。賦予人的生命以意義，生命的價值便是在形成意義中，見諸於活動。

人的活動是行為表現。若用狹義解釋行為，是軀體的，見諸於外在的成就。不過軀體活動受意識指導，秉承內在的理念，這理念和宇宙理念同一根源，只是因為人有意識，所以為理念指引的軀體活動，有目的、有方向，並且能夠省察活動是否完全與理念相合，加上一貫的努力不懈，成為意志。若把這些內在歷程也看作行為或活動，是廣義的解釋，而且高於外在活動，因為這類活動更接近道理，有指道外在活動的作用。

如是人對自己負有道德義務，成己就是使自己成為合乎道德的人，

這是對於自己的理想和期望，實現這理想是自己對自己負責，負責自己的生活，維持自己的生命，使自己在人生中有了價值。把一己的價值只放在成己上目標太小，也低估了自己，所以要擴大到全人類，以至整個宇宙。那麼每個人都是頂天立地的，每個人都可達到和天地並列的地步。此時個人的生活，已經不再是只為自己，而要為天地立心（給無意識的自然以意識，即是彰明道理），為生民立命（給所有的人建立生命意義和價值），為往聖繼絕學（延續歷史精神），為萬世開太平（為今後的生活創造，也就是文化創造）。

四、認識人生

人生必須從個人開始。個體生命是人生的起點。認識人生是個人的主觀活動，所認識的生活可能只在個體生命的一方面，也可能遠超出於個體生命之外，囊括整個宇宙和無盡的時間歷程。

一棵植物從胚胎發芽滋長、欣欣向榮，到開出燦爛的花朵，香氣充溢、煦爛照目，顯示出一個生命的光彩；再到結成果實，達到生命的巔峰。然而花會凋謝，枯萎的花不再有光彩；果會乾枯，乾枯的果只能孕育下一代的生命，其本身終將會消失。

一隻動物如果是一頭凶猛的獅子，在牠壯盛的時候毛色斑斕，稱王於動物界，然而也可以被置於競技場裡，作為搏殺的對象。如果是一隻馴良的兔子，歡躍在叢草濃樹之間，然而也可以被人羅致，玩弄於股掌之上，最後遭受刀俎烹割。

動植物各有個體生命，在生活期間有一個個體；可是在個體生命歷程結束之後，個體也就不再存在，完全不存在。因為這一類的個體只有軀體，沒有精神、缺乏心靈。牠們死後本身消失了，也不會存在於牠們的同類或後代，因為牠的同類和後代一樣的缺乏精神，沒有心靈。

個體的人同樣會死。可是有些人的「個體」雖然早已死去，卻仍然活在人間，活在同類的人和後代的人之間，而且還會一直活下去。不過這只是「有些人」，而不是全部的人。是什麼原因在人類中形成這樣的差別？

是心靈、是精神、是「這些人」發展了心靈，建立了不休的精神；簡單一句話，是他們認識生活，曾經「認眞的」生活，而且認識人生。

人生是可以認識的，因爲人有認識的能力。認識是主觀的，所以「有些人」和「另一些人」認識的並不相同，生活的也不一樣。

生活是「個人」的事，如果生活的內容也全都是個人的，認識便會簡單得多，生活也會容易得多。我們已經把生活的內容稱爲經驗；而且把經驗的領域涵蓋物質和精神，那麼認識的對象或材料也就包括這兩方面，指經驗的整體和內容。而認識靠官能作用，要想認識得普遍而深刻，還要從官能說起，試舉幾種作用爲例。

(一) 訓練感覺的靈敏度以便察覺

哲學家認爲感官屬於軀體，有物質的機械作用；心理學中也認爲感覺是認知的初步歷程。經驗材料的接觸，必須透過感覺作用，故而可以把感覺看作是經驗的基本來源，而且在經驗中所占的成分最多，那麼儘量發揮感官的功能，是增加經驗的基本任務。

生理的機械作用，可以由訓練而成爲習慣性。也有些和物理的機械作用相似，因爲不斷的使用，由磨擦而滑潤便利；但是若長久處置，也會因積垢而運動不靈。感官似乎也有這種性質，即是常常應用便比較靈敏；如果用的太少，也會趨於遲鈍。在心理上甚至以爲大腦也有這樣的跡象，常用或失用，會產生效果的差別。

專就感官來說，在日常生活裡會有張目不見，充耳不聞的情形。即使是在一段時間之內，同樣的場合面對同樣的景物，其中的人，卻各人所見不同，而且有見多見少的差別。心理實驗曾經就著學習情境，區分智力、動機、興趣等，是造成差別的原因。如果我們設想此外還有一種因素，也是形成差別的原因之一，感官的運用便是一項可能。並且假定其他的一切因素都相等，例如：心理狀況、生理狀況等都一樣。唯有過去是否習於運用感官有差別，則經常運用的會因「感覺靈敏」而感覺得多；不常用的，將成爲「感覺遲鈍」而所得的少。如果這個假定可以成立，則感覺的靈敏度便是可以訓練的，而訓練則有些比較有效的方法。

　　以視覺為例，從視覺發展的過程說，首先是直視所能看見的部分，顏色的鮮明度有很大作用；其次則是「全體」，不過這全體仍然是基本的形象（或輪廓）和顏色，還是籠統而模糊的；再進一步，能看出全體中的部分，對某一部分可能看得比較清楚；最後一步，才能見到部分和全體的關係。有了這樣對關係的發現，才會覺察到細節，而有了「整體」印象。能夠達到最後一步，是通常所說的觀察入微；若停滯在前此的任何階段，便得不到完整的印象。習於用觀察，往往可以得到心理上的報償，能夠見到別人所見不到的地方，因此每一次觀察同樣的物件，都會有一些新發現，更能引起觀察的興趣，使人樂於觀察。

　　觀察一個物體，看到所有部分，盡可能的無所遺漏。在追查有無遺漏的過程中，對已經感覺到的，是覺察性的檢點，含有重復感覺的作用，並且使感覺的材料進入意識，才是視而有見。

　　如果這樣的訓練有效，則在生活之中無處不存在著感覺的對象，也就隨時隨地都能得到經驗。世俗所謂「事事留心」固然是感覺和繼起的心理歷程密切連接的結果，但是感覺靈敏乃是第一步歷程。

(二) 喚起意向

　　外在的感覺作用和內在的心理活動密切相連，很難作截然的劃分。所謂視而不見，聽而不聞，並不是感官「失靈」，而是缺乏注意。孔子說這兩句話的時候，還有一句作前提，是「心不在焉」。心不在焉是通常所說的不曾用心；也就是「不曾有意的去看或聽」。這樣說的含意，是看或聽，純屬感官活動，但是沒有意識存在；也可以說，意向不曾指向看或聽的對象，其情況是例如：看書，可以看見滿紙都是字，而那些字說明了「什麼」，並不「知道」；又如聽講演或唱歌，聽到「滿耳」都是聲音，可是那些聲音代表「什麼意義」，一樣的不知道。

　　哲學裡用「意向」這個名詞，可能重視主觀，是主觀心靈的指向，等於自己對自己的命令，把「心意」投向於一個客體上去。如果心意有了一個指向，通常的情形便是全心全意的。所謂「心無旁騖」，所謂「專心一志」，便是這樣的意思。意之所向，是個人的，一個人在一個最短的時間

內，情境中會有很多的物，可以成為「趨向」的目標，所趨向的唯一的一個，才是意向所指的；那麼同時存在的其他的物，便可能成為「指向」的干擾，而轉移心意，以致中途改變目標。同時還有許多內在的事物（保留於記憶中的印象或觀念），可能「觸景」升起，也可能由於某些隱含的原因而呈現，是另一種干擾的來源。也或者「心」處於靜止的狀態，無意於活動，那麼外在或內在目標都將引不起意向，成為既不「看」不「聽」，也不「想」的狀態。

這樣的情形不管屬於哪一種，都會造成失去經驗的結果，使這段時間在生活裡成為空白。在學習中討論「注意」或「注意集中」，想藉外在的助力喚起內在作用，方法都是有效的。但是注意或不注意，取決於內在的主體作用；也就是意向，故而主動作用必須從「主動」這方面著眼。

生活中最容易使主動屈服的，是本能的需要，因為本能的需要若得不到滿足，便失去了主動的力量。餓了必須吃，餓是需要，需要驅使意向指向食物，此時縱然有其他的目標存在，對於意向的吸引力也只居於次等地位。疲倦了必須休息，在疲倦的時候意向已經沒有力量。甚至在沒有任何本能需要存在的時候，意向也可能停止活動。因為意向代表力量，力量的消耗往往是對惰性的挑戰，使那個習於平衡的機體懶於改變。

然而「生活」的本質在於活動，活動是變化的同意辭。長期的沒有意向，等於根本上沒有活動。主動的保持活動和訓練感官一樣的，會收到靈敏的效果。意向可以把人帶到前所未經的境界，「意到身隨，別有洞天。」正是天地一沙鷗所企望的境界。

既然意向是主動的，無論對感覺或思想的材料，有意向便會立即予以注意。立即注意即是所謂之「機警」（alertness），全神貫注是意向發揮最高作用的狀態。在這種狀態中，任何干擾都被排除於外，可以達到廢寢忘食的地步。由此所得的經驗才會清晰、明白，而又深入底裡。

(三) 形成深刻的印象

這裡所說的印象，指清楚明白的記憶材料，存在於意識之中的，那就要先從記憶說起。

記憶是保留下來的過去經驗的內容。因為有和記憶相反的遺忘現象，人類曾經創造了一些工具和方法，以儘量保持記憶的材料，減少由遺忘而生的損失。歷史記載是其一，目前常用的錄音機、錄影機等又是一類。不過這些保留的方式，都是外在的。在需要的時候，要去重新閱讀或放映，畢竟不如保留在「本身」，可以隨時取用那麼方便。所以保持記憶，仍然是人努力企求的。

保持記憶的材料，以便其不致遺忘，等於使所經歷的事實或思想的內容，能夠再度呈現於意識之中，可以再次或多次的經歷。

從遺忘到記憶，中間有一些層次。所謂遺忘，便是曾經經歷的，但是已經毫無印象。不但不會自動（無意間）呈現，就是再度接觸同樣的材料時，也感到全然是陌生的，如同生平第一次遭遇一般。其次是雖然沒有清楚的印象卻彷彿存在，只是無從描述，要待那經歷呈現出來才能指認，甚至在若干個之中，指出所經歷過的那一個。測驗中所用的選擇答案，便多是靠這一類的記憶，稱之為「再認」。再次則是對所經歷的，留著清楚明白的印象，那情景或內容如在目前，可以一一列舉，完整的描述出來。這是意識中的表象，是靠回憶作用，等於把當時的情景再次製造出來，所以稱為「再生」，是「完全的」記憶。

由此可以知道，要保持完全的記憶，使經驗能在意識中再生，便要靠經驗時有深刻的印象。深刻的印象除了當時的意向作用外，在此後的時間內還有繼續的活動，便是回憶和反省。

研究記憶的效果曾經發現，重複是保持記憶的方法之一。重複的次數越多，而且分配在較長久的時日裡，記憶也就越牢固。我國古人讀書，一定要每日不間斷的讀若干遍，待到累積到毫無錯誤或遺忘的遍數才算讀熟。日後應用時，可以隨取即得。這種方法曾經被譏為不合心理的笨法，甚至記憶也曾受到唾棄。不過我們應該知道，強迫（被動）的記憶可能引起被迫者的反感和反抗，以致影響心理「健康」。如果出自主動，便不會有這樣的結果。而生活中常常要參照過去的經驗，很少人能夠忍受自己的過去，只是一段空白、是一段毫無印象的時間，何況人有追根究底的傾向。容格把祖先精神列為人格結構的一部分，那麼由記憶而留下深刻的印

象，還是生活所必不可缺的。

(四) 體驗與參照

生活的進步，固然有賴於人的智慧，進步的程度和速度，更有賴於智慧的累積。人期望知道自己的根源，因為最早的根源已經不能確定，所以宗教有上帝造人的說法，生物學有進化論，考古學仍然在繼續努力，心理學則說人要追求失去的祖先精神。這些說法都表示人的一種心理傾向，縱然一個人的生命只有一段時間是存在的，人卻希望在時間上是一個連續；不但要此後綿延不斷，還要銜接已往的無盡的時間。說孫悟空是從石頭裡蹦出來的，可能意味著動物不知道自己的根源，也不需要根源。動物不追求過去，也不關心未來，而只有現在；同時生活在現在的動物，只順應本能生命的繼續，此外更無其他。

人靠記憶而保留經驗，基於尋根究底的性質，我們可以問，保留經驗是為了什麼？無論從動機說或目的說，人既然自認是理性動物，便希求知道原因。記憶是人的一種能力，這種能力對人有什麼意義？又有什麼價值？

一個最實際的答案是：記憶對人有用；對人的生活有用。兒童因為玩火而燒痛了手，記憶使他保留這次痛苦的經驗，此後不再玩火；或者在必須接近火的時候格外小心，以免再次受到痛苦。於是過去的經驗，就是現在和將來生活的參照。免除那些有害的，無形中對現在和將來都會有益。依此類推，避免那些無益的活動，一方面可以節省精力的消耗；一方面可以把精力全部用於面對現在和將來的生活，生活才有了改善和進步。那麼每一段正在經驗的生活，也是正在體驗的，這切身的經驗自己知道得最真切、感受也最深刻，從其中得到了教訓以為下一步生活的參照。沒有記憶便每一天、每一個時刻，都要用「初次」的方式來面對生活，那麼錯誤的和無益的，就要迭次出現，出現過又忘了，等於沒有發生過。沒有經歷過，便無所謂改善或進步。

只著眼於實際，範圍還嫌太少、眼光還嫌太短。生活不是只有實際的一面，人已經有了精神生活，雖然精神生活也蘊含並顯示在實際生活中。

體驗和參照便是精神活動，感官—眼睛看不見這類的活動，只有心靈能夠覺察，能夠意識，能夠體會，能夠領悟。心靈的體驗和參照，涵蓋人的全部生活，並且包括前此、現在和將來所有人的生活。

　　體驗和參照不同於記憶。記憶只是保留，如同倉庫。保留在倉庫裡的東西，如果只是儲存在那裡便毫無用處，這項保留也就失去了意義。體驗和參照，則是隨時取用。重複過去的經驗，以對照現在的生活，從而發現更適當的方式或方法，使保留有了用途，用途在這方面說，便是一種意義。所以記憶和體驗與參照是相連的。事實便是如此。有了儲積，才可在需要的時候取之即得；儲積得越多，才會取之不盡、用之不竭。這裡所謂之多，在經驗方面指保留得豐富，而又清楚明白。一再的體驗是重複經驗，有助於清楚明白；多方面的經驗，等於儲積豐富，應用時可以信手捻來，不必辛苦的去回憶、去思量。

　　以一個人的經驗作為體驗和參照的材料，委實太少；如果以前此的無數人和當前無數人的經驗來體驗和參照，不但材料多出無數倍，也正符合人所企求的延伸生命的長度。把生命延伸到過去所可知的，可以體驗任何時期的古人生活，彷彿自己也生活在那個時候；可以參照古人的生活和自己的生活比較，經過若干世代經驗累積以後，有多少超越古人之處。體驗過去和參照過去，無論是屬於自己的或是前人的，都不意味著拋棄現在；不是要時光倒流，沉浸在美好的回憶裡。相反的，是為了改善現在，尋找對現在有意義的材料，還是針對現在。同時也可以發現過去和現在，存在著若干因果關係；而現在和將來也可能如此，為將來著想，對現在將更能把握，也更要慎重。

(五) 擴大生活領域

　　心理學家描述人的發展，從幼兒時期的自我中心到成年社會化，是由幼稚到成熟的歷程。我們知道幼兒的生活，從在母體內的時候開始。在這一段時間內，軀體和心靈都沒有發展到「自動」的階段，完全受母體的保護，然後來到這將要生活一百年的廣大世界。世界是廣大的，幼兒所接觸的卻很少：只有家庭中的人員和少數有來往的人。這時期的幼兒依賴本

能需要的滿足而生活，對本能需要的感覺全是個人的，所以只有「自我」（佛洛伊德所說的本我）；而這些需要的滿足，也就在一個狹小的空間之內，此外的空間由成人代為連絡。所以幼兒的生活領域非常有限，經驗範圍同樣的狹小。

待到幼兒區分出父母和需要的滿足不是完整的一體，父母在滿足自己的需要以外，對自己也有要求。自己不再能只有自己的存在，在自己的存在以外還有別人，是社會化的開始。於是作相當程度的適應別人，以滿足自己，出發點還是為了「自我」，可是已經不是直接的了，要經過一些曲折才回復到「自我」這裡。

等到能夠認識別人和自己同樣的是人，能夠體驗別人和自己有同樣的感受，而能互相參照的時候，自我之中便容納了別人的成分。這一類成分的增加，是自我的擴張。所謂容納了別人的成分，等於摻入了別人的生活，也就是把別人的生活領域和自己的連接起來，是經驗的增加、是生活空間的延展。此後隨著年齡的增加，經驗繼續增長，可以作無限的擴大。

在自我擴張的歷程中，無論擴大到如何的程度，始終以自我為核心，正如生活以主觀的個體為中心一樣。因而自我核心或主觀的個體，對經驗的吸收或生活領域的擴大，始終有最大的作用和最強的影響力。如果作用過大、力量過強，則會形成堅實的核心壁，限制自我的擴大，生活領域便無從開展，經驗便不能進入，成了「只為一己而生活」，除了「本身」以外，生活中很少有其他的人；縱然有，也只居於次要的地位。

像這樣一個主觀的自我中心，把自己放在第一位，也是最重要的地位。在生活中只有「自我」一個小天地，所容納的自然非常有限。在實際生活裡，以滿足「自己」為依歸，如果這樣的目的達到了，自我可以得到滿足，用世俗的話來說，滿足接近快樂，應該是快樂的了，而事實上卻不然。如同一隻籠中的鳥兒飲食無缺，卻不免於時刻企圖振翅飛出，寧可捨棄這份安逸的生活，願意自己去辛苦覓食，遭受風吹雨打。因為那個無垠的空間更有吸引力，和同伴振翅翱翔，自我有更多的樂趣。

封閉了自己，又怨天地過於狹小；拒斥了別人，又怪人和我疏遠；只為一己而生活，卻嫌生活沒有意義，真正的原因乃是生活的領域狹小，本

身以外的經驗都被排斥了。生活並非眞正如此，只要「開放自我」，打開或者化解那層壁壘，把別人和自己放在同等的地位上，甚至把萬物和自己結爲一體（不是據爲己有），才會有「天地與我共生，萬物與我齊一」的境界。

(六) 認識生活的意義和價值

生命或者生活有無意義和價值，在哲學中曾經一再討論。最後被接受的一個答案，是肯定的一面。儘管如此，一些有關意義和價值的疑問還是存在。例如：

> 人從何處來？將到何處去？
>
> 人爲什麼要活著？
>
> 怎樣的生活才算有價值？價值又是什麼？

這些問題很難有確定的答案，因爲在回答的時候，先要採取一個立場才好作答，而有了立場的答案，便不會是絕對的和普遍的。主要的在於主觀或客觀的差別。

對第一個問題是無法回答的，因爲我們誰也不是來到這個世界上的第一個人，無從知道來處；也不是離開這個世界的最後一個，不知道將會到哪裡去。佛家倒是有一個答案，便是「從來處來」，「到去處去」。這樣的答案對世俗的人來說，無從了解其中的奧祕，和沒有回答一樣。基督教的答案是「上帝」和「天國」，然而這樣的答案只能在信仰中去接受，無法驗證。孔子和實證主義者不願意爲這樣的問題煩心，不去討論它。看來在能夠得到完全滿意的答案之前，只好暫且擱置。

對於第二個問題，「人爲什麼要活著」牽涉到「生活的目的」，這裡便有了主觀和客觀的差別。

每一個主觀的個人，都有他自己生活的目的。在他自己來說，是爲了××原因而活。可是這樣的目的，並不適用於別的人，更不適用於所有的人。例如：一個人以積聚金錢爲目的，則賺錢便是他生活的意義。他可以

用任何手段去賺錢，只要錢到了他的手裡，他便體會到生活的意義，那麼所賺的錢越多，他的生活就越有意義。他可以偷、可以搶，可以把公款轉移到自己的名下。但是另一方面他的得，可能就是別人的「失」，是很多人的「失」；他的生活意義，對別人就毫無意義了。那麼把生活目的建立在「得」上，而所得的又不是自己「原」有的，就會有相對的「失」在，便失去了客觀的意義。

反過來從客觀方面說，這是超出於主觀個體的，是一個廣大的整體，那就先要決定從何處開始，才能說到目的或意義。從這一方面說，生活本身就是一個無盡的連續，沿著這個歷程生活下去，便是生活的目的；不過其中有一個潛在的傾向，「趨向於好的一面」。這裡的「好」字可能有幾個含意：第一，和現在比較，勝過現在；是積極的；第二，就現在來說，還存在著一些「不好」和「不夠好」的，使不好的消失便是好，是積極建立在消極上；把不夠好的改好，則是積極的。

對客觀方面作這樣的解釋，很難使人滿意。這是一個在根本上就不易從這方面解答的問題。既然是客觀，應該指所有的人，可是客體不會說話，代表作解釋的還是一個主觀的個人，這個人能否代表客體？在他解釋的時候，把自己放在什麼地位？他能否完全超出主觀、排除主觀來作解答？最後只好朦朧的以多數人的意見說，一定要問人為什麼要活著，那是因為凡是「活著的人，就『應該』繼續活下去。」任何一個人，可能沒有生活的目的，但是「應該」活下去。因為活下去是對自己的生命負責，於是便由意義而轉變成義務了，於是有了多數人不同意「一個人」自殺的行為這類的事實。

像這樣「活著就要活下去，很難成為主觀的生活意義。最好還是把問題留給主觀的個人自己去回答。若勉強以「客觀」為代表，可以作這樣的一個提示：「個人生活的目的由自己決定，這是個人的權力；個人生活的意義由自己去尋求，這是個人對自己的義務；但是個人的生活，必須以不妨礙別人的生活為原則。」

現在來談一下怎樣的生活，才算有價值這個問題。在談這個問題之前，先要把價值這個名詞略作解釋。

哲學裡常常談到善和美的問題，由於人有希求完美的傾向。我國哲學中的「至善」，西洋哲學中的「good」，是主要的論題。在這些討論中可以看出所希求的善，存在於理想或觀念之中，很難就現象界的任何一樣事物，來描述至高無上的善。

不過這理想或觀念中的善，也可以用例證來略相彷彿，就著倫理、審美、宗教可以作一部分的描述，但無法把至善完全形容出來。於是在倫理方面，講求行為的善；在審美方面，企求形狀、顏色、聲調的美；在宗教方面，趨向虔誠的信仰，顯示出人對完美的渴望與希求；在人本身所能作的，便是求自己的完美。人的完美見於行動和思想的表達，其中最容易感覺或悟解的，便是「秩序」。於是有了行為「規範」，有了美的「原則」，這些和儒家所說的最高的道理和法則頗為接近。因此道德哲學，成了人生重要的部分乃是人希望自己完美，也希求宇宙的完美，因為完美只存在於觀念之中，乃是精神的。

從近代有了「價值哲學」這個名詞以後，加上實證主義的影響，價值應用於經濟學裡，便落到了物質層次，而且用生活中交易（買賣）的事實來指認價值。對於人的衡量，不再以精神活動為準，而以功利或擁有的物質之類判斷，於是生出價值的混淆。所謂善行，不問行為的完美程度，而問一個行為對行為者有多少利益，或者能夠得到多少「利潤」；不問行為是否合乎「規範」，而問自己是否喜歡。把原來觀念中的絕對價值，變成了相對的，而以為價值沒有先在性，沒有普遍和永恆。這情形使得當前的人，一方面企圖現代化，一方面又懷疑現代化的價值。

談生活的價值，從上述的情形可以看出，先要有了價值定義。如果以為物質有價值，那麼價值便在物質上，企求擁有更多的物質，便可以算是生活的價值。如果以為徒然擁有物質，並不能使自己的價值升高，便要反回來再作一番思量，自己所希求的完美到底是什麼。我們知道在我們之前，曾經有無數人在這個世界上停留過，可是我們已經不知道他們是誰；另外的少數人，到今天仍然為我們樂於稱道，彷彿他們還和我們活在一起，是什麼使得他們的精神不曾隨著軀體的死亡而消失？

每個人都有權力選擇自己的生活，也能夠自由的遵從自己的生活方

式（但是要被多數人許可，那就是不妨害別人的生活）。至於這樣的生活是否有價值，卻不是自己的判斷就能決定的，因爲價值不在一時一地或一個人。既然其中含著「秩序」，一個人的生活不能成爲「人類」生活的秩序。

(七) 生活的微觀與鉅觀

生活是一個可以廣義解釋，也可以狹義解釋的名詞。不過無論從哪一個意義開始解釋，都不能拋開另一個意義。在廣義方面，限定於「人類」，就是全人類的生活就在這裡，雖然說是「人類的」，卻不能不包括其他的物類，以至於宇宙。這是鉅觀的看法，用最高效能的望遠鏡還是有看不到的地方。在狹義方面，以一個人爲單位和全人類比起來，實在渺乎其小。就連個人最切身的生活，也有細微到用顯微鏡看不出的地方，只好歸入微觀的看法裡。

個人爲自己建立了很多生活習慣，因爲自己習以爲常，便成了最適合自己的。於是在日常生活中的每一天，按時起床，按時工作，按時進餐，到按時上床入睡。這樣說這二十四小時似乎會很容易過去，可是其中每一個時刻，都有很多「可能事件」會發生。

例如：起床後第一件事可能是走向廁所，而在打開臥室門的時候，可能就會被掛在門框上的鏡框因落下而打在頭上。當然沒有人在走路時仍要防備著被鏡框打到，因爲誰也不會天天去檢查掛鏡框的釘子；可是在第一次掛鏡框時，曾否仔細估量釘子的大小和質地，以及負荷鏡框的力量和時間長度呢？這樣的事不會每天都發生，也不會發生在每個人身上，可以置而不論。

然後是廁所可能已被捷足者先占了，需要等候。幸而其中無人，也可能發現裡面的空氣欠流通；前一個用過馬桶的人忘了抽水沖洗，肥皂也不在經常放置的地方，毛巾也嫌太髒了。這些都是由自己料理，還是另有其人？

餐桌上，菜可能裝在不太乾淨的碗碟裡，碗碟的邊也可能有若干缺口。就算這些都沒有，菜可能不是「今天」想要吃的，口味似乎也不對。

好在這些都會過去。

　　以工作的人來說，要趕到工作的場地去；要接觸工作中的人，還要工作。這些可能都使自己感到順利而滿意，以喜悅、或至少如平常般平靜的心情度過一天。然而卻還有溫度的變化，衣服穿得太多或太少。穿得太少了可能感冒，那麼可能要去就醫治療；更可能要經過若干檢查，最後發現某一部分生理結構有問題。是什麼問題？人體由無數細胞組成，很難確定哪些細胞變了形！

　　個人也依自己的情感而有好惡。在一天之內，有些遭遇可能使自己高興，也可能使自己不快，以至煩惱或憤怒；而且尚不僅如此，還會想到已經過去的某些事件，因而產生不同的情感作用。這樣一來，一天的二十四小時所包括的並不止「今天」的生活。過去的許多時日，都或多或少的留下了印象，其中的某些部分在今天呈現，對今天的生活發生了影響。這些存在於意識之中，只有自己能夠知道，最精確的顯微鏡也檢視不出，只有用自己的「心眼」去觀察了。

　　生活的內容細微到如此地步，即使以一個人為單位，也很難觀察「入裡」，更不易觀察「入微」，故而無法一一枚舉。

　　若再就一個人的生活看，如前面所說的例子，就可看出個人的生活面，包括的多麼廣泛。鏡框不是自己作的，釘子不是自己作的，廁所裡的用具也不是自己作的，即使菜是自己燒的，然而菜卻是別人栽種的。一個人的生活，要仰賴許多別人，便不能把別人排除於生活之外，何況還有和自己搶馬桶的、同住的人，一起工作的人，以至相關的若干人。

　　生活裡人和人的問題最多，也最不容易處理。因為大家都是人，都擁有人的權力和自由，都有自己的好惡和過去的經驗。除非彼此不相往來，便不相干擾。然而每個人的生活都仰賴無數別人，所仰賴的人不同，卻少不了「和人」的交互活動。

　　就以只有兩個人的情境為例，兩個是平等的人，然而每個人卻只站在自己的立場上來應付對方，這「平等」的關係便很難維持。哪一個會放棄自己的立場，站在對方的立場上去對待他（對方）？

　　再由前述例子說，一個人和另一個人的關係？並不全然是「人」的，

常常要牽涉到物，有取予、共享、分配等情形，如何使每個人都滿意，就更加困難了。對人性善惡所作的判斷，多數是根據人對人；或者是人與人的行為中，牽涉到物而發的。

反觀自然界，從人類可見的天地到想像中的宇宙逐漸擴大，已經不再侷限於人所居住的地球，而利用人所造的工具放眼到太空。在地球上，人知道自己是萬物之靈，超出一切物類；至於廣大的太空，以至於外太空中，是否會有比人類更超越的動物在？這個問題，把人的觀點作了無限的開展，雖然有重估自己的價值或者懷疑自己地位的成分，可是站在客觀立場，又何嘗不是因為人能開擴胸襟、能放棄主觀而生的呢？

(八) 面對生活問題

倘若說，人生和人所研究的哲學一樣，有許多找不到最後答案的問題，可能不會太過分。因為人生問題和哲學問題，都在尋求普遍的解答。在人生方面，受不可避免的主觀因素限制，普遍性的答案幾乎不可能。人常常把某一個時間，或者以某一段時間的生活為根據來衡量人生，故而常會隨著時間的改變而改變。就以人所企求的「美好的生活」（the good life）為例，就無法以一段時間為準。從個人說，他的生活是他的「一生」，不是其中的一個階段；就人類說，生活是無盡的連續整體，不但不能以某些人為代表，更不能以一段時間為基準，雖然這樣的段落長於一個人生活中的某一段落。故而人生的問題永遠會存在，因為生活中就存著若干神祕性（難以解釋的），何況問題還層出不窮。

問題的存在，使人尋求答案，也使人困擾，於是人便生出一些應付問題的方法或態度。

第一種態度是感覺到問題的存在，同時知道不容易得到答案。既然不易得到答案，何必去苦苦尋求，反而失去享受人生的機會！還不如把精力用到「可以作到」的生活方面去，把這些不能解答的問題放在一邊，樂得自在。

第二種態度也是承認問題的存在，也知道不容易得到答案，不過卻認為不可因此就把問題擱置。只是解答問題這項工作卻不是自己的，應該

由別人去尋求答案。如果「你們」得到了答案，「我」樂得免除問題的困擾，或者「我」還可以譏笑「你們」的無能和愚蠢，或者時時予以督促。

第三種態度是面對問題，如果感覺到問題的存在，就把問題當作「自己的」，自己有解決問題的責任或義務。因為忽視問題，不等於消弭問題；推卸責任，不免於良心的自責；只有盡一己之力解決問題，才是真正的態度，雖然這樣作會給自己增加更多的困擾。困擾是無法避免的，生活似乎具有這樣的性質，不經歷困擾就感受不到困擾解除後的輕鬆愉快。一部人類生活史，就是如此編織而成的。

另外還有一種情形，就是在生活中於有意、無意之間，製造問題。所製造的，可能是真正需要解決的問題；也可能只是一些杯弓蛇影。無論是哪一種，都會成為相當的困擾。其中一個特例是，在這樣的情形下，所感受於困擾的衝激，遠超過要解決問題的動力。問題越積越多，一無解決的辦法：這倒是實在的，因為有些問題不是「真正的」問題，用不著解答，也無從解答；有些問題雖然須要解決、也可以解決，卻不想去解決。或者在下意識裡有一種決定：人生的定義就是「有問題存在」，沒有問題等於失去了人生的意義。

我們不能否認生活中存著若大若小的問題，尤其對每個人來說必然如此。例如：哲學家所說的，人在尋求「生活的意義」，或者說人在尋求「幸福的生活」，是每個人的問題，為這兩者下定義是個人的事。在諸多的定義中，所認為具有普遍性的一個：「發展個人，並求得心靈的寧靜」，是否能被每個人所接受？

結　語

人生是一個很難討論並解釋的問題，而且不容易在短短的篇幅中顧全；歷代先哲已經有了若干精闢的言論，不敢輕於比擬。作者不揣愚陋，站在生而為人的立場來談切身的問題，大概可以得到寬宥；而無法超越主觀的偏見，更是無可避免的。

從經驗的生活說，每個人都會經歷到歡樂或悲哀的時光，遇到一些可

歌可泣的遭遇，具有對自己生命歷程中的深刻意義和價值。然而若和無數前人比較起來，也可能瞠乎其後、微不足道。

因為每個有生命的個人都在生活中，還要繼續生活下去，那麼放眼人生就可從經驗的方面來說，除了本身以外還有那麼多別人，更有一個浩渺無垠的宇宙。比較起來，一身雖小卻有這麼大的空間任我馳騁；個人雖微，在天地間卻能唯我獨尊。我不但可以與天地並生，不但可以與萬物為一，而且可以在頃刻之間，追溯到億萬年之前，展望到億萬年之後；飛越到無垠的太空，甚至更遠。

這是主觀的作用和認識。從切近處開始，個體只占有當時所存在的地點，居於當時的剎那之間，而在這「點滴」的時空內，有多少生活的現象會發生。如果主觀嫌發生的太多，這「多」會成為過去；如果主觀嫌發生的太少，那麼還有「未來」的很多時間。如何感受現在，反省過去，準備未來，要主觀由自己決定，只有主觀有選擇和決定的自由。

生活必然要繼續下去。主觀沒有選擇或決定生命長度的能力，雖然可以加以「有限度」的助力：保持生理的健康或是戕害它。然而主觀卻可以自行認定自己的生活：選擇生活的意義和價值，決定生活的目的和方式，然後自己來實現自己的生活。

在這裡不但可以從自己過去的經驗，來選擇參照的材料，更可以從若干前人的經驗參照自己。參照的材料，都有相對性。從人所認識的價值來說，就有善惡、美醜和真偽。對於積極的價值，可以在理念中去尋找最高的極端，從精神領域裡去探索；至於消極的，似乎只能就著人的行為或現象比較，人想像不出極端的惡、醜和偽，可能是可貴的人的性質之一，人也不曾企求這些，卻只希求最高的善、美和絕對的真。人可以對自己的同類，或者其中的某些人感到不滿意，正如某些人對自己感覺一樣。

從前人或自己的過去經驗，人可以學習，特別是學習生活。前人可以教導後人，過去的自己可以教導現在和將來的自己。人類創造的歷史保留了前人的經驗；記憶保留了自己的過去。過去的已經過去了，卻可作為新生的素材；對於將來的自己，本身負有生活的責任；對於將來的世代，當前的人負有歷史的使命。那麼如何生活在現在，就要自己有一番認識，作

一番思考，作一個選擇，作一個決定。不過現在的生活，很明白的不只是
現在；個體的生活，也不只是一個人而已。

註釋

註1：P. Edwords, The Encyclopedia of Philosophy, Macmillan, N. Y., 民國57年臺灣版，2, p. 403-404.

註2：亞里斯多德的十個範疇是：本體（substance）、數量（quantity）、品質（quality）、關係（relation）、主動（activity）、被動（passivity）、空間（place）、時間（time）、情境（situation）和狀況（state）。

註3：康德的十二個範疇是：數量的──單體（unity）、多體（plurality）、整體（universality）；品質的──實體（reality）、反（negation）、限度（limitation）；關係的──主題性（substantiality）、基因（causality）、逆轉（reciprocity）；形態的──可能性（possibility）、實際性（actuality）、必然性（necessity）。

註4：狄爾泰的生活經驗範疇是：內外的關係（relation of inner and outer）、力量（power）、部分與全體（part and whole）、工具與目的（means and ends）、發展（development）、價值（value）、目的（purpose）和意義（meaning）。

註5：Martin Buber, I and Thou, Charles Scribner's Sons, 1958.

註6：Herbert Spencer, First Principles 1937; Principles of Ethice, 1937.

註7：參看R. M. Chisholm, Realism and the Background of Phenomenology, Glencol, III, 1960.

註8：C. W. Morris, Six Theories of Mind, U. Chicago, 1932, p. 153.

註9：J. Locke, An Essay Concerning Human Understanding, Yolton, N. Y., 1961.

註10：G. J. Warnock, George Berkeley. Meridian Books, N. Y., 1963.

註11：B. Russell, The Analysis of Mind, London, 1921, N. Y., 1924.

註12：A. N. Whitehead, Symbolism, Its Meaning and Effect, N. Y., 1927.

註13：蘇軾：南行集序。

註14：參見The Encyclopedia of Philosophy, Vol. 3, p. 134.

註15：莊子，齊物。

本篇文章取自：賈馥茗（1979）。從教育的立場看人生。**國立臺灣師範大學教育研究所集刊**，**21**，1-50。

第七章

從教育的立場看
人的行爲和習慣

在心理學的領域裡，行爲和習慣是一個主要的論題；尤其在應用科學方法研究心理學以後，注重觀察和實驗；又爲了觀察和實驗的便利，以動物爲研究對象，所以不但有了比較心理學這一個科目，也有了品性學（ethology）這個名稱，在這個名稱中所包括的一項以人爲研究主體的，當稱爲「人性學」，但是多數研究者還是以動物爲研究的對象。

站在教育的立場上，著眼點必須是「人」，因而談到人的行爲和習慣，便不能採取純心理科學的立場，也無法只以行爲主義的觀點和研究爲例。勿寧多採取一些社會心理學的觀點，也少不了哲學心理學的說法，這是本文作者必須首先申明的。

倘若把教育活動的目的看作是兩個人之間的交互活動，因而產生交互影響，影響的結果是兩者的思想和行爲，都會發生若干改變。那麼在教育歷程裡，就意味著從事交互活動的兩個人，有長幼之別；或者說，一個是成熟，另一個還在幼稚狀態。這年幼的一個有了活動的能力，也可以說能夠發出行爲，可是他將發出什麼行爲，則有賴年長或成熟的那一個加以引導、鼓勵和必須的矯正。因爲年幼者所發生的行爲，在年長者的期望之中，而且是有方向——是或對以至正確無誤，甚至可能是出類拔萃的。像這樣的行爲當然不能以曇花一現爲止，而希望利便並純熟，最後成爲近似如出諸自然的一般，甚至達到在同樣的或類似的情形中，所出現的必然就是這樣的行爲，而成爲一種定型。到一種行爲成了定型以後，便很難改變。因爲此時在行爲者方面來說，已經是很自然的要「這麼做」，而所謂的「自然」，含著很多「不由自主」和「不經思考」的成分；而且倘若不「這麼做」，便彷彿受到阻礙或挫折，會感到「不自在」，即是俗話所說的「彆扭」。行爲到了這種狀況，便成了我們所謂之習慣。

習慣的名稱很多，屬於個人生活方面的，和個性與愛好有關，可以歸入於生活習慣的類別裡；屬於技能表現的，和學習與工作直接相關，因爲其關鍵在於作業的方式和技巧，常被列入於方法技巧之中；屬於社會性的，多在和別人接觸時所表現的定型行爲，這就是人格心理學中所說的，人格是一個人行爲類型的系統。到了行爲成爲一定的表現方式，又能代表一個人的個性或特徵的時候，習慣的堅執性便相當高了。

我們知道習慣不是與生俱來的，而是在後天由於學習或重複出現而成。即使生活習慣含著很多個人情感的成分——愛好，也仍然是在生活中由於接近，多次重複而成，這就和教育有了密切關係。由此也可以了解，何以學習心理學如是重視行為的研究，不厭其詳的一再討論，因為由行為的學習和發展，最後將成為習慣，構成人格型態；其結果不僅是含有社會性、或道德成分的人格，而是一個人的整體。因為行為之中包括思想和認知的發展以至知識的獲得，而知識仍然包含在一個整體人之中。所以本文將就此加以闡釋。

一、所謂行為

行為的英文字是behavior或behaviour。這個英文字的形成，是把原來英文字的behave和法文字的avoir混在一起而成的。英文字的behave是「管自己」（control oneself）的意思；法文字的avoir則指擁有、獲得和感覺等。這個英文字形成以後，在心理學裡最廣泛的意思便是有機體的活動了。

我國和這個字意義相近的是「行」字。指人雙足交替的向前移動，在「行為」二字合用之前，常常只用一個「行」字。「為」字本意是指變化，早期常用作「行」字的代替字，行為兩字合用便是參照英文字而來。

心理學裡討論行為，不能離開發生行為的個體。因為生物界中能發生行為的是動物類，而又常用動物作研究對象，所以泛指研究對象的時候，便用有機體（organism）這個字，因為人也是有機的一類。如是把人和其他的動物放在同樣的層次裡，兩者都有類似的行為，可以分成兩類：其一是本能的行為，其二是練習的行為。

本能的行為是生而即有，無須學習的，如哺乳類的動物一生下來，便能吮吸乳汁；小雞孵化出來便能啄食等，以至於動物原有的「運動」特性。在環境中遇到突變而產生的反射動作或趨避運動，都是神經作用。

練習的行為是動物各就所稟賦的潛能，就其本質發展的傾向，可以在某些行動中因為重複動作，由艱澀而逐漸變為順適，並且由熟練而產生出

個別獲得的技巧。這是就著原有的又可能發展的，而形成的具有成就性的行為。

同時在練習的行為之中，由於動物特有的適應性，要適應環境情況而改變其行為，甚至改變有機的生理狀況，心理學中稱之為制約的學習或制約的反應。這一方面，除了完全決定於動物本身的以外，可以加上環境因素，或者由人為來改變行為的方向與方式，如是使得訓獸師對動物的訓練、使人對兒童的教導，都成為可能。

也由此在練習的行為方面，看出了和本能行為的區別。那就是無論動物或人，在練習行為中其行為有了意識，也就是受中樞神經的指揮。但是人和動物卻有不同之象：動物的意識作用不超出本能範圍，只要是和本能需要有關的行為改變，都可以有效。而人卻有自由意志，在意識裡不完全受本能支配，而可以加上本身的意願改變行為，或者並不改變。

如是便不能把人完全置放在動物層次裡，我們不得不替人另置一個層次，因為指揮人行為的神經中樞，除了知覺和意識之外，還有意志作用。這項意志作用使人在產生行為時，不完全受環境的限制，而能自作主張；對行為的產生，有了決定性的選擇作用。如是在練習的行為裡，對於人，除了環境因素外，還要考慮人的內在因素；在制約的學習裡，也不能像馴獸師般，只用食物或撫摸作為增強的刺激；尤其是對一個人本來不願意作的行動，只靠權威來強迫便不會完全有效，縱使一個人屈服於權威，作出外在可見的預期的行動，也未必和他內在的意志相合。而真正的行為練習，一定要內外一致才能夠有所獲得，並且在獲得以後能夠納入於行為系統之中。

在這樣的了解之下，便不能應用行為主義的觀點來解釋行為，因為行為主義的開山大師瓦特森（J. B. Watson, 1878-1958）根本不承認行為的意識作用，更反對在研究行為時應用內省法。於是客觀方法的應用，便成了行為主義最明顯的標幟，因而為了實驗，激進派的行為主義家如司堪諾（B. F. Skinner）便只好把行為解釋成是有機體對外在世界的活動；而在研究對象中偶而是人，要把語言列為反應的一種時，便不得不承認口齒的活動也在「活動」的範圍之內了。

　　倘若我們站在行爲主義的行列之外，以哲學的立場來解釋行爲，則行爲便是外在的活動伴隨著內在的作用，意識、意向和意志便在其中了。不過這樣解釋將使對行爲的研究產生一項無法克服的困難，那就是內在作用無由觀察；感官，特別是眼睛不能穿透人的軀殼，現在也還沒有這麼有效的工具補助感官的缺陷。

　　另外站在社會心理學的立場上，認爲行爲是「有機體」和環境的交互作用。這裡的有機體確定是人，承認人有作自我觀察的能力。這不但替「被研究的人」建立了一些特殊作用，也替研究者另一個人──建立了地位。那麼站在客觀科學的立場上，縱然否定了內省的主觀作用，至少還承認觀察者的客觀條件。所以觀察者可以就被觀察者的表情、姿態和手勢，來推測被觀察者的內在情境。

　　我們姑且不論觀察者的客觀成分，那將是一個永遠糾纏不清的問題。這一點很明顯，觀察者觀察別人的行爲，固然免除了主觀的內省，可是對於表情、姿態和手勢的推測與解釋，仍然是本著對於自己的覺察而推論出來的。這一點社會心理學家也無法從科學或客觀上爲自己解釋，甚至客觀的心理學家也無從自行辯護。

　　在諸多困難的情形下，站在教育立場，我們不得不認爲行爲兼含外在活動和內在心理作用；而在外在項下，還要包括表情和姿態；在內在心理作用中，還要包括思想和情感。

　　行爲包括思想和行動，可以推溯到笛卡爾（R. Descartes, 1596-1650）的二元論。一項行爲必然有心、身兩個造因。心是思想主體，由自省而覺知；身見於身體或身體的部分，在空間內改變位置而成的運動。這個觀念的來源雖然如此，卻還要加以詮譯，即是身、心不是兩個各不相關的獨立系統。在行爲的形成歷程中，兩者間有繁複的交互連結，故而從產生行爲的主體──人──來說，乃是一個整體系統。必須如此，才能在教育立場上解釋行爲；也必須如此，行爲在教育中才有意義。

　　事實上除了激進的行爲主義派以外，多數心理學家也都如此解釋或形容：思想是純中樞神經的作用，又包括記憶，以便從過去的經驗中彙集有關的資料，然後和情況中的資料相參照，而成爲辨別、認識，最後決定是

否產生反應或產生何種反應，而成爲含著意向和意願的決定；到了外在動作的出現，才構成行爲。其中所伴隨著的情感作用，在意向和意願中已經有了形跡。這種輕微的作用，積極方面成爲興趣、注意和熱心；消極方面成爲冷淡、漠視和厭惡。

以這樣的觀點來看行爲，行爲的涵義便相當廣泛了。第一、就外在可見的動作、表情和姿態來說，不能排除內在的知覺、情感、意向和意志作用；也就是必須把外在和內在通通涵蓋在行爲歷程之中，而整個的行爲是內外在連結而成的一個完整的體系。第二、內在的心理活動或心理作用，無論就一項或多項複合的作用說，也可稱作行爲；這一點也是若干心理學家所承認的，例如：桑代克（E. L. Thorndike, 1874-1949）早就說過行爲是人的一切作爲，包括思想和情感在內。

在我國，把內在的心理歷程和外在活動看成一體，而又作過詳細說明的，莫如王陽明。儘管我們今天都知道他的「知行合一」的論點，然而在他的論點之中，對內在和外在曾作過明白的解釋。試舉幾點來和心理學中所謂的行爲加以驗證。

1. 由知到行是行爲的全部歷程。王陽明說：「知是行之始，行是知之成。」（註1）是把知和行連接成一完整體系而說的。

2. 徹切的知即是行：原句是「知之眞切篤實處即是行。」「眞知即所以爲行，不行不足謂之知。」（註2）很明顯的是，此處所說的知和行，成了可以交互代替的概念，又有互補互成的作用。

3. 內在知覺歷程中的各項功能，是心理活動，但也都是行的一類；特別是學習中的心理活動，都是行爲。王陽明曾就學問思辨四種心理作用解說，認爲每一項都可稱爲行爲。（註3）

如是把王陽明的觀點加以詮釋用來解釋行爲，可以做成如下的說法：

1. 行爲應該作廣義的解釋，外在的行動或動作（表情、姿態都包括一部分軀體的運動，以至語言也有外在可見的脣齒運動。）固然可以稱作行爲，內在心理的功能作用也是行爲，只是這一類的行爲不可見。若從內在機能的變化來說，自然也有運動在內。

2. 以人類的行爲爲指標，應該強調心理、心靈或精神活動，而不徒以

軀體的機械性運動爲著眼點。因爲大部分人的外在行動，受內在心理的驅遣或控制，這一項控制作用往往阻止外在行動的出現，或改變外在行動的方式。若單從外在行動來認識或判斷行爲，便不會確切。

3. 有意識或受意志主宰的行爲在行動出現之前，先已有了內在心理活動。這些活動從行爲整個體系上說，是其中的一部分或一個階段；若專就這些活動本身說，也就是行爲。

4. 透澈的知要在行中得到驗證，不經驗證的知，是不完整、不確切的，所以不算是眞知。

二、行為的造因與改變

由前述對行爲的解釋看來，一個人在某一段確定的時間內，在他所處的情境中產生某種行爲，都會有其造因；也可能基於某些原因，把原可產生的行爲加上若干改變。試先從行爲的造因來加以說明。

我們既然已經知道產生行爲的主體是人，一個人行爲的出現和人本身一樣，少不了兩個必須的因素：時間和空間。那麼這兩個因素對於人的行爲，便有不可避免的影響作用。而就時間和空間兩個因素來說，在人類根據天文現象定出計時的單位和循環的週期以後，時間便有了確定的秩序和規律，人和時間有關的某些行爲也就有了一些固定的方式。例如：按時間作息、按時間進食，這些無須再列入考慮之中。

至於空間因素，就比時間因素複雜得多了。試把大的空間，如自然環境拋開，以人所最接近的社會環境來說，其中必然存在著別的人；而在一個環境中不只有一個人的時候，其中任何一個人的行爲，都會受到同時存在的別人的影響，並且不限於在當時出現在面前的若干別人。如是即使把社會環境縮小範圍，以情境來說，內涵裡仍然相當複雜。因爲我們固然可以專指某一個特定的情境，並且只以這個情境中存著的人而言，卻無法把那個行爲者曾經在前此的情境裡和別人之間的關聯剔除。因爲我們不能挖空行爲者的記憶、不能截斷行爲者的經驗，於是一個行爲的出現，專就其

即刻的造因來說還比較容易。若根究起行為造因的連鎖因素，便非常困難了。

這裡且勉強從簡單的情境來說，而且嘗試著從最簡單之處著手。那麼依照心理學和前述對行為的觀點看，所謂情境至少可以分為外在和內在兩種。在這兩種情境之中，都含有引起行為的因素。

外在情境能引起行為的因素，是所謂之刺激。刺激之能夠引起行為，在於促使行為者的感官發生作用。在這樣的說法之下，也有不同的理論，使得刺激的效果可能不同。例如：若照洛克（John Locke, 1632-1704）的說法，既然賦予物質以基本的品質，便是物質有刺激感官，使其發生作用的效力，那麼只要有刺激人便產生反應。可是若照柏克萊（George Berkeley, 1685-1753）所說的：「物之存在，由於被知覺」而言，除非是那個知覺的主體——人——的感官發生作用，刺激便沒有效力。印證實際的經驗，一則是我們有「視而不見」、「聽而不聞」的事實；二則是在實驗的情境裡，不但要設計情境中的因素，並且要把先在的因素列入考慮之中，否則對於一隻剛剛吃飽的動物，用食物作為增強因素時便不會有效。

因此我們這裡所說的外在情境因素，將不以有「時限」的為例，而以比較有普遍性、同時時間成分又不那麼明顯的為準。如是外在情境中能夠成為刺激而引起行為的，多半是由學習而來，縱或和本能的需要有關，也是就著需要雖經演化，而有了很多改變。那麼如果把物質視作一種刺激，這類刺激將是超出需要的限度，但卻足以引起行為者的注意，因而發生某些反應。反應可以見諸於外在的動作，也可能只是內在的若干變化。如是就在刺激這方面說是否有效，便不只限於刺激本身，還必須把反應者——人——計算在內，是這個人對刺激是否產生反應，有決定性的效力，因而使刺激有效或無效。

如此說，是從一開始行為之外在情境的造因，便已不全是外在的了。既然把人當成有決定性的作用者，人還是主體，人可以使外在的行為造因有效，也可以使其無效。這是站在教育立場上看人的行為所要堅持的一點，否則所謂「尊重個性」、所謂「人性尊嚴」，便都成了虛假的口號。

在以人為主體之後，再來看刺激使人發生的反應，以及如何反應，可

以排除許多因辨別刺激而作的多種反應的困難，專就物質這一項來說，恰好是如〈樂記〉中所說的：「感於物而動」。所動的，首先是情。在七情之中，可以歸併為兩類趨向：一類是有吸引力，致使人生出趨而就之的愉快感受；一類是有排斥力的，致使人生出避而遠之的不愉快感受。

如是在情感發生作用以後，便會有繼起的動作伴隨著發生。我們雖經把表情和姿態都列入動作之中，屬於哪一類的動作、動作的性質和表現方式，便由初始的情感作用來分別。於是有了各種各樣的行為，但卻可以統括於行為之中。

在此如果把「感於物而動」中的物，再擴大其範圍，不只限於直接的引起反應的物，而把一些間接的和物有關的都包括在內，情境因素便廣泛得多了。

心理學家已經把情境區分為外在和內在兩種。前面的外在情境造因，固然少不了內在作用，而純屬於內在造因的，即是完全在於行動者本身的，仍然可以產生行為，這就是心理學中所說的內在動機。

這裡說內在動機，得先把無意識的或下意識的排除出去，只就屬於意識層次的來說。目前強調內在動機最明顯的，多在人格心理學方面，如莫端（Henry Murray）所提出來的各種需欲（needs）；如自我心理學所強調的自我，都認為一個人受內在心理上某種目的的驅使，而產生種種行為。也就是說自己「做」些什麼，都基於某些自己的意願。縱然行為者自己不能把行為的理由說得很明白，行為的發出仍然還是有理由的。

從這一點上來說，便可以看出如前面所說的，在行為歷程裡有意動、意向和意願等作用。不過在這一類行為裡，把由外在引起的意動、意向等除外，專指自發自動的一類而言。

所謂自發自動的行為，以行為者本身為造因，不但有許多外在可見的行動，更有許多純屬內在的心理活動；後者中最多的，則是思想的一類了。

思想在於大腦，大腦的活動到今天還沒有透澈的了解。根據經驗來說，除了睡眠（作夢暫不視為思想，因為是在無意識狀況中出現的。）可以說大腦常常在活動中。不過由於思想的內容和歷程，我們分出了所謂之

空想、幻想和胡思亂想，不算在思想之中。因而在教育裡所說的思想，以現在的名詞說，便是解決問題的思想了。而在這類思想之中，問題縈繞在腦際，似乎是自動呈現出來。如果不想規避問題，不是有意的要把「思緒」排除，思想便會繼續下去而成為行為，而且成了自動自發的行為。在這裡解決問題便成了動機，思想便成了行為。

教育不但強調解決問題的思想，鼓勵從事解決問題的思想，並且進一步的由思想中去發現問題，等於是製造行為的動機；然後再就著所發現的問題，去思想解決之道。如是循環往復，這一類的行為便永無止境了。

思想這項大腦的活動和外在的軀體活動，有很大的差別。第一是軀體活動容易加以控制，無論控制出於自己或是外在，都可以因勉強而使活動產生或繼續，而且往往受外在控制力的影響更大。例如：一個人儘管處在生理疲勞的狀況中，卻可以因外在的強制或自己的意志力，仍然從事或繼續軀體活動，直到筋疲力盡為止。至於大腦的活動，便不是這麼容易受驅遣，尤其外在的力量，並不能真正的使大腦活動；只有本身的意志力，才有控制大腦活動的效果。然而在生理或心理疲勞狀況中，縱使自己願意，大腦也常常不能如願的活動，這是身、心兩者活動的最大不同之處。第二、軀體活動可以因為活動發生了或是繼續下去，便會有結果，當然結果的數量和品質會因生理狀況而異，例如：精力旺盛和疲勞兩種狀況下的結果將會不同，但是仍然還是有結果的。大腦的活動則不然，就是在自己勉強思想的狀況下，即使並沒有疲勞的感覺，苦苦思尋也不一定會有結果。由此可以看出勞心和勞力的差別。世俗往往以為勞力比勞心辛苦，是因為看到了勞力時汗流浹背、動作艱難的情形；而勞心時苦苦思索的艱難狀況，則是不容易看到的。也因為如此，使得大腦的思想活動，可以藉外在的姿態來規避或是停止，因而更影響了結果。

再就行為的改變來說，無論從人生歷程或學習歷程著眼，行為的改變可以分為兩類：第一類是制約，制約常常來自於外在的環境；第二類是自制，自制完全出於自動的意願。

學習中的制約（conditioning）說，自從巴夫洛夫（Ivan P. Pavlov, 1849-1936）用狗作實驗而提出報告以後，經過美國實驗心理學家而變成連接說

（connectionism），以至目前的增強（reinforcement）說，都認為外在的因素可以改變原來可能發生的行為，而使另一種行為出現。如果這樣的情形重複多次，可以使得原來的行為不但不出現，根本就不會有那種反應趨向，而逕自出現第二種反應。這種說法對於幼兒和兒童初期的學習，最為有用。因為幼小時期的行為出於自主的很少，而受環境的影響最大。那麼父母或教師若能善於運用增強作用，可以把很多本能的行為，變為「預期的」行為，使教育見出很大的效果。

在兒童逐漸長大以後，隨著生長和發展的結果，意志力逐漸增加，也就是其本身的意願有了主動力，制約或增強作用便不那麼有效了；而且一些表面上似乎有效的增強作用，實際上並非如此，沒有行為者自願的行為，只是受制於外在的控制，則在控制消失或沒有控制的情境中，增強的行為便不再出現，這就是教育中「他律」的效果的限度。

因此在改變行為這方面，還要強調出於主動的、自願的力量，要行為者自己願意改變其行為，成為「自制」的行為。

這類自制的行為，由於出於主動，是行為者自己想要而又願意的，所以無論在何種情境中都會出現：在有別人存在的社會情境中如此，就是只有自己的情境中也是如此，這就是我國先哲所說的：「不欺暗室屋漏。」

自制行為在生長的歷程中出現的較晚，因此可以說是由學習而得；改變也是基於學習而產生的。像這類因自制而生的行為改變，大體上也可分為兩類：一類是原有情感作用的，改變的形成由於自行的調節；一類是源自理性作用的，改變的形成出於意志的控制。

情感是與生俱來的，但是情感作用卻要有觸發的因素。每種情感作用都有其普遍的反應方式，不過因情感的強度而不同。大體上說，喜會生出愉悅的表現，愛會生出溫柔親切的表現，哀會有悲傷以至哭泣的動作，懼會有驚慌以至逃避的動作，怒會有揚眉怒視以至憤激的動作，惡會有厭棄的表現，欲會有欣羨的表現等。由於這些情感作用的後果，常常引起生理的變化和伴生的身體動作，一方面妨害自己的健康、一方面傷害別人的情誼，其中尤其以怒、哀和惡為然；至於欲的影響，常常不在切近的情境或短時間內可以明顯的看出，但是消極的影響力卻最大。

　　為了保持個人的健康，為了建立並維持良好的人際關係，人須要調節自己的情感作用，特別是對怒、哀等情感，要減低其強度，以免內分泌受到影響，也防止由憤怒而產生的暴戾行為。如是就以這兩者來說，可能的行為改變是轉怒為笑、保持沉默；或者轉換悲哀的情境，改以其他的情境來代替。至於喜、愛等情感，有負作用的時候很少，也就無須特別加以調節了。

　　受理性控制的行為，是後天在社會中發展而來的，源自於對自己或對自己以外的人和物所有的責任感或義務感。由這項作用而生的行為改變，原也包括改變情感作用的行為，前面既已把直接和情感作用有關的提了出來，這裡所針對的便是有關願意或不願意的一類了。責任感或義務感含著道德品質，關係著應該和不應該，如果說仍然脫不出情感的範圍，這裡所牽涉的只有願意或不願意，或者可以說喜歡或不喜歡。而由於理性控制所生的改變，常要把情感的方向作一個全然相反的扭轉，即是把不願意而應該的變成為願意，把願意而不應該的變成為不願意。只有在這種改變之下，才見出行為者的主動作用，而且是完全有效的。也只有在這樣的狀況中，人們所認為的最高層次的心理活動——思想——才能夠進行，進行之後才會有效。

　　現在教育中的問題便是，如何培養這樣的理性作用或者意志力，使學生能夠自動的改變其行為，把願意做的，因為不應該，而抑止自己不去做，並且進一步變成為根本就不願意做。反過來，把不願意做的，因為應該，而勉強去做，並且進一步成為本來就願意做。

三、習慣的性質

　　習慣的英文字是habit，源自於拉丁字名詞habitus，動詞則是habere，是「具有」的意思。西方哲學家中從柏拉圖開始，便說習慣是由學習而得的；學習的效果保留了下來，加上人的可塑性，便成了習慣。到了亞里斯多德以至於阿奎奈，從道德的立場上談到習慣，也以為是由練習而得；同時分別出「好」習慣和「壞」習慣；若就官能的作用來說，又有心智的習

慣，像思想和知識以及嗜欲的習慣，是由情感或意志促成的。

近代心理學中說到習慣，大體上認為是一個人的行為經常或自動的趨向於一種方式，由多次的重複而成。詹姆斯（W. James, 1842-1910）從生理和神經中樞著眼，以為從生理的觀點說，獲得的習慣是在大腦中形成的一條只能外洩的路線；因為神經中樞有伸縮性，使得外洩的路線由線痕因頻繁的流衝而加深，猶如衣服的摺痕，因長期重複摺疊而痕跡彰顯，習慣在神經中樞裡所留下的痕跡便是如此，最後成為一條暢通的大道。不過這條道路只有出而無入，表現於外在的行動便成了無可更易的一種固定方式。（註4）

習慣的形成有一個必須的條件，那就是一項動作的重複出現。可以成為習慣的活動，從無意識的、非自主的動作，以至於有意識、有知覺的活動，只要迭次出現於同樣的方式下，這種方式便可能成為定型，成了所謂之習慣。而習慣一經形成之後，便很難改變。這可以說是習慣的特徵，也就是詹姆斯所說的，在中樞神經構成了一條只能外洩，無由得入的通道。所謂只能外洩，便是經由中樞神經達到運動神經而成的行動，只有一個方式非此不可，除此之外別無其他道路，所以才有了定型。所謂無由得入，可以說凡是這項反應既然已經有了定型的宣洩方式，便不必再經過中樞神經從事連接，然後再定出路，成為實際上的習慣性活動，不再經過意識會自然的表露出來，而成了無意識的活動。習慣的膠著性由於此，難以改變的原因也由於此。

由於習慣的這項特性，使得人們認為習慣是人的第二性質（the second nature）。這固然是說習慣不是與生俱來，乃是後天獲得的；同時也意味著習慣具有和天生的性質般的力量，在形成以後，就成了人品質中的一部分，宛如生來就是如此的一般。後一種情形，即是心理學中所說的，學習獲得的內在化。到了內在化的境地，和這個人便不能分割了。

習慣既是由學習而獲得的，和行為便有了連接以至於密切的關係。如果說習慣開始於行為，則多次同樣的行為方式便可以形成習慣，所以也可以說，一項習慣就是某項行為的固定形式；而待到這項行為成了習慣以後，凡是再次出現時就必然依照那個固定的形式。到了這個時候，行為的

形式已不需要中樞神經的指揮，可以像反射動作般的逕自發出，因而在意識層次或知覺領域裡，並沒有這項行為的痕跡。那就成了世俗所說的，不自覺的動作了。

因為如此，使人對於經常出現的行為，在開始的時候須要注意，以免形成某種習慣而牢不可破，教育裡尤其注意這件事實。

在前面談行為的時候，曾經把本能的行為排除。這裡談習慣，卻要把和本能有關的列入了。原因是本能的行為無須學習，是一生下來就會的，是指活動的本身；習慣卻全然是學習的活動方式，這一類的學習可以使天生本能的活動，進入一種定型的方式中。因而對於本能行為的某種方式，可以任其自然的重複出現；也可以加以改變，使其經由另一種方式出現。

自嬰兒出生說起，可以由行為方式而成為習慣的，有飲食、睡眠和排泄等最主要的三項。這三項方式，照嬰兒的需要說，自然餓了就要吃、吃飽了就停止；睏了就要睡，睡足了就會醒來。食物經過完全消化就要排泄為大小便。當然嬰兒本身基於其生物性，有伴隨著的調節和適應作用；而且隨著生長，需要的次數和數量也會改變。但是也由於父母的養育方式，使嬰兒在這些本能的行為方式上產生了變化，並且增加了若干伴隨的行為。例如：母親哺乳時如果經常使嬰兒躺臥在床上，則可以使嬰兒成為一定要躺在床上才肯吃的習慣；如果母親經常把嬰兒抱在懷裡哺乳，便會使嬰兒養成一定要由母親抱起後才肯吃的習慣。其實嬰兒在飢餓時所需要的本是乳汁，在這兩種情況的任何一種中都會得到，然而卻因為母親所用的方式不同，而給嬰兒建立了不同的習慣。其餘的可以類推。這裡稱這一類的習慣，是和本能有關的習慣。對於這類習慣的養成，站在教育的立場上便不能忽視了。因為習慣所關聯的雖然是本能的行為，在習慣的建立上卻是學習的範圍。

嬰兒期以後年齡越長，所形成的和本能有關的行為方式也就越多，也可以說這類的習慣將與日俱增。

如前所說，吃的動作是本能的，動作的方式則可以成為習慣。於是待到兒童會自己取食以後，取食的動作方式便可以成為習慣了。就在這個階段裡，某些生活習慣將漸次形成，而且常依一個社會中流傳的習慣為方

式的模式。那麼在文化進步的社會裡，有進食時的儀態，譬如取接近自己的食物從容的放進口裡，然後細嚼慢嚥是文雅的儀態。每食都如此，便成了文雅的，爲社會所讚許的飲食習慣。反之，倘若任意滿座去挑選，搶到自己喜歡吃的東西便大口吞嚥，並且在咀嚼時發出聲音。久而久之，也就成爲個人進食的固定方式，在不知不覺中顯露出來，成爲社會所輕蔑的習慣。加上一個社會的文明狀況，取食時利用工具以後，若再用雙手抓取，置餐具而不用，不如此便似乎食不甘味，便也成了爲這個社會所不能接納或容忍的習慣了。

由本能到習慣，原只在於行動方式是由學習而來。可是到習慣形成以後，習慣的力量卻不在本能之下。這是就習慣形成以後的力量而言，和赫爾（Clark L. Hull, 1844-1952）在習慣形成中所說的習慣力量不同。（註5）

說習慣形成之後，其力量不在本能之下，是此時的個人處在一種情況之中：一方面是這項行爲方式，如像出諸自然，不但不由自主，而且不在知覺之中；另一方面是如果不由這項方式而行爲，便如同受到像本能需要的挫折一般，感到異常不適。

在第一種情形中，如果純屬機械性的行爲方式，也就是說完全屬於動作的，若不照著習慣的方式活動，不但阻礙活動的進行、減低活動的效果，甚至於使這項行爲根本就無法開始。例如：習慣於在起步時先邁出左足的，若使其從右足開始，便會延遲其開始的行動。因爲他必須先站定了，由中樞神經經命令右足行動，才能完成；否則可能成了雙足在原地交換動作一番，而沒有邁出這一步。這只是一個最簡單的情況而已。至於習慣之由於生理機能的，如左右手的應用者將更感困難。倘若是因藥物作用而產生的習慣，其力量便更加強大了。

第二種的情形是習慣內在化以後，已經成爲人的一部分。如果不容許這種行動方式出現，便等於是阻止他這個人的出現，或是有驅除他的意思。其後果是給這個人造成心理上的傷害，等於是否定了他的「自我」，而一個人「自我」的被否定，尤其是爲自己所否定，不但不能接受，而且無法容忍。在這種狀況中的個人，和他的習慣不但密不可分，而且可能已

經產生了感情！愛好這個習慣。事實上一種行為方式之所以能夠成為定型，可能是「日久情生」，也可能是由於開始時就愛好這種方式，才成為定型的。

四、習慣的類別和形成階段

一個人在醒覺的狀況中會產生很多活動，其中的一些活動方式成了定型，便成了這個人的習慣，所以習慣具有很多個人的成分，因而成為代表一個人的特徵。由是在人生長的過程當中，將會形成很多習慣，成為其特性的一部分。為了這個原因，可以站在教育立場上，把習慣分別一下，並且和年齡階段互相參照。如此說來，習慣大致上可以分為三類，即是（一）生活的習慣、（二）個人的習慣、（三）心智的習慣。從年齡階段說，生活習慣多半形成在幼年或兒童時期；個人的習慣多半形成在二十歲之前；二十歲至三十歲間形成心智的習慣，但在這個階段裡，心智習慣是否明顯的形成將因人而異。當然前兩種習慣也有很大的個別差異。又這樣的年齡階段，只是為了敘述方便而劃分，有些習慣在後一個年齡階段出現，但在前一個階段中已經開始了一項方式的趨向。

生活習慣是最基本的一類。每個人都要生活，而且都在生活之中。所以在習慣的形成上，有普遍性。然而習慣是固定的生活方式，各人的生活需要雖然相同，滿足生活的方式卻各各不一，因此才有了習慣的差別。

生活習慣中，從和滿足基本需要的來說，在嬰兒期已經開始，而逐漸形成。但是嬰兒還沒有太多活動的能力，因而嬰兒的習慣可以說全是由父母的養育方式而形成的。而習慣既是因為一種行為方式屢次出現而成，那麼出現得最頻繁的方式，就最先形成習慣。

前面曾經就母親哺乳時為嬰兒所建立的選擇臥處地點的習慣，這只是有關食飲的一項而已。就嬰兒來說，當母親們選用牛乳餵食，而不自己哺乳的時候，奶品的種類也有使嬰兒趨於習慣的可能。我們知道，嬰兒不可能自己去選擇奶品，而且在這個時候也看不出嬰兒對奶品的好惡，其所以接受某一種奶品而拒絕其他的品類，乃是因為習慣了他經常吃的那一種，

因此對於不常吃的才生出拒斥作用，這是由出現次數而造成的差別。這種情形到能夠表現好惡的時候，習慣了的便成爲所愛好的、不習慣的便成了不喜歡的了。在成人時期，對幼年常吃的食物仍然有著愛好，吃不到時便非常渴望便是這個原因。人們對於鄉土食物的讚美與嚮往，事實上乃是從習慣引發出來的情感作用。

　　從嬰兒期對奶品的接受或拒絕，到了幼兒和兒童期成爲對食物的選擇。當父母把兒童的「慣」或「不慣」解釋成「愛」或「不愛」以後，兒童也就學習到成人的說法，把慣而接受的當成了喜歡，不慣而拒絕的當成了不喜歡，由此對於初次吃到的食物，便有了先入爲主的成見：因爲前此沒有吃過而拒絕嘗試的食物，便成了根本不喜歡的食物，最終養成了挑食和偏食的習慣。

　　和飲食有關的另一種習慣，便是時間。嬰兒期哺乳的次數，曾經是醫學上對育嬰的方法爭論過的問題：有人主張定時哺乳；有人主張因嬰兒的需要而哺乳，決定嬰兒需要的信號，便是嬰兒的啼哭。但是這後一種主張，以嬰兒的啼哭來決定其飢餓狀況，也並非確切的根據。因爲就成人的經驗說，嬰兒除了在飢餓的時候會哭以外，尿布濕了也會啼哭，同時啼哭也是嬰兒肺部運動的現象。假如對嬰兒不同的需要全部用一種滿足的方式來滿足他，顯然不會有效。關鍵在於父母依照嬰兒的表現，自己去體會嬰兒的需要，不必以成人所定的時間距離，作爲嬰兒哺乳需要的準繩。不過我們可以知道的是，由於幼兒時期哺乳的次數，和其後進食的時間來說，可以有兩種習慣出現：一種是餓了便急不可待的要吃；一種是依照吃飯的時間進食。前一種容易養成吃零食的習慣。

　　嬰兒的睡眠習慣，常常和父母的生活有極大的影響。初生的嬰兒並沒有睡眠習慣，只是在其生理狀況的支配下，睏了就睡，睡足了就醒。待到年齡逐漸增加，睡眠的時間逐漸縮短，醒時漸漸需要遊戲，而且需要父母哄他。那麼白天睡足了的嬰兒，夜裡便要父母陪他，就和父母的睡眠習慣恰好相反了。這樣的嬰兒，進入幼兒期和兒童期之後，常常會養成遲睡遲起的習慣。雖然成人中有所謂白晝型和夜晚型，指其精力旺盛的時間，依自己而定和晝夜無關，但和幼年時的睡眠時間也不無關係，由此形成了日

後的作息時間習慣。

再就排泄來說，嬰兒期完全是本能的反射作用，其後父母才加以指教，使幼兒練習自行控制，而以固定的場所——廁所——作爲控制的工具。佛洛伊德（S. Freud, 1856-1939）曾經就著兒童如廁的訓練，提出人格發展的肛門階段。但就兒童的習慣來說，最重要的是每日大便的時間和次數；同時這項習慣，到了成人階段又和健康有關。而這項習慣的連帶作用，往往使人因生活常規的改變、廁所的設備和整潔，而受到影響。

在和本能有關的需要之外，還有更多的生活習慣，其中最主要的應該是整潔和秩序。整潔關係到健康，秩序則使生活有了規律。由是在人生中演化出來的，除了保持本身的整潔以外，還要保持應用器物的整潔，並且要保持所居環境的整潔。這些和秩序都有連帶關係，沒有秩序便無法達到「整齊」的地步；沒有秩序便無法維持「清潔」。如是在兒童期便要學習保管自己的玩具和用具、學習保持器物的儲存和收藏、學習隨時隨地注意環境的整潔，待到成了習慣以後，不但表現在個人的儀表、服飾、家庭或工作環境之中，並且會有不整潔便不舒服的感覺。

生活中含有很多細節，牽涉到許多極細微的活動，而這些細節又幾乎是每天都出現，且出現得極爲頻繁。要養成習慣，便是要依照固定的方式而活動，不容有改變、也不容遲延。因爲改變將破壞了固定的方式，遲延是阻止方式的出現，這樣長久下來，也會成爲習慣，而這種習慣則是和整潔秩序相反的，雜亂無章、偷懶怠惰。

生活習慣是從幼兒期開始形成的。我國早年小學教育從灑掃庭除、應對進退等方面學起，正是培養生活習慣最重要的項目。

個人的習慣從字面上看來，便知有明顯的個人成分，可以分爲動作的和嗜好的兩類。

屬於動作一類的習慣，最明顯的是語言、手勢、姿態和工作。就發展的順序來說，大致上也呈這樣的次第：由幼兒期發聲的練習到單字和詞，以至成爲簡短的句型；手勢始於嬰兒期無意識的揮動雙臂，到說話時成爲表達意思的輔助；姿態從幼兒期學習坐、立、行走，到兒童期坐、立和行走的姿態；至於工作，源自於幼兒期的遊戲活動中對手的運用，經過兒童

期運用手和腦的練習，到成年期才有定型的方式。統括起來，這四類動作方式到成年期才成為定型，而不容易改變；在成年期之前，改變的可能性較大。

語言中形成定型方式的，多見於說話時的口語。在一句話開始之前，或者每句話之間，加上若干不必要的聲音；或者說話的速度習慣於快或慢；聲調習慣於高或低。這些情況形成習慣以後，便成了一個人的特徵。所以我們對於一個人的辨別，可以在看見這個人之前，由其聲音和語言習慣得知。聲音固然出自天生的個別的發聲器官和結構；語言習慣則是後天養成的。至於口吃等有心理因素影響的，則不在此限。

手勢可以單獨用作表達的工具，也可伴隨著語言而出現。無論屬於哪一種，每個人都有自己的固定方式，就是在不須表達意思或不曾說話的時候，雙手置放的位置，也往往是一個人的表徵。在心理學裡，吮吸姆指固然是一種心理狀況的表現；就是在社會中，習於支頷而坐的，或是常常搔頭扭手的，也各自有表徵的狀況。

姿態的明顯表示，常見於坐立之中，這本是順應人類軀體骨骼結構而成的。然而由於各人順應自己的固定方式，而有了不同的狀態。照人體骨骼結構說，坐時以上身平直和下肢成直角為正常的狀態。這在儀容方面說，便是端坐的姿勢，和我國早年所說的「坐如鐘」（註6）相似。但是這種端然正坐的姿勢，在成為固定的方式之前，常常由於時間過久而疲倦，會自動的改變另一種形式，或者將上身後仰而倚在椅背上，或者將上身前傾而俯在桌面上，或者向左或右傾斜以改變上身重心的置放點。像這類偶然的變換，本是身體的一種調節作用，以免產生長久時間後的疲勞感覺；然而就因為重心的改變和力點的轉移，產生了比正坐舒適的感覺，以致長期的捨棄正坐的姿勢，成為每個人自以為舒服的姿態，此後只要坐下來，便出現這種定型的方式。

直立的姿態也是如此，除了「立正」以外，將兩腳略為分開，以雙足平均負擔全身的重量，保持脊椎骨直立的形狀，是適合人體的立姿，像我國早年所說的「立如松」一般。但是人的感覺和坐時一樣，常常在久站後要換一下姿勢，以致成為左或右歪斜的情形，至於彎腰駝背在個人感覺方

面說，可能是因爲初時覺得舒服而形成的。

工作的性質不同，應用的軀體部位和力量也不同。大抵開始一項工作的時候，若有熟練者指導應採的姿勢，可以省力而又使工作正確有效。肯於用心的人，能夠在嘗試中發現正確的姿勢；如果一直保持初次所採的姿勢，並不知道其不正確，將使此後永遠受到影響。我國在兒童入學後，教師便指導正確的看書、寫字、執筆等的姿態，便是希望由此而建立正確且使工作有效的習慣。

嗜好方面的習慣，並不是生活所必需，而是依照個人的愛好，勉強可以說是「愛」這種情感的擴張，然而愛某一個客體，卻不是與生俱來的，乃是完全由學習而得。如是如果把嗜好和興趣連在一起，可知興趣乃是培養出來的，其中愛好的感情是由於接近和頻數生出，如同思想中聯念的形成一樣。

嗜好的個人性非常明顯，然而卻常由一個人模仿別人而成。因此人可以各有所好，也會有很多人的嗜好相同。若推究人之所以會形成嗜好的原因，可能源自於人的遊戲活動。到了成人階段，一部分成爲謀生的工作活動，一部分保留下來成爲休閒活動，後者之中的一項便是嗜好的形成。用嗜好來補償工作中所缺乏的遊戲成分、用嗜好作爲愉悅身心的工具，以增加生活的情趣。所以由嗜好而成爲習慣的，多在成年前後在這個年齡階段興趣逐漸形成，也漸入於固定的方式。其程度強烈的，便成了生活的一部分，只是不似生活習慣從生活方面說，那麼普遍罷了。

就心智的習慣來說，如亞里斯多德的說法屬於高層次的習慣，和心智發展有密切關係。亞里斯多德所說的這類習慣指思想和知識，這兩者能夠形成習慣的，多半在於方法的運用和活動的趨向上。

光就思想而言，第一個可能成爲習慣的在用或不用上。我們說習慣於思想，常常是指遇到任何情況都會在不知不覺中加以思索，是否必須乃是次要的條件。至於不習慣於思想的，則常常在需要思想的情境中，思想並不出現，而代以其他的活動。

在方法的運用上，思想習慣多見於有效的思想中。即是思想活動依照一定的歷程，縱然所有的資料並未顯示出可以依循的次第，思想活動本身

即能將資料整理出頭緒，然後再從而思想。其結果往往是思想有了產物，也就是世俗所說的找出了頭緒，或者得到了答案。

沒有形成這種思想習慣的，並不是他的大腦不會思想，而是沒有思想的方法。思想沒有方法，便是思想沒有固定的方式，自然就談不上習慣了。而表達思想的工具是語言和文字，在這兩者中便可以發現，沒有思想習慣的，無論語言或文字都會出現雜亂無章、缺乏條理、沒有重點，或是一再重複。

由於思想和知識密不可分，可以了解倘若未曾形成思想習慣，便很難進入於知識，因為知識是思想的最高成就，其中所含的假設需要確切的支持；構成假設的觀念，需要充分的理由，而且可供一再驗證。這一類的習慣，應該以專題來作詳細的辯解，但是我們承認人可以建立這樣的習慣，而且很多先哲也在他們的思想和知識中揭示了出來。

五、習慣的品質和人格

亞里斯多德曾經指出習慣有好、壞之別，這就是說習慣可以用價值來衡量、來判斷了。不過在判斷習慣的好壞之前，先要建立一些判斷的指標，才能據以判斷。那麼可用的指標應該是什麼呢？

前面已經確定了習慣是固定的行為方式，所以習慣源自於行為，不過是行為中有了固定方式的一些而已。因此要建立判斷習慣的指標，便不能超脫行為規範。而所謂行為規範，是指社會性的行為；至於已經成為習慣的行為，所含的有關生活和個人的更多，所以縱使不在社會情境中，某些習慣還是有價值的區分。因此這方面的判斷，還要包括對個人的關係。

價值判斷屬於道德論的領域，論及行為的時候有善惡之別；就由行為而造成的事件說，則有是或非；若就行為的本身說，則有對或錯。善惡常指意動到行為的出現；是非指行為的結果；對錯則是行為的方式。這些又不能全部用來判斷習慣。而且習慣既然已經是定型的行為，便無法再從其進行或出現去根究，只能從習慣本身來說，仍然要以亞里斯多德所用的判別用語，以好或壞來區分。而好或壞則以一項習慣對所有者本身，以及其

社會著眼，並且以習慣者對其個人和社會所負的道德義務爲指標。因此習慣之可稱爲好或壞，以其所引起的影響是積極的或消極的作爲判斷。

就習慣對習慣者本身來說，可能產生的積極作用是對自己有益：有益於維持其生命、保持其生命，這是生物界中與生俱來的本能，也是具有生命的人對其本身所應負的道德義務。人之所以要在生活本能以外，爲自己加上這一層道德義務，是因爲人並不像其他的生物般，只生活在本能的領域之內。而是給自己擴延了本能的生活；所擴延出來的生活方式，並不是完全有益於生活的；那麼對生活無益的，也可能危害生活、戕賊生命。因此我們只承認有益於自己的習慣是好的，因爲這類習慣對自己產生的影響是積極的。反之，有害於自己的習慣，便是壞的了。

和本能有關的習慣，見於生活中的固定方式，因其與生命的維持相關，由對生命的延長或斷喪而定好壞，是以生命的物質現象爲準，比較具體而容易衡量。如果這些習慣關聯著心理作用，例如：喜歡、想要，那麼爲自己所喜歡的，是否因爲愉快而使自己受益，尤其是雖然明知其對生命無益卻爲自己所喜歡，又當如何衡量呢？

這樣的情形如果從情感著眼，喜歡或愉悅有益於心理健康，再擴大並升高可能會達到快樂的境地。而快樂也正是人所追求的目標，那麼站在這個立場上說，習慣之所以形成，原就含著喜歡和悅樂的成分，不然便不會允許其一再出現而成爲習慣。因此這是習慣形成時的問題，或是改正壞習慣的問題，不在判斷習慣的範圍之內。如果以個人對自己所負的道德義務而言，道德是理性的，要對情感加以調節，甚至要將情感排除，那麼這問題便不成爲問題了；甚至對於習慣之於個人，既無益、又無害的，也只能持保留的態度。在那種情況下，容或可以在價值判斷之外，聽任情感去作選擇。

就習慣對社會的利害來說，和對習慣者本身一樣，以有益於社會的是好的，有害於社會的是壞的。不過「社會」這個名詞，就其內涵來說，有組成社會的人和存在於這個社會中的文化——風俗、制度和其他的成就。那麼就可以說，一種習慣若有益於別人，並有益於其文化的，便是好的。反過來說，倘若習慣危害到別人、妨害到別人，與社會風俗相反，破壞制

度和已有的文化成就，便是壞的了。同時在社會文化這方面看，其中包括著傳統，即是久經流傳，有了固定形跡的，已經成為社會的習慣，通常稱之為流俗，是累積的習慣，因此其約束力便是要社會中的每個人，都依從這些習慣。如果一個人的習慣與此相違，便將視為是破壞的行為，便不被允許了。舉例來說，世界上絕大多數的社會，承認正直和誠實是道德，那麼說謊和欺騙的習慣便是不道德了。所以就一個人對其社會所負的道德義務來說，以其習慣之對別人，和對文化的影響來判斷，有積極影響的是好的，有消極影響的是壞的。

　　不過習慣和社會的關係，有一個頗值得注意的現象。即是積極影響的一類，往往被消極的一類所淹沒。縱然積極的也偶而被稱揚，卻不如消極的數量那麼多。這究竟是對社會有積極影響的習慣太少，或是太不容易形成，或者是對社會有消極影響的習慣容易顯示，而又容易形成呢！倒是一個值得研究的問題。

　　另外還有一些習慣對社會來說，談不上有積極或消極的作用，也可能只是「個人的」，然而卻為社會所推許以至讚揚，或者為社會所排斥以至輕蔑。這裡所說的社會是含著人和文化兩項內容的。這樣的兩類習慣，為社會所推許和讚揚的，便稱之為好習慣；其為社會所排斥和輕蔑的，便被稱作壞習慣了。事實上這些若僅止是個人的習慣，前者對社會沒有明顯的利益；後者對社會也沒有明顯的弊害，然而卻同樣的予以價值判斷，或者這一類和一個社會形態有關。

　　站在教育立場上，對習慣不免要作價值判斷。但教育的重點，卻不應完全放在判斷工作上。因為習慣到了可列入於判斷的時候，已經成了一種行為的固定方式。教育的任務，要放在習慣形成之前，根據判斷的指標，一方面積極的建立好習慣、一方面消極的防止壞習慣的形成。從這兩類能夠形成習慣的行為開始，對好的予以鼓勵或增強，使行為多次出現而成為習慣；對壞的加以抑止或轉變，使其出現的可能性降低以至於無，並轉而趨向於好的一類，要比習慣形成之後再來判斷，將更為有效；尤其對於壞習慣，待到形成之後再來改正或改變，明知其極為困難，便要從開始的時候特別注意。

由於習慣是行爲的固定方式，也可稱爲「行爲的類型」。而行爲類型構成系統，成爲明顯的徵象以後，就成了人格的一部分。這是因爲人格是人在社會中形成的，是別人心目中所有的關於一個人的總括概念；而別人對一個人的衡量，自然以所能感覺到的行爲和行爲結果爲準，習慣則是一個人行爲中最固定的表現。於是習慣的品質和人格的品質便有了密切關係，當世俗中說「某某人的習慣很好時」，便「意味著」「他這個人不錯」；而在說某個人「習慣很壞」的時候，對這個人也就有了貶抑的意味，這兩者便都成爲由習慣引證的對人的評價。因爲在這種情境中，把習慣看成爲習慣者的品質，成爲習慣者「這個人」的表徵，內涵裡所指的便有了人格的成分。

我們知道人格成分不只是習慣一項，在談人格的時候也很少從習慣來說，有些人格心理學家用「傾向」。假如不嫌牽強的話，可以做一番推究，便將發現「傾向」在行爲方面，包括意向在內。有固定的趨向於一個方向的形跡，而固定的趨向於一個方向便成了習慣。如是以佛洛伊德的理論爲例，本我占優勢的，便趨向於本能需要的滿足，所表現出來的行爲，也就多屬於這一方面；自我占優勢的，便趨向於本能需要和社會道德法律的調和。所表現的行爲，也就多屬於受知覺和思想指引的一面；而超我占優勢的時候，所表現的行爲，便多是以道德法律爲依歸，一絲不苟的一面。這些既成爲代表一個人的明顯徵象，恰正是這個人習慣性的行爲表現。佛洛伊德所說的這三類人格系統，是在出生時便具備了發展的可能性；然而究竟哪一個系統會占優勢，是日後因學習而發展形成的，在這裡教育便顯出了極高的功效。那麼站在教育的立場上，要培養「理想」的人格，便要注意習慣的品質，養成「好」習慣，也就是使理想人格出現的歷程，而教育的責任有多麼重，也就不言可喻了。但是我們要明白一點，這裡所說的教育並不專指學校教育；尤其從習慣的形成來說，是從嬰兒期已經開始，那完全是父母的責任；若從人格的發展來說，佛洛伊德學派都認爲在五歲之前人格已有了雛形，這一段的教育還是父母的責任；至於此後一些個人習慣和心智習慣的形成，則父母與教師都有責任。因爲行爲之成爲定型，必須是沒有第二種方式，是要朝夕如一、始終不變的應用同一個

方式，縱然是學齡兒童或青年，家屬仍然有觀察指導的義務，不能完全責成於學校。

註釋

註1：傳習錄上。

註2：傳習錄中。

註3：同2。

註4：W. James, Psychology, A Brief Course, Collier Books, N. Y., 1962, pp. 150-165.

註5：C. L. Hull, A Behavior System, Yale U., New Haven, 1952.

註6：「坐如鐘」這項有關儀態的說法，見於《禮記》。原因是我國古代還沒有椅凳之類，乃是席地而坐。小腿屈曲於最下部，便成了「鐘」的形狀。若以目前坐的工具來說，不會再成為鐘形，但保持上身的直立，仍然是正確的姿勢。

本篇文章取自：賈馥茗（1980）。從教育的立場看人的行為和習慣。**國立臺灣師範大學教育研究所集刊，22**，1-19。

下 篇

教育的本質

第八章

教育學的方法論

導　言

　　人類教育的史實已經存在了數千年，而當目前學問門類繁雜到如是程度的時候，教育學仍然尚未形成一門系統的學問。當田培林教授率師大教育研究所學友論著《教育學新論》時（註1），即曾有感於此，筆者於結論中亦曾指明教育研究是爲教育學建立方法論的一個途徑。嗣後即常沉思冥想，區分教育學之方法論與教育研究法的差別。《教育學新論》的讀者當知該書對教育學及教育兩者曾做明晰的劃分，可以推知教育學之方法論與教育研究法亦應有所不同：教育研究法是基於教育是「實施」的觀點，斟酌切合實際研究的方法與技術，著重於實際的技巧；教育學方法論則是基於教育學是一門「學問」，探討研究此門學問的方法與技術，著重理論的指引。以實施爲重的需把所用的方法與技術就研究問題的性質而加以限制與確定，以求其切合實際；以理論爲重的則不受時間與空間的限制，而在求普遍的原則。基於此，本文主旨將以教育學之研究爲體，論述所應用的方法，教育研究法將涵蓋於其中，但以方法之理論的探討爲重。

　　談到一門學問的研究方法，必然先要確定研究的目的，明瞭研究的特質與研究所涉及的範圍，才能根據研究的原則，決定研究的趨向或途徑。本文即依此數端，分別予以探討。

一、教育學研究的目的

　　欲確定教育學研究的目的，須從教育事實說起。而教育事實的存在，是由於受教育的對象——人——而生的，人自有其獨具的特徵，而人又生活於社會之中，社會是空間，人生的歲月又有限，但是在一個空間內同時生活的一群人，卻不因死亡而中斷，故而一個空間並不是孤立的單位，有一種人爲的關係把生活於一個空間內不同時間的人聯繫在一齊，又把若干空間的邊際擴展，連結成更大的空間，從事縱的連結和橫的延伸的是人，是因人的教育而做成的縱橫交織（註2），對這種事實探討的是教育學。教育學是論教育原理原則的學問，用以指引教育事實的改進與發展，最終

再歸結到人的教育上，期望受教育的人能夠保持人性的特徵，且從而發展之，達到更為理想的地步。

(一) 明瞭教育事實

　　教育學研究的目的之一，是求明瞭教育事實。但是所要了解的，並不徒為教育事實的片段；也就是說，不僅在於認識現況中的孤立事實，更重要的是追溯事實發生的起源，其中又不只包括個別事實的因，而是以整體的造因為主。基於這個觀點，所要了解的便包括：第一、何以在宇宙萬物之中教育是人類獨有的事實？第二、教育事實對人類的作用何在？第三、教育事實的發展，應該遵循何種途徑？

　　為解答第一個問題，必須從人類的特徵說起。人類的第一個特徵，是在生活過程中幼稚期相當長久。在生長發展到成熟之前，無法獨立生活，不藉成熟者的養護，便無以維持生命；且在達到生理成熟之前，不靠成熟者的教導，成長後仍然無以謀生。這一特徵，使教育成為必然。要年長的一代（通常指父母而言）提攜奉扶，以待幼兒發展出動作的能力；待到行動自如之後，又要教以辨別事物，以攝生而避害；更進而教以取食與處人之道，作為獨立謀生的準備。即使在初民時期，取食禦寒及躲避災害的方式非常簡單，仍然有若干技巧需要學習才能嫻熟，教育便是適應需要而生的事實。人類的第二個特徵，是具有優越的智慧，伴隨著智慧的是好奇和探索。因為好奇，所以時時追求未知；因為努力不懈的探索，所以終於有所發現，而且發現層出不窮。這一特徵，使教育成為可能。長老的知識和經驗，可以滿足幼者一部分好奇心，也可將所有的技巧傳授給幼者，幼者靠其智慧從長者處學習，也靠其智慧再自行發現新事物和新技巧。如是教育的事實不但繼續存在，而且教育的內容也迭有更易，且是逐漸趨向於進步的方面。其間更由於人類的智慧，創造了語言和文字，不但有了傳達意見的符號，而且可以將重要的意見或事實記錄下來，使遠隔若干時間或空間的人們，雖然素未謀面卻能接受一方所保留下來的意見或經過。人類的第三個特徵是具有理性，能夠從事判斷和選擇，判斷所應行的，選擇對自己有益的。在學習中便能截長補短，使之日新月異，形成人類進步的迅

速，也鞏固了人類超越萬物的地位。這一特徵使教育成為有效的活動，也促使教育目的的確定，從人的發展和進步著眼，將人從若干野性未馴的動物之中劃分出來，成為傑出的一種；更進而成為統御事物，運用事物，而求最高理想的實現。

　　動物之中，即使被認為智慧最高的猿類，也未形成教育的事實。因為猿類的智慧，不足以創造出有系統的符號和文字；而猿類的好奇與探索，只限於取食或遊戲，在其同類之中，可能有近似人類學習的活動，然而活動的範圍，不出實際具體的動作之外，沒有抽象活動的形跡可尋，也看不出理性作用的表現。智慧最高的動物尚且如此，其餘等而下之的，自然更無庸多述。因此人類成為最超越的動物，教育也成為人類獨有的活動。倘若人類沒有其所獨具的特徵，可能仍然停留在最原始的狀態，與鳥獸為伍，只有生物性的活動而沒有教育。

　　為解答第二個問題，教育事實對人類的作用何在，可以從第一個解答中看出端倪。為了維持生命，所以人類需要教育。然而動物都有求生的傾向，維持生命乃是先在的要求，其他動物沒有教育仍然能夠生活，人若從開始時便沒有教育的事實，似乎也應該和其他動物一樣，依舊能夠生活。這一假想似乎也有成立的可能，但關鍵是生活有差別。動物之沒有教育的生活，只是生命的維持和種類的延續，兩者最主要的活動是食物和繁殖，是生物性的最低級的活動。如果人類也和動物一樣，只營最低級的生活，固然也可以維持生命和延續種類，但卻將停留在與禽獸無別的階段，無法超越於禽獸之上而成為人。人之能夠超越於動物之上，達到與禽獸有別的地步，便是因為人比動物有較多而較優的東西，這種東西不是在低級生活活動中所能得到的，必須以超出動物之上的活動來獲得，成為人異乎禽獸而為人的因素。由是人之異乎禽獸的特性，是超出動物之上的人性，人性之中包括其獨有的特質。

　　人性的特質之一，是在生物需要的滿足之外，還有更高需要滿足之事。這種需要不屬於具體的物質之獲得，而是抽象的內在感受，心理學家稱之為心理的滿足，哲學家稱之為精神的滿足。以滿足的品質來說，稱之為精神的滿足比較恰當。精神滿足的需要，見諸於飽食暖衣之後，仍然感

到有所欠缺，仍然意有未足，即是仍然有所願望。所願望的不在於物質，而是精神的。若干快樂主義者以為是追求快樂或幸福。然而名之為快樂，則不免包括過多的情緒成分，進入於一種心理狀態，這種狀態使人愉悅，但卻不能與常態相合。名之為幸福又不免失之抽象，因為幸福的概念人各不同，難於確定普遍而統一的定義，作者以為不妨稱之為心理的安寧。寧靜本是心理常態，沒有過分的激動，也不致於消沉，是安泰而和樂，愉悅而舒暢的心理狀態，是精神的怡然自得。只有在此種情況中，才能感覺生命的意義與價值，才能體驗生活的滿足與安適。

　　人性的特質之二，是群居的傾向。一方面要依賴於人以為生，一方面要依附於人以自慰。因為人在物質方面需要互助合作以互通有無，在精神方面又需要互信互諒以溝通情感。為得到人的幫助，便要與人合作無間；為得到人的信任，便要竭誠相見，於是處人必以道。而處人之道，在於推己及人，己所不欲，勿施於人，遂生出處己之道。處己之道在律己，處人之道在恕人。善處於人己之間，才能實現群居的需要。由於人各不同，律己待人之道便複雜萬端，需要學習、涵融且身體力行。消極的免除人與人的爭端，積極的建立人與人間的諧和關係，使人在群居生活中，各得其樂、各安其生。

　　教育的作用，便在發展人性，滿足人生，且使人生日新月異，人性止於至善。

　　第三個問題是教育事實的發展，應該遵循何種途徑。從第二個答案看，教育的主旨在於發展人性，由人性的發揮而使人有人的生活，生活不能缺少物質，人生尤其不能沒有精神，則教育事實的發展，當以物質的認識與獲得為基，而以精神的安寧與發揚為頂。分別來說，物質的發展是切近的目標，因為沒有物質的供應便不能維持生命；精神的發展卻是終極的目的，因為沒有精神的領受便不能成為人。在人生的整個歷程中，物質的發展只是方法（means），精神的發展才是目的（ends）。物質的滿足是生物的需要，人卻不甘止於物而已；精神的滿足才是人的需要，人希望能夠成為人，這是教育事實之所由生的原因，也是教育成為人所獨有的事實的道理，更是教育發展途徑中永遠不變的方向。

　　然而人並不是完美的，因爲人的不完美，常常被切近的冪幕所遮蔽而短視，當其際便不免使人性被獸性所遮掩，故而歷史上有喻於利的戰爭而致互相殺伐，也或因唯利是圖而趨向於物質。在這種時候，人性失去光輝，獸性占優勢，幾乎使人自趨於滅亡或降至動物階層。幸而人性之優越始終一靈未泯，往往能夠在陷溺極深的時候覺醒，再事匡正，再回復到人的地位。人類歷史之得以延續便常常是在危急存亡之秋，靠著一線靈光補偏救弊而來。教育應該接受歷史的教訓，將目標指向於最高、最遠的方向，發聾振瞶、喚醒愚頑，把每一階段中當前的事實和終極的目的對照，校正方向使其永遠面對著人性發展的一面。

(二) 比較社會演變

　　由於人類群居的需要而形成社會組織，在一個社會組織中共同生活的人，因爲生活的相似性而表現共同的趨向，趨向逐漸成爲方式或類型，成爲對生活於其中之人的無形約束，便構成人和社會類型間錯綜複雜、交互作用的關係。關係越複雜所占教育內容的分量也越多，也更增加了教育的重要性。因此教育學之研究，便要以這些教育之所由生和教育之所由成的複雜因素爲一種對象。從社會組織的原始看來，其原動力是人，人是世代相傳、生生不息，而且日新月異的，本原上便存在著變動不居的主因。所以一個社會絕不會停留在原始的型態中，而是依照人類進步的方向而演變。其間人和社會的交互作用原則上雖然不變，但作用的內容卻各有不同。教育便是隨時把更易的內容提供給幼稚的一代，使每一新的世代能夠在變革的社會型態中仍能應付裕如，於是比較社會演變，尋繹出每一演變後的社會類型的特徵，並決定演變的途徑，以決定教育內容所應採納的新材料，便成爲教育學研究的目的之一。

　　社會演變可以從社會結構、民族性、和社會動力三方面而言。

　　社會結構受自然環境的影響，如地理、氣候、天然資源等，因爲這是決定生活的主要因素。從初民的結合到十九世紀，社會結構多數基於自然的限制，即是按照人們所生存的自然環境，採取一種生活。生活於平壤地帶、水量充足，適合於農耕的便形成農業結構；生存於山地而林木水草

豐饒、獸類眾多的，使形成畜獵結構；生存於沿海或內湖，水產豐富地帶的便形成漁業結構。其結構的主旨，是由於維持生活的資源相同，蒐集資源的方法與技術相似，可以互助合作，也可以各有特長而截長補短。如是便在無形中有了一種默契，有無相通、患難相恤，而且可以非正式的交換取給資源的方法與技巧。在這種情況中，生活所需的物質來源有賴於自然的分布，獲取的多少全憑一己能力的高低，人我之間所需於競爭的少而要互助的多，結構力由於善意的協助而少利害的衝突，是由敦厚的情誼所促成。因為這種社會結構的特點，是人在自然中奮鬥以求生。奮鬥的目標是自然，而且這是人人相同的一個目標，人和人站在同一陣線上，因同情而生的結合力比較堅強，故而這類社會中人和人的關係是平和的，是情感的互依互信。

由農業和漁獵社會的發展，可見出農耕生活比其他兩種更為安全，而且農耕地區比較容易開闢和控制，所以從事農耕生活的人數逐漸增加，農地面積逐漸擴展，農業結構的社會成為最有代表性的社會，農耕生活成為大多數人生活的類型，其中所包括的各種型態便因而逐漸發展到日益複雜的地步。

農耕生活的特徵，是一方面靠自然現象的變化，也就是靠風調雨順，以便按時播種，按時收穫；一方面靠人的勞力，多一分耕耘便多一分收穫。前者是靠天吃飯，因而對天時便要耐心的等待，並以熱切期望天時正常配合等待的心情，所需要的是忍耐；後者是靠己謀生，要隨時準備付出最大的勞力以換取豐足的收穫，所需要的是刻苦。如是在工作時期，各人從事其本位的工作；在等待時間則可互相交往，或做些合乎公眾興趣的活動。彼此之間所默契的，是互不干擾卻又能在必要時互相幫助，成為抽象的結構關係。這種關係出自於敦厚的情誼，由此所成的社會倫理便成為教育內容的一部分，教人相處之道以便共同生活。

農業社會經過若干年的演進，由於人類所發明製造的事物日多，生活方式日趨複雜，有無的交換不再僅靠向日中之少數人自行交易，往往因地域間隔、轉運需時，遂有一班人專以貨物之轉易為業，而且為了貨物易於儲積，選擇人口比較密集的地區為固定場所，這些場所且必須是水陸交

通方便之處，這便是商業都市的由來。另一方面，由於生活和工作所需的器物日益繁雜，而且需要大量增加，不是農耕之餘的製造所能供應，便有了專門以製造爲業的人，這些人也以人口密集、交通便利的地方爲工作場所，以便製品容易銷售，遂使都市不僅商業發達，而且成了工商薈萃的地方。

工商業的社會結構，不似農業結構之因爲工作相同、奮鬥的目標（與自然爭競）一致，而成人與人間的敦厚情誼，而是同業相競的人和人之間的利害衝突；也就是說，通有無的人不是屬於同一社會中的同業者，而是另一社會結構中的消費者；與其生存於同一社會的人，競爭多於互助，在本原上便無結合的可能，只是爲了維護共同分擔利益的條件，免除因競爭而發生的糾紛，成立形式上的契約，以不過分損人利己爲限，所以這種結構是薄弱而徒具形式的。儘管把這類約束作爲教育內容的一部分，但在實際上一牽涉到切身的利害時，所學的便頓時失去作用，這就是工商業社會倫理不易維持的原因，也是在多數農業社會變成爲工商業社會之後，往日存在於農業社會的敦厚情誼不復多見，而慨嘆世風日下的原因。

二十世紀的社會結構，由於工商業的機械化而淹沒了殘存的農業結構，而且所僅存給農業社會受工商業社會的影響，原有的抽象結構關係也大起變化。有識之士爲人和人的關係之複雜而又淡漠而困擾，教育家爲教育內容的抉擇而惶惑。人需要適應社會才能維持生活，但是社會是由人組成的，教育的內容究竟當以教育人爲主，抑或應以適應社會爲重？

從社會形成之初，多數人爲求生而群聚一起。他們的生活方式固然受自然環境的限制，同時自然對於習居於一個地帶相當長久的人們，也影響了他們的性質。久而久之，這一地帶的人，一方面由於血緣關係而遺傳，一方面由長久如此而習慣，便構成所謂之民族性。就個別地區說，久居於農耕社會的人因習於等待天時而能忍耐，也因一年四季常常如是的循環往復而安於慣常的循環，由此所形成的性質是樂於有限度的改變，而且限度極小。久居於工商社會的人，因爲常常要開闢新市場或發現新資源並製造新成品，便不能抱殘守缺，而要求進與探察，由此所形成的性質是善於冒險與進取。前者成爲保守的性質，後者成爲進取的性質，而以後者對社會

演變極具影響力。

工商業社會人的氣質，機智而進取，由此而促成社會演變之迅速。演變之中本包括進步的趨勢，而進步是自然所遵循的路向，也是人所企求的目的。然而從教育的立場來看，工商業社會結構在本質上便缺乏敦厚的人間情誼，在演進中又時時以利害為取捨，因為競爭的對象是同類的人，彼此間的利害是相對的，利己便不免損人，要利人便等於自我犧牲。這種生存結構不是為共同生存而結合，乃是互相利用而不得不依賴於人。如果其間還有互助合作存在，也只存在於利害權衡、得失輕重之間，並不是基於精誠的合作而來的。如此相沿日久，群居的關係中將充滿了實利，求利的方法因社會進步而層出不窮，且必極盡技巧之能事，由此而生的教育問題將是教育內容以謀生的技巧為主，抑或以人的發展為先？

在社會演變的過程中，姑以教育為一門行為科學而言，便不能忽略行為之常態或變態的問題，相信這一問題，將永遠是心理學家和社會心理學家無法尋得確定答案的。因為從社會演變來講，在演變的過程中，每一階段都有其側重的方面，社會行為便無法不以當時的社會為準則，故而若依社會倫理判斷行為之常態與否，則因社會趨勢的變化而引起觀點的變化，倫理便不得不隨之而改變，首先是沒有確定不移的絕對標準。為了這一困難，心理學家和社會心理學家遂決定用多數為常態的標準，即是凡在一個時間、一個地點之內，多數人所共同一致的行為算是決定常態的標準。這種定法，未嘗不是在諸多困難之中，解決問題的一途，然而從教育的立場看，教育雖然是社會的產物，卻不是社會的附屬品，反而具有指引社會演進的作用。如是要決定行為的常態，便不應完全取決於多數，必須有一個中心的準則。這準則又不應依主觀做武斷的決定，而是要在社會演變之中，比較各個常態的類型，發掘其中確切不移的核心來做根據。尤其要加以考慮的是，多數只是在數量上占優勢，品質則未必屬於最優者，往往真知灼見出之於最少數的有識之士。倘若惟以多取勝，則若干最珍貴的意見將被泯沒，如是將是社會的一大損失。不過多數之中，並不全是隨聲附和，其中仍然存在著真實的依據。故而教育學的研究，便將在多數與少數間，尋繹所應遵循的依據。

(三) 探索文化內容

教育是傳遞文化的工具，也是促進文化的力量，教育學的研究，便應以文化內容的探索為目的之一，以便此一門學問成為教育文化融為一體的指引。

文化是一個比較抽象的名詞，因為所包含的因素都是抽象的，如歷史、語言、文字和生活。

語言的發生，是由於人類在群居之中，需要交換意見。內心中所指的意義，徒靠手勢和姿態顯然無法明確的表現出來，更不易為別人所了解。為此日常共處的人，才習用固定的聲音指示具體的事物。有實際物體可以印證的聲音，比較容易得到對方的了解，至於沒有實際體形可以印證的意義，便要在手勢和姿態之外伴以動作。用一種固定的聲音表示一個確定的意義，時間長久且流傳較廣。熟悉的人較多以後，便成了一個確定的符號，如是而成為語言。語言之具有明顯的地區特徵便由於此。然而人類的奇妙，雖然各以不同的聲音表示意義，意義卻有相似之處，故而陌生人進入於一個語言不同的地區之後，稍經時日，從具體事物和手勢姿態等的印證上，能夠逐漸了解若干抽象的意義，把意義和聲音關聯在一起。如是在同一時間內相互接觸的人，可以藉視覺和聽覺兩者，互相交換意見，而更增加了彼此共同之處。漸進而聲音的組合更多，所表示的意義也更複雜。而且在語言的形成與發展中自成體系，身在其中者由於習用的關係而不自知，從陌生人初次學習中卻可覺察，因此也減少了學習的困難。

因為語言是以聲音表示意見的，聲音之高低強弱和長短，便成為區分所表示的意見之差別。語言學家指出，文化進步較快的民族，構成語言的聲音不僅有高低強弱和長短輕重之別，而且在一連串聲音之中，更有抑揚頓挫之分，如是在言語之間，便不徒是單調的聲音的連貫，而有使聽之者悅耳傾心的音樂的感覺；而且這種感覺的產生，不必和發聲者的發聲器官完全相關。這類抽象的鑑別與欣賞，便可指明一部分文化水準。那麼群居的人們，為了使對方喜於聆聽自己的聲音以便接受自己的意見，便要練習聲音的運用和控制，再進而求意義組織的明確和完美，是在最初的但求了解之外，加了一番美化的功夫，而更充實了學習的內容。

但是聲音的缺點，是只限於同一時間和地點，無法保留，而且無以傳達到較遠的地方而不生謬誤，於是產生了以有形的符號指示意義的方法。這種方法主要的有兩種方式，其一是就著具體物件的形狀做符號，見其形可以揣知其意；其二是就著常用的主要聲音畫成符號，符號和聲音相連，卻與所指的具體物件無關，前者成為象形文字，後者成為聲音的文字。有了文字，不但可以把一個地點的一種意見傳達到遠處，使雖未聞聲但見其形者，也能了解所指的意義。如是文字符號隨著意義的增加而擴充，成為人類文化的精髓，也使教育有了固定可用的工具，對文字符號的學習，無形中成為教育內容的一部分。人們不但用文字符號傳達意見，而且用來記錄自己的思想，保留下來，在其人死亡以後，仍能為後人所了解。

文字的發明，對助長人類的記憶有不可磨滅的貢獻，因記憶有限度，時日較久便被遺忘，用有形的符號來重溫過去的經驗，使記憶中業經消逝的事件或思想重現，便等於延長了記憶，也就是延長了人類的生活。於是發明文字符號最早的人們，便等於生活歷程越長，後代可資尋繹的紀錄越多，把前人的經驗據為己有，雖生年有限，卻宛如已經活了若干世代般的知識宏富，這便是歷史的所由成，也是文化體系的建立。

從歷史的研究，可以了解一個文化演進的蹤跡，發現文化的特質。一個民族在世代綿延中形成一個文化體系；並且由於世代相傳，每一代一方面接受前代的經驗，一方面在當時的生活中形成新經驗。新經驗歷代增加，所傳遞的材料也越增越廣，把舊經驗不斷的改良與創新，成為越積越富的文化遺產。歷史是一個進步的歷程，由於此人類必然趨向於進步的道理也由此可見。

教育的傳遞任務，便是把歷史經驗提供給下一代。但是因為人類衍生不絕，萬千年後教育的內容恐將為歷史所獨占，如是便形同使當代人生活於過去的世代中，不免有退化之虞。不過如果澈底的了解歷史，便會了解人類的進步包括智慧在內，即是萬千年後的人，學習的內容較現代固然增加了若干倍，智慧也同樣應該進步到有接受多於現代人所接受的材料，所以這並不是值得擔憂的事。而歷史所給予後代的惠澤，卻可見於以優異的前人事蹟為旨歸，以前人的錯誤為殷鑑，用於惕勵和改進上。文化價值不

滅，文化傳統的可貴便在於此。

由語言文字而形成的歷史，是文化的體系，其中主要部分，不超出於生活之外。因爲生活是人類最現實和最切近的問題。而生活的範圍卻異常廣泛，從具體的生活方式如衣、食、住、行等，到抽象的維持生活的人際關係如風俗習慣等都包括在內。生活方式表現於生活的方法和謀生的技術，是爲文明，由此而生的如居室的設計與建築，衣服的質料和式樣，食物的種類和烹調，交通工具的取材與製作，在在表現出人的思想與技巧。生活方式表現於人際關係的，是由共同的意見而成的成文或不成文的制約，成文的是倫理道德，不成文的是風俗習慣，都是維持群居的必需條件。從人和人的互相關聯上，可以看出文化演進的遲速；更從爲己或爲人的差別，可以看出文化的高低。因爲文化道德或風俗習慣固然爲人所建立，但一經建立之後，便有了相當的固執性，驅使人與之相符合。因而倘若這些倫理道德或風俗習慣有利於進步的，即是具有鼓勵進步作用，將有益於人類文化的發展，否則便將成爲進步的障礙，不容人標新立異，必須嚴守群體的一致趨向。現代若干落後地區的部落，其生活仍然停留在原始社會狀態，倘細考其原因，多能發現存有固執的阻止進步的風俗或習慣在。這種部落的教育，內容亦極爲簡單，甚至並無足資稱道的教育可言。基於此，教育學的研究，便不能忽略文化內容以至文化背景。

(四) 建立人類理想

教育既然是在生活歷程中加諸於幼稚的一代的活動，則此種活動必然具有某些意義；也就是說，幼稚的一代經過此種活動，將發生若干變化；更具體的說，即是希望幼稚的一代經過教育之後，成爲理想中的人。雖然部分教育學家主張教育無目的說，但卻難以提出確切的論據。因爲教育不是順應自然而生的無意義活動，反而是由尋求意義的人創造出來的有意義的作爲。其主要的意義，是在培養所期望的人，希望下一代能夠符合理想。無論教育學家是否明白指出，這種目的已是先在的，不容置疑的。只是同時代變遷，理想也隨之而異，故而教育學的研究，即期望能夠建立確切不移的理想，以爲教育的指引。

　　歷來期望由教育而培養的理想中的人，約可歸納爲三類，姑稱之爲道德人，文化人和社會人。自然這三種人並不能截然劃分，常常在涉及一種理想的人的時候也包括其他理想的條件，但由哲學家和教育家所強調的教育內容，就其重點來看可以做如是的區分。

　　中國傳統上一部分與希臘初期的人類理想近似，以教育培植道德人爲主。如儒家的倫理教育，以修身爲本。蘇格拉底、柏拉圖以及亞里斯多德，無不著重道德教育。蘇格拉底以求自知爲最主要的學問之道，柏拉圖以哲人的教育爲最高的境界，亞里斯多德以行爲的「金科」爲理想的條件，顯然都以道德行爲爲最高的行爲原則，而道德行爲的養成，須借重教育的力量。推究這種理想發生的原因，可能是由於人類生活到與禽獸顯有分界之後，仍保留了大部分與禽獸無殊的行爲表現。所以少數智者即主張以教育而去除獸性，發展人所應有的性格。於是人要自別於動物，必須在行爲上表現與禽獸不同，而且必須藉自律的力量以控制原始性的衝動，以節制無窮的欲望，於是制定禮儀，以爲行爲規範，用以教育幼稚的一代，使其由於時刻自我省察而養成習慣，以便動則合乎規矩。

　　當人類知識廣泛的增加，且基於人類求知與好奇的本性，感到必須增加求知的技術，方能滿足好奇心時，獲得知識便成爲主要的目的。而人類所希望知道的卻異常廣泛，因而必須從事心智訓練，以提高求知的能力，於是博聞廣見和所認爲的有益心智鍛鍊的活動，便成爲主要的學習內容。前者如文學、歷史、天文、地理等，後者如數學、音樂和修辭等，由知識和與知識有關的訓練，期望使人成爲智者或能士，可總稱爲文化人。這種理想明顯的見於西方十七世紀之後，把較早的三藝教育衍生爲七藝教育，而且極爲注重方法的探討。中國則在春秋時代，可以見出這一特性與道德人的理想同時並存，諸子之學的昌盛和孔子的六藝之學，是極好的證明。惟經戰國之後，漢代居安思危，強調儒家道德教育的重要，未能完全繼承或發掘出六藝，以致除倫理之學外，其他多數失傳，未能充分建立文化人的理想。

　　十九世紀之後，因科學技術發達，原來的農業社會類型一變而爲工商業類型；加以二十世紀兩次世界大戰，人類社會組織所依賴的基本關係

蕩然無存，生活之中只有明顯的競爭，缺少互依互賴的情感，人類的群性無從發展；且受進化論及功利主義的影響，美國產生了極明顯的社會人的理想。這種理想的社會人，是能夠適應社會需要，隨社會而變化的人，所以教育以生活爲目的，以適應爲主旨，個人必須依從社會，與社會密切配合、與社會取得協調，以便維持生命達到生存的目的。

若將這三種人類的理想做一比較，可見道德人以修身及處世爲本，有益於人性的培養和群性的滿足。但是在生活方式簡單而且生活穩定的農業社會，道德尚易發生限制行爲的效果；然亦因其習於穩定，而有使進步遲滯的趨勢；尤其道德的限制力，在生活複雜而交通頻繁的工商業社會中，不能勝過物質的誘惑力，故而此種理想如何在工商業社會中實現，將是極爲困惑的問題。文化人的理想，以求知爲目的，然而人生具有極高的現實性，知識必將有所應用。以心智訓練爲培養文化人氣質固然不失爲發展人類品質的方法，但以實利爲主的工商業社會不會對文化氣質予以重視，故而爲「知識而知識」的觀點不易見於實利社會中。實利社會所希求的是有用的知識，就目前社會趨勢言，人類不但不復企求文化人，而且有以文化人爲笑料的情事。社會人的理想著眼於當前，是最易見出效果的切近理想。然而此種理想的缺點，是把重量置於社會的一端，人雖然能作用於社會，卻不能忽視社會對人的作用，而且常常要因社會的作用而反應，如是雖然未曾將人置於被動的地位，卻已將人劃入於附庸的地位，人須因社會的需求而轉變，忽略了社會原是由人所創造。社會形成之後，人固然要受社會的限制，但是人也有改造社會的必要。即是在人感到社會的要求已經超過限度，已經不適合於人時，便不應、也不能再將錯就錯，從而適應之。所以應該由人主宰社會，而不是令人受制於社會，始終屈從社會。所以比較起來，社會人的理想是一種最短視，不成爲理想的理想。

依理想二字的意義來說，應是至高且遠的希望，這希望可能永遠無法達到，因爲這是盡善盡美的終結。人類沒有終結，便將有一個不能實現的理想。不過理想是指引實行的目的，雖然不能達到，卻不失其吸引力，所以能夠始終成爲一個鼓勵的力量，使人致力趨從，而且樂此不疲。

教育學研究的目的之一，便是要建立人類的理想。此理想必須是至

高無上的，能夠引發人全力以赴，永遠是人類所追求的目標。而這理想又必是不致陷人誤入歧途的，雖然永遠不能完全實現，卻不致使人因求其實現而步上損及自身的道路；這理想又必須是有益於人類的發展和進步的，即是在趨向理想的途程中，每一段落都較前一段落更能看出人類的發展。微諸前此理想的各有利弊，或者人類當用其業經進步的智慧建立一個適當的理想，一個不偏不倚，兼容并包，指示人類的方向，這方向是人所趨赴的，也是人類社會所應遵循的。究竟應該是何種理想，便是教育學研究的目的，而當人類感覺惶惑失據的今天，且將是亟待研究的。

(五) 發現教育原則

　　教育原則是實施的指引，是實行時所根據的方針，所涉及的範圍除了目的之外，尚有所置的重點以及實行的策略。

　　就教育的重點來說，第一是有關教育內容的問題，通常包括知識陶冶、品格陶冶和技術訓練三者。依教育演進的歷程而言，早期的教育重在品格陶冶，如前節所謂道德人的理想時期。這一時期內的教育，固然並未忽略知識和技術教學兩者，但在分量上衡量，顯見品格鍛鍊所占的成分較多。如是教育便以培植良好的行為為主旨，其內容重在禮儀的修持和性格的陶融。如是不但為人師表者，須使其道德修養見諸於行為，以為學習者的表率，即凡是為長者，如家長或政治領袖，亦皆應省察內心、檢點行為，以便為少者的模範。此外凡屬有益於品格陶冶的科目，如音樂、文學、藝術等，也都視為重要的教育材料。不過一如前節所指，品格陶冶的教育被視為農業社會中的重要內容，是受社會類型的影響。當其時人與人的關係，由各人的行為表現所左右，個人有選擇交往者的自由。由於生活的獨立性，不必因利害而勉強交往，對人的取捨多半決定於好惡，而好惡之生，往往以對方的品格或行為做主因。

　　待到人類知識增進，教育內容為知識占去大部分，而成為知識傳授的教育時，品格陶冶所占的成分便相對減少，於是教育以灌輸知識為主，內容除提供大量已有的事實外，間或有互相切磋的作用，不過所切磋的仍然是以知識的探討為主。此等教育的特點，表現在教學方法與技術的運用

中，期望以有效的方法，增加知識交換的數量。由於將大部分注意置於知識方面，品格陶冶的功效便相形見絀，時而少數有識之士，也曾提出品格陶冶的重要，或者因受教者的行為表現令人失望而慨嘆，但已無法使教育回復到以品格為重的階段。馴至近年以技術為重的教育，不但使一般人因知識及道德的沒落而失望，甚至受教者本身也因除在技術方面所得的滿足之外，在其他方面無所憑依而感到惶惑與懷疑。所以教育學研究應使首先從原則方面，再事探討，權衡教育內容輕重的得失，發現平衡而一致的原則。

教育的另一個重點問題，是有關受教者方面的。問題是教育應該培養獨立而自由的個人，使其依個人的特質而發展，抑或應該培養以國家民族為前提的眾人，使其為群體利益而發展？如果教育以培養獨立自由的個人為主，則教育應尊重單一個人的個性，使其能有充分的個性發展。如果教育以培養國家民族的眾人為主，便要以國家民族的中心主張和群體精神為主，以充分發揚民族精神。以個人為主的教育，除個人發展外更無其他期望，如同栽植花木只予灌溉、施肥而不加修剪。以眾人為主的教育，則以群眾為一整體，如同墾植園林，對個別的枝芽須要加以修剪以求整體的劃一，如是獨特的個性便必須犧牲一部分。此二重點的分配，究應如何處理，也將有待教育學的探討，以確定一適當的方式。

教育實施策略的一個重要問題，乃是所謂教育機會均等的問題。教育機會均等乃二十世紀國家實施教育的原則。其最初的解釋原是使年輕的一代，在國家舉辦的教育中，各人皆有接受適合其能力所可接受的教育之機會。如是凡屬國民，無論其家庭經濟狀況如何，家長社會地位如何，只要才堪造就的，便由國家供應其所應受的教育。這一觀點，原與孔子因材施教的主張相合。但是近年由於世界各國競相發展教育，以法律規定義務教育的年限，使每一國民必須受滿法定的教育；而且義務教育的年限，正在逐漸延長之中。此種情形，固然是增進人類知識的辦法，但是物之不齊，物之情也，各人的稟賦不同，才堪深造的，固然不但能接受法定的教育，甚至可以超而上之，接受更多的教育；然而資質較差的，容量有限，便不能接受預期所要完成的教育，於是產生義務教育中，遲鈍者的教育問題。

依原來教育機會均等的解釋，各人皆「因材受教」，是基於平等的觀點，而且是由立足處求平等，是眞平等。不問受教者的資質，強迫每人必須接受所定限度的教育，是求頂端的平等而不問根基，乃是假平等。是在教育發展中衍生而出的偏差，此種偏差的結果，不僅造成教育的浪費，恐亦將失去教育的本旨。然而這又是當前存在的實際情形，這一問題的解決，無法從國家政策或世界教育趨勢上求得答案，必須回復到教育原則的探討上，重新提出原則的問題，由教育學的研究，從有關的基本因素中，再來獲得答案。

(六) 驗證教育實施的效果

教育學雖爲教育理論研究的學問，然而由於教育重在實踐，所以理論探討的結果，仍將印證於實際。故從教育學爲教育方向的指引而言，其研究的目的中，當包括指引的效率；依教育學爲教育實施的依據而言，其研究的目的中，又當包括實施方法的比較；並且應該就著實施的效果，加以評鑑。

就指引教育方向來說，教育學迄未達成其任務。緣教育事實的產生，先於教育學的形成。自教育事實有史料可考的時期開始，迄今已二千餘年，而教育學尚未建立完整的體系，也就是教育學迄未指明一教育所應永久遵循的方向。細察教育進演的過程，也並非是盲目的進行，仍然有其可以歸納的方向。如前第四節所述，西洋教育的演變，可從重點概分爲道德人、文化人和社會人三種；我國把道德人與文化人合而爲一，重在知德雙修的人，而且所經的時間相當長久，直到二十世紀初，才趨向於社會人的理想。這種教育方向的改變，並不是出自於教育學的指引，而是由各時代的先知者，因其所生活的社會文化背景而提出的看法。社會文化演變，先知的理想和意見也便要有所改變，所以教育便不會有一確定而永恆的方向可循。而且隨著社會文化演變而定的教育方向，當演變進入於一個新階段時，固然看起來是進步的、合理的，但是在演進到一個段落的終結，需要再有明顯的改變時，原有的方向便不再適合，而要另求新的歸趨。這是社會演變的特性之一，如果教育也隨著社會做如此的改變，輕之將在方向失

去有效的指引時，失去教育的效果；重之則因教育方向的錯誤，而使人類誤入歧途。由這一點來說，教育學的研究係為奠定一久遠而正確的方向，以便據之以評量教育的效果，已是刻不容緩的任務。

就比較教育實施的方法來說，已有極豐富的資料可以參考。在教育實施的體制中，先有私人自行的教育，中國與西洋相似，早期的教育皆是如此，間或有政府以行政措施而行的教育，但其效果並未超出於私人教育之上，或至少是公私教育兩者，並行不悖的。近代國家將教育納入於行政系統中，公辦的教育超出於私人教育之上，兩者效果的高低，顯然有加以比較的價值。言及教育實施的方法，重點則在教學方面。早期的教學方法，率為先生教學生的方式，因為這種方式受到非議，所以二十世紀新教學方法的提倡與試用層出不窮，歸納此多種方法的要旨，都是把重點從教者轉移到學習者身上，以學習者為中心。在學習活動中，教者僅居於次要的地位。由於教者與學習者的側重，所生的效果也顯有不同。以教者為重的，形成「家」或「派」的各有中心主張或學說的教育，教者有其重要地位，學習者的影響來自於教者。以學習者為重的，形成下代人的教育，重點依據國家所定的宗旨與方針，教者無復其本身的價值可言，學習者所受的影響，由宗旨與方針決定，和教者的關係最少。這兩者效果的高低，需要對教者的價值再予衡量與判斷，然後才能比較。

再就教育實施的歷程來說，早年的教育以教材為分割的標準。在一種材料學習完畢後，開始另一種材料的學習，是以教材為主。近年則以學習者身心發展的程序為主，以定學習的段落，故而由兒童而少年而青年以至成人，雖然材料和生長階段配合，但卻是把生長階段做劃分的主要根據，入學年齡的限制，便是由此而生。如早年有在成人以後才開始學習的，近年則有在達到成年以前已經完成最高教育階段的，對兩者的比較，除年齡以外，其智慧成果亦應合併計算，方能確定。

教育效果的評鑑，為最困難的工作。因為教育實施乃是質量兼備的。從數量判斷，固然可以得到客觀而比較翔實的結果；但是教育內容的成分，質的因素比量更為重要，而品質的衡量，卻不易有客觀的標準，而且無法在短期內得到可資衡量的依據。緣教育的對象是幼稚期頗長的人，在

生長發展時期所受的教育，要在成熟以至衰老時方有一確定的結果可言；
而在此一過程中，又受多種因素的影響，於評鑑時很難將其他因素一一剔
除。故而從教育效果之評量，必須待到若干年後，已是一種困難；又在評
量時，對於不易捉摸的品質，做客觀而翔實的判斷將更為困難。然亦基於
此，對教育實施的評量，視為教育學研究的目的之一，即是利用教育學的
特質，由其普遍、確切而有永久性的優點上，能夠達成此種任務，且是其
本身所應有的任務之一。

二、教育學研究的性質與範圍

　　言教育學研究的性質與範圍，應先將教育學的性質予以確定，而教
育和教育學兩概念的混淆，也要先予以澄清。教育和教育學的區別業經劃
分，即教育是一種活動，一種歷程，或是這種活動或歷程導致的結果。指
引教育結果，使其更為有效且更為正確的學問，則是教育學（註3）。簡
單的說來，教育所涉及的是實際，探討有關教育實際之理論的，則是教育
學。至於教育學的性質如何，迄今尚無定論，分歧的意見主要在於教育學
是哲學抑或是科學的問題。當哲學為涵蓋一切學問的時候，教育學無疑的
屬於哲學門類，而早期的哲學在其以哲學為題目的論述中，包括大量教育
的論點即在於此。自科學從哲學內劃分出來以後，許多原屬於哲學範圍的
學問，另行構成科學體系，而且紛紛成為獨立科學，所以天文學、物理
學、生物學等各自成為自然科學的一種，政治學、社會學、經濟學等各自
成為社會科學的一種。加以近年已成形式而尚未確定體系的行為科學以
至人文科學，幾乎除了文學與藝術外，無不冠以科學的名稱。因是以「教
育」為學問的，已經認為教育當是科學，尤其和教育關係密切的心理學既
已列入於科學之中，教育也自當是科學，那麼教育學便也應該是科學。到
此地步，教育學是哲學或科學的問題，已不是教育學本身的問題，而是對
哲學或科學的概念問題。早期科學的命意，是泛指一切學問，所以哲學也
稱為一種科學（依Webster International Dictionary，哲學是包括邏輯、倫理
學、美學、形上學和知識論的一種科學。）到近代才把科學視為可以應用

實驗或試驗的方法，從事客觀研究的學問；而以主觀為論據的，則視之為哲學。如是哲學和科學的差別，主要的在於研究的方法，本文所論是教育學研究的方法，無庸從名詞的爭議上著眼。專論教育學研究的性質，可包括後述的兩點。

(一) 哲學與科學配合

　　教育學研究，不但包括主觀論點的探討，而且須用客觀方法的驗證。理論所涉及的常常是觀念，而觀念是由人而生，出發點便是主觀的。尤其特異的是，教育學觀念不但起源於人，這一點和科學觀念相同，都是由人而發現的，若僅止於此，還不足構成主觀的充分原因，關鍵是教育學的觀念，又是對人而發的；也就是指教育學中的觀念，乃是牽涉到人，或至少是與人有關的。因為教育是為人而施，對於人的研究和對物不同。人雖能以擬情作用而以人喻物，賦予物以如人的情感或性質，但物終究不等於人。人的情感不是靠其他的人所賦予或懸擬的，而是生而即有的，且在生活過程中千變萬化，不但別人無法控制或預料，即其本人也常常無以主宰或計畫。人之多變的性質，和物的固定不變或極緩慢的變化不同，每個人都是如此，遂使研究的對象又加重了一種主觀作用。簡單的說，從觀察的歷程言，觀察者是主觀的人，被觀察者也是主觀的人，兩種主觀的限制，使觀察無法完全達到客觀的地步，也便無法具備純客觀的條件。因此在教育學研究中，便不免出諸主觀的觀察，主觀的想像，繼以主觀的判斷，從而產生主觀的假定或假說。

　　教育學研究的另一方面，是實際的客觀驗證。驗證必須根據可靠的材料，便要有充分的事實，有確切的衡量，有翔實的數目可資依據。這裡沒有絲毫主觀作用的因素，而只是客觀的觀察。著重於實際的特點，是以當前的事實為主，尤以研究者所親身經歷或直接觀察的為要，是建基於客觀的立場上。第一不以傳聞為據，因而便不以過去的事實為中心，因為過去的事實所根據的是記載或間接的報告，其與事實的符合性將成為驗證的又一工作；第二不以推測為務，推測常用於對將來發展的說明，如是便又摻雜了主觀的意見。至於獨對當前注重而免除主觀因素的理由，是當前的有

較多的實據可尋；而且研究的態度，便已以客觀爲先決條件，從這一方面來說，仍可決定其客觀性。

　　理論的探討，重在普遍和永久性，教育學研究的這一方面，以發現原理原則爲主，是爲奠定教育學的功能，即是用以指引教育實施。實際的觀察，是在了解教育現象，即是實施的狀況，重在特殊和獨立事件。然而這兩者並未分道揚鑣，而是殊途同歸的。以教育學爲指引教育實施而言，教育學所包括的原理原則，必然施之於教育，而見諸於教育的實際；從教育實際的結果，再歸結於教育的原理原則，以見其確切的程度。所以具體說來，教育學研究是以特殊爲緯，從事多數孤立事件的蒐集與觀察，而以普遍爲經，貫穿若干特殊使其成爲一個完成體系的研究。

　　教育學研究中所探討的原理原則，是對理論的探究；所蒐集的事實，以其客觀而翔實的條件言，重方法與技術的運用。原理原則的特性是有普遍性和永久性，故能行之萬世而皆準；方法技術的優點是確切而有效，故常因進步的趨勢所使而層出不窮，故而在教育學研究中，有持久不變的部分，或者雖然有所變易，但卻緩慢而輕微；也有變動不居的部分，而且變化可能劇烈而迅速。不變或變之中，又各有其中心和限度，或者稱之爲規律。這規律是，當教育學研究是論人的教育之學問時，主體是人；若人在宇宙中的地位不變，教育學的理論便不會變更；其次教育學的研究是應用方法以求最有效和最正確的人的教育時，則凡是比較有效和比較正確的方法，一經發現之後，便可代替效果較低和正確性較小的一種，其限度是以對人的效用爲標準。

　　以特殊事件爲緯，以普遍原則爲經的研究，是將用科學方法所得的實際材料，用哲學關係而聯繫之，所成的整體的研究。也就是說，教育學研究是把用科學方法所蒐集的片斷事實，經哲學的處理連貫在一起。從過去印證現在，由現在推究未來；而相沿的歷程，不徒是直線的連接，而且是廣面的結合。若以主觀與客觀而區分哲學與科學研究，則教育學研究是主客並存的；若以理論與事實區分哲學與科學研究，則教育學研究是理論與事實並重的；若以觀念與方法區分哲學與科學研究，則教育學研究又是觀念與方法兼容並蓄的。

(二) 繼續與創造交織

教育學研究的另一個性質，是繼續與創造的交織。教育的一個解釋，即是歷程說，而且是一個繼續不斷的歷程。對於繼續，又可有兩種解釋。從個體生活說，自出生到老死，是一個繼續的歷程，便可說教育是個體生活繼續的歷程；從人類生活說，只要人類綿延不斷，繼續存在於地球之上或宇宙之中，教育歷程便永遠繼續，可能是一個永恆的歷程。而教育繼續不斷，教育學的研究便也永無止境。

然而教育乃是繼往開來的歷程，其中不僅為過去的延續，而且尚要開拓未來，後者且更重於前者。對於未來的開拓，可能有一部分係承繼過去和現在，卻有另一部分為過去和現在所無，屬於新創。如是才能使教育歷久而常新，人生才能時時進步。

教育學研究之繼續的性質，是由教育的源起而來。教育的發生，是基於生活的需要，上一代在養育下一代的過程中，把本身曾經獲得的生活經驗和生活方式一併傳遞給下一代，使下一代在長成後，能夠獨立生活。從人類世代綿延的過程看，幼稚的一代所能接觸的上一代人，不僅是父母，而且有祖父母，甚至曾祖父母。這些上一代可以直接把他們的經驗在生活中傳授給下一代；或者藉文字記載做傳遞的工具。以文字為傳遞的媒介，後代人不僅能承受家族的經驗，同時可以廣泛的接受所有長者的經驗。如是無論距離若干世代，不必當面傳授，前代的經驗都可為流傳的內容。故而出生越遲的後代，所承受的經驗累積越富，生活也更容易、更進步。教育學研究之繼續的價值，便是在若干累積的經驗之中擷取精華，使後代的學習者，能夠得到最珍貴、最有用的生活資料；並且選擇最有效和最適用的方法，使後代學習者能夠在最迅速、最便利的方式中，接受這些資料。資料因時間延續而增加，方法因比較試驗而改進。人生繼續不斷，教育繼續施行，教育學的研究便也永不停止。

另一方面，生活並非一成不變，緣於人的好奇、探索和試驗而求發現的本性，每一代人並不完全依照所得的經驗，墨守成規的生活，而能夠應用其智慧和創造的才能，一方面從舊經驗中推陳出新，別開生面；一方面獨自創造和發現，產生全新的事實或方式。新的事實或方式無論是由舊

的演變而成，或是全屬首創，必然具有新奇和獨特性，如是具備了創造的條件。所以創造之中，有改革，也有新生，使每一代的生活，都有和前代不同之處。而不同的表現，可見諸於進步的方向，即是在新事物和新方式中，是向上的、超越的，勝過前代的。教育學研究的創造性質，便是使教育日新月異，使生活日進千里。

繼續和創造兩個概念，表面上似乎是指兩個不同的方向。說繼續便含著過去的延續，使過去存留在今天，則今天和昨天無從區別，顯然是趨向於舊。說創造便指過去所無的，必須不失之模仿，沒有雷同之處才能算新，因而舊和新如果不是互相矛盾，至少是無法並存的。這種看法，並未真正從創造的真諦著眼，也未顧及創造的歷程。因為創造的新，不是突然的出現，而是要根據舊的融會貫通，發現出過去所未曾見到的。新的出現，似乎和舊的截然不同，但若沒有舊和新互相對照，便無所謂之新；沒有舊的做參照，便不會生出新，所以新是由舊變化而來，不是革除舊便可以算是新。於是繼續和創造兩者，若嚴格的必分舊與新，兩者間仍會有必然的關聯；或者說全屬首創的新，其新也將是部分的新，而不是全部皆新。這是由於創造的成分，見諸於「關聯」或「關係」，把若干元素以新的方式組合，組合是新的，和舊有的組合不同，元素卻是舊的，是過去已經存在的。如同詩人把若干已有的字加以組合而成為一首詩，因為組合與人不同而成為創造，但是所用的字卻是早經應用過的。

教育學研究的繼續和創造性便在於此，承受和製造兩者可以交互出現，不但兩者並行不悖，而且和哲學與科學的情形一樣，殊途而同歸。因為有繼續性，所以能夠有創造；因為創造，所以有了更多可以繼續的材料。如果把教育學研究定出一個起點，此後的研究作為繼續的歷程，則可成為一條越進越廣的程途。其中不容間斷，如果硬行分割，則斷裂處將成為一個起點，在起點的地方，即使沒有因盲目摸索而生出迂迴路線，也不會成為一條勇往直前的康莊大道。要使教育學研究有進而無退，須使繼續和創造交織，每個創造的部分不是突出的，而是逐漸增加的，故而程途的界邊應是平滑而漸漸開展的。

(三) 觀念與現象的總體

教育學研究的範圍和性質有關，包括普遍的原則與特殊的事實，過去的延續與未來的開創，因此研究的領域，可從兩個系統來看：其一是觀念世界，其二是現象世界。每一系統都有其相關的學問和事實，而且兩者間又互相關聯，並不能視為純粹的明顯區別，惟因其內容成分的多少，暫且做一區分來說明。

觀念世界屬於抽象的部分，若將此一部分視為生活，則將是精神生活的部分，所涉及的理念雖與事實有關，但並未完全屬於具體的事實，而以思想所形成的觀念或理論的表現為主。在這樣的區分下，所包括的主要學問是哲學、文學和史學。

哲學之被視為純觀念探討的學問，至今尚未改變。因為早期哲學研究的目的，是為學問而學問，這種性質和其他學問的明顯區別，是可以超脫實用的價值，因而不受任何約束。研究者在思想領域中窮究精研，為此而有充分的自由，且能超出於現實之外，而放寬了境界。由於哲學的這一特性，使研究的觀點出自於高瞻遠矚，幾乎達到無遠弗屆的地步。人類文化已累積有數千年的歷史，而若干先哲的觀點，到現在仍然無從否認其正確和真實性也就在此；而且雖然歷經研究，所得的論點仍然不能出乎先哲之右也在於此。或者以為哲學的進步不及科學之迅速，因為許多早期基於事實的觀點，業經後代研究而予以否定或修正，成為新的實際觀點，哲學中卻少此種事例。其實這並不是哲學進步遲滯或毫無進步，反而正是哲學之所以為哲學的必然現象。哲學研究是在探求最高的原則，以其普遍和永久為條件，基於這個條件而得的哲學觀點，如果與條件駁者符合，自然便難以變易，哲學的最高價值便在於此。然而這並不是說，由於哲學的這一條件，便不再需要哲學研究。因為反之可以說，既然哲學原則是歷久而常新，永久不變的，則完全予以接受便可，又何必徒耗精力，從事徒勞的探索。事實卻又不然，哲學原則的建立，是精思苦索而得，是先哲主觀的假設，假設能否成立，有待於繼續研究以證實，從而鑑定其確切和真實性。而且先哲雖然提出若干不易的真理，卻未能斷定已將所有的真理羅掘俱窮，若干尚未被發現的真理，仍然有待於後人繼續努力。所以哲學研究並

無終止，眞理的驗證也層出不窮。從事研究的是人，教育學是有關人的一種學問，其應該包括哲學研究，且以這種研究爲最高的研究境界，自是不爭的事實。

文學的特性，是人類精神生活的表現，把思想、情感和生活融於一體表現出來，用以滿足表現者的創造欲，並且滿足欣賞者審美的需求。其價值不僅在於內容，而且決定於表現的技巧，後者是創作者和欣賞者間重要的媒介，即是創造者運用其擅長的工具，將其思想情感和編織在內的事實，傳達給欣賞者，使後者能夠發生同樣的情感，對於創造者的思想能夠心領神會。傳達的主要工具是文字，然而沒有組織的文字，只是些毫無意義的符號，對一個人的抽象思考之能令另一個人了解毫無作用，唯有把這些符號做巧妙的運用，組織在一起，不但把表達者的意義呈現給接受者，而且能激發接受者的興趣，甚至引起接受者的共鳴，其效果大部分在於文字的運用上。教育的功能之一，既然是經驗的傳遞，而傳遞所用的工具，又大部分依賴於文字，所以教育學研究，必然不能忽略文學，甚而應該以文學爲基本的學問，藉以發現最有效的傳遞工具，而且溝通前代與後代以及同時代人的精神生活。

史學的研究價值，前節已略曾敘及。人類文化是生活累積的成果，事實上便是一部人類的生活史實。生活既不是片段的，又不是從任何一點突然開始的，乃是一個無限的延續。這無限不但沒有止境，而且難以確定起點。唯有從演變的歷程，可以尋繹因果關係。而因和果的線索，並不是單純的或直線的，其中或者互爲循環，由因生果，果再成因；或者諸多因果形成一個複雜的因果連鎖。能夠了解這些關係，才能看出人生變化的端倪。教育著眼於當前生活的改善，然而卻不能無視於過去，從過去的情況才能判別改變的痕跡。所以教育學研究，必須以史學爲一主要的部分，綜觀過去以權衡現在，將過去與現在銜接而推測未來。據之以指引教育，使其成爲繼續而有效的歷程。

哲學、文學和史學，就其和人的關係來說，因爲人生之中有現實的部分，即是包括了現象世界，所以不能說完全屬於觀念世界，只是抽象因素較多而已。因此就此三種學問之與現實的關聯，而成爲數學、社會學、經

濟學、政治學、人類學、心理學、生物學和美學等與生活有關的學問。這些學問之列入於觀念世界，是由於著重在對現象的研究上，是由現象而生的觀念，重在抽象理論的探討。

數學本可視爲純觀念的學問，然而當把數學與具體事物相連時，便牽涉到現象。而數學對思想的貢獻，是在提出思考的法則，使思考合理化，並且達到精確的地步。數學的廣泛性，見諸於其在各種學問的應用中。姑無論數量的應用，僅就其對思考的指示便可見一斑。這是由於數學是論述關係的學問，其中心原則如因果、比例等的應用，成爲每種學問所依從的原因。教育學研究之不能脫離數學，便基於此。

社會學或者可視爲一種有關社會現象的學問，但是更主要的是研究社會現象之發生或演變，多於社會狀況的記載。社會是由人所組成，人又生活於其中，人與社會之不可分，於焉可見。而教育是人生的一部分，且是社會生活的主要部分。教育學研究之必不能忽略社會學研究，即是由於人生與社會不能分割而來。但是此處必須指明的是，社會學的研究者是人，社會的形成者也是人，人之爲主體的地位是永不變易的。

經濟學與生活的關係，如同物質與人的關係。在經濟學以金融爲主要內容之前，原指人與物質的供求關係，是從人生所需要的物質來源著眼。僅從這一方面看，當人數不多、物質供過於求，而人的欲望只限於維持生活的時候，經濟學尚未占重要的地位。只有在人類欲望日益增加，而且趨向非生活所必須的物質時，經濟狀況才成爲生活嚴重的威脅。教育學研究之重視經濟學，應不是經濟發展的方向，而是從人性探討中確定人與物質的眞實關係，用以計畫生活的發展。

政治學原可算作社會學的一部分。因爲這是由於人類的社會生活，從社會生活體制衍生出來的社會組織和管理的體制。然而教育學研究和政治學研究的不可分，也就在於教育和政治兩者，都是有關於生活之安排上，使教育和政治、政治和教育相互間構成不可分的關係。若以教育爲因，則所教育的人，將爲政治的執行者；若以政治爲因，則政治措施即爲教育實施的方向。教育學研究中包括政治學研究，即在求教育與政治兩者間協和共進的途徑。

　　人類學研究乃是近年的事實。自海空交通發展後，發現居處世界各地的民族，受文化傳統的影響，由不同的生活背景而各自有不同的生活方式，這些不同之處顯示各民族的特性和進步的遲速。從人類學的研究，一方面可以略見人類文化演進的情形，一方面可以驗證教育對文化演進的影響。因此無論從史學、社會學或教育學的立場看，人類學的研究必須包括於教育學的研究之中。

　　心理學也是近年形成的一門獨立學問。由於心理學對學習歷程和行為變化的研究，對於教育效果問題發生了直接的影響，所以心理學的價值，不在於其本身的研究上，而在於對教育的貢獻上。從對學習者、教育、以及人和人交往各種心理狀況的了解，可以發現有效的教學和處事的方式，以教育學研究與心理學研究之合併成果，將更能提高心理學的價值。

　　生物學本應包括於現象世界之中，但以其從學理的探討為主而論，仍將之歸於觀念一類中。生物學研究的目的，一方面在了解生物界的自然現象，一方面在發現生物與人生的關係。人類既不是宇宙中唯一有生機的一類，而且生活尚須藉其他生物的供應。又從生物研究中，可以推測人類進化的過程，則教育學研究應當包括生物學，也是必然的道理。

　　美學對人生的價值，無法從實際衡量。人有審美的能力和需要，是已經公認的事實。也可以說，人之所以能夠成為人，從事與其他動物不同的生活，便是因為人有趨向於美的傾向。這傾向和實際物質的滿足毫無關係，而是完全屬於精神方面的。所謂精益求精，所謂求其完美，便是由此而生。由於審美的觀念，使人在物質生活之外，有更高的精神生活，而且精神生活予人以更多的滿足。並由於求完美的傾向，使人有理想，而理想高出於現實之上。更由於審美的能力，使人對美能夠欣賞，而提高了人的品質，人與物的最大區別，應以此為主因。教育學研究之不能缺少美學，且必以美學為重要的部分，即在尋求達到完美的途徑。

　　由是教育學研究之觀念世界，實為包羅各種學問的研究。每種學問都和人生有關，教育包括全部人生，教育學的研究便應包括和人生有關的各種學問。

　　現象世界是具體的部分，包括事實、狀況、成果和三者間的關係。事

實的範圍除教育本身以外，還包括與教育有關的其他事實。狀況和成果也是如此。至於三者間的關聯，自以教育爲主幹，另和其他有關的方面相聯繫，如此而成爲網狀的交織。從其中，教育學的研究可分爲教育方法、教材、教師、學生、教育場所，以及銜接這五者的教育行政。

教學方法的研究，本是教育研究的一部分。然而在教育研究以教學方法爲主的時候，常常限於課室內的學習，很少擴大到教育的整體，或是把支節的方法歸納出體系，使其成爲實施教育的方式。所以教育學研究的教育方法，著重教育方式，如教育決策、教育實施的體制。在廣的一面，和教育行政相關聯；在狹的一面，則和學校行政相關聯，但卻不僅止於行政而已。因爲在教育行政之決策和體制上，要與政治學、社會學綜括研究；在學校行政方面，還要另與心理學、生物學綜括研究。研究的預期結果，是指引行政的理論，用爲實施的參照。

教材的研究，亦不似教育研究中以部分或片段的材料爲研究的對象，而是以總括全部教育的材料爲主。若勉強做具體的解釋，教育學研究與教育研究的此種區別，有似乎課程與科目的區別。但教育學研究所涉及課程的，不是單純從課程著眼，卻要從哲學的立場，針對人類的特殊需要，研究以人爲中心，符合人生的課程；若僅限於科目的組織或排列，則應屬於教育研究的範圍。

師資研究，也在教育研究中常見。然而見諸於教育研究中的師資問題，一如教育研究的其他方面，多依學校等級的特性而分類。至於教師的必然品質，則有待教育學研究而確定。緣以學校等級而定教師的條件，所依據的首要標準是知識的差別。若在知識之外，決定教師是否合乎教師的條件，由此等條件爲先決的因素，則無論其知識範圍如何，先已取得爲人師表的資格，應是論師資者首先要考慮的問題，而此一問題的答案，必有待於教育學的研究。

學生問題的研究，見於教育或心理研究的最多，尤以近年爲甚。但自教育與心理各自成爲單獨學科後，使原來心理研究係爲教育提供資料的任務泯滅；又在實驗心理及比較心理側重動物行爲的研究以後，先把人視爲與動物可以等量齊觀的物，繼而把人視爲加以刺激而必然發生反應的機

器，所以美國心理學家亦自嘲爲「無心的心理學家」（psychologist without mind）。近年更將教育心理學劃出於教育之外，則可稱爲「無靈魂的教育家」（educator without a soul）。如是對學生問題的研究，無異將一有靈有體的人，予以支解。教育學研究之有關學生的，應該從整體人著眼，自是迫切而必然的事實。

教育場所的研究，向以學校爲主體，此爲教育研究的必然現象。不過教育場所，並非單指學校而言。尤其從教育學觀點論，應該包括入學前的家庭和畢業後的社會。必須把這三種場所視爲相連而一體的環境，從而決定教育的實施，方爲整體的教育場所。

前述五者乃是教育哲學的範圍，以教育哲學析論教育實際原理的學問，所以和實際的關聯最爲密切。教育學研究以現象世界爲對象時，和實際同樣有密切的關係。惟教育學研究和教育哲學的不同之處是，教育哲學是自觀點上論這五方面的原理原則；教育學研究則是以研究的態度，求理論與實際的配合，並且以研究結果作爲確實可行的依據。

再就銜接教育方法、教材、教師、學生和教育場所的行政而言，已略如前述，即是教育學研究的重點，不僅限於行政制度或體系，組織或人員的有形事項的研究，而是在探索此等有形的方面，所負的聯繫的功能，也就是抽象關聯的方面。如是便要在實際有形的以外，著重理論的探討，求得理論的根據，以與實際相驗證。若就前述教育學研究的範圍而論，自其牽涉到多種學問言，不免嫌其廣泛；但是若從教育學是論人的教育而言，則各種學問既然都與人有關，那麼應該包括在研究的領域中，也是必然的情形。但是教育學研究卻未限定每個研究，都必須包括所論及的各方面，仍可由於研究者就問題的性質，成爲側重一端的研究。惟可於諸多方面，選擇研究的題目，當是極爲明顯的事實。

三、教育學研究的途徑

教育學既是由觀念而形成的理論，則依普通看法解釋，抽象的理論常常和具體的事實是相對的兩面。因爲理論是未經證實的假設，而在假設經

過證實之後，便將成爲事實，而不復爲理論。但是在假設經過證實之前，可以視之爲眞，也可視之爲僞，所以才有包括相反假設的理論互相對立。不過若從教育學研究的目的、性質與範圍來看，可知教育學的假說，並非憑空臆度而來，乃是基於事實和觀念，從發現的新關係而形成的假說，所採的是科學的途徑，因而構成教育學是哲學而兼科學的性質。即是教育學研究所用的是科學方法，所採的是有條理而合乎邏輯法則的方式。其步驟略如下述。

(一) 根據已有的資料

教育學研究所根據的資料，是已經存在的，其中又分爲未予運用定義的和已經加以運用定義的兩種。這些材料，科學研究中稱爲結構（constructs）。未予運用定義的結構，只存在於觀念之中，各結構間有理論的關係存在，這關係便是概念。這類概念尙未與經驗連接，無法做經驗的驗證，是形成理論的範型而尙未成爲理論。

結構的連結，是概念之所由成，而概念即是定義，故而可以形成概念或定義的結構，必須具有意義，方能成爲可以解釋的概念。然而在形成一個概念中的若干結構，卻不必具有相等的意義或直接關係，其中的若干個，可以直接關聯，也可輾轉相關。由於這些連結的複雜，才使一個概念的關係有隱晦和明顯之分，但必須各結構有適當的連結才能成爲概念。陶格森（W. S. Torgerson）曾設想概念的結構範型略如圖一。其中C表示不同的結構，是未予運用的定義。連接各結構的直線表示其間的關係。由各個關係的相交而成爲一組，因而構成一個概念。概念未與經驗相連，所以屬於觀念方面的材料。這種材料，便是教育學研究所用的一部分資

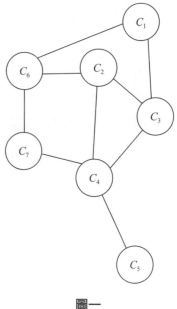

圖一

料。（註4）

此外在已有的資料中，還有一部分結構，曾經爲運
用的方便而予以定義。即是將原來未予運用解釋的抽象定
義，因爲可能和具體的經驗配合，將抽象實際化，使其成
爲可以經事實驗證的資料；或者原來便含有經驗的實際性
的結構，因爲與抽象的觀念似有吻合之處，可以互相印
證，而作爲研究的資料。這種結構的特點，是在經驗中有
事實可考，所以便於觀察；但其缺點則是受實際的限制，
不似未予運用定義的結構，可以做多種連結。事實不如理
想之完美，便是此種特性的影響，但是藉這種結構而使觀
念與事實能夠互相印證，卻是其對研究的最大貢獻。這種
結構的範型，略如圖二所示。

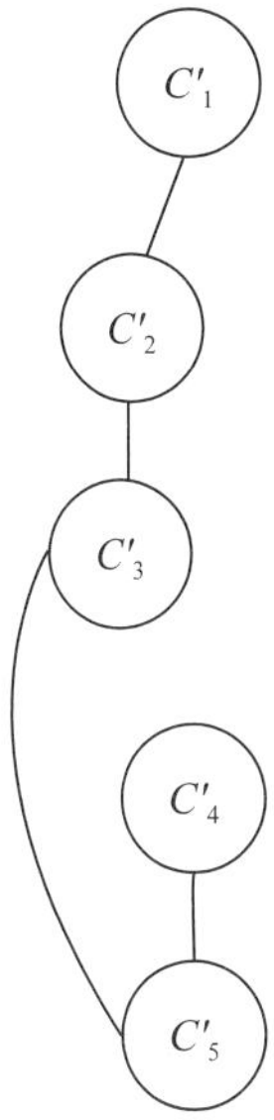

圖二

把這兩種結構印證到教育學研究上，第一種結構可視
爲已成或未成爲理論的概念，即是有關教育學的觀念，包括觀點和想像。
第二種結構則爲教育中的事實，或者觀念之可以與事實相銜接的部分。資
料的累積靠思考、認識、了解和想像，在此一階段中，研究尙未具體化，
是醞釀的階段，或者可以說是心智進行的階段。所需要的心智功能，是藉
記憶將所得的抽象觀念或所經驗的具體事實保留下來，經過有意或無意的
思考，意識到其存在性，認識其內容和性質，了解一部或全部眞相加以想
像，似乎暴露出一線曙光，發覺此處爲有隙可趁，或有待於從事某種作爲
的時候，便產生了研究的動機，準備做進一步的搜索工作，是爲教育學研
究的開始。

(二) 發現存在的問題

經過前述醞釀階段之後，感到觀念或事實的本身，亦即未經運用定義
的結構或已經運用定義的結構間，存有空隙或癥結；或者在兩者之間，似
有某種銜接的可能。這種發現初時只是朦朧而含混的，待到一經深思便越
爲明顯。經過前後思慮、一再探索，使原來含混不清的間隙集中而成爲明
顯的焦點，終至成爲一個問題，並且看出問題的重要性不容忽視，於是產

生研究的熱忱。

問題的發現，並非即是問題的成立。教育研究者確知個人所感到的問題，未必即為教育學中的問題。因為個人的知識和經驗有限，問題的出現，往往由於知識或經驗缺乏，所知有疏漏之處，以致形成個人的惶惑。所以在具備了研究的熱忱之後，必將進一步檢視問題的確切性，待遍查所有資料，問題仍然不能解決，即是原曾發現的間隙依然存在，方承認問題的性質。

問題的成立，有一個決定性的條件，即是問題不由觀念或經驗的本身產生，因為這兩者無論是抽象的或具體的，都是已經存在的，所以問題的解決，也不是從單一方面著手而能實現的。這可為教育學研究的一個補充特性。也就是說，純粹從已有的資料中發現問題，不能建立問題的價值，由此種趨向而引導的研究，不屬於教育學研究的範圍。若必採取這種立場而研究，則其結果只是材料的重新組合或複述，不能稱之為研究。教育學研究的價值，是就觀念與事實的連結中，發現缺失的部分，以建立新的連結為原則。職此之故，在教育學研究的途徑中，發現問題是研究的決定階段，由於問題的決定而奠定研究進行的方向，建立研究的價值，並且可以預料研究結果，對教育及人類的貢獻。

研究問題的確定，也就是計畫研究進行的開始。根據問題的性質和範圍，定立進行的方向，所應採用的方法和工具，以及所預期實現的結果。教育學研究的科學價值便在於此。因為科學方法的優點，便是具有高度的組織和精密性，使其依周密的計畫進行，以免冒嘗試錯誤的浪費；雖然在進行之後，仍不免於錯誤或失敗，但研究進行之為有計畫、有組織、且有秩序的歷程，則是毫無疑問的事實，亦由此而多能達到預定的階段。

(三) 推演可能的關係

據前節所指，教育學研究的重點，既不在觀點結構或事實結構的單一方面，則其真實的所在必另有所屬，即是在於此兩種結構的銜接處，亦即兩種結構之間的新關係。是將抽象概念，無論是否成為理論，與具體事實印證，發現其間的新關係。謂之為新關係者，是指理論之中的概念，已經

在形成理論的過程中，與當時的事實相印證，故而已有的關係乃是曾經發現過的。然而理論性質之一，即是說明關係的假設，可以證實爲眞而成爲事實或不易的眞理，但是經過事實的變化，又可與其他概念相連，此種連結，乃是前未曾有的，所以應該算做新。至於尙未成爲理論的概念，又可與經驗結構相連，此種連接自然是新的。所以新關係的產生，是基於已有的或現成的結構，新關係的成立，卻要其本身具備前未曾有的一個條件。而新關係的獲得，必須經過研究的步驟推演而來；並以已經決定的問題爲目標，限定推演的範圍，方有尋出眉目的可能。

　　關係的推演，自應從觀察全部資料著手。用於觀察中的方式，包括調查、實驗、衡量和統計。這些方式，乃是初步的機械性的技術。由調查而了解全部事實，由實驗而驗證部分事實和部分假定的可能性，由衡量而評估資料的特質，由統計而獲得數量的證明。這些方式，乃是教育研究所採用的方法，由於這一步驟而得的資料，在教育學研究中可作爲初步資料。緣於由這些方法而得的結果，雖然自成系統，但在教育學研究中，卻仍然是片段而枝節的部分，須要再經一步處理，予以連貫而統整，方能成爲教育學中有用的資料。

　　經過初步處理的資料，需要再加以判斷、比較、分析與綜括，使之成爲有系統的資料。判斷的手續，在於鑑別各個部分資料的特性，等於前節所述的共存結構，其間可能有若干通性，但在教育學中卻仍自有其特性，由此以決定其參考的價值和應用的地位。比較是將各種特性明顯而又相似的，予以歸類，即如同將若干單獨的結構，組成一個單元，以減少原來的單位數量，而便於採用。分析是就各個單元中，發現其可能的銜接，如同將各結構的首要特性，與其他特性相連，或者將首要特性與次要特性相連，而形成不同的體系。綜括即是把由分析而得的體系，劃分清楚，然後再總結爲一個整體。到此地步，即是已經把原來雜亂無章的素材，納入於一個有組織、有結構、又有條理的整體之中，從整體所包括的各個部分間的聯繫，即可看出可能形成的關係。

　　推演關係的步驟，實係包括教育研究的各種方法。其初步資料的獲得，可以由調查法、實驗法、個案法、歷史法等而完成；次一步驟，則包

括比較法、哲學法等,而又統括前一步驟中的各種方法。由此方能將經驗的事實印證到概念,從兩者的銜接上發現前未曾有的關係,此種關係是研究的新發現,也是假說的建立。若將圖一與圖二合併,則成為圖三的形式。

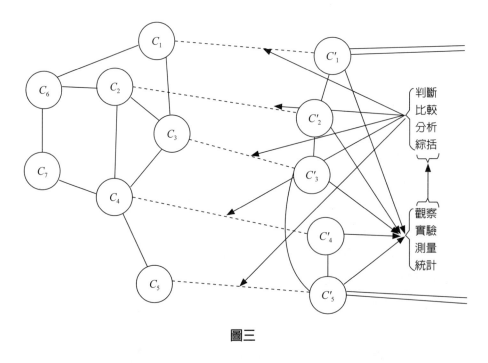

圖三

上圖所示兩組結構經觀察、實驗、測量、統計之後,再予以判斷、比較、分析、綜括,然後發現如虛線所指的關聯,即新的可能關係。此等關係的推演,包括觀念及概念等於其中,亦即針對問題而生的可能解決問題方法,成為假說的初步形式。

教育學研究的此一步驟,是研究的實踐和思考的歷程,或可稱之為執行階段。在此期間,研究者把所有的資料,應用各種必需的方法和技術,做精密的檢視。嚴格的分來,由觀察到統計的各個步驟,是外在行動的實踐。研究者要有所作為,才能得到部分資料系統,對這些系統做進一步的工作,所應用的思考多於實行,可謂之為內在的實踐。要靠研究者以精密的思考力來處理資料系統,由此而得到更有次第,接近於問題的意念。意

念的發生，即是新關係推演而出的事實，從新關係上建立假說，成為新觀
念或新概念。

(四) 建立確切的假說

　　由假說的形成到建立，尚有若干研究工作有待進行。可以成為理論的
假說，須符合幾個條件，其中最重要的，第一為貼切性，第二為一致性。

　　貼切性包括傳統的事件，知覺的特性和經驗的解釋。傳統的事件指
教育學中習慣上常常發生的。這並不是說傳統事件的內容，而是指方式或
形式。由於方式和形式存在於傳統中，可使事件成為易於接受的事實，以
免超出常規，而冒不合典籍的危險。知覺的特性是指假說與問題的吻合程
度。所以如果是牽涉廣泛的問題，假說便應以普遍為主；如果是專指一方
面的問題，假說便以特點為主而形成假說的廣狹之別；尤其內容所包括
的，必須能夠相互對照。經驗的解釋是指名詞或概念能與實際的資料印
證。此種解釋即是運用定義，是把原來抽象而不易捉摸的性質，加以解釋
後，使其可以從事實際的衡量或觀察。例如：智力原是不易把握的品質，
難以斷定高低的差別，但經視為學習能力後，便可由學習的難易遲速和
多少上判別高低，便是經過經驗的解釋而予以具體化，以便從實際材料著
手。經驗的解釋雖然予抽象研究材料以如此的便利，但在將抽象具體化以
後，事實上不能包括原來材料或性質的全部；而且具體解釋至少應與抽象
性質之一部或若干部相合，更是必不可少的條件。教育學研究中常常涉及
抽象的元素，所以在此一方面尤其應把握其貼切性，以求研究的效度。

　　一致性是指元素的連結和經驗結果的組合，必須具有邏輯的一致性
而言。元素的連結是指含於假說中的各元素，在形成一個假說中，各自有
其重要性，此為單一元素所占的分量。然而在各個元素連結成為一個假說
時，元素和元素之間，便有主與從、賓和主共同併立，互為因果等不同的
關係。往往一個元素的特性，若無其他元素的襯托便不易看出，遂又獨成
一種連鎖關係。假定的成立，便是各元素的連結，因其性質和重要性，而
依照邏輯的法則，使經過聯繫之後，原有的特性和價值，更能相得益彰。
經驗結果組合的一致性，是指把分別的結果，納入於一個完整的體系之

中，使其既無疏漏之處，又無繁瑣之嫌，是一個無可增損的整體。

具有貼切性和一致性的假說，可謂業已具有大部分的確切可成的條件。此外尚應予以驗視的，為假說的應用價值和簡明度。教育學研究既然在於求得指引教育實施的原理原則，其最後目的仍然在於應用。然而如前所述，由理論到應用尚有一段距離，則此等原理原則必不同於具體可行的方法或步驟，故此處所謂之應用價值，是指假說的可試驗性未予運用定義的概念，難於見諸於實際，但是卻可根據這類概念予以運用的定義，而成為在經驗中可以考察的事實。所以其本身雖不能直接觀察，卻已具備了可能觀察的條件。簡明度是假說必備的另一個條件。因為一項假說中可能包括複雜的概念組合，但卻不因概念的複雜而陷了解者於迷霧之中，即是假說的申述，條理分明，文字簡練，不但易於了解，而且不致發生誤解。具備了以上各個條件的假說，可謂已經達到了建立的階段。

教育學研究建立假說的步驟，是最後一個步驟，可以稱之為完成階段。至此已生出新概念以至新理論，可以為教育實施的指引，且為另一項研究的起點。

結　語

教育學的建立，乃是現今教育中不可稍緩的工作。由數千年的人類教育史觀察，教育的實施始終在嘗試摸索之中，是因為缺少確切不移的指引所致；也就是教育只有事實或片段的和事實有關的概念，卻未完成一整個的體系，以致教育實施尚無定向的指引。然而一種學問的形成，在於是否具備系統的方法，如是要建立教育學便要有有效而可用的方法論。本文即以此為目的，集教育研究法的片段擴充，延展之而成一完整體系，以為教育學研究的方式。然亦僅屬草創，粗具格式，細節尚有待進一步的探討與研商。

註釋

註1：斯書於五十八年出版，由臺北市文景出版社出版。

註2：田培林教授教育史。

註3：見教育學新論第一章頁一。

註4：Torgerson, W. S. *Theory and Methods of Scaling*, John Wiley and Sons, 1958, pp. 2-8.

本篇文章取自：賈馥茗（1970）。教育學的方法論。**國立臺灣師範大學教育研究所集刊，12**，13-40。

第 九 章

社會變遷中教育形式
及內容之改革方向

導　言

　　由人類智慧的發展而形成社會，並由人類智慧的運用而促使社會不斷的進步與變遷。無疑的，社會的進步歷程是世代經驗的綿延與增進，將已有的經驗傳給下一代，並使下一代能夠創造新經驗。故而社會是人的產物，教育是傳遞社會經驗並促使社會進步的工作。在社會意識與社會組織形成之後，人與社會彷彿變成細胞與整體的關係；人如同細胞，社會如同整體，個別細胞發生作用，整體才會發揮功能。自然個體也受整體的影響，不過人的主動性與本體性卻是不容置疑的。何況「社會」這個整體，並不似其他有形的整體般之具體而明確。

　　教育必須因應社會的需要，所以教育有適應性。不過社會的需要並不是抽象的社會本身的需要，乃是組成社會之人的需要。名義上所用的是社會，實質上所指的是人。這是作者首先要強調的一點。如果只以社會為重，忽略了構成社會的人，便不免有本末倒置之譏。故而要承認社會的進步或變遷，便先要承認是人有了進步，是人為的結果形成了社會跡象。社會可能包括多數人，但社會與人絕不處於對立的地位。至於少數個人，既不能代表社會，也不能構成社會，當是例外。

　　經驗之傳遞與創造，是教育工作的成果。傳遞經驗與孕育經驗，是教育的主要任務。於是經驗成為教育的內容，至於在何種形式之下，應用何種方式，以選擇最有價值的經驗，做有效的傳遞和孕育，則是教育的手段，是應用的方法與技術。內容與手段並不相等、也不相同，卻息息相關。沒有內容，無從發揮手段的功能；沒有適當的手段，內容便失去意義。因而言教育內容，不得不兼論教育形式和密切相關的方法與技術。

　　二十世紀前半期的兩次世界大戰，導致社會的劇烈變遷，而以第二次大戰之後的變遷為最。縱觀今後的趨勢，迄世紀之末，將更有空前的變革。就目前所見及的，可喜的一面是文明的進步。科學與技術的發展，使生活的方式日趨簡便。然而可憂的一面則是文化的沒落。人文與精神的淹沒，使生活失去意義。更可憂的是生活簡便，並不等於生活容易。日益增加的糧食缺乏和自然物資缺乏的恐慌、戰爭的威脅，使處在急速進行之社

會中的人，無法看清處境的危險，甚至無法暫停下來，做一審慎的考慮。

　　作者希望教育發揮其本身的功能，根據已有經驗而衍生有用的新經驗，使具有此等經驗的人構成適合於人生存的社會，扭轉社會的危機。不致爲社會所牽動，失去其本身原有的功能，甚至表現出趁浪逐波，以至濟惡的作用。因就社會變遷的趨向，並研析今後教育形式與內容改革的方向。如以當前社會所處的是一個轉捩點，將來的趨向至少可分爲於人有益或有害的兩方面。而勢之所趨近於利或近於害，固不必強做斷言，其選擇與決定仍然在於人之本身，在於人是否能充分應用其最高的智慧。

一、社會變遷及未來的瞻望

　　社會學者對「社會」一詞的解釋頗多。本文所謂之社會，係依功能的觀點，指「共有自足活動系統的人群，因其共同點而獲得群體生命的延續。」（註1）更就目前的情勢而論，這種群體指一個國家，但有時則須擴大與全世界相對照。

　　由史實所示，社會一直在變遷中，今後將仍然繼續演變。因爲人本就有趨向於新的願望，又有創新的能力。本世紀是有史以來社會變遷最迅速、最劇烈的時期，技術的進步是導致變遷之最有力的因素。以致人一方面因爲技術進步而產生的結果而震驚，一方面也引起若干疑慮，於是生出種種揣想，推測未來世界的面貌。歷史固然教人鑑古以知今，並由今而推遠，但是預測總有若干的不正確性，因爲在預測時未必能把所有的決定因素兼容並蓄，何況一些繼起的影響因素無法完全預知。丹尼‧貝爾（Daniel Bell）在美國學術委員會（The American Academy Commission）之「紀元二千年之趨勢」討論會中，即指出專從技術成果而預測將來所引出的誤解。貝爾云：「經過兩年的文獻探討工作，我發現人們在論及未來時所做的錯誤期望。錯誤之來多是由於科學小說的誘惑，以爲技術將不斷突進，或是社會永遠能夠有奇妙的改變，而過分注意於技術和生物等的改革。我以爲即使可能有如人們所想像的變化，仍然會有很多未曾預期的可能結果。在和科學家與工程師的談話中，即能感覺到像電晶體等的發明

即不曾在預期之中。若以企求偉大的發明爲最有用的，便不免錯誤。瞻望紀元二千年，必然更將如此。最明顯的社會變遷來自於現有事物的擴張，即是特權與貨物的由少而至多。繼擴張之後，將是權衡（scale）與機構（institution）的變化。就高等教育而言，其轉變性的社會因素並不是技術的改革，因爲事實上在一九三九年只有百分之十四的青年進入大學，目前卻已達到百分之四十二，故而是數量的變化製造出問題。人們漸漸趨向於『都市』，從而提出有力的需求。權衡的擴張與變化會引起很多相同的問題。都市說即是一個極好的例證。都市之嚴重問題如擁擠，缺乏個人的權益、嘈雜、無計畫等並不是新的，可以稱得上新的是權衡，是因爲有了太多的人生活在都市文明中。」（註2）

　　人口趨向並集中於都市確實不是新事件。從工業革命後，工商業因發展而需要多數從業者，使原來無寸土可耕的農村居民趨向都市以謀生。待到技術突飛猛進，由從事工商而致富的機會顯著的增加，而且其利潤遠非辛苦耕耘以待收穫的農田工作者所能望其項背。加以都市的繁華生活與物質享受的誘惑，更增加了都市的吸引力。於是單從都市人口的驟增來說，是都市日趨繁榮；相對的，則是鄉村日趨衰落。又由於科學與技術的進步，使人目眩神迷，無不著眼於此兩者，且根據此兩者來權衡一切。若以目前社會爲工業與技術的社會，來衡量當前的社會現狀與未來，站在教育的立場，有以下所述的幾種現象與可能性。

(一) 技術社會中的困擾

　　技術進展之不可測性。除前引貝爾所說社會變遷，尤其技術改革之難以預測之外，賀欽斯（Robert M. Hutchins）也強調技術進展的難以預測。賀氏在其〈永久與變遷〉一文中開始云：「本文係由杜威之『我的教育信條』中之語而生。杜威說：『在目前情況中，我們唯一能教給孩子的調適是由使兒童擁有全部自己的力量而起。即將來臨的民主與現代工業情況，很難確切的預斷二十年後的文明，因而無從使兒童做確切的準備。』這幾句話見於一八九七年，反觀近七十年的變化，可知杜威並未過言。如果他尚在人間，他將會感到勢逼處此。我想要把他所說的期限縮短，在現在來

說，二十年將是一個永恆。在最近一次加州人力、動力與技術委員會的會議中，職業教師訓練的主持者要求工業家們指出七年後工業教師所應有的知識時，曾遭受到意外的訕笑。一位來自洛克希（Lockheed）的先生說，他甚至不敢預測自己的工人在七個月後所應有的訓練。一件最易為人忽略，而卻最明顯的教育事實是，教育需要時間。社會之最明顯的事實是，社會越技術化，其變遷也越迅速。故而在高度技術化的社會中，強為兒童準備某些確切的情況，必然徒勞無功。以至最不實際的教育被當作最實際的，而事實上最實際的反而最易被當作不切實際，這要委諸於對理論和原則的了解。在當前的技術狀況中，甚至今後的任何時期，美國教育中視為核心的訓練或資料，即使不作廢，也會落伍。所以我們唯一能教給孩子的，是使他們擁有全部自己的力量。」（註3）

賀氏之言，凡是有遠見的學者、史學家或是了解技術進展的人，都會承認其真實性和正確性。這道理至為明顯，任何現象若承認其變遷性，便不能將一時的狀況用靜態來解釋，更不能用靜態的眼光斷定將來也會依然如故，尤其不能用定速衡量未來的進展。技術更是如此。今天震驚世人的出現，明天便會因其陳腐而被揚棄。在教育中，待學會一項已有的技術時，這項技術可能已失去了應用的價值，因為更進步、更完善的技術又已出現了。用這種方式教學生，無異是教學生學習落伍，或者應該說是強迫學生學習退步。若為避免這種錯誤，而又非要教學生學習技術不可，便要遭遇像洛克希那位先生般的困難，在技術日新月異的途徑中，無從預斷未來的需要，便難以訂定目前所應教的內容。

科技盲目進展的危險性。技術的進展源自科學的進步。科學的貢獻當然並不單在技術一方面。對醫學、天文學，以至國防科學，都有極大的影響。而這些方面的進步甚至引起了政治家的濃厚興趣，企圖以行政權力促進科學的發展。然而卻也因此而導致出另一方面的問題，惠勒（Harvey Wheeler）在其〈將科學置於法治下〉一文中，便曾指出當前科學與技術之發展可能引起的隱憂。惠氏以為二十世紀中葉，在發現科學與極權主義並不一定能夠並存時，約翰·司徒爾·米爾（John Stuat Mill, 1806-1873）等所謂之以科學求自由市場之繁榮，而實現充分民主的觀念已形同子虛，

致使西方學者受到震驚。其次在納粹德國將用人做醫學的實驗視爲合法以後，加以器官移植的普遍施行，使人恐懼於權威主義者將如納粹般的將破壞醫學。又由第二次世界大戰的經驗，看出科學家的成就可能被用做最有力的殺人利器。則此等科學家在發明製造時，若不考慮其結果，更將產生莫大的危險。加以近年技術的發展，使人看到工業管理者只求增加利潤、罔顧公眾利益，所造成的損害。因此當前面臨著一個嚴重的問題，即是誤用科學與技術的後果。

惠勒並提出建立法治觀念的兩個基本假設，被科學革命所破壞。建立法治的第一個假設是人類之共同睿智足以了解所應了解的政治問題；第二個假設是人能制定解決此等問題的法律。第一個假設因爲科學革命將問題僞裝成常人無法了解的技術性質而被破壞；第二個假設因爲科學革命使法規無從建立未來的基礎而被破壞。結果是若不發明控制科學政策的新程序，便要遭受技術的統御。如何解決這個問題？惠氏以爲先起的意念可能是增加科學顧問以加強控制機構。但是惠氏卻說這個衝動式的意念並不能解決問題。他以爲必須是相當狹隘的專家才算是科學專家，而這種專家卻缺乏足資把握與其所精通的技術材料相關的社會與哲學的普通知識。同樣的，任何一種專門的通家也難以通達到足以控制和科技相關的複雜問題。（註4）

惠勒指陳科學與技術的發展，不僅盲目的勇往直前是危險的，即使缺乏考慮和遠見，都可因疏忽而造成意想不到的損害。然而惠勒只想到用法規約束當前的科技進展與應用，卻未想到在教育中以發展科技爲唯一目的，全數製造未來的科學家與技術家，大量增加科學與技術產品而不問後果的危險。目前尚保留著過去的遺緒，還有一部分哲學家和社會學家，能夠冷靜而愼重的站在科學與技術之外，衡量一下利弊得失。當全人類盡皆是科學家和技術家，全數熱衷於科技的發明與發現，而不計其他時，法律又有何效用？其後果又將如何？

人生的徬徨。人類的自存（self-preservation）本能使人期望生命的永恆，在個體生命終結之後，仍然希望能做無限的延續。靈魂不滅說使人在這方面得到相當的滿足。繼之而來的宗教信仰，以另一世界作爲人生最終

的鵠的，解除了生命中一項最大的恐懼。然而科學與技術的進展，使第二世界趨於幻滅，永生之說無法得到證明，不得不承認生命的終結，而將注意力專注於現實世界。然而現實世界充滿由技術所產生的物質的誘惑。能夠得到物質固然能予人以滿足，卻因物質的日新月異而永難達到滿足的境地。以至人致力於追求物質，在一項追求實現後又被迫棄置，而從事另一種物質的追求。在追求的過程中，有目的爲指引，尚可使心有所寄託。無如這種歷程都是切近而短暫的階段，每個階段完了時，便不免有「不過如此」的失望之感，且要面對重定追求目標的困擾。如此循環往復，一方面使人感到不勝其煩，一方面使人興起「所爲何來」的疑問，終致對人生發生懷疑，懷疑個體生命的意義、懷疑群體生命的價值。這種徬徨狀態，在青年人中最爲明顯。因爲青年較爲敏感，尚未養成聽天由命的態度，同時受創造與進取心的鼓舞，對人生目的要有確切的解釋以爲指引。當科學與技術本身尚不知走向何處時，便無法從兩者中得到答案。哲學雖然具有這項功能，但是在科學與技術占優勢、處處要求實證的情況中，抽象概念失去了證明與說服力，終致造成人類在社會漩渦中迴轉，不能自己，又不能自決的狀況。

(二) 社會狀況的延續與遞禪

　　社會沿著進步的軌跡而運行。進行的速度可能不等，而且社會萬象並非在齊一的速度中進步。在衡量進步時，必然以某些現象爲憑證，不能將社會萬象兼容並蓄。其中一部分有急速進步的象徵，另一部分則可能極爲遲緩而近於停滯。許多人承認最近三百年，或甚至一千五百年間，人文科學沒有顯著的進步，遠不及自然科學的進展，西方社會尤其如此。所以言社會進步或社會變遷者，多指自然科學而言人文社會將如何，就過去的情形推斷，無人敢做肯定的預斷。消極者雖然不願用「退步」的字眼，卻不免於相信有衰微的可能。

　　就社會現象觀察，米勒（George A. Miller）提出與其至友賀恩斯坦（R. J. Herrnstein）的共同看法，相信「困擾有繼續性」。因爲在每個困難克服之後，新的困難又將發生。從這一方面來說，下一代人在紀元二千

年時所遭遇的問題必然和現代人不同，但仍然會遭遇困難。因為現代所存在的問題到那時將可解決，但卻將因為解決一個問題而引起新問題。（註5）米勒等的看法乃屬人類社會的特徵。田培林教授曾言人類文化之產生與進步便是因為人類會遭遇繼起的問題，甚至是自己繼續不斷的製造問題，為解決問題而留下文化遺跡，匯聚成為浩瀚的文化洋流。這是從整體的社會狀態或人生現象而說。若更進一步、具體的指陳，米勒相信兩個主要的趨勢至少將繼續三十年，即是人口將繼續增長、技術將繼續為人事變遷的泉源。（註6）

米勒的觀點並無新奇之處。社會變遷是有史可徵的事實，在變遷的過程中，某些現象逐漸消失、某些現象又漸次形成，主要的是一種現象的消失或出現，就其終止或發生的一個時間而言，似乎是突出的，但實際上乃是「逐漸」的。也就是說一個存在的現象，可能繼續若干時間，而在正當繼續之時，如果為多數人不可避免或共同熱衷的，可能即是該現象的高潮時期，要待此多數人有所覺察或另有注意之點時，原有的現象才會逐漸淡漠以至消失。人口爆漲是醫藥與社會福利發展的結果，雖然現代人已覺悟到這種幾何級數增加的可憂，卻要待到經過若干世代，才能看出增加率的降低。人類世代綿延受生物法則的支配，而生物不但生生不息，同時並且呈擴延的現象。至於技術發展，以當前人類之熱衷的態度看，繼長的趨勢是必然，現在仍然不能算是高原期。所以可就米勒的信念再推演，預斷技術將如過去與當前一般，仍會繼續進展，而且隨著人口的增加，將會有更多的人，從事技術的進展工作。如此繼推下去，更將不知伊于胡底。

從生物界的自然現象來看，生生不息是創新，世代交替則是改變。於是一方面為生和長，是繼續；一方面為衰與亡，是終結。生與死是命定的，甚至可以說在生之孕育的同時，也就決定了必然要死。如此看來，生與死兩種現象乃是並存而共同進行的。一個幼稚生命逐漸生長，趨向於成熟，似乎走向無限發展的途徑，可因這一時期的明顯現象而期望無盡的未來。不過宇宙中並沒有無限生長的具體事物，生物界特別如此。若從達到成熟的階段往前看，隨之而來的便不再是欣欣向榮，而是逐漸趨於衰朽。僅只是在此段之前，生長的現象較為明顯而已。若把由生到死看為一個整

個歷程，可以坦白的說是趨向於死亡。這樣說不免令人沮喪，常常諱莫如深。其實既然是無法改變的命定事實，並不因有意的隱諱而不存在。徹切的陳述反而有助於了解生命的意義。從積極而樂觀的立場看來，個體的死和生交替，才有了整體生命的延續，才有改變、才有新和無窮的希望。

　　社會現象也是如此。史學家常就社會的演變而判別出進步與循環的徵象。生死交替、榮枯互見，因而歸結出一個物極必反的道理。不過這種循環往復，並不在一個固定的位置上。乃是一方面有周而復始的跡象，一方面是循環的周始在向前移動，待到回復至近似初起的狀況時，已經不在原來的位置，至少比原來超前了若干距離。故而所謂盛極必衰、否極泰來，所指的是歷史進展的道理，是抽象的法則；而不是史實演進中的現象，尤其不是某些具體的特殊事件。這種徵驗使人在失望時得到安慰，同時仍然能存著希望。以這種態度看社會狀況，便不會妄自堅持某一正在趨向鼎盛的現象有永恆性，也不致為某一趨於衰微的現象而惋惜。

(三) 未來教育之瞻望

　　教育有適應性，因為教育本就是因應社會的需要而產生、而發展的。社會改變，教育也將因而有所變革，以適應切近的需要。倘若今後社會如米勒所說的三十年內仍將繼續的狀況為可能，便將有與此相應合的教育現象發生。米勒以為今後三十年內，人口將繼續增長、技術將繼續發展，因而一方面要探究並實行優生，一方面要改善消息的傳遞與學習方法。米勒從心理立場指陳說：

　　「……一個普通的心理原則可能有其值得印證之處，即是腦力有其接受與儲積資料的限度。基於理性而建立的事實是，一個人在一個時間內所能面對的獨立認知成分極為有限。這是有事實為證的，好在很多人已承認其明確性。另一個尚未完全確定的推論是，對於數量和複雜性之吸收的限度。人之優越處是能面對龐雜的習慣與法則系統，能夠學習語言、發明數學，以及學習為社會一分子的必要事物。人的這種優越能力似乎是無限的。在塵世中我們應用大部分記憶，然而所能記的事實或技巧乃是常見或特別重要的。……」

「堅持人類注意或記憶力的固定限度不免荒謬，但可將資料慎重的組成層次的抽象階段，以擴張記憶的限度，以便需要時，可將儲積的資料詳予重組，但因為記憶有限，資料的層次也要有其限度。」

「依此說來，腦的限度是能力抑或獲得並無差別。我們要針對一個人最高的儲積限度。如果社會漸趨複雜，兒童在社會化過程中所要獲得的知識也必然增加。這對一個國家係由有知的選民而組成的政府來說，其意義何在？如果增加技術專長是在於謀生，則人便要致力於技術的學習。」（註7）

米勒相信技術的必然進展與學習的必要，與社會的變化相互因應，教育也將有所改變。米勒說：

「如果我們要保留真實的民主遺傳，印證預測的人口增長，便要對教育系統再事擴張，且予以澈底檢查。當知識增加，工作日趨技術化時，學生所需要吸收的資料也必與日俱增。又在機動性進步，而新舊工業交替後，畢業不復為學習的終結，而是每個人的生活方法。將學生人數、知識交流和教育經驗等的增加綜合在一起，來想像紀元二千年時所需要的教育系統。沒有教育改革是否能符合這種需要？」

「我曾密切注意近年的教育改革，必須有某些變化以適應明顯的需要。兒童在教室裡最有價值的收益是面對龐大、專心，而卻是愚弄社會的技巧。基於『不變則蔽』的理論，學校也曾勇敢的修訂課程、改編課本，供應較多的教學器材，並盡可能的予學生以各種便利。這些優越的改進與改革是必須的，但這是否即等於充分？」（註8）

米勒從人口的增加與技術的進步看近期的教育變化，是從教育的適應性來看。又本諸其所學，是以心理學者的觀點來看。只看到未來三十年可能的進展，因為為期較短，容易接近正確。並設想米勒本身的立場，所做的臆測不無片面的理由。

然而若從教育本質來看，且放眼遠觀，則教育在適應社會需要而改變的同時，也有其確切而持續的一面。艾德華‧密德（Edward J. Meade Jr.）曾云：「教育以世界為對象，是認識過去與現在，並用以形成將來的歷程。同時又因教育是世界的一部分，所以對世界有影響力，因而教育也是

改變世界的工具。」（註9）

　　從社會變遷而言，教育改革若完全著眼於「社會」二字，可能遭受數典忘祖之譏。如作者開始時所指，構成社會的是人，教育雖然因應社會的需要，而且存在於社會之中，但是本質上是人因需要社會才構成社會，是人因需要教育才實施教育。因而無論談社會變遷或教育改革，必須牢記這兩者的主體是人。如果說根據人類史實，所構成的社會和在社會中的活動曾有若干改變，操縱這些改變，完成這些改變的仍然是人。人的活動內容與方式可能改變。人的本質在未來的千萬年內尚不致於改變。若說教育是爲人求謀生的本能，便應該說謀生需要技術時，是人需要有技術才能生活，並不是社會需要有技術的人。只要人求生的本能與願望不消失，改變技術的學習便是必然。不過在技術的迅速演變中，如何藉教育的作用使人隨時能獲得所需要的技術才是問題。世人既然承認舊技術因新技術的出現而廢除，在預測的技術進步速度下，人將終其一生致力於學習技術，但卻永遠沒有應用的機會。因爲待一種技術學得之前，早已經成爲無用的了。我們無法否認賀欽斯所強調的一個事實，教育需要時間。即使米勒所說的將資料慎重的組成層次，有效的提供給學生爲可能，學習仍然趕不上技術進步的速度，人將永遠爲追求謀生的技能而日夜繁忙，卻達不到求生的目的。所以還要接受賀欽斯所引杜威的意見，使兒童擁有其本身全部的力量，賀氏以爲如此，則：

　　「學校課程之基於此種目的（充實兒童本身）的，訓練或資料都不會消失，只是與此不同而已。所訓練的技術是兒童在任何情況、行業、或生活的任何階段都需要的。這一類的技術是涉及於每件事物的語言和數學；資料則是用以求證、反駁或示範的問題原則。」

　　「按照杜威的指示，應該使兒童對一切都有所準備：如果只教兒童準備某些事，在兒童準備妥貼時，未必就能應用。今天所能確定的需要是公民，所能確定的運數是『人』。沒有一種行業——或甚至教學——能豁免於技術的變化。抗生素已使醫術之某些技術，如乳突炎之類成爲不必要。看到自動烘麵包機使人相信德國巴爾森（Bahlsen）總經理所說的『麵包師的技巧完了』是完全正確的。」

「在另一方面，我們永遠不會嫌聰明的公民或好人太多。未來的文明卻正大量需要這兩種人。所以我以爲應該使所有的兒童，都能擁有其本身的全部力量。」

「我強調『所有的』兒童。當然這不僅是教育行政者的責任。第一、學校不能負擔如此龐大的任務，其他的機構也有責任。教育的特定功能是由助人學習用腦，以至於成爲人的地步。第二、我們有理由相信兒童入學前的環境，對其入學後的表現有決定性的影響力。」（註10）

無可否認的，當前是以技術爲重的社會。由此推測未來，技術仍將繼續進展。從前舉兩種觀點來看，米勒以爲因技術進展而需要多方學習技術，但爲求學習有效，則須要將有用的資料縝密檢查分類，以爲學習的次第。否則技術日益繁複，以人之有限的能力，將不能盡數學習浩瀚的技術。從這一觀點來說，教育須要有所改變，改變現有的課程教材，使其能包括對人最有用的資料，且只包括最精粹的部分，以便逐步學習。賀欽斯也承認技術社會的存在與技術發展的可能性，尤其因技術演變而生的人的適應性，是教育必須提供給兒童的。不過賀欽斯卻看出以技術爲適應內容的不智。因爲技術瞬息萬變，雖欲適應，卻限於學習的速度而力不從心。故而引證杜威的觀點，不教兒童以適應的內容，因爲這是不久即被揚棄的，要教兒童具備適應的能力。只要具有此種能力，不管因改變而生的需要爲何，都能隨時隨地從心所欲的適應。

米勒與賀欽斯所提的教育改革重點不同，都認爲需要改革以適應未來則一。這一共同之處，應是關心教育改革者所不會置疑的。從二人之不同的重點來看，作者以爲賀欽斯的意見勝於米勒。倒並非二人理論之優劣差別，關鍵是賀欽斯所指的是今後無限的年代，米勒卻只著眼於今後的三十年。教育的不變性中便蘊含著適應性。適應是教育之不變的一個性質，可變的適應是切近的特點，不是教育整體，故當以賀氏之見爲具有悠久性。

瞻望未來教育的演變，又可從歷史演變的速度與趨勢著眼。如果承認社會是漸進的，在演變中某些現象不會突然消失，則可信方興未艾的技術進展仍將繼續。如果相信正在演進中的社會現象盛衰迭見，則衰微已久的人文學科將會代技術科學而再起。這不是個人有所偏好之處，而是就人類

文化史研證，人有其獨具的特徵，是為智慧與理性，因而能發現並發明為人所需，能為人所用的事物，便常常需要權衡與判斷。然而人也常為切近的情況所迷惑，反而忘卻本來所要尋求的目標。不過這迷惑只是暫時的，這就是人類至今尚存的主要原因。在史實中常見某一階段的人為一種狀況所吸引，群趨致力，如果一往直前，可能陷人類於危亡，然而就在如是千鈞一髮之際，覺悟到危險性而懸崖勒馬、扶狂濟傾。當中世紀西方沉迷於宗教信仰時，文化陷入黑暗時期，賴理性的覺醒重振人文與科學，遂有今日科學與技術的發展。而當前正是人類沉迷於科學技術的時期，且已覺悟到科學技術必須有所改革，尤其覺悟到人文沒落的偏枯，至少可說是重振人文的徵兆。這時期與中世紀轉變的差異，是不需要有所揚棄才能有所振興，而是可以同時並進。因為如賀欽斯所說的強調語文與數學的學習，兩者乃是科學與技術的基礎。而且人文與科學，同屬人類在現世生活的需要，不似宗教信仰之追求渺茫的來世。在可見的未來，教育應該以人類最基本的人文陶冶為主，輔以由此而得以訓練的技術，以達到求生的目的，且使生活更有意義。

二、教育任務與社會變遷之關聯

　　前章曾申述社會變遷的必然性與可能改變的社會現象。本章將就與社會現象之變遷相關聯的教育任務加以敘述，以便進一步探討可能的改革。

(一) 教育之傳遞任務

　　文化學者堅信教育的主要任務為傳遞文化，使學習者就所得的資料繼續創新。現代學者多著眼於文明，言文化者為數不多。試姑置文化與文明之分，專就傳遞的功能而言，所傳者必然是某些認為有價值的資料，此處暫引鮑依赫（Ernst Boesch）教授之言為證。鮑氏云：

　　「教育的目的在於傳遞或創造技巧、習慣或知識，無論在特定的情境中（如職業訓練），或是在協助個人主宰生活的普通方向下，教育的成功必須基於兩個歷程：1.傳遞資料（information），2.引起應用並表現學習材

料的動機。兩種歷程有互補的作用。沒有必須的活動工具，最好的動機將失去用途；不能激發學習，最好的訓練徒然虛耗『教育投資』。」

「從這兩種歷程說，常由情境的客觀或任務方面，或是主觀與社會方面來決定。其結果是教育必須兼顧客觀與心理社會兩方面。」

「資料的傳遞永遠要有一個傳遞者為媒介，並且要有一個接受者，於是可以區分出四個基本項目：

(1)傳遞者的意向。

(2)傳遞者的陳述系統（即消息的客觀內容）。

(3)接受者的領悟。

(4)接受者對消息（message）的同化作用。」

「通常不僅要傳遞消息，傳遞者還要控制其後果。在教育歷程中特別是如此：即是要矯正不適當的反應，或者增加資料，或者改進接受者的接受力。因此還要再加上一個項目，即是傳遞者對於傳遞結果的反應。為簡便起見，可將此等反應視為新的、後繼的消息。」

「很明顯的，這種傳遞歷程中遺失了一些消息內容。傳遞者的陳述系統很難與其意向完全吻合；同樣的，接受者對消息的領悟也難以超過全部內容；而在同化作用中又產生了曲解，或加入了新原素。我們須要再事密切檢查這些歷程，從文化的差異上來了解。」（註11）

鮑氏進而探討主要的動機歷程，以為動機是個人活動的準備。在開始時由外在動力所引起，但卻可能預存著內在動力。動機有暫時的和永久的之分，教育家所重視的乃是後者。從事活動由於兩種基本的情緒，期望滿足與避免挫折，後者即是前者的逆轉。

鮑氏又以為資料的同化作用，將以一個特別的動作之成功為基準而衡量。動機之強弱固然因活動的毅力與能量而異，而所用的能量又與成功與否相關。故而資料與動機在整體活動中有互依的關係。而且活動的直接報償並不一定以動機為主要的力量，多數學習係由於間接的報償。鮑氏指出正確的寫作不一定全靠正確的紀錄，在班級中的地位或教師的稱讚更為有效。功能性的愉快、自導與自信、社會的讚許等間接的報償，會超過直接報償的效果。（註12）

　　鮑氏之卓越處是首先指明教育傳遞中的兩個主要角色，即是傳遞者與接受者，而不先考慮所傳遞的內容。這是最明顯的事實，不管內容如何，沒有傳遞者之生動的提示，最有意義的內容可以變成空泛不實，最為生動的材料可能使人覺得索然乏味。同樣的，接受者若無意於接受，必將視而不見、聽而不聞；接受者若無能接受，則縱為千古絕響，亦將如對牛彈琴。所以論及教育任務，並視教育為一歷程時，其中的活動者才是主體，猶如一齣戲劇劇情雖好，沒有好的演員便不會演出逼真，沒有能欣賞的觀眾便無人能體會劇中三昧。

　　鮑氏又進而分析資料歷程，將資料之人的來源稱為「主體」（agent），資料之傳遞工具稱為「媒介」（medium），資料之接受者稱為「對象」（subject）。資料歷程從一個主體開始，經由媒介而傳至對象。又由於對消息的反應，對象本身也變成一個主體。以消息之計畫內容為「資料」，並以「消息」為客觀說明的資料內容，以「知覺」為對象心意中所得的消息形式，再以「反應」轉譯成語言、身體或心理活動的知覺，便成為將資料變成消息，為對象所知覺，從而有所反應的歷程。

　　就資料與消息的關係，以及消息兩者來說，鮑氏指明資料不等於消息，因為消息常常與資料略有出入，消息中包括主體原來無意傳遞的原素，以致生出曲解。鮑氏解釋說：

　　「資料本身絕不是目的，只是由某些目的而生的活動的部分。我之呼救是因為我需要幫助，並不是我要呼叫。故而消息是某些活動的工具，常常是主體意象中所有的願望目的比所要的消息更明晰，任何沒有經驗的人在教語文時都知道此點。任何教學法中的曲折理論都由於同樣事實，即是確切的知道所望於對象的反應，卻不知道導致這種反應的適當消息，以致將目的變成不當的資料，因為主體未曾想到一個消息所能導致反應的方法。」

　　……。

　　「於是活動的目的可能必須轉譯為一系列資料，是為曲解、省略或誤斷的第一起源，而且資料本身必須用適當的消息做說明，於是又成為確否的問題。」（註13）鮑氏解釋這些錯誤的原因，可歸結為：

1. 主體的錯誤假定：以爲接受者已經知道某些消息，無需重述，任從一處開始，便可達到預期的結果。其次是主體假定對象與自己有同樣的需要、興趣和價值，並未設身處地的爲對象著想。

2. 主體缺乏傳遞的技巧，以致將消息的重要性輕重倒置。

3. 主體導致對象恐懼或予以誤評。（註14）

資料傳遞中所發生的錯誤，除由於主體者之外，另一部分則爲在接受歷程中，接受者所造成的謬誤。如鮑氏所說：

「知覺或領悟不僅指把握消息之表面內容的能力，更包括對情境含意的了解。許多笑話即由此等事實而起。如一位旅行者在走近一位釣者時問：『這魚會咬人嗎？』而後者回答說：『怎麼，你害怕嗎？』即是指陳表面內容和情境含意的。旅行者把握了情境含意（有意幽默），釣者顯然未領悟前者的意義。一個譯述良好的消息可能因會錯情境指示而誤解，但有時因對象能確切認識情境，而正確的領悟譯述不當的消息。顯然的，對消息內容越生疏，越不容易改進譯述。」

「由此可見主體與對象之指陳體系（frame of reference）越接近時，越能正確的領悟消息。」

「在主體與對象間，有一個重要的差別：即資料是主體活動系統的一部分，卻不一定是對象的。消息可能適合於對象而爲對象所愛好，也可能干擾並阻撓對象的活動，有時甚至強迫對象採取臨時或永久的行爲方式。若消息符合當前活動或實際的活動傾向，則比較易於領悟。」

「因此主體與對象之關係，不但足以影響消息的接受，同時也受消息的影響。如果消息能滿足當前的意願，則結果爲正；如消息阻撓意願，結果必爲負。」（註15）

由鮑氏的觀點，可見教育之傳遞任務首在主體。主體即傳遞者，亦即世俗所熟知的教師。其次爲接受者，亦即世俗所謂之學生。教育之任務能否達成，自然要從接受者領的數量與領悟的程度來判斷。然而決定領悟者之領悟限度的，則不但是領悟者本身，尤其在於傳遞者消息或資料猶其餘事。當今教育大量發展、人口暴漲、學生人數日增，教師的數量自然也隨之而增加，若要了解教育的任務，當先重視教師的素質。

(二) 社會變遷與教育適應

　　社會原是抽象概念，由若干具體現象而存在。構成社會的主體是人，則促成社會變遷的自然仍以人為主體。鮑依赫亦主張此說，並就而申述與消息的關聯。鮑氏相信「一切社會變遷由多數個人所促成，為實現社會變遷，人必須了解複雜的消息，並有所反應。縱觀這種歷程即是要觀察消息的發布與接受。」又進而說：

　　「在迅速改變的社會狀況中，個人所接受的資料頗為複雜、矛盾、且有些混亂。其來源有多種：個人對其他社會團體的生活方式之經驗，由報紙、廣播、會話，以及學校、尊長、行政者的教導等都是。這些來源不但複雜，其中更部分的互相矛盾。有些對個人有隱晦的價值：如行政之課徵稅捐或審判者，同時也指導健康活動或應用新肥料；一個攻擊鄰人的政黨同時也促成團結；一個遭厭惡或可怕的鄰人也能提供工作的新方法。」

　　「消息之陳述系統也同樣的複雜，且常常含有強烈的情緒，招致恐懼或希望，而使譯述之理性歷程極為困難。」

　　「在個人方面，要對這些消息加以選擇，則必須：1.依積極而有價值的來源、2.有動人的形式和內容，即是要適合自己活動的系統。於是含有二個條件，個人要合理的希望並達成動人而滿意的目的，並使成就歷程不致過於鋪張，即是不需太多的技巧、能量、時間或材料。」

　　「個人如何能決定具有這兩個條件？有勇氣的人可能基於前提，但常常需要較多的負荷。透過這種歷程，達到目的之主要因素是個人能否依從一個動人的消息。」

　　「於是便要考慮占優勢的消息。能夠顯示詳盡而具體的行為方式，且使個人易於判斷期望性和可能性的目的者，才是最應選擇的消息；也就是具有最高領悟力的消息。這就是活動之切近而明白、有確定的指陳系統的一組，是重要的技術支援的理由。這也就是應該注意現代技術之易為當地專家與其社會統合的原因。」

　　「當然消息能傳達於一群個人須要教育。消息可能影響人的實際行為，否則至少會引起期望、恐懼、好奇，即是導致可能的活動範型。系統的或機構的教學必與資料之全部背景並論，故而現代大眾傳播或交通大量

影響了學校教育的可能性，而我們尚未充分的對學生之資料背景加以控制。」（註16）

由鮑氏的觀點可以印證幾個問題：第一、所謂之社會變遷確切指陳的是哪些現象？即是相信社會變遷者是根據一部分社會現象，抑或以社會為整體，概括所有的現象，且曾將證明的實例組成確切的陳述系統，說明變遷的意義？第二、承認社會變遷者係依據若干消息來源，而在承認時，是否曾對所接受的消息加以分析和評鑑，確信消息全然正確？第三、在提出教育當適應社會變遷時，所指的教育有無形式的定義？即是專指學校教育，抑或包括含有教育作用的所有傳遞歷程？第四、設使相信教育當適應社會變遷，則教育之適應只是一個籠統的方向，究竟所做的適應要達到什麼目的？如果不能解答最後一個問題，便不能確實的擬定適應計畫，沒有目的為指引的計畫是盲目的，沒有計畫的實行是衝動的。其結果不但使教育無以適應社會的需要，甚至從根本上摧毀了教育。

先就第一個問題而言，當前所謂之社會變遷，除了甚囂塵上的技術進展，以及前所引述的人口暴漲以外，尚有國際政治狀況的演變，以及由此三者而引起的政治經濟問題、國際問題和心理與社會問題。當然人口與技術直接影響經濟問題，而政治與國際問題雖與兩者相牽連，卻又各自有其本身的影響力，不能完全歸入於人口與技術之下。當前國際風雲的興替，是自由與強權二大壁壘的對立，似乎兩者都在努力發展科學與技術，企圖用科技威力壓服對方，以取得世界的領導地位。發展科技的手段固然相彷彿，但是卻隱含著人類安危的差別。世人恐懼於三次大戰如果爆發，科技的應用不管出自何方，皆將為人類造成空前的災禍。惠勒欲將科學置於法治之下，便是有見於科技被妄用的危險。這是炫惑於科技的光芒下，不能不同時考慮到的另一面。言人口暴漲者率皆憂慮於食物的缺乏及天然資源的枯竭，然而就在這個過程中，人們一方面高喊節育以降低人口的增加率，一方面又努力求醫藥以延長壽命，這一矛盾心理如何解釋，亦成問題。故而社會變遷中某些明顯的現象固然易於引起人的注意，即明顯度不居首位，而仍然存在的現象也應該計及，尤其不能忽略各現象間的抽象連鎖關係，更不能昧然於其間的矛盾與錯綜。

　　就第二個問題分析，人本就有道聽途說、傳聞失實的事實。輕信傳言，再加以擴大而播散。能夠對所見所聞追索其因果關係，在傳播之前加以審慎衡量與判斷的為數不多，加以傳播工具的便利，使一件微細事實可能擴大為重如泰嶽。且又眾口鑠金，以致黑白倒置者更不乏前例。何況更有如鮑依赫所說之誤解因素，以致形成歷史上見數不鮮的前例；小者以一時流言，顛倒事實；大者如萊布尼茲所說，重複一錯誤概念，可使其成為真理，而為若干世人所信服，甚至繼續若干年代。由於這一弱點，人類在歷史上留下了錯誤，影響到當時，遺患於後代。如羅馬帝國之崇尚武力、如我國之科舉取士，為當時的人毫不置疑的接受，且延續世代之久。

　　就第三個問題看來，言教育者多針對學校教育而言，並未確指教育的全部歷程，因而始終將家庭教育與社會教育置於次要的地位。家庭教育的被漠視，可能由於學校教育倡盛之後，以為家庭教育不似學校教育之有妥善的計畫、有專業人員實施，而且有較為完美的環境適於教育歷程的進行。另一方面，則是社會變遷後婦女工作者日增，不但農業社會中的父教已經消失，即母教也已不存，不得不將教育任務完全委諸於學校。而學校的發展，也力圖符合此種需要，於是如幼稚園、托兒所之類，雖然尚未完全納入於正式教育系統，卻已大部分代替了家庭教育的任務，殊不知幼兒階段所受於父母的影響，並非幼稚園、托兒所等能夠完全代替。對於這一階段的兒童，如果家長將教育任務悉數委諸別人，兒童將永遠無法填充其所缺失的部分，而造成教育歷程中的缺陷。

　　社會教育由於傳播工具的擴張，早已超出已有的定型的圖書館、博物館、新聞紙等之外，電視、廣播、電影、書刊等對社會大眾的影響，不但不是圖書館之類所能比擬，而且超出了學校教育之上。在這一方面，社會教育的範圍並涵蓋了家庭教育。所以要從教育適應社會變遷而言，除了學校教育應該有所適應之外，教育之整體的或全面的適應，當更是須要考慮的一面。

　　談到第四個問題，教育適應的目的何在，當是一個起始的問題。人類理性的存在與發展，已經為人建立了一種習慣，即是在有所行動之前，先要問「為什麼？」就當前情境而回答「為什麼」，當然可以就著切近性而

答以「因爲社會變遷，需要如此。」可是這個問題並不能使有理性而又習於追根究底的人能夠滿意。故而在得到這種切近的答案之後，必然要再事追問：「社會需要教育做『如此』的適應又是爲什麼？」這第二個問題，便不是用籠統的答覆所能說明的了。因爲其中包括了若干具體的計畫或指向，即問題中的「如此」，所要求的答案是「所以如此的理由」。這個問題要向擬定教育適應者的教育行政或教育家提出。如果此兩者不能答覆，便要向「要求教育適應」者去探詢。

試以要求教育適應者爲社會。因爲社會在變遷中，需要教育隨之而改變。站在教育立場，我們必須要問：「正在變遷中的社會，你將向何處去？」

計畫教育適應與執行教育適應者，必須在提出前面的問題，而又得到滿意的答覆後，才能採取行動。因爲無人能否定社會的複雜性與矛盾性，以及由這兩個性質而形成的無理性趨向。至於教育既不似社會之複雜，又曾是理性的安排而排除了矛盾的。在採取行動前認明方向以便決定步驟，才能保持步驟有條不紊，才有信心達到預定的目的。

截至目前爲止，言社會變遷者大有人在，提出教育應該適應社會變遷之議者亦日漸增加。尤其基於人口增加與技術進展而言教育適應，並且從數量上衡量教育效果，可能已失去要求適應的本意。如鮑依赫所說：「……評鑑一個計畫之成功與否乃是一件細膩的工作。關於學校建築、獎學金和畢業生等項數量的報告，只是活動的證據，而不是必然的成功。甚至一項計畫達到目的時，促使此計畫成功的因素也未必即是所認定者。至少應該想到一個在一方面屬於成功的因素，在另一方面則可能會招致失敗。」（註17）

(三) 社會實況與教育動向

一般論社會變遷者似乎泛指廣大的社會，含有全人類社會之意。若仔細衡量，倡言者多數爲西方人士，包括歐洲與北美。尤其從科學與技術的進展而論社會變遷時，所指的社會更有地域界限，歐洲與北美之科技進展顯著者率被稱爲進步國家。衡諸實情，這些國家也確因科技進展而形成社

會的變化。至於科技不如進步國家的，社會固然也在變化中，但是實際情況是否與進步國家完全相等？如果答案爲「否」，則從而論教育改革是否可與進步國家一體並論，當是一個值得考慮的問題。所以論及社會變遷，在目前全世界人類尚未成爲「『共』有自足活動系統的整體」時，便要有國家的劃分，所指的社會充其量是限於某一國界之內的社會，因爲在每個國家內，教育狀況並不相同。

　　無疑的，中華民族自視爲進步的民族，因爲這一民族曾有燦爛的文化成績。然而若以科技進展而界定「進步」，則中華民國便不能算是進步的國家，因爲我們的確缺少可與進步國家並稱的文明，事實是我們正在模仿進步國家的科學與技術，尚未能自行發明與發現。因而我們不能誤把另一個社會，當作自己的社會；也不能強信存在於另一個社會中的現象，即等於存在於自己的社會中。更因爲如此，不能以另一個社會變遷所需要的教育，來改革自己的教育。當然我們不否認進步的社會遲早會影響我們的社會，可是我們必須牢記這兩個社會中的差別。我們是在全心全意的模仿進步社會，不過在模仿到維妙維肖之前，還須要針對自己的實況。

　　明乎我們的社會與進步的社會之別，在引述進步社會中的現況和瞻望時，便要避免籠統、避免張冠李戴。事實上我們的社會是在亦步亦趨的走向進步社會的歷程，不過目前我們所達到的程度，不是當前的進步社會，而是在進步社會已成爲過去，若干年前的情況。最確實的證明是我們不能自行培植科技人才，要大量的借重外國顧問於科技的發展，要大批的學生出國去學習。僅從這一點便看出中西社會與教育的不同，因爲這兩個社會的文化背景本就有異。仍以鮑依赫之言爲例，在討論東西語言的差別，所見於大學以上學生的，如鮑氏所說：

　　「……西方語言中常大量的應用抽象名詞，這類名詞雖然也存在於非英語的語文中，但卻極爲有限，且並不確當。這是社會學方面的原因：在某些文化中，不似歐洲之以用抽象名詞爲練達世故，以文辭爲謙虛，而不只是抽象字彙；也不似西方國家之重視定義及確切的應用。以致受過相當良好教育的人，即可能爲自己用字『大致不差』而滿足。這種社會語言因素可見於悉心學習的亞、非二洲留學生中，他們致力於所學的，卻不想有

所討論。」（註18）

　　鮑氏可能未曾計及外國學生澈底學習一種語文的困難，不過有一點卻切中我國學生的弱點，即是忽視定義，因而常常發生概念的錯誤；而且習於接受，缺乏批判的態度與能力。雖然鮑氏所指的是以日本代表亞洲，而日本的留德學生竟有與我國學生相似之處。這是由於文化背景不同而產生的心智差別，也因此而形成不同的知識系統。鮑氏也有見於此，故進而做出下述的說明：

　　「評鑑知識程度當包括同化作用的運用可能性。文化陶冶出形式不同的智慧。我有時覺得亞洲文化發展出一種遠超過我們的社會智慧，但對技術材料的同化則較慢。學習不僅改變知識的數量，並且改變活動的可能性與類型。漁業區學習風與船可能容易，雖然牽涉到改變傳統的船的類型與應用會發生困難。不過要使山地居民學習風和船，則可能極為困難，因為山地並沒有風和船之類的資料。要在生活中有統合的可能性時，才能對資料產生同化作用。故而生活中的形式和內容有兩種作用；使人具有專門的能力和興趣，需要從功能和存在的觀點來考慮。」（註19）

　　顯然的學習與生活需要脫節時，只有增加學習的困難；而生活需要則決定於所生存的環境或社會。這三者若不互相關聯，不徒學習為難，而且不會達到最高的學習境界，由同化資料而構成有用的知識。

　　我們相信自己的社會在變遷，並且希望自己的社會能躋身進步者之流，所以努力發展並擴充教育，尤其高等教育。對這種事實加以反省，可引梅雅道（Peter Meyer-Dohm）之言為例。梅氏云：

　　「各國發展的不同狀況，見於高等教育中，雖然必須說明的是——可用於所有發展中的國家——學生的數量並不代表國家經濟的效度。為了使國際承認其發展的力量與成功，似乎把宣傳的價值都放在學生與識字者的數目上；而實際的需要——可視之為『人力計畫』的——反而被忽視，或置於次要地位。很多大學畢業生被置於不需如斯高深教育的職業中，甚至所處位置的，使其成為學非所用。」（註20）

　　無論我們是否願意承認自己是落後的國家，我們不能否認存在著發展中國家的事實。我們曾以大學生數量的增加而自詡進步，卻不能禁止大學

生畢業後學非所用的呼聲。一部分大學生以出國爲榮，尤其以出國學習科學技術爲高，卻不問國家所需要仿效的是哪一個國家，更不問發展國家需要哪一種科學或技術。

現在必須做一個區分，即是需要較多年限的教育，需要大學教育的是誰？是社會？是群眾？還是學生本身？

如果社會需要群眾受較多年限的教育，其最終目的究竟是什麼？如果社會需要多數人受大學教育，何以大學畢業生有學無用處及學非所用之感。這種教育措施如果不是爲了宣傳價值，用此以提高國際地位，便是犯了教育計畫的錯誤，或甚至是在全無計畫的狀態下形成的。揆諸事實，社會是否需要這些人才，因無確切調查與統計，不便武斷。一個熟知的事實是，這要求來自於群眾。多數人要求受較長久的教育，要求受大學教育。不過做這種要求的目的，卻未必是爲了求社會的進步與繁榮，或是藉教育發揮人力，而是謀求聲望，企圖提高社會地位。教育不是爲了育才而使其有用，乃是爲提高虛無的社會地位，其目的便值得檢討。

若把群眾視爲社會的主體，爲社會的代表者，則群眾的要求，也可視爲社會的要求。尤其民主社會，向以群眾的意志爲重。然而也即因其如此，可以見出群眾之烏合與盲動性。群眾的要求不盡出自理性，往往一倡百從，成爲不可底止的逆流，待到發現錯誤而思欲糾正時，已經錯誤的進行了若干路程。若堅持群眾即代表社會，群眾的要求即是社會的要求，便可確定教育的方向，卻是教育群眾發揮其理性。

尤其應該注意的是，我國社會之要求教育者，並不是學生本身。學生是受家長的指示、教師的命令、同學的宣傳而要受教育，因而受教育的動機並不是內在自發的，乃是外力勉強的。結果是學生只知道要受教育，所受教育年限越長越好，卻不知道爲什麼要如此。這就和要發展科技，而不知發展科技的目的爲何一樣。如果接受了要求者的意見發展教育，則先要爲教育指出方向，使受教者知道自己要往何處去。

歷史給我們的教訓，不是要我們一心緬懷已往，徒然傷感於今昔之別；也不是要我們夢想將來，以求失望中的安慰。而是要我們把握現在，確切的體認現在，利用鑑古知今、察今知遠的原則，從即刻起，定下一個

確切可行的計畫，走向正確的途徑。

三、教育改革之方向

前章曾將我們社會現況與世界，尤其進步社會加以區分。指陳就社會變遷而論教育改革時，一方面固應著眼於進步的趨勢，一方面更應針對自己社會狀況，方能定出確切的方向，依此將從學校、課程與教學兩方面加以討論。

(一) 學校之改革

學校是有效的實施教育的場所，有其先在形成的目的。從社會演變過程中，可以看出早期的學校多是籠統的教育青年，以達到受教育或識字的目的。繼而學校成為培養公民的場所，而所謂之公民如未失之含混，也未有最明確的定義，至少從學校功能來衡量，並未完全達到目的。目前以學校為獲得知識與技能的場所，但在知識與技能兩者間，技能的獲得是被強調的一項卻並未收到預期的效果，知識的探求是通常最占優勢的活動，而一樣的不如理想。甚至在強調技術的趨勢下，知識在無形中趨於沒落。欲言學校改革，應該再次確定學校概念，即應再行確定學校的先在目的。傅里諾（Andress Flitner）所編德國之學校改革，似乎可用為參照。博氏云：

「一般性和社會性的學校概念基於一件事實，即不僅目前的技術和經濟狀況要求每個青年能改變其觀念且接受新觀念，而且現代民主中在社會與政治方面也要求成熟的公民，能夠衡量教化、能夠獨立思考，且能自行判斷。這些需要集中而確切的學校教育方能完成。」（註21）

這項需要中外相同，權衡我國當前的學校教育之失，為求有所補正，必然要強調這項學校功能。即青年需要受學校集中而確切的教育，改變並接受新觀念，以獲得技能與知識，以開啟個人未來的生活，發展國家經濟，更要從而增長覺悟、思考和判斷的能力，以成為民主社會的公民。

由此一學校概念，引申出學校教育必須符合社會需要。如前所述，目前我國學校正遭遇到一個頗費周章的難題，即是社會或國家所需要於學校

的和群眾的需要並不吻合。社會需要各階層各種類的工作者，因為工作不同而要有不同性質的學校，以及不同的在學期限；群眾則只要求有更多的學校，且更多的高等教育階段的學校，以供每個青年都能進入大學，至於大學畢業後的就業問題，卻並不重要。甚至已經進入於一種行業的青年，也力圖拋棄其已有的職位，再入大學追求與就業無關的教育。如果這種情形繼續下去，只有助長抱著「學而優則仕」的態度，企求大學或更高的學位而入學，又不能盡為政府機構所容納，終致增加畢業及失業之人數。在另一方面，真正促使社會國家進步、增進國民收入、促進社會繁榮的技術人員，反而極虞匱乏。

　　為調和社會與群眾需要的矛盾，學校可能要有所改變，此種情形也見於當前的德國，如傅里諾所說：

　　「國際間的一項重要討論是開放學校以便為畢業者提供一項資格。其決定性的因素並不是社會需要多數的有高度訓練的專家，而是每個青年需要教育和訓練，以符合工業社會的工作要求，以及民主中主動而負責的公民所應有的從事決定的力量。將來青年教育不應由社會情況、過早的職業決定，或未成熟的能力預斷而決定，而應該儘量延長決定的時間，且留下校正的餘地。如果學校仍然保持現況，至少也應該在組織、課程和教學程序等方面有所改變，以便在初中階段有轉變或晉升的機會。」（註22）

　　傅氏是針對德國的學校而說，因為德國在國民教育階段即已做了嚴格的升學與就業之分，升學人數過多則形成專家的過剩，升學與就業區分過早（在十一歲時）則不免預斷的誤差。傅氏意見之值得參照的是，我們一方面不要製造超額的專家，一方面開放學校，使具有彈性以便學生轉學或繼續深造。

　　我國國民教育與德國主要的不同之處，是德國以前四年為基礎教育，全國兒童必須入校學習。經過四年的考查，並根據家長的選擇，兒童可以繼續留校受全部的學校教育，也可去充任學徒，以部分時間接受國民教育，後者便是趨向於就業之途。其部分的學習，重在國民道德的培養與國民常識的灌輸，以迄於國民教育年限的終結，至於留校的一部分，再經兩年的考查，又分為離校與繼續留校兩者。留校者則經鑑別而分別入中學或

實業學校。待達到入大學年齡時，經鑑定合格者方能入學。傅氏所謂預斷過早，即是指四年級時的區分。德國國民教育值得借鑑之處，是有明確的國民教育目的與內容，將初級的職業訓練劃予各行業，以便職業訓練能充分發揮其功能，且又符合陶冶國民品格的國民教育主旨。我國現行之國民教育並未做此項劃分，國民中學之職業陶冶科目，又不足爲就業之準備。就社會需要初級技術工人而言，國民中學實未發揮此項功能，甚至屬於國民道德之民族精神教育，仍然爲人所詬病，是改革所應注意的第一點。

　　其次在德國之中學階段，各類學校間有極大的溝通性。即是任一種學校發現學生應改入另一種時，可以自由轉學，並有完備的補習方式以補救學生前此所缺乏的學習。而傅氏認爲尚嫌不足，倡議應開放學校之溝通性。我國已無初中階段的職業學校，初中以上明顯的分爲二途，入五年專科者在入學時便決定了必須終身爲中級技術人員，入高中者便只有準備升入大學。五年專科學校的前三年與高中無溝通性，後二年與大學亦少銜接。是學校缺乏彈性，不能適應學生在發展中因改變而須轉學的需要，此爲改革應行注意的第二點。

　　次就大學而言，其主要目的是經由研究而實施教育並增進知識，由此而授予學位。過去大學在學術上自有其尊嚴。然自二次世界大戰後，一方面由於國際交往的頻繁，一方面由於科技的發展，每一個國家的大學已不復保持其本國傳統。進步國家的大學成爲學術「援助」的機構，發展國家的大學成爲轉述進步國家學術的媒介。科學與技術被視爲解決人類問題的工具，且將此信念當作確切不移的信仰。

　　大學應該適應發展歷程中經濟與社會的需要，幾乎成爲全世界大學的趨勢，就我國而言，科學與技術的學習尤占首位。當國內大學欲從事此方面的發展時，便不得不借重進步國家的資料。大學畢業出國留學先以學習理工爲首位，其次方爲人文學科，學成歸來者便成爲大學的主要師資。然而從外國大學教授看來，雖然並未指中國留學生必然如此，但多數發展國家學生之留學於進步國家者，卻如梅伊達教授所說：學生自行選擇的科目，不盡符合發展國家的需要，而即使所選的科目與需要符合，所學的也未必眞如所用，甚至經過一段停留之後，學生在心理和社會方面植根於留

學國，以致滯留不返。（註23）

我國大學仿照美國大學之處者頗多，可引用美國對其大學的瞻望，以為我國大學未來發展之參照。美國學術委員會對二十世紀末之瞻望，李持（Christopher Wright）對大學結論中云，大學應為心智的來源、為心智生活的核心，且須解決所面對的矛盾問題。李氏云：

「第一個問題是質的。大學是在其他學校之前，而在多種特殊領域內，是工業與政府單位，或是學術領導團體。但是大學在文化發展之文學藝術方面卻特別薄弱。要保持並充實文化生活，在未來的期間，仍然非大學莫屬。正式的大學不僅要多方激勵文化活動，且更要負起傳播文化材料的責任。」

「第二是大學的範圍問題。大學應力求普遍，而不應假做已完成此項目的。一個限定於某一方面，而排除其他探討的，除非是一個大學的一部分，便不可能存在。」

「第三是大學規模的問題。雖然大學應儘量保持最小的規模以便增加內在的交流，但也應該足以吸收新觀念與新責任。從數量方面說，紀元二千年時有領導地位的大學可能是目前的兩倍。而此項經費的開支且要超過人口與生產所增加的開支。」

「其時的大學對社會的需要將負有更多的責任，且更要有隔離性，以便負起社會長期需要的責任。」

　　……

「所謂知識的爆發則不在大學。領導性的心智工作基於統合的歷程。大學不應如票據交換所般的只提供消息。知識的複雜作用，或堅實的事實，以及知識的分配不是大學必要的功能。」

「第二種事業的發展將是大學之繼續教育任務。多項事業將益趨普遍與必需。從事第二種事業的準備需要教育迅行變化，而大學當負此關鍵性的任務。這並不是說要提供修正性科目，或使學生重複其學習，而是使受教者在其現任有效的一種工作外，能夠以其新工具擔任別人所不熟悉的工作。現存的大學對這方面尚未發展，故而不能適應未來的需要。」（註24）

　　李氏所指未來的大學，仍負有文化傳播與孕育的責任，而且要充實加強現在於這方面所未能發揮的功效。其次是大學的統合性、建基與普遍的陶冶，於是當前倡導單科大學者，便要放遠眼光。再次是大學的規模，使其所能包容的分子，足以做多方面意見的交流，而不必斤斤計較經費的開支。更要注意的是，李氏以為應該保持大學的隔離性，並不主張大學與社會合一，以便大學免於隨波逐流，由其置於社會之外的角度，可以遠瞻到社會更久遠的需要；至於和社會接軌，以提供消息或非學術性工作的，乃是其他學校或機構的責任。不過為顧及社會發展，以大學為人力來源，則個人在大學之所學者，除一項特長外，尚應有第二種較新的準備，以便人力充分發揮。這應是我國未來大學發展所應參照的幾點。

　　在目前科技發展的熱潮中，注意的焦點在於工商業。因為這兩者的新發現，常常可以在反手之間，獲利千萬倍。而農業雖然也得利於科技的成績，由於仍未脫出自然的限制，在營利的數量上既不如工商業之宏大，在時序上又相當緩慢，於是農業發展如未為科技發展者所遺忘，也不免為孜孜為利者所蔑視。但是事實上，科技發展雖然已經進入於化腐朽為神奇的可能階段，卻尚未達到無中生有的地步。人賴以維生的仍然大部分來自農業產品。既然人已有感於人口膨脹的威脅與相伴而生的食物恐慌，且曾預斷世紀之末糧食缺乏的狀況，則積極設立農業學校、增加農業知識、改進農業技術，殆成為不容稍緩之事。從鄉村學校與農業學校開始，為計畫教育中的重要工作。

　　了解目前的學校性質與狀況，澈底認識其缺失，針對社會變遷的趨勢與需要，可見出未來社會所望於學校完成的任務，有下述幾個要項：

　　1. 社會需要能改變觀念，且接受新觀念的公民；成熟的公民必須能夠衡量教化、獨立思考，且能做獨立判斷。

　　2. 社會需要大量的工作者，而不要多數專家。工作者必須能從事實際工作，而不徒託空言。

　　3. 社會是文化傳遞與孕育的抽象結構，需要具體機構——大學擔負此項任務。因而大學必須居於領導地位，統合學術、啟迪未來，且繼續不斷的培育新才能。

4. 社會由群眾所構成。群眾必須有賴以維持生命的食物，故在發展科學與技術的同時，更應致力於發展農業。

由此而提出今後學校發展的方向如下：

國民學校為實施國民教育的場所，因而對國民教育的意義應再行確定。自宗教改革時所倡議一般人皆應識字以讀聖經，發展為民眾教育或貧民教育，受教育漸由貴族的特權而下移為一般民眾的需要。普魯士於十八世紀國王命令人民必須送子女入學，開啟義務教育的先河。至德國的民族主義經菲希特倡導引用裴斯泰洛齊所提倡的國民教育，才確定這一名詞的應用。所以十九世紀之引用國民教育者，是基於國家民族的觀點，提高國民知識的一種教育。在經過二十世紀兩次世界大戰以後，聯合國教育科學文化組織在世界各地區召開基本教育會議，提出教育必須注重人類安全與和平的啟迪。於是目前國民教育的意義，包括第一是義務教育、第二是職業訓練、第三是成人教育，（註25）是包括了人生全部歷程的教育。若再加以具體的解釋，當是教育每個人──從出生以迄衰老──能生長發展，具有獨立謀生的能力，且能適當的生活。如是便不僅以國家、民族為限，實要擴大成為企求維護世界和平的公民。

由於這種概念，國民教育便不當限於某一學校階段，亦不僅限於全部學校系統之中。因為照上述詮釋，國民教育乃包括全部人生歷程的教育，故而我國現存的學校名稱首先要再行商榷，然後定其性質與內容。

我國目前將小學與初中階段，劃為國民教育階段，稱之為國民小學與國民中學。若以此兩階段的學校教育為國民教育，則初中以上的學校如高中、專科，以及大學所教育者，得謂非國民否？而且以國民教育之義務教育涵義言，今後各國仍將繼續延長，將來高中以上的學校，勢將皆有冠以「國民」二字的趨勢。故不如從國民教育的全部意義，重定學校功能。凡屬有強迫、職業訓練與知識技能之增加等三種作用者，皆屬於國民教育範圍。至於學校名稱，無妨仍恢復大中小三級，以清眉目，可做如下的區分：

小學：以助長兒童之生長與發展為主。從德、智、體、群、美五種陶冶，使兒童獲得知識、活動經驗與工作品格。在校時間為六年。但協助家

長之職業工作，或接受實際工作訓練者，得抵算一部分在校時間，特別可以抵算體育、勞作等時間。

初級中學：以增進知識與工作技能爲主，在校時間爲三年，但必須有三分之一時間在校外接受工作訓練。由工作所獲得之技能與學校成績一併計算。

以上二級學校爲現定之義務教育年限。

高級中學：以增進知識與職業技能爲主。在校時間爲三年，但必須有三分之一時間在校外接受正式職業訓練，所得職業技能與學校成績一併計算。

大學：分文法、理工、農、商、醫、師範等學院。

1. 將現存之文學院與法學院合併，包括兩院所有之學系及將來增設之學系，以加強並聯繫人文學科之學習與研究。

2. 將現存之理學院與工學院合併，以充分發揮科學與技術之聯合功能，並將技術學院劃入其中。

3. 農學院必須設於鄉村，形式上雖爲獨立，但劃入大學系統。

4. 師範學院爲培養師資所特設，列入大學系統內。

5. 商學院與醫學院仍舊，亦屬於大學系統。

此項學校形式改革之建議，第一爲強調技術的發展，以工作與技術訓練爲義務教育的一部分，屬於強迫性質，但爲求實效，不應責成缺乏設備與實際訓練之學校實施，而將此責任加諸企業者，用費少而收宏效。第二爲加強人文的學習與研究，以補助並預防人文學科的沒落，以免失去人性精華。第三免除當前職業、專科、獨立學院與大學之分，根絕升學學生選校的競爭，將此等學校一律歸入於大學系統，分別爲大學各院。各學院分二級，尤其理工、農、商、師範，第一級重技能訓練，從業者亦可用其工餘時間，增益新知識與新技能。第二級爲較專門之學習，以知識爲主、技術爲輔。兩級共爲四年。後此之研究院或研究所則以學識與工作經驗顯有特長者，方能進入作高深的研究。

此項改革，將使未來的大學，確居於領導地位。大學之數量無庸求多，但大學之組織則較爲廣大。因其各學院可分設於若干地方，大學校長

爲總其成者而已。

　　至大學入學學生，除少數高中畢業者外，大學之門當爲社會中各類工作者而開，即能爲現任工作者提供增加其工作效率的機會。即在少數高中畢業生中，亦曾在前此之學校階段，得有工作或職業經驗。升入大學時，有確切的方向與目的，所學符合作用，或所學爲社會所需要。與目前大學之培養悠閒階級，缺乏實用者將截然不同。針對目前弊端與未來趨勢，倘不大力改革，不僅無以解決當前問題，且將阻礙未來發展。決定學校改革方向後，方可進而從事課程的改革。

(二) 課程與教學的改革

　　教育的產生是因爲人有學習能力，由於人之學習能力的發展與結果而產生了文化。於其中顯示出自然與文明、個人與社會、學習與成熟、以及社會與人格的互依關係。由於目前情況的顯示，人需要無窮盡的學習，驗證了「生也有涯，而知也無涯」的正確性；同時人也有無限接受教育的能力，而這裡所指的教育，是廣義的對人有助益的知與能的增加，並不限於定型的學校教育。

　　推源溯始，人需要學習是因爲人需要維持生命，靠學習以獲得謀生的技能，才能達到求生的目的。謀生的歷程包括工作活動，所以人也被稱爲工作性的動物。人的工作性無論是本質的或需要的，在人類社會中已經成爲必然。而在生活日趨繁雜之後，工作的方法與技術也複雜萬端，再加上人與人間的複雜關係。從人生歷程來說，自幼年到成熟，人需要學習以建立個人系統，需要學習以認識實際環境，更需要學習以創造價值。

　　過去的學習將心智陶冶與職業訓練分爲兩途，漸而形成人文社會與科學技術兩類。在當前以技術爲重的情況中，遂致產生科學技術爲職業訓練所必須，人文社會居於次要的地位，而致多數學者有畸輕畸重的說法。試從職業訓練的重要性而言，亦當不僅重在技能訓練，更應勿忘職業人格的培養。魏查克（Carl Christian Weizsäcker）教授便提出如下的觀點：

　　　　「一種特別需要適應的訓練，將出現於未來，而一切訓練都需時頗久。在決定當前的學習材料時，不僅要考慮今天的需要，更要考慮到未

來。預定未來自然比查驗當前困難。由過去可證，若預定錯誤，其危險性
必異常嚴重。」

「每隔數年便應澈底檢查教育系統，以形成徹切指導。」

「依據社會需要而指導學生選擇科目，易致所選之科目為能力所限而
不能學習。」（註26）

職業訓練需要時間，決定訓練科目時如僅著眼於當前的需要，難免
在訓練完畢時，需要已成過去的現象。故僅就此一項而言，便須以較遠的
眼光來判斷。若將需要之範圍擴大，可知除職業訓練外，心智陶冶乃長久
的社會需要。依照社會現象榮枯互見的原則，證諸當前側重技術的事實，
可預知為心智陶冶之人文學科，亦必為未來所需要。為免除偏枯所成的惡
果，在言課程改革時，便應注意及此。

中世紀前的文雅教育，是貴族階級的特權。貴族受教育並不是受就業
目的所驅使，故而學習的科目以七藝為主。待教育普及於大眾，先有國家
民族主義之重國民道德的訓練項目，繼而成為學習技能以謀生的事實。至
目前為止，學校科目在心智陶冶與職業訓練兩種目的驅使下而矛盾徬徨，
莫知所從。欲從事課程改革，當先審慎研究，確定解決矛盾之道，而又為
未來課程選擇的正確方向。

課程一詞，國內頗有混淆的解釋，以為是涵蓋科目與教材的名詞。
實則課程乃是科目的整體名稱，是將教材加以分類組織後，所定一切科目
的統稱。故在論及課程之前，首先所討論者應為教材，選擇教材之有價值
者，列入於教學活動中，優良的教材依羅斯（Heinrich Roth）教授所說，
能引起真實經驗內在價值、創生心智需要、激升心向、培養確定信念，引
發道德良心與正當行為的感覺。（註27）即已明確指出，教材絕不僅在於
提供資料。雖然教材必須是資料，而這類資料絕不僅限於某些已定的事實
或原則。事實或原則只是參考，以激發更高的心智活動。

事實上羅斯的說法，並非歷史上的創見。啟迪心智發展與培養價值，
早就為依教育目的而選擇教材的準則。啟蒙運動之前，向皆如此。自工業
革命之後，由於學者的興趣趨向於科學，發明與發現者既多，且又新穎動
人，實用知識遂逐漸增加了在教材中所占的分量。第一次世界大戰後，趨

向於科學研究者更多，以此項研究的結果明確可見，因致原來的心智陶冶相形見絀。再經第二次世界大戰，價值觀念系統改變，心智與道德形同無物，惟實用者可見其切近的效果，於是教材中之有關科學與技術者約占百分之八十，有關心智陶冶與道德培養者，不過十分之二，於是美國產生精粹主義者為人文學習沒落而發出的呼聲。

衡諸今日之事實與最近的發展方向，科學與技術在教材中所占的分量不會減少。但鑒於今日人類所感於科學與技術的恐懼，人文材料亦有迅即增加的必要。在此更重要的一點是人文與科技的統整。因為無論就教材或課程而言，更無論兩者所占全部分量之比例如何，必須是有關生活的材料。生活是一個整體，生命也是一整個歷程，既不容偏枯，也不能割裂。言教材或課程之改革，當以求統整為第一。

教材或課程，是教育的內容。此內容的傳遞目標，固為學習者；而擔任傳遞工作，完成傳遞任務者，則為教師與教師所主宰的教學活動。有關師資者不在本文討論之限（註28）。至於教學歷程或教學活動之良窳，直接影響課程實施的效果。故當與課程之改革，相提並論。

論及教學歷程或教學活動，仍當自教師始。教師猶如鮑依赫教授所說之資料傳遞者，直接影響教學的成敗。同時教師也應該有選擇教材的能力。試引羅斯教授之言，以確定教師教學之重要性。羅氏云：

「對於材料之教育內容的慎重考慮並不亞於對其本原核心的了解，不過所需要的是人的方面而已。文化遺產之一部分內容只顯示於曾經深入而繼續出現於其經驗中的個人；也唯有曾受材料之改變者才能感受部分文化遺產之激發與改變性。故而任何欲從事傳遞教育內容者必須自問：『我對這材料持何種態度？其對我的吸引及把握力如何？對我改變到如何程度？使我欣喜、驚異、激升、沮喪、絜矩，以至矯正與開闊的程度如何？』除非個人能以此自問，教育內容並不能顯示上述各點予人。……這是判斷教材之教育內容的最後基準，是尋求適於教育歷程之文化遺產時應切記於心的要點。」

「依教育觀點而考慮教材時，重在教材對人類的意義及其在教育歷程中的伸縮性。達到此點的唯一條件是教師將本身涵入於所教的教材中。在

教學中，學生所受教師本身涵入的影響遠超過教材。教師的涵入傳遞予學生。缺乏此種態度的人必不能傳遞文化。偽做曾經涵入也不能收效。因為敏感的學生能夠體會無意識的、深入而基本的、或是冷漠的態度？……」（註29）

羅氏不但指出選擇教材當以其對人的作用為準則，更指出教師必須深入教材，本身與教材融會，才能產生教學的效果。這兩點正是目前所欠缺，尤其後一點是多數教師所不能、甚且所不知的。改進課程與教材，必須深切了解此點。

今日我國教育問題，大部分在於教學。不但傳統教學法──講演法──因教師未曾涵入於教材而成為課本的誦讀；而且將變質的傳統教學法──讀課本──應用於自然科學的教學中。此為我國正在發展中可能發生的弱點，試就今後改革而言，可用布雷羅斯（Wolfgang Bleichroth）教授之觀點以為參照。布氏云：

「科學教學之技術問題已成為近年討論教學之熱衷話題，而且成為初中較高年級必須討論的問題。科學在使青年從事生活中專業與工作的準備，必須先學有技術，已成為學校中對課程一致的意見，其目的在使青年能明智的主宰技術。」（註30）

於是布氏提出教學的兩個主要條件，即必須用對兒童有意義的教材，且使教材容易為兒童所了解。（註31）以科學的性質及技術的實用價值言，今後自應對教法大事改革。

綜括課程與教學的改革方向，建議如下：

1. 課程須適應社會工作人員的需要，應包括兩種訓練

(1)職業品格陶冶：將心智陶冶的科目歸入此一系統。貴族早已不存在於現社會中，此後的社會，只有更趨向於民主。以教育培養四體不勤、五穀不分之士，不但為事實所不允許，且不應使此種觀念餘孽仍然留存。人是工作性的動物，無論從事何種行業，必須靠其工作以謀生，在工作中體驗生活的意義與個人的價值，學校不能提供實際的工作場所，但卻可陶冶工作品格、培養工作精神、涵容工作概念、激發工作興趣。人文科目更具有此等價值。

(2)職業知識傳遞與創新：實際工作或職業訓練需有適當場所，然此等場所只能增加實際工作經驗。至於系統的知識，仍有賴於有計畫、有組織的方式以獲得。課程之改革，便當以此為方向。

2. 學校與課程之安排

依前述學校改革建議可見，中小學為職業品格陶冶與培養階段。中小學將為多數人以至全體人所應受的教育，每個人都要具有職業品格已是每個國家以至全世界的要求。目前義務或國民教育至中小學階段，用此階段課程奠定職業人格基礎，當是最基本的要求。大學前二年以高級技術科目為主，以增益技術知識；後二年以專業科目為主，以增進專業知識，並啓發新觀念。研究所以上，為專門知識研究，用以領導知識與技能之創新與進步。

3. 學習科目與實際技術密切配合

學以致用，為千古不變的真理。不但與工作技能直接相關的科目為實用所必需，即過去所謂文雅教育之科目亦各有應用價值。在目前社會中，人際關係日趨複雜而又必須，文學有助於表達與情感的調劑，數學為自然學科的基礎，曾經誤為純知識學科的哲學，更是人生的指引。學習科目是否能供實用，端在學習的真實效果，是科目內容訂定與教學問題，將於後段說明。在課程安排時，先應了解學習與應用的連貫性，方能達到學習的主要目的。

4. 科目間之統整

注意科目間之連貫性與統整性，已非新觀念。惟自倡導至今，迄未見諸實現。學校教學時各科目顯然各自為政。學習者無力自行綜括，乃必然的事實與結果。以今日之學習科目與生活相印證，可見生活乃一整體，所需要的知能難作明顯的劃分。乃學校中科目羅列數量越多，等於將生活割裂越瑣碎，結果不但不能殊途而同歸，反將學習者導入歧途。歧途越分越細，不但無法統整，反而欲罷不能。

5. 修訂課程類別

今後課程類別，屬於科學與技術者應加一「應用科學與技術」，以別於「普通科學」；屬人文、社會與經濟者，應將歷史、地理、政治、經

濟、文學等加以統合，而輔以音樂、美術等陶冶科目；屬於人生與社會問題者，應涵蓋教育、心理與社會等方面。以此類別爲經，自小學層遞而上，逐漸加深並增廣。

6. 教科書之修訂

教科書爲學校教學所必用的材料。由於教育年限的延長，學生數量的增加，教師數目亦與日俱增，以致流品不齊，往日能自行計畫教學，選擇教材之教師已不多見。且在教育國家化後，注重齊一，以相同的材料教學生，爲達到齊一的手段。流風所至，不但教科書成爲教學的圭臬，而且或爲教師所不能或缺的唯一利器。於是教科書的編製與修訂，便當極爲審慎。首先選擇最基本、最有價值的材料，以其符合學習者之能力與經驗者，編入各級教科書中。

7. 改進教學

當前教學的缺點在於教師墨守成規，而且教師間缺乏聯繫。傳統教學法亦不能爲新科目所用，新教學法又優劣互見。今後教學之改革，一方面當在教育學中探索理論基礎；一方面當對可用的教學方法，做有系統的實驗，鼓勵教師合作；一方面試驗適用的方法與技術；一方面促進各科教師的聯繫，使教師在互相觀摩、共同研究中，發現學生學習的困難與需要，並據之爲改進教學的資料。

結　論

二十世紀社會變遷之迅速，已是公認的事實。七十年代的社會特徵，爲技術的超越進步。就現階段而言，技術的進步狀況使人震驚，而由最近三十年進步的速度言，更已達到使人無法預測將來的地步。

然而社會的進步，乃有其循序而進的痕跡，且若干社會現象，尚未至變於一旦的程度。預料若干現象仍將保持；若干新象將會誕生；若干沒落者將以新形式而出現。

就教育言，今後注重技術的學習必將繼續，甚或超過目前，是教育必須適應社會之需要而然。但教育的對象爲人，人爲社會的構成者、促進者

與改變者，故教育進行的方向，人仍爲社會之導引。

教育負有傳遞文化之任務，更有創造文化的作用，加以對當前社會需要的適應性，遂成爲教育與社會之密切關係。在當前社會中可見的實況是，教育一方面未能完全適應社會的需要，有落於社會趨勢之後的形跡；一方面又必須爲未來可能的社會變化而預做準備，俾使受教育者在成熟時，能夠生存於其當時的社會中。由此預計教育必須在形式與內容上有所改革，以期充分發揮教育的效能。

在形式方面，重在學校的改革。自學校形成之後，率爲成熟前的一段。西方由大學而衍生出小學以至中學，延續已將千年。然而當前已將教育視爲終生歷程。尤其在科學與技術突進的現階段，前二十年的教育不足以適應後數十年的生活需要。學校必須負起培養職業品格的任務，勿爲不可預先準備而又不能充分供應的技術訓練所困擾。故應將工作或職業訓練部分，交由實際業者負責，並將此一部分訓練視爲學校教育之一部。又爲免除升學與學位觀念，將高中以上之學校，一律納入大學系統。大學組織可以擴大，但其爲技術訓練或職業知識之前二年與後二年，分別都爲學院，各因其獨特功能而實施教育。

在內容方面，當爲教材之選擇與課程之組織。依文化價值選擇教材，因教材之整體性組織課程。免除當前科目的割裂性而趨向於統整，且必使科目學習與技能訓練相連貫。教材與課程的效果，決定於教學的成敗。改進教學技術、研究實驗教學方法，且繼續不斷的實驗與改進，將爲今後必探的方向。

註釋

註1：Aberle, D. F. et al. The functional prerequisites of a society. *Ethics*, 60, p. 101. Also International Encyclopedia of the Social Sciences, 14, p. 578.

註2：Bell, D. The year 2000---The trajectory of an idea. *Daedalus*, Amer. Academy of Arts and Sciences, Summ. 1967, p. 657.

註3：Hutchins, R. M. Permanence and change. *The Establishment and All that*, The Center for the Study of Democratic Institutions, Calif. 1970, p. 120-121.

註4：Wheeler, H. Bringing science under law. *The Establishment and All that*, p. 131-135.

註5：Miller, G. A. Some psychological perspectives on the year 2000. *Daedalus*, 1967, p. 883.

註6：*Ibid*, p. 884.

註7：*Ibid*, p. 886-887.

註8：*Ibid*, p. 889-890.

註9：Meade, E. J. *Toward Humanistic Education*. Edited by G. Weinstein & M. D. Fantini, Prasger, N. Y., 1970. Foreward, p. IX.

註10：*Op. cit*. p. 121-122.

註11：Boesch, E. Adapting education to society, *Education*: V. 1., A Biannual Collection of Recent German Contributions to the Field of Educational Research, Institute for Scientific Cooperation, 1970, p. 34-35.

註12：*Ibid*, p. 35.

註13：*Ibid*, p. 36-37.

註14：*Ibid*, p. 37-38.

註15：*Ibid*, p. 38-39.

註16：*Ibid*, p. 42-43.

註17：*Ibid*, p. 46.

註18：*Ibid*, p. 52.

註19：*Ibid*, p. 52-53.

註20：Meyer-Dohm, P. The role of the university in the development of the developing countries, *Education*, Vol. 1, Institute for Scientific Co. 1970, p. 94.

註21：Flitner, A. The reform of schools and model school. *Education*, V.1., Institute for Scientific Co. 1970, p. 74.

註22：*Ibid*, p. 76.

註23：*Op. cit*, p. 89.

註24：Wright, C. In four futures, *Daedalus*, 1967, p. 951-952.

註25：田培林：教育史，正中書局，頁一八三至二一八。

註26：Weizsacker, C. C. Permanent vocational training. *Education*, Vol. 1., p. 131.

註27：Roth, H. Genuine preparation in teaching, *Educatiou*, Vol. 1., p. 9.

註28：參見作者：改革師範教育之商榷，新時代，十三卷四期，頁一五至一二○。

註29：*Op. cit*. p. 9-10.

註30：Bleichroth, W. The didactics of science, *Education* Vol. 3, p 121.

註31：*Ibid*, p. 121-134.

本篇文章取自：賈馥茗（1973）。社會變遷中教育形式及內容之改革方向。**國立臺灣師範大學教育研究所集刊，15**，1-30。

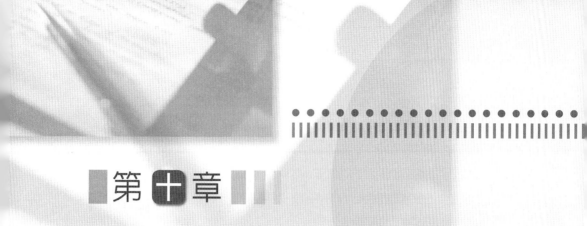

第十章

教育研究與教育問題

　　教育早已經是一個熟知的名詞，教育研究也有很多，而且還在繼續
出現之中。教育問題更是人人所關心且急望解決的，所以這個題目既不新
鮮，也不生動，似乎不該再來浪費篇幅。可是一個學教育而又決心獻身教
育的人，所見所聞皆多不出教育這個範圍，加上從見聞而得的感受，反而
覺得更有再談的必要。尤其對於概念的商榷，和「教育研究」與「教育問
題」的性質，希望再加一番辨解。

一

　　對於「教育」這個名詞，無須再做字面的解釋。在概念方面，卻不但
如田培林教授所說「十分複雜」，（註1）而且時至今日，又有給人以浮
泛且錯誤的印象。如田教授所說，雖然「教育」二字涵義、活動範圍、工
作對象、程度等各有差別，但是在各種差異之中，仍然可以看出一個共同
的特徵：「那就是，任何人在使用『教育』一詞時，都會理解到這是一種
人類之間，相互『影響』的活動，透過這種影響，可能使人類的思想、行
為發生一些改變。這種情況，尤其在兒童與成人或下一代與上一代之間，
表現的更為明白。」從這個解釋可以了解人們所意會的「教育」一詞，至
少有兩方面要加以確定。第一是教育的分類，第二是確定的教育事實。

　　只說「教育」兩個字的時候，是一個廣泛的用語、是一個廣義名詞，
指「人類之間，相互『影響』的活動，透過這種影響，可能使人類的思
想、行為發生一些改變。」把這幾句話引申出來，至少有三方面的涵義。
第一說到教育是人類之間相互影響的活動時，所用的「人類」二字，是包
括了所有的人。對他們不但未加任何種族、膚色、性別的區分，同時也沒
有一絲年齡、地點和能力的差別。任何兩個人之間，以至於多個人之間，
只要能夠在思想和行動方面互有影響，便有了教育的作用。這裡要特別指
明的是「教育」之廣義的意義。顯然的，我們並沒有誤解這一層意思，所
以在「教育」之下，分別出家庭教育、學校教育和社會教育三大類。

　　第二、強調人類之間相互影響的「相互」二字，便和近日常想到的
教育的意義有了些差別。目前人們一說到教育，便聯想到是「教者」影響

「受教者」的活動，好像這種活動的一方——教者，要使另一方——受教者——發生思想與行為的改變，要變的只是受教育的人，至於教育者變不變，則並不在考慮之中。於是如果受教者達不到預期改變的程度，便會被認為是冥頑不靈、不堪造就，既不想依「因材施教」的原則來改變對受教者的期望，也忘記了從教中去學的「教學相長」的古語，更談不到被「受教者」所影響，而發生什麼變化了。主要的是對教育的一點誤解，忽略了教育活動的影響，在兩個人之間是「對等的」。如果我們把兩個人之間，其中的一個使另一個發生思想和行為變化的當作是教者，另一個受到影響而產生變化的是受教者，則教者和受教者的區分，以誰影響誰為前提，便不會先假定了兩者的名分，而牢不可破了。田教授的解釋，與大學的初始狀況最切合，能教的人可隨時做教者，對於所不知道的，則又隨時可成為學習者。

　　第三、從思想行動發生改變來說，是指教育是有目的、有價值判斷的活動。目的是已經說明了，是要有所改變。可是人類行為有是非善惡的判別，因而這改變當不是只求其改或變，而是要改得好或變得好。是給改變又做了一個確切不移的方向。再明白的說一句，就是教育不但要改變人類的思想和行為，而且要朝著好的一面改，朝著好的一面變。那麼只是改或變不能算是教育的效果，盲目的改變更不是教育的本意。

　　這裡要特別說明的是，改變包括思想和行為兩者，不僅是其中之一。我們都承認人類的行為受思想的支配，因為我們樂於接受「人類是理性動物」的這個說法。理性表現於思想，由理性思想所支配的行為稱之為理性行為。具備了這個條件，才使人類超越了其他動物，成為萬物之靈。未受理性支配的行為，便稱之為本能的、無意識的、甚至病態的。在人類思想改變這方面來說，也證實了人類智慧的優越、生活的進步和文化的業績。

　　由於教育一詞的涵義太廣泛、太複雜，說起來千頭萬緒，做起來更無盡無休，所以在「教育」這個總稱之下，有了分類名詞。家庭教育、學校教育和社會教育，便是今日常常應用的三個名詞。而對這三個名詞，除了學校教育由於有固定場所，誤解較少以外，家庭教育和社會教育便不敢說沒有誤解，其實就是對學校教育的性質和功能，也存在著部分的曲解。

　　家庭教育在傳統的觀念中，始終認爲是年長者對幼小者的教導。成人之間的相互影響，久已淹而不彰。加以小家庭制度倡行以後，只剩下父母對子女的教育作用，夫婦之間誰也不甘居於「受教者」的「下位」，尤其在男女平權之說盛行以後，家庭教育的對象便只有幼小的一代了。父母教育子女，是事實的「當然」，也是父母的責任，即是田教授對教育一詞做進一步確切說明中所指的成人與兒童，或上一代與下一代。這兩代之間的教育活動發生在家庭裡的，稱爲家庭教育；而在家庭制度廢止之前，家庭教育必須發生作用。但是今日事實上有很多父母把孩子交給傭人，送進托兒所或幼稚園；再則等到滿六足歲後，總歸要入小學，留給學校去「履行」教育任務。在這種觀念之中，便是對教育有了誤解，以爲進學校才是受教育，只有教師有教育兒童或下一代的責任。

　　學校教育本是「教育」總稱之下，與家庭教育和社會教育並列的一個部分，是在固定的場所由專任人員依照既定的目的，應用適當的材料和方法，使受教者的思想和行爲有所改變的，且朝著好的方面改變。當前世界任何一個國家的學校，都有一個開始的年齡，也有一個最高的結束時期。所以從場地名詞來說，是學校；從時限來說，包括由兒童至成人的一段，都不等於廣義而普遍的教育。因而入學只能算是接受學校教育，卻不能將「學校」二字視同無物，把「學校教育」與「教育」等量齊觀。正如我們所了解的，不進學校的人，只能說是沒受「學校教育」，不能說沒受過「教育」。若干有見解而行爲足以嘉許的人沒有學歷，便是一個很好的證明。

　　社會教育這個名詞最廣泛難定，因爲它不像家庭或學校有確定的場所和對象，也很難限定方法和材料。社會的範圍可大可小，而任何一個被稱爲社會的，又包羅萬象。所以，外國並沒有「社會教育」這個名詞。我們既然已經用了，便要對這個名詞有個確切的概念。

　　和我們的「社會教育」一詞相同的，是納托爾普（P. Natorp, 1858-1924）在一九二二年出版了一部名爲《社會教育學》的書（註2）。可是納氏所說的社會教育，說的是一般教育，包括學校教育在內，這和我們的社會教育，劃出於學校教育之外便完全不同。其次納氏認爲社會教育，說

的是教育性質，必須含有社會的意義，不是把教育分爲學校和社會兩個部分，這就可以更明顯的知道我們的社會教育不是納氏所說的社會教育了。社會教育顧名思義，應該是納氏所說的社會教育才對。和納托爾普立場不同的巴特（P. Barth, 1858-1922）以爲社會教育的意義，是靠教育以培養社會的意識，用這個解釋應該更合乎社會教育的本質。

　　和「社會教育」一詞近似的，是英國的成人教育和瑞士的職業教育。把社會教育當作成人教育，其優點是明顯的劃分出年齡限度，容易確定教育對象；而在把社會教育與學校教育看成爲並列的部分時，也比較合理。同時在施行時，也可做周密的計畫，普及到各種各樣的成人。就教育的普遍意義來說完全吻合，同時也給近年教育家們所說的「教育是終生的歷程」，提供了事實的證明。把社會教育當作職業教育，不但合乎近年工商業發達的都市，就是對農業社會也具備了提高其素質的可能；同時又把職業學校列入學校教育領域，而實際上難以實現教育效果的措施，解決了很多困難；加以技術進步的迅速，對在職人員的再訓練和失業人員的就業輔導，有更積極的作用。所以我們對於「社會教育」這個名詞，有重行考慮的必要。

　　以上是就田培林教授對教育和社會教育的解釋，印證我國一般人的觀念，從教育的分類上所做的簡單說明，並對教育之下劃分出來的家庭、學校和社會，意圖做概念的辨釋。現在再從田教授解釋中的後一句話，做一引申。

　　首先田教授這個簡短的解釋，是學術研究論文中確定和說明概念的正規方式。在作了概括的說明以後，再作一明確的指定（specification）：「這種情形，尤其在兒童與成人或下一代與上一代之間，表現的更爲明白。」即是這一項。有了這一明確的指定以後，便是有了限定的論題，作者爲自己定下論述的意義和方向，全篇文章才會一致而中肯，這不過是形式上的運用，作者所要藉此而說明的是教育事實，確定的發生在年幼者和年長者之間。因爲在人類發展的過程中，幼稚期沒有獨立的能力，需要成人的養育，是最需要教育的時期，也是接受教育的最佳時期。

　　從字面上看，田教授只用了「兒童」和「下一代」幾個字，而不用「學生」或「受教者」，便可了解「教育」絕不指「學校教育」。引申出來，我們可以說，兒童與成人或下一代與上一代之間的教育活動，可以在任何時間。任何場合發生或進行，不必一定在學校。只要「兒童有意」、「成人能夠」，隨時隨地都可進行（是進行，不是舉行，因爲教育活動原不是呆板的，非要鄭重其事的定出時間和地點不可）。這不但指出學校教育不等於教育，也暗含著家庭教育和社會教育都是教育，都在教育的領域之中，不受時間和地點的限制。其次田教授把「兒童」和「下一代」放在「成人」和「上一代」之前，作者臆測絕不是出諸偶然，而是有深意存焉。

　　我國自三代以下，便有了「作之君」、「作之師」的說法，而全篇「學記」，事實上乃是「教記」。相沿下來，談教育的人習慣都從教者的一方面出發，似乎把兒童和下一代放在了次要地位。就是在西洋教育史中，在兒童本位的觀點提出來之前，也都是以教者爲前提。揆諸初始的意思，教者是有很重要的地位，因爲要「會教」、「能教」才可以教人，而會教、能教的教師，也知道如何引起學習興趣，收到教育的效果。所以早期沒把「受教者」列在前邊，可能是因爲教育的對象，本已在「意」中，沒有兒童或下一代，教育便無由發生，也沒有發生的必要。但是任何一種觀念或主張，流傳日久，不是本意被掩沒不聞，便是被曲解了原有的含意，才產生了後來之以教師爲主體，以學生爲被動的末流現象。教師只知道要教，只想教所要教的（教材），很少考慮到兒童要學、或是兒童要學什麼。到了教師變成爲一種「行業」，成爲餬口之一途的時候，本是「衣食父母」的兒童不但被淡忘了，甚至變成可惡又可恨的了。作者沒有要教師把學生（因爲實施教育者並不僅只有教師）看作恩主的意思，只是引申田教授的用意，希望在教育中看重教育的對象，以教育的對象爲主體，訂定教育目的和實施教育的方法。

　　除了把學校教育當作教育以外，目前還有一個混淆不清的觀念，便是把教育當作教學，或是把教學視同教育。把教育當作教學，可歸入於把教育當作學校教育的一類。這一類的偏差，是把「知識教育」（姑且如此

稱呼）當作教育的全部。目前人們似乎趨向於把教育事實區分爲品格陶冶
（多指道德培養）、技能訓練和知識傳授三項，至少學校科目的訂定是有
這種跡象。這種三分法的弊病，第一是硬性的分支，好像要把一個人的養
分分爲幾類：一類專門給軀幹、一類專門給四肢、一類專門給頭腦，各不
相關的一般。在這種情形之下，無異把一個活生生的人切爲幾部分後，卻
要他還活得像一個完整的人一樣。爲了教材有組織和系統、爲了學識有專
精、爲了教學方便，學校的教學分成若干科目是有必要的。可是這些區分
了科目以後的教學加在一起，頂多是一個總和的數目，不會成爲一個整
體。所以這些科目的教學，並不等於學校教育。第二、品格陶冶是質的改
變，很難如桑代克所說的，用數量來表示；技能訓練靠實際的練習，重在
動作的過程和結果，過程或者可用時間的數量來說明，結果之中所含的品
質便又是一種衡量。把品格陶冶和技能訓練都當作知識傳授一樣的用「紙
上談兵」的方式來教學，其效果自不言而知。第三、品格的改善和技能的
增進是否和知識全然無關，以致要把知識提出來將三者並列，還是應該強
調知識，把品格陶冶和技能訓練統括在知識之中，使知行能夠合一呢？

　　把教學當作教育的偏失，一方面在於過分強調教學的功能，對教學效
果存著非分的奢望。有些不是教學所能達成的任務，也責成於教學，對教
學活動來說，是很不公平的。另一方面，則是將對教育功能的期望，盡數
責成於教學，而沒有盡到教育的全部責任。在這種情形之下，品格陶冶變
成了文字教學、技能訓練變成了只說不做，好像只要在上課的時候，教師
講、學生聽，下課以後由學生去背，然後學生們便都可以成爲品格高尚、
技術精湛的人。所以就在學校之中，教務和訓導成了兩個各自獨立的部
門，而又把讀書放在第一要，訓導在無形之中不免相形見絀，至於技能的
練習只不過是「具名」而已。

　　教育和教學混淆不清的最明顯的一面，是科學教育和科學教學。這個
錯誤發生在美國，流傳到很多開發中的國家。科學這個名詞最早的意義是
泛指任何一種知識，物理是科學、生物是科學、哲學也是科學。可能由於
這種概念，早已給人一個「科學」（science）和科目（course）不分的印
象。待到自然科學（natural science）的研究方法進步，用實際驗證而求結

果，得到比較確定的事實證明以後，自然科學獨成一個系統，雖然在名稱上和社會科學、人文科學並列，同被稱爲科學，可是因爲後兩者的研究方法不似自然科學的客觀成分較多，勉強用數量表示的結果不似自然科學那麼確實，於是所造成的印象是，自然科學才是「科學的」，社會科學和人文科學是「不科學的」。相沿下來，每當談到「科學」，所意味著的便是自然科學；待到只承認自然科學是科學以後，連帶想到的是自然科學的科目，很少以「科學的方法」、「科學的研究」爲前提。於是物理是科學，化學是科學、生物是科學，而科學之母的數學便無法納入於自然科學的系統之中了。

自從把自然科學（實際上所指的乃是自然科目）當作科學以後，自然會重視理化等科目的教學。美國從十八世紀以後，有關科學科目和科學教學的研究相繼發表，但是題目仍然用的是「科學科目」或「科學教『學』」，是指犯了把「自然科學」當作「科學」的錯誤。至於應用「科學教育」這個名詞的，首見於美國教育研究會（National Society for the Study of Education）第四十六期年鑑，以「美國學校的科學教育」（Science Education in American Schools, 1947）爲題。在艾伯（Robert L. Ebel）主編的教育研究大全（Encyclopedia of Educational Research）一九六九年第四版中，「科學教育」項內所列舉的九十七項參考資料中，絕大多數的標題都各有專指，真正用「科學教育」一名的，除了美國教育研究會的這一篇以外，總共不過六篇。這六篇之中，一篇是關於西非的、一篇是關於伊拉克的、兩篇是關於菲律賓的、一篇是關於學院教育的，再有一篇是關於「科學教育研究的」。可見所謂之科學教育一辭，在正式研究中用來指科學科目或科學教學的並不多，因爲「科學教育」並不只有科學科目和科學教學這兩項。

艾伯在教育研究大全中用了「科學教育」作爲一項標題，是在他所列舉的出版研究之中，除了有關科學科目和科學教學以外，還包括科學方法、科學知識在日常生活中的應用、和正式的探詢方法（method of formal inquiry）。如此涵義的科學教育，並沒有概念的錯誤。因爲在「教育」之上冠以科學，是指明教育的一個確定方向，在這個方向指引之下，是要藉

教育達到培養科學的態度，練習應用科學方法以獲得知識和技能。科學態度自然是最基本的訓練，而「科學的態度」和「非科學態度」或「不科學的態度」之主要的區別是：科學的態度必求信實明確和效果，非科學的態度或不科學的態度則只求「概括」（generalizations）、「差不多」和「大概」（約略）。求信實則必然要有可靠的資料，因而要追溯資料的來源；求明確必然要限定特指的某些方面，譬如說「某些」就不能暗含「某些」以外的事項；求效果則必然要有應用的範圍和影響的限度，而且在某一程度內，必無例外。這和「一般說來」、「大體說來」之含糊不清不同；和「差不多」、「大概」之疑似不定也「差得多」，和無從言其實效更有天淵之別。

自科學的態度出發的，先免除了「以偏概全」、「不求眞」、「不求實」的弊病，在方法上才能愼重考慮、周密設計、預測後果，確切的應用知識、有效的發揮技能。科學態度的擴展，是把科學知識應用在日常生活中。在這裡可以看到「教育」的效果。因爲受過科學教育的，能夠過「科學的生活」。科學的生活不正是人們所讚美，所豔羨的進步生活嗎？可是對這一點應該有的了解是，科學的生活是應用科學的知識和科學的技能，以享受科學的成果，享受固然在生活之中，但並不是生活的唯一要求。在享受之前要認識工作、甚至奮鬥，才會有結果。無論如何，只會享受科學不能稱之爲科學的生活。

艾伯在「科學教育」項下，收入了「科學思想」，提出杜威的思想方法和歷程。這正是科學教育絕不應忽視的。如果承認學習和行爲不能沒有思想作用，則學習思想的方法和歷程，便是最基本的學習，是有效行爲的練習要訣，那麼指導學生應用科學的思想方法，也正是科學教育的要點。在艾伯所列舉的九十七項參考資料中，科學科目和科學教學占了最多數，這可能是由於「統計學」的盛行，以多數代表全體，而致人誤會科學教育就是科學科目或科學教學的原因，可是我們不能忽視艾伯所蒐集的資料中的少數。若用人體結構做比喻，那多數的資料猶如全身的肌肉，是占了最大的重量比例，但是另外的少數重量，卻是大腦和神經系統，由這少數貫穿多數而發生作用，才成爲一個活生生的人。作者相信不是艾伯有意

的刪除「科學教育」的神髓，只是作為一個資料提供者，受實際的限制，不能無中生有，正是他的「科學的」表現，而他並未忘記科學教育的主要內容，也可說他有「科學的智慧」。從這些資料中，我們也可以想像到在「科學」方面流行的趨勢，那就是重視科學科目和科學教學的研究報告，忽略了「科學教育」的神髓，甚至忘記了把「科學教育」結合為有機的整體，使教育真正能夠發揮功能。

二

前段曾經對教育及與教育有關的名詞作了些辨解，這一段要對研究作個商榷。

「研究」一詞用的非常廣泛，和這個名詞相對應的英文字通常是指research，其意義是「深入的作細心而堅決、且有系統的探詢（inquiry）或研查（investigation）一個主題（subject），以發現事實、理論和應用等。」（註3）在這個定義中，包含兩個同義字：「探詢」和「研查」，並指明了行動的狀態和目的。

從「研究」的同義字來說，先比較一下「探詢」和「研查」的差別，可以發現「探詢」（inquiry）也就是研查（investigation），不過為「探詢」而作的「研查」旨在提出問題，至於能否同時得到問題的答案，並不重要。所以「探詢」的目的，是要尋求「真實」（truth）、獲得訊息（information）或知識（knowledge），不是要作「調查」（inspection），或是謀求可能得到的證明。至於「研查」（investigation）是指一項有系統的、細心的、透澈的（through）努力，以獲得某些複雜或隱含的事實，常常是正式且權威性的。比較起來，「研查」是一種具體而較切近的查究，以求得到事實，並要經過詳細且慎重的驗證。

「探詢」既然也是「研查」，兩者就有很多的相同之處，即是都為了要作一番有系統的、細心的和透澈的努力。所不同的是「研查」旨在發現事實，探詢則在提出問題。事實是比較具體的，問題則除了和具體的事實有關者以外，也可能是觀念的或抽象的。事實可用作證明而解答某些問

題，如果答案因事實確切可靠，成爲充分的證明，這項工作便可告一段落；也就是說，因爲得到滿意的結果而結束這項努力。可是如果所得到的是問題，這項工作雖然也有一個段落，但是卻不能算是終結──問題永遠是研究的起點，鼓勵人尋找答案，甚至雖然能夠得到很多答案，卻沒有一個是完全令人滿意的，於是便要繼續不斷的研究下去。

　　現在從狀態來看，有系統的（systematic）這個字先要加以解釋。所謂有系統的，是指具備、表示或包含一個系統、一個方法、或一個計畫。那就是說無論是探詢或是研查，都必須是有條理、有方法、曾經周密計畫的。則無論研究的主題是什麼、研究的範圍多大，或研究的時間多久，都不在此限。對這個字常見的誤解之一，是以爲研究之有時間長度的（longitudinal），便是有系統的。其實有時間長度的研究，是在時間的歷程中觀察某些變化，要這樣做便要有計畫以觀察所要知道的變化，有方法以觀察所發生的變化，有條理以便逐一觀察。這當然是有系統的，不過因爲時間相當長，而且時間本身就有順序，但卻不能只看到時間順序，而否定了無時間前後之別的便沒有順序，也不能說不涉及時間的便沒有方法和計畫。第二個誤解是以爲有系統的研究乃是「科學的」研究，在這裡把「科學的」當成了「科學」，尤其侷限於「自然科學」。這是從「有方法」和「有計畫」著眼而生的誤解。所謂「科學的」是指有「方法的」，這一點是沒有錯，但是應該注意的是「方法的」只限定了要有方法，並未指明必須是哪一種方法。方法是工具，使用工具是要達到一個目的，那麼不但要選擇適當的工具，而且要精於使用的技巧，才能正確而有效的完成一件工作。所以「科學的」或「方法的」不是「科目的」，而「科學」也不僅指「自然科學」。自然科學的研究，方法之確當或工具之有效，造成現在所謂之科學與技術的進步，這是由於有方法，而方法又確切是事實。可是這也和研究的對象和內容有關。自然科學研究的對象是物質或現象，物質的變化和現象的發生依物理原則，只要設想周密，便可預斷其結果，這些自然現象和由人造成的社會現象並不相同，因爲人爲的變化的變因不是物理的，不是一定依照某些法則而變化，變因複雜，變化的結果常常超出可能預料的範圍。如果不問這些原因，只從結果判斷準確與否來說，準確的便

是科學的、不準確的便是不科學的，不免失之偏頗。由於這一項誤解，使人以爲只有實驗法才是科學的、有系統的，非實驗法便是不科學的，連帶的也就被認爲沒有系統了。

研查的另兩個狀態：細心的和透澈的，不但指研究開始時的計畫，兼指研究的進行程序。對於材料的蒐集，要細心的加以選擇，以存菁去蕪，且使中肯的材料鉅細靡遺；對於問題的性質和材料內容，要透澈的了解，要通觀全體，又要觀察入微；也就是既要精，又要深。其精細處不是專注旁枝末節，以鑽入牛角尖爲務，而忽略了主題；其透澈處也不是兼容並蓄，以包羅萬象爲得，而失去主題精神，甚至擾亂了秩序。這細和透包括了廣和深兩個度量、脈絡分明，不但指工作的形式，而且要求工作的品質。

探詢這個名詞，近來有逐漸失去本義的趨向。杜威於一九三八年出版了《邏輯：探詢說》（*Logic: The Theory of Inquiry*），給探詢作了一個定義說：探詢「是把未定的情境，經控制或指引而變成決定的，使其中的結構要素清楚而相關，猶如把原始情境中的元素變成爲統合的整體一般。」（註4）由於杜威採取科學的方向（scientific approach），於是便有了「科學的探詢」（scientific inquiry）之說，這對於探詢的歷程，包括杜威的定義在內，尚無誤解，但因一再沿用之後，便把探詢的結果——提出問題——抹殺，而只求解決問題了。甚至把杜威所說的思想歷程的最後一個步驟：繼續不斷的驗證並實行，當成了最後的結束，而失去了「繼續不斷」的精神，更忘記了要在一再驗證之中，繼續發現問題。

試再看科學的探詢。據艾伯的解釋說，必須有三個特點：其一是形成假定，其二是有系統的實際試驗，其三是有系統的控制。這便有了科學實驗的味道。和批評的探詢（critical inquiry）比較，後者是理性的、客觀的、控制的，並且在可能時，實際的研查並分析問題。（註5）科學的和批評的探詢，兩者相同之處，是基本上都注意現象間的關係，所以科學的探詢也是批評的探詢的一種。這和「探詢」的原意已經有了出入，和哲學的探詢（philosophical inquiry）更是不同，這個差別，留待辨別研究的類別時，再行說明。

　　現在回來看研究（research）的定義，把探詢和研查列於同等地位，便不無道理，因為這兩者的程序本是近似，只是工作的對象和內容或材料不同，故而結果的性質便有了差別。研究把探詢和研查都包括在內，所以其結果是發現事實、理論和應用等。就多數研究的內容和結果來說，求得事實或是應用的，屬於研查，因為這是比較具體而切近的；求得理論的，屬於探詢，因為理論中不但包括事實的佐證，還要有更多的概念和觀念，概念和觀念之能夠成立，需要經過再三探討，提出多方面的問題（問題必須確是有價值或有意義的，留待下一段討論）。經過驗證，才能成為理論。於是理論中所包含的，有事實之外的因素，這些因素對於理論的形成，重於事實。這裡對於「理論」和「事實」兩個名詞，需要再加以解釋。

　　在「研究」的定義裡所說的「理論」，英文字是theory。理論的特點是其中包括若干無法觀察和不能予以運用定義的名詞，因為這些名詞沒有明顯的步驟以認證其指示的目標。（註6）一個理論可以看作為若干法則（laws）的系統，在這些法則之中，一部分是經驗的（empirical）、或看作實際的，但是這並不是說每個經驗的或實際的法則都是理論的一部分，也不是說理論中全部的法則都是經驗的，因為理論中的某些法則是理論的名詞，是無法觀察的，因此理論名詞遂成為哲學研查的主題。（註7）

　　在科學的哲學（philosophy of science）中，討論理論的性質、條件和功能的頗多，這裡舉一個比較淺近而有綜合性的說明為例。郝爾（C. S. Hall）和藍德吉（G. Lindzey）說：「理論是有關實體的未經證實的假定或推想，也是尚未確知其必然如此的。」（註8）由於對理論的看法如此，所以郝、藍二氏以為理論必須包括一些中肯的假設（assumptions），這些假設應該有系統的互相關聯，同時理論還要包括一些經驗的定義。

　　從前述兩個對理論的看法，可以了解第一種看法所說的理論，除了含有可以做經驗的驗證或實驗的觀察以外的部分，還含有無法觀察（此處所謂之觀察是近年一般人所指的直接的、現象的觀察，不是研究性的學理的觀察。）的部分，容許了形上的理論的存在，承認了哲學的研究。第二種看法是受近代科學觀念的影響，以為理論中須要有經驗的定義，有了這

樣的定義，才能夠在實際上予以運用，從而試驗以求證實。但是郝、藍二氏也承認有的理論中只有啓示性的觀念，而沒有明顯的假說（proposition），可以立即用來作爲研查的基礎的，這也就等於承認了理論之形上的成分，並未堅持只有可作經驗的觀察的假定，才是理論。也就是說除了所謂之「科學」的理論之外，還有哲學的理論。

「事實」的英文字是fact。這雖然是一個極常用的字，可是在研究中卻似乎已經失去了明確的意義。從這個字的幾個定義看，其一是確實存在的實體或眞實；其二是已知爲存在的某物或曾發生的某事；其三是由確實經驗或觀察而知道的眞實，或已知的眞；其四是認爲的眞或假定已發生的。這是幾個和研究中所說的「事實」有關的定義。從「研究以發現事實」來看，所指的當不只是曾經發生過的事件（event），如果只是這麼簡單，則既然已經發生了，又已經知道了，又何須再來研究？郝爾和藍德吉解釋「理論」之後說，「當理論經證實以後，便成爲事實。」這才是研究中所求的事實，這一類的事實和事件顯然不同。

研究中之「事實」定義含糊不清，席勒（F. C. S. Schiller, 1864-1937）已經指出過，但是席勒基於實用主義的觀點，以爲科學家所說的事實是選擇、分別和評鑑歷程的結果，以及科學的狀況、科學家所用的方法與工具、目的和偏見都有關係，並且和所用的假定、感覺、記憶、文字同樣有關。（註9）杜威把「事實」和「觀念」運用在探詢之中，事實用以建立問題名詞，由啓發觀念而指引參考材料，而觀念則預示新事實，以便驗證觀念的效度。（註10）羅素（B. Russell, 1872-1970）以爲一個事實是一個或多個複雜的獨立事項（particular）、品質和關係，這是從事實的知識（knowledge of facts）而說的，和在其他方面所說的事實又有不同。（註11）從涵義之爭到應用之廣，對於「事實」這個名詞，在研究中應該有一個確定的命意，至少研究者應該先決定「所求的事實」指的是什麼。

總括前述的「研究」含意，可知研究是細密的工作，無論所研究的主題是什麼，都要有堅定的決心來完成這件工作。所謂細心，便是和草率有別；所謂堅決則不應有猶豫不定的成分。細心是研究的態度，堅決當然也可說是態度，不過能夠堅決則須有相當的根據，所根據的可能是觀念或

信心；可能是有力的佐證，例如：確實可靠的資料；由此才能建立中肯的
假定或是研究的方向。附帶一句話，研究中所包含的探詢是否爲通俗的詢
問，所包含的研查是否即是常說的「調查」，應該有所辨別。

三

在討論過「教育」和「研究」兩個名詞的意義以後，再來談「教育研
究」可能會容易些。好在這兩個名詞連在一起，不是隨便「湊合」的，因
爲「教育」和「研究」雖然各自是一個獨立名詞，連接在一起之後，卻的
確是「一種研究」，也就是說「教育研究」是屬於教育方面的研究。「研
究」二字沒有因爲加上限定詞而失去本來的意義，「教育」之下加上「研
究」二字也未改變「教育」的意義，「教育研究」的的確確是一個完整的
名詞，自成一整體的概念。

對於「教育研究」，無須再做字義的探討，本段準備對「教育研究」
的性質加以判別。

談到「教育研究」，首先便遭遇到一個問題，那就是：「教育研究
是爲求知識，還是爲求事實？」歷來曾有若干哲學家提出對教育的觀點，
已經被承認是教育理論，而且對這些理論仍然在繼續的研究或驗證。從這
一方面來說，教育研究是求知識應該不會錯。另一方面，教育研究也求
事實，不過這裡的事實二字，是目前一般人所說的事實，和前述研究中
的「事實」略有出入。因爲談教育事實的時候，所指的常是教育的實際行
事，重在實行（practice），是教育的現象，田培林教授稱之爲「教育的
實際」。（註12）用「實際」二字而不用事實，便可避免意義的混淆。從
這一方面來說，教育研究是求事實，也不會錯。爲了求字義吻合，以下在
談「一般」所謂之教育「事實」時，將用「實際」二字。

教育理論的研究，包括對教育本質、教育目的和實施教育的「原理原
則」的探討，這些常常是一般所謂之教育思想或教育主張。至於實施教育
時所依從的原理原則，在本質上當然是理論，可是卻關聯到實際和行事，
尤其在考慮到實施教育的方式、教學方法、教材、以及教育對象時，便分

別的被劃入教育行政、學校行政、教材與教法、兒童和青年，以至於成人等方面。於是本屬於理論的原理和原則，便成為直接和實際有關的了。既然和實際有關，便要考慮其可行的程度，無形之中，被視為屬於實際的領域，而要求其應用價值。在這裡，由於研究的目的和內容不同，或者應該具體的說，由於研究的主體和性質不同，而分別為「理論的研究」和「實際的研究」。理論的研究，當然著重觀念、概念和思想，抽象的成分多；實際的研究，著重現象、狀況和事件，具體的成分多，於是研究所用的方法有別，所得的結果也屬於不同的性質。從而在教育研究之中，便有了「科學的」和「不科學的」之分：科學的常指對有關現象、狀況和事件等所做的實際研查，不科學的指對觀念、概念、思想或主張的探詢或研究。

這種「科學的」和「不科學的」分別，常常是根據研究的目的及所用的方法與工具做成的。所謂科學的研究，既然所要研究的是現象、狀況和事件，應用「研查」，從「直接觀察」實際入手，可以得到具體的資料（Data）。例如：學校的數目、學生的人數、教師的薪酬、學生的成績等，都可用實際的數量來比較，用統計的方法來處理，所得的結果有「數字」為證，所以「確切」。同時在研究的程序中，如果研究者能夠避免取樣的偏差，便能符合客觀的要求，客觀本是「科學的」主要條件。相反的，所謂「不科學的」研究，所要研究的既然多是觀念的、概念的、或思想的，無法如觀察現象般之客觀，研究者的主觀因素便直接介入其中，而且所據以研究的資料，也無法化為數量，更難得到一個具備相當數目的樣本，於是所得的結果仍然是抽象的、思辯的、主觀的。通常將教育實際的研究，視為「科學的研究」，因為所用的是客觀的科學方法和工具，可能據以解決實際的問題；教育理論的研究，是「不科學的研究」，因為所用的是主觀的「非科學的」方法，甚至沒有應用「工具」。而且不一定能解決實際的問題。在鑑定教育研究是科學的或不科學的以前，似乎應該再把對「科學」的誤解和「科學的研究」闡明一下。

艾伯引述數個研究者的意見說：「科學是一個被誤用和誤解的字。科學既不是一項蒐集事實的活動，也不以改進世界和人類場所為最主要的目的，雖然科學常常有助於世界的進步。科學之基本的目的是要發現或發明

對自然事件的通說（general explanations），具體的說，是在於形成「理論或說明」。……所以科學是建立法則的（nomothetic），一門建立法則的科學是尋求法則或概說（generalizations）的。與此相反的是，獨特的科學（idiographic science）研習獨特或單一的事件。獨特的意指描述單獨的事項。物理是法則的科學，歷史則是獨特的科學，假定和假說可以並稱為法則的和獨特的。」（註13）

艾伯又說：「科學也不是技術，雖然科學的發現可以導致技術的革新和進步。換句話說，科學家並不是工程師。建築橋梁、改進醫療、設計課程、或改進學習與教學，都不是科學家的工作；科學家的工作是說明現象，由確指某些其他現象或狀況與這些現象的關係，以及相關的情形和原因來說明。」（註14）

艾伯同時引述說：「『科學的研究』永遠是，而且必須是建立法則的。由於『科學的研究』之唯一性質，不可能考慮個體，或是將其建立的法則及假說應用到個體上。許多教育家，由於考慮個別兒童，認為科學的教育研究不能符合這種目的而惋惜。他們要求研究可以應用到個別的教育問題。這種要求是無法滿足的，因為科學的研究不能直指一項單個事件。」艾伯繼續引述說：「率直的說，科學的研究從定義說，絕不會是獨特的研究。而多數教育研究是，而且必須是科學的，因為我們願意使所發現的行為法則可以應用，以至能用於全體或全部的個體。但是這並不是說獨特的方法在科學的教育研究中毫無用處，獨特法是有用的，但不能做成法則性的普遍陳述，而這一點，乃是科學的要素。」（註15）

從上述艾伯所引用的科學觀點，可知是指「科學」的原本涵義，即是說科學是「學問」，「學問」的探討——科學的研究，乃是發現具有普遍性的原理原則。原則的建立，不是根據單個事件，因為單個事件只有獨特性，沒有普遍性。具有普遍性的原理原則，可以構成知識。所以科學是法則的，科學的研究是尋求概說的；科學既不是蒐集事實的活動，也不以改進世界或人生為目的；同時科學更不是技術。具體的解釋，即是說科學的本質是知識，是含有法則的知識；科學的研究目的是為建立法則，由研究發現而生的應用：如人生環境的改善、技術的進步，乃是附帶的結果，科

學的研究不曾以改善環境、改進技術爲直接的目的，科學的價值和科學的研究意義要比這些附生的結果深刻得多。

艾伯所採的對科學的解釋，可以再度澄清對科學的誤解：第一、從科學是知識來說，任何知識都可稱作科學，這和早期科學的定義相符，物理學是知識、化學是知識、生物學是知識、歷史是知識，哲學也是知識。如是「科學」一詞，便沒有「科目」的區別性，更未曾僅指自然科學而言。第二、科學是建立法則的知識，不是彙集事實的活動。要建立法則，則要提出假定或假說，而假定和假說必須根據觀念、概念和若干「事實」。觀念和概念固然是抽象的，就是「事實」也不是一般所認爲的「事件」或「實際」，所以假定或假說之能否成爲理論，尚待證實；理論能否成爲如郝爾和藍德吉所說的事實，要再經驗證。總括一句話，科學也是「理論的」。

從「科學的研究」來說，其本質是藉研究來建立法則，用以形成概說。要符合這個條件，在科學的研究中，便不能失去「普遍」的基本原則。基於這個基本原則，科學的研究便不能著眼於個別的事例，尤其不能以單個的事例爲對象，此其一。再則科學的研究是以某些現象爲主體，可是所要發現的卻不是這些現象，而是這些現象和另一些現象的關係，如何相關、爲什麼相關。現象是明顯的或具體的，可以看得見或感覺得到的；現象間的關係、相關的情形和相關的原因，則是抽象的，非外在感官所能感覺的。因此縱使科學的研究有時在於發現事實，可是這裡所說的事實，絕不是已經發生了的事件。因此「科學的研究」還是學理的探討，不是「事件」或「實際」的敘述或報告，更不是爲了發現或改進技術而作的，此其二。又對「所謂」科學的研究，常常以其應用的程度來衡量，認爲可以即刻應用的，便是科學的；不能即刻應用的，便是不科學的。這就是犯了把「實際的」當作是「科學的」、「理論的」當作是「不科學的」錯誤。就從艾伯所引述的話來看，科學的和不科學的分別，不在於理論或實際，能夠建立原則的才是科學的，因爲原則可據以作普遍的應用；不能建立原則的，縱然是實際的，因其只是個別的、獨特的，所以仍然是不科學的。因此個別事件的研究，不能涵蓋全體的，便無法稱之爲科學的。而實

際的研究，也不一定就是科學的，甚至根本就不是，因爲實際的常常是個別的或獨特的。

　　儘管艾伯區分了科學的研究和獨特的研究，可是他並沒否定獨特的研究；也就是說，獨特的研究也是研究，只是這一類的研究，不屬於科學的研究領域；但是也不因爲獨特的研究不是科學的研究，便和科學的研究毫無關係，獨特的研究對科學的研究仍然是有用的。這理由很明顯，科學是用歸納法，從多數個別現象來求其關係的普遍性，在普遍的法則歸納出來以前，是要從獨特開始。因爲沒有單一，便無法彙集成多數。只是這些單一的，必須具有某些共同的特質才能歸類，這和拼湊的、勉強的、不能解釋的例外，便大有區別了。

　　那麼在教育研究中，雖然期望其是科學的，卻無法摒棄那些必須而又有價值的不屬於科學性質的研究。幸而這些研究仍然未被否定其爲「研究」。於是在教育研究中，又有了另一種分類法，即是所謂之基本的研究和應用的研究。

　　所謂基本的研究，著重研究者的動機、好奇心和問題，是爲加強社會系統、社會力量和社會價值而作的；所謂應用的研究，著重研究的結果，是爲解決實際問題而作的，受科學思想和科學步驟衝激而生的。（註16）近年來由於科學的昌盛，許多教育研究者除了希望教育研究是科學的研究以外，更希望教育研究能夠解決實際的問題，即是重視應用的研究，無形中便有了一種觀念，認爲實際的研究才是有價值、有意義的研究，內心裡便有了忽視基本研究的傾向，以爲基本的研究側重理論，不但不科學，而且不切實際。另一些研究者則以爲，以實際爲衡量研究的唯一基準，是對研究做不當的限制，是摒除了研究的創造之根。更有第三類研究者，並不侮蔑實際和應用的研究，但卻指責教育研究缺乏理論和理論的發展，是教育研究之嚴重的缺點。後一派主張者雖然只占少數，然而在近十年來卻成爲強有力的觀點。（註17）

　　從這些對教育研究的不同觀點，可以看出基本的研究和應用的研究雖不屬同一性質，兩種研究卻各自有其價值。對這兩種研究評價的高低，不在於任何一種研究的本身或性質，只是研究者的觀點和立場不同而已。

側重理論者以基本的、或理論的研究，有指導教育實際的效用，其效用固然無法從解決切近問題上來衡量，但卻有長遠性的指導之用。從這一方面來說，印證教育是百年樹人大計，便不能只著眼於眼前的問題，尤其那些以枝節問題為主，而勞師動眾的研究，並不是研究的精神。因為在教育實際中，無可避免的，必然存在著若干問題，而且問題還繼續不斷的發生，如果教育研究全為切近的問題所獨占，很可能改變了教育的主旨和中心體系，使教育實際亦流於歧途。側重實際者以應用的研究為主，相信教育是一項實際活動，如果教育研究無補於實際問題之解決，則研究的價值安在。從這一方面說，印證教育本在於求實效的目的，也是不應反對的意見。因為即使是基本的理論研究，最後還是要從實際上來驗證其可行的程度。解決實際問題的方法，表面上固然可從明顯的現象和原因來謀求，事實上一個簡單問題所牽涉到的因素，往往不似問題表面那麼簡單，仍然要多方面的探索，才能得到確切的解決問題之道，否則操切從事時，不是所得的答案不能確實的解決問題，便是從而會引起更多的問題。但是站在強調應用的研究者的立場上，自然會忽視或反對基本的研究，因為基本的研究之主題太遙遠、太間接，無補於解決教育問題；而站在強調基本的研究者的立場上，則以為只有經過基本研究的了解和支持，才能發現應用的本質，從即刻的結果來衡量基本的研究，乃是愚蠢的。在這些爭議之下，於是有了一種折衷的調和意見，以為教育研究應該兼含基本的和應用的兩者，沒有基本的研究，應用的研究將陷於膚淺而空洞；沒有應用的研究，基本的研究將距離教育問題過遠。

若把基本的研究和應用的研究，與科學的研究和不科學的研究印證一下，又可澄清一種目前常見的誤解。這種誤解是：應用的研究在於實際，是為解決實際問題而作的研究，從其應用價值來說，這是科學的研究；至於基本的研究，則在於理論距離事實既遠，沒有實用價值，只是空泛的理論研究，並由此聯想到主觀和客觀的成分，所以認為基本的研究是不科學的研究。明白的說，以為應用的研究是科學的研究，理由是應用的研究在於應用或實際，以具體的現象（問題）為對象、以確實的資料為根據；以為基本的研究是不科學的，除了基本的研究無法立即用來解決一個

問題以外，還因爲基本的研究偏重原則或法則，過於廣泛或普遍，而且很少用「科學的」方法蒐集並分析資料。這種看法的錯誤之處，第一是犯了如艾伯所說的，把科學當作應用，如同以爲科學是改進世界和人生的一樣錯誤。其次是把研究當作蒐集事實的活動：應用的研究要蒐集和現實直接有關的材料，既然「科學是蒐集事實的活動」，那麼蒐集事實的活動，也就是「科學的」。第三、從實際中得來的材料，特別是教育之應用的研究，多半是數量的、或「化作」爲數量的，對這些數量的處理，即如前曾說過的，應用統計方法分析，數量是「確實」的數目。統計方法已被認爲是科學的方法，則應用「這種」科學的方法的研究，自然算得上是科學的研究。這第三項錯誤，就是艾伯所說的，把科學當作技術的錯誤，不過這裡所指的技術，只不過是技術中的一個細微末節而已。第四種錯誤是，把獨特的研究當作了科學的研究。因爲依照艾伯的解釋，獨特的研究是單一的、獨特的，其所以不能成爲科學的研究，是因爲無法根據單一或獨特的事例，來建立普遍的法則。而應用的研究，爲其本質所限，常須針對一個獨特的事例、或一個單獨的問題來求解答，否則便不能滿足切近的應用要求。如果艾伯的解釋是對的，則以應用的研究爲科學的研究時，將犯了根本的錯誤。在這種研究中，如何去研求個別問題的普遍性？如何建立解決問題方法的法則性？

以上是從艾伯的解釋所指，把應用的研究當作是科學的研究，不免錯誤。反過來說，把基本的研究當作是不科學的研究又如何？如果艾伯所引的，科學是建立法則的學問，求法則的普遍性是正確的，那麼基本的研究倒是接近這個條件。連帶的，基本的研究不必以應用爲切近的目的，不以實際的活動爲主，不計較是否應用了統計方法，則根據第一個條件，也是最基本的條件來說，反而要承認基本的研究是科學的；而根據其餘的三條件來說，縱使不承認基本的研究是科學的，也不能就認爲基本的研究是不科學的。

只在概念上辨別科學的或不科學的研究，似乎缺乏「應用」的意義。應該從比較具體的方面作個較爲切實的說明。

科學的研究，並不僅指一種方法，但卻要具備幾個特點，其中包括步

驟和技巧。如建立假定，有系統的經驗的試驗和有系統的控制。

假定是推測變項（variables）間之關係的陳述，是條件的陳述。例如：「在『某種』情況下，將發生『某種』情形。」英文式是：「If p, then q.」前一個「某種」（情況），是p；後一個「某種」（情形），是q。這「情況」、「情形」即是變項。假定的重點，不在於這兩個變項，而在於兩個變項間的關係。這是科學的研究的要素。由於所要推測的是兩個變項間的關係，可以看出假定不是陳述事實，而是要驗證一個概念或觀念能否成立的開始，這開始便是理論性的。不過這種理論性的工作，由於確切的指定了理論的某些方面，便可從這些方面來驗證概念或觀念的真實性；又由於所要觀察的是基於外在的變項，研究者可以把本身劃出，而保持其客觀的立場；也就是說，藉觀察所得來驗證原來臆測的關係，不是憑「直覺」、信念、或一己的主張作定評。「科學的」客觀性之為人所稱道，便在於此。

兩個變項的關聯，有時是因果關係。有時序的因果關係，不能逆轉；對等的因果關係，或者可以置換。在兩個變項的關係定立以後，便可決定所要觀察的是什麼，並從而決定所要應用的工具。對於工具的應用，除了要了解工具的性質，尚且要熟諳應用的技巧，才能作有系統的、經驗的試驗。

科學的研究中所謂之有系統的控制，是指控制其變易性（variance），也就是要控制不屬於所要觀察的變因，以便確定獨立變項對依變項的影響力；或者說，要排除其他可能的影響因素，得以觀察純粹屬於臆測到的因素。例如：牛頓的萬有引力說本是一個假定，臆測蘋果墜地是由於地心引力。要試驗這個假定，當然以地心引力為獨立變項，物件墜地為依變項，觀察物體在空中的升或墜來驗證假定是否真實。可是這種試驗，受空氣的影響而有了差別。一粒石子可能因風向和風力而改變了墜地的弧度和速度，一片羽毛卻因風而飄上空中。於是重量和空氣便成了必須控制的因素，物件的體積、重量及與地心距離也成為應該控制的事項。這是因為一個「果」常常可能有多個「因」，要知道某一個因的影響力，便必須把其他的因排除，才能決定。而在教育研究中，一個果的因往往多不勝

數，研究的控制便更爲困難。例如：我們知道智力是影響學習成績的一個因素，同時我們相信努力也可以影響學習成績。如果學習成績只受這兩個因素的影響，則只要控制其一，便可據另一個爲獨立變項而觀察結果。但實際上影響學習成績的因素並不只這兩個，學習的情境、學習的方法、學習的材料、教師，都會影響學習成績。當然，若要在這方面作科學的研究，也可對這些因素加以控制，然而還有無法控制的，便是個別差異。這裡所說的個別差異，不是指能力的差異（能力的差異可以用能力取樣——選擇能力相等的對象——來控制，雖然控制到如何的限度不敢說），而是指前此的經驗、和當時學習者的心理狀況。心理狀況不但人各不同，即使是同一個人，也因時因地而異，這是最無法控制的。從這一點來說，教育是關乎人的活動，教育研究是直接和間接的研究與人有關的問題，人的變異性超過任何自然界的物質，這就命定了教育研究的不科學性。

　　附帶的說一點，前面曾經提到「觀察」這個名詞，也是常常被誤解了的。一般以爲觀察就是用眼睛看，最多也只限於感覺方面。甚至於把「控制的觀察」當作觀察，未經控制的便不是觀察。所謂控制的觀察，是指在控制的情境內、在規定的時間中，依照某些既定的目的，觀察某些現象或表現。第一個誤解，是把觀察限定於感覺領域，有外在現象、可以感覺得到的才算是觀察；第二個誤解是只承認了實驗的觀察，未經實驗計畫和控制的觀察，縱然是感官所及，也不算是觀察。這可能又是受了「科學的」誤解的影響；以爲實驗的是科學的，非實驗的便是不科學的，其實在研究的領域中，不獨教育爲然，任何研究都是如此，觀察是一個常用的名詞，觀察也是一個必不可少的步驟，因爲觀察的意義並不如是之狹隘。在研究中，用眼看一個事件或現象算是觀察，用腦子想一個觀念或問題也是觀察；在計畫好的場地和時間內觀察某些特定現象或表現是觀察，隨時隨地注意某個對象更是觀察；直接面對目標而應用感官衡量的是觀察，目標不在面前，靠其他資料來衡量的同樣是觀察。而多數研究常憑藉資料與思考而衡量或判斷，仍然稱之爲觀察，同時研究中所說的觀察用這個命意的也最多，因爲在研究時，無論所面對的是目標本身，抑或由目標的特質而得來的資料，應用觀察時必然伴隨著判斷作用，理論的研究如此、實際的研

究也是如此。判斷有不可缺少的理性作用在內，不只限於感官，這就是測量（measurement）中對用數量所代表的特質比較判斷時，稱之為觀察；在其他的研究情境中，予以特別注意、表示意見或判斷時，也同樣稱為觀察的原因。其實為了避免混淆，非感官的觀察可以不用這兩個字，有人便主張應稱之為「體驗」。

另外附帶要說的一點，是對歷史和「史學的」兩個概念的混同與部分的誤解。歷史的英文字通常指history。這名詞的含意之一是指對過去事件的記敘或探討。說是記敘或探討而不是記載，便有了若干差別。當然用記敘時必然包括了一部分或大部分記載的材料，可是這種記敘也有必不可少的敘述者的觀點在其中，記敘者的態度和觀念影響所選擇的事件，更影響對事件敘述的語氣。在有意、無意之中，加入了個人的批判，所以對於從事歷史記敘的人，稱為史學家。因為歷史記敘是知識或學問。研究史學的人特別要注意敘述者的立場和態度，而不輕率的接受所記敘的就是事實，關鍵便在於此。如此對於歷史的研究，應該稱作史學研究，艾德洛（M. J. Adler）且以為史學本身就是研究，再加上研究二字乃是不必要的；唯一的差別是，史學所研究的以「過去的」為主題，只是如此而已。（註18）如果我們接受世俗的概念，把記敘過去事件的稱之為歷史，對過去事件或其他有關的研究稱作為史學的，那麼將可加重研究的意味，不必限定於對已發生事件的「觀察」，更可了解史學的意義，不致因對已發生事件的一再轉述而減少了研究成分，終至貶低了這類研究的價值。尤其在教育研究中，往往以前人的觀念為主題，以過去的教育實際為借鑑，前者是理論或思想的研究，後者是有關實際的探討，既然以過去的為主要依據，自然是「史學的」。不過有一點更應該注意的是，這種研究不僅著眼於一個觀念或一個片斷事件，研究特別關切的是觀念或事件的發展與影響，這是「史」的精神本質，是「延續的」、有連接性的，與教育本質的延續性有同樣的重要性。

四

　　問題是引起研究的動力。教育問題也是如此。本段擬就教育問題的性質、類別和研究，作一說明。

　　所謂問題，無論用英文字的problem或question，都含有「不明確」、「懷疑」和「困難」，須經考慮、討論、研查、探詢，以求明白、確定和解決之道。

　　先從教育問題的性質來說，便有「永存不休」的特點。這樣說未免嫌武斷和過分大膽，可是卻不能看作是故意的誇大其詞。這個特點來自於教育的本質和教育的對象，以及教育實際。

　　從教育的本質來說，教育是延續歷史、創造歷史、傳遞文化和創造文化的活動和歷程。歷史綜括古往今來，是時間；文化涵蓋地區和人事，不但包括空間，而且包括每個空間和每個時間內發生在人類的活動，於是社會現象、文學、藝術、以及由自然科學而衍生的文明，無不在其中。這就是在把教育看作為一門獨立科學時，非常困難的原因。因為以教育為學問時，不似其他學問之有明顯的特質、有確定的對象，而且所有的學問還都和教育有關；不但不能專用某種方法來從事教育研究，更無法將教育與其他學問隔離。如果一定要為教育指定些特性，則教育的不可孤立性便是其一。其次，教育的對象是人，人和教育的關係，不像人和自然間的關係那麼單純，只以自然和人兩個變項為主便可。在把人和教育相關聯的時候，除了有人和教育的關係以外，還必須考慮人和人，以及人和人自己所製造的事物與事件相關聯。這後一種關聯的複雜性幾乎超出了所能想像的領域，這同時也是所有的社會學科的困難。例如：在自然科學的研究中，可以根據自然現象建立假定，可以和人毫無關聯；在某一種社會學科研究中，也可以單獨的以一種現象和人相關聯，雖然牽涉到人，仍然以人和現象間的關係為主。至於教育研究，除了牽涉到自然和社會以外，更主要的是人和人的關係。當兩個變項都是變異性極大的人時，便不再是人自己所能控制的了。教育研究中所牽涉到的問題，無論是理論的或實際的，都是

由人製造出來，關聯到人本身的問題。

　　人對於自己的認識，到現在還是哲學和心理學繼續探討的問題。在哲學中對「人」還沒有一個明確的概念；在心理學中個人甚至不能了解自己。從而教育對「人格」以及「人格的培養」也仍然尚無定案。那麼以培養人格爲主題而研究教育時，首先便遭遇到困難。因爲要從觀念不同、主張不同的各別的人中去求普遍，本就困難；而根本上各不相同的人，要想其有一致的表現，也是「實際」上的不可能。單在「難得一致」這一點上，有人就有別，有別就會有問題。

　　從教育實際來說，是實施教育的各種狀況，有時間和地域之別。時代的遞嬗影響人觀念的改變，因而對教育實際的期望和措施便常常改變。對這些措施，固然期望其完美無缺，能有最高的成就，可是結果往往與期望難得符合。至於地區的影響又有極大的情況差異，每個地區之中都含有頗爲濃厚的地方性，成爲一個地方的特點，這類差別，大者見於一個國家之內的各個地區，小者甚至有城市與鄉村之別，在實際中便構成各種問題。

　　教育實際既是教育的實施，在學校被認爲是正規教育以後，單單學校教育，便存在著無數的問題，何況還有不屬於學校教育系統的，如成人教育或民眾教育、學前教育和補習教育等，無一沒有問題。如果一個教育問題得到解決以後，便永遠可以解決同樣的問題，則教育問題將會減少許多。事實上卻恰好相反，同樣的問題會發生於不同的時間和不同的地點，每次所發生的問題，表面上儘管相似，卻又不完全相同。甚至已經解決了的問題，經過若干時日以後，復又成爲問題，更且引起新問題。

　　教育問題沒有長久性的解決之道，是教育問題的本質。這項本質可能使人窮於應付，因而失望、消極；另一方面，用積極的眼光來看，有問題才引起研究的興趣、有研究才有新的發現，新的發現永不停止，社會與文化才會有進步，而教育問題之研究，對這方面有相當的貢獻。如此說來，在教育實際中不但不應恐懼問題、厭惡問題，尚且當希望問題，樂於發現問題。

　　如果把教育看作建立理想，企求實現理想的活動和歷程，則從理想的性質來說，便有永無止境的特點。建立理想的是人，人的特點之一便是

傾向於將理想放至最高；同時企求實現理想的也是人，而人卻也是宇宙造物之一，縱使具有改善宇宙的能力，截至目前爲止，人還不能創造一個宇宙，這就是說人的能力仍然是有限的，所以無法達到理想的地步。不能達到理想，便不會滿足。再加上人建立理想的活動，永遠層出不窮。在一個理想實現之後，又有了另一個理想；在一個較低的理想實現之後，又生出較高的一個。理想的出現、理想的存在，也就是問題的形成和問題的存在。最基本的問題便是，如何實現這個理想？

從教育問題的類別來看，至少可以分爲兩大類。第一類是理論的、或哲學的；第二類是實際的、或應用的。

理論的或哲學的問題，從有哲學和教育觀點的記載以來，雖然有很多說法，卻難以認定哪一個是確切不移的答案。其中最基本的問題，歸納起來，便有：（一）教育目的問題，包括1.教育是要培養完美的人格，還是要增進知識和技巧。2.教育是要適應個人以造就個別的人才，還是要改變個人、著重群體，以培養建全的國民？3.教育以對象——兒童——爲目的，以發展人格，還是以內容——教材——爲目的，而灌輸知識、訓練技能？（二）教育內容問題，這便是「什麼材料是最有價值的」一個問題。其中有人以爲對宇宙自然的知識最重要，兒童學得這類知識，便可利用自然，控制自然，因而強調自然科學的知識。有人以爲有關社會文化的材料最重要，因爲這些是人類創造的結晶，兒童學得這類知識，不但使人類先祖的精神流傳不息，並且從而推陳出新，可以繼續創造，以提高人類的價值。（三）教育方法問題，這就是「什麼方法是最有效的」問題。對這類問題的意見，更爲分歧。從盧梭提出在自然中使兒童學習的個別教法，對傳統的品格陶冶形成挑戰之後，教法中包括了學習者，不再像過去純以教材爲主，使得這類問題更爲複雜。到赫爾巴特（J. F. Herbart, 1776-1841）提出了教育學（Pädagogik），使教法列入於學問，也沒有解決根本的問題，反而又引出一個新問題，這就是赫爾巴特的教育學，重在教學法的討論。而另一種見解以爲，以教學法爲主的學問，當視之爲「教『學』學」，而「教『育』學」所包括的，應該比「教學」更多。（四）教育方式問題，這裡面包括著所謂之正規學校教育之實施的問題，多半屬於所謂

之學制問題，像三級教育制度中的分級、年限和性質的問題等，又有非正式學校的問題，像推廣教育、補習教育等問題。

以上四類問題，都是舉舉大者，每個問題之中又各包括若干較小的問題，便可見出教育問題的複雜性。事實上，問題複雜性並不由於問題數目之多，而是各類問題之間，都有連帶的關係。目的問題常常牽涉內容，內容又牽涉方法，又牽涉到教育方式，使得在尋求一項解決問題的方法時，更為困難。其中最大的一個關鍵是，對於人自己還沒有澈底的認識。哲學中對知識（方法）和價值問題，沒有定案；對人的概念，沒有肯定。那麼和這三類問題密切相關的，也便難以得到結論。

上述問題之仍然成為問題，沒有確定答案的另一原因，是對於這些問題所提出的每個答案，從一個角度上來看，每一個都言之成理、持之有物，無法不承認其合理性；可是若超出這個立場之外，相對的意見也有同等的價值。任執其中之一，都不會令人完全滿意。然則折衷而求全，似乎可以周備而無憾，但是這一方面的關鍵問題，就在於調和矛盾、統一又周延的解答，不易得到。而且隨著人類的發展與進步，誰能斷定此時此刻所認為周全完備的，在異日仍然令人滿意？如果這樣的情形可能成為事實，是否將是人類停止進步的象徵？

教育理論的問題沒有確定的答案，印證著這類問題仍然需要繼續研究。不過我們可能要問，對於無法定案的問題持續其研究，是否是一種浪費？用哲學的態度來回答這個問題，答案是否定的；就是說從事這類問題的研究，絕不是浪費。這些問題有些是哲學範圍之內的問題，也有些是哲學性質的問題。哲學家以為哲學的問題，本就是難得定論的，這是哲學問題的特性之一；另一方面，由於問題難得定論，而引起好奇心和研究的興趣，從而得到知識，而所得的知識，雖然不能解答所要解答的問題，在知識本身，卻有促進的功能。哲學問題未得解答之不成為使人失望或沮喪的原因在此，對哲學問題之研究的興趣一直持續，甚且增加的原因也在此。若用教育的態度來回答，也不以研究不易解答的問題為浪費，而且還含有更積極的成分。因為教育中永遠存在著希望，在知其不可而為之之上，希望仍有「可能」發生，也就是在人類的知能增進到相當程度的時候，將會

求得完善周備的答案。

　　教育之實際的或應用的問題，也是從有教育實際以來，便已經存在。不過這類問題，不似理論的問題般，那麼有真實性和持久性。因為實際在現象中，而且是人為的現象，常常因人而異。人又存在於不同的空間和時間，空間各別，時間進展使得其中若干已存在的現象消失，或者製造了原來未曾存在的現象。因此對於實際的問題，也可歸納為若干類。

　　教育實際問題，常和理論相關聯。用哲學和史學的眼光看一個理論問題，雖然沒有滿意的答案，可是一個答案由於某一人或某些人的提出和贊同，在某一時期、某個地方，卻可能見諸於實際，即是被認為是滿意的，或至少是可以一試的。主張者和贊同者，以及實行者在一時一地，尤其在實行之前，或者雖已實行，尚未見到結果時，可能相信所執的觀念或概念是正確可行，唯一無二的佳構。至少對相信者來說，不會有問題。但是也許就在同時同地，對於這個解決方法存著疑問，以至於反對的，於是立刻就有問題發生。問題的焦點雖然針對某項實際的措施，可是仍然是觀念的不一致。這樣一來，表面上本是實際的問題，本質上卻不是實際的。例如：早期希臘的詭辯學派，自以為用最有效、最實際的方法教人，蘇格拉底卻斥之為道德的敗壞，導致青年誤入歧途的教法。

　　就從學校教育來說，在教育未曾普及以前，多半屬於貴族或富家子弟。在當時可能是被接受了的實際，至少是實際限制如此。待到平等觀念興起之後，「什麼人應該受教育」便成了問題。這問題由基本教育國家化，由政府普遍實施基本教育而演變成小學教育，而得到了一時的答案。但是繼之而來的是義務教育的年限問題。這問題的答案由延長義務教育或國民教育而得到一部分解答，另一部分問題卻仍然存在，因為世界各國，或者就在一國之中，義務教育的年限便不一致。以平等觀念來看，誰能肯定說義務教育年限較短的國家的兒童，就不應該多受一些義務教育？誰又能肯定的說，義務教育年限較長的國度或地區，已經達到了實施義務教育的最高程度？

　　由於義務教育年限的延長，在小學和大學之間，建立了中學，這是普遍的教育實際。這裡便有一個問題，學校教育分為三級，不管所根據的理

論或原則是什麼，在實際上是否比其他的分級法有更高的效果？在實際中可曾做到其他的嘗試以爲比較？

學校教育問題的複雜，除了學制以外，還有更爲實際的問題，例如：哪些教材是最適合兒童和青年的？哪一種教學方法是最有效的？也就是說，最能引起兒童和青年的學習興趣，使兒童和青年花費最少的精力和時間，能夠學習得最快、最多，而且最「好」？「好」的基準又是什麼。這都是最實際的問題，作這方面的研究無疑的最有應用的價值，而且研究結果也爲數頗多，我們的關鍵問題是，哪一個是最值得應用，使我們在實際中最爲滿意？

在學校教育的問題之中，還有一個關鍵性的問題，即是師資問題。我們並不缺乏對師資的理想，問題是如何實際的培養符合的師資。在有了培養師資的具體辦法以後，所培養的人是否眞正符合理想？如果得到的答案是否定的，下一個步驟將是什麼？由此便又引起一個非常實際的問題。理想可能過高，但不會居於錯誤的方向，關鍵在於實行，問題便是由實行上產生的。那就是有正確的方向，有適當的方法，可是在實行上出了問題，以致產生了惡果。這種實際情形，不應由理想或方法負其咎，錯在行事上，行事才是最實際的問題。

許多教育實際的問題便是實行的問題。解決問題的困難之處不在問題本身，而是態度、觀念和行事。因爲人的本性，就有不願意承認錯誤的傾向，更不願自認無能，所以在一項行事發生不滿意的結果時，首先要責備的不是行事者，而是理想和方法。於是把由於人爲的問題，當成了原理原則的問題，拋棄實事求是的原則，倒要向原則上去求解答問題。所以一個問題尚未解答——因爲求解的方向錯誤，自然得不到答案——倒又引起了更多的問題。

理論的問題得不到完滿的答案，還可無害於實際；實際的問題求解錯誤，才是最嚴重的問題。許多教育實際的問題，便是由人謀不臧而生的。

在教育國家化以後，培植人才和人才的應用，便成爲關係國家盛衰的事實，於是近年來「計畫教育」或「教育計畫」之說大爲盛行。計畫教育，應該是國家政策之一。惟其是國家政策，便牽涉到教育之外的其他方

面，其中最直接的便是財政和經濟。但是從教育方面來說，教育實際的效
果，有其本身不易克服的弱點，這就是無論教育的效果提高到何等程度，
效果的實現卻相當緩慢。科學幫助我們控制陽光和溫度、改良品種和肥
料，以加速作物的生長，增加產品的質量；也幫助我們製造更有效的機器
以製造工業產品，使我們在物質的製造方面，克服了時間。可是科學還不
能幫助教育，使兒童超出生理限制，一夜之間變爲成人，達到知識和技能
的成熟度。所以在教育中既不能揠苗助長，則只有努力耕耘，耐心的等待
成長和成熟。這裡存在著的問題是，人的進度趕不上物質，依照原來計畫
時的需要，到人才培養完成的時候，需要是否毫無改變？由此可以看出教
育的實際問題雖然實際，可是就在實際之中，也不似想像的那麼簡單。那
麼不論是哪一種「計畫」，如果在計畫時不能設想周備，則眼前的問題固
然得不到答案，若干時日以後，仍然得不到答案，甚至又有了新的問題。

　　在教育實際中，計畫不夠周詳會發生問題，在實行時缺乏考慮同樣會
製造問題。非屬必須的行事便是其中之一。例如：三級學制問題牽涉到理
論，有關理論的部分可以劃除於實際之外；三級學制的內容是實際，這類
實際的問題有待於研究；可是由三級學制而衍生的一個更爲實際的問題，
便是升學的問題，則是由實行而生的了。這個問題不獨中國爲然，日本、
香港等地同樣的認爲是問題。這問題之最實際的一面，是由於升學考試，
而升學考試之最實際的問題部分，是考試的方法和技術（方法之中包括內
容）。說這個問題是實行的問題的理由，是和升學考試──特別是大學和
高中聯考──不存在的時候或不存在的地方比較，便沒有這樣的問題。這
其中根本沒有升學考試的地方，當然沒有升學考試的問題；而在實行聯考
之前，雖然有升學考試，卻不聯合舉行，所以也沒有因聯合考試而產生的
問題。

　　總括起來說，教育的實際問題，有的有時間性，在某一個時間成爲
問題的，經過解決之後，問題自然消失。有的有空間性，在某一個地域是
問題的，在另一個地區不一定會是問題。也有的是和理論相關的問題，要
從理論上去求解答，縱然得不到完滿的答案，只要行之無誤，仍然可以在
實際中得到一方面或一部分的效果。也有的是由人謀不臧而生的問題，這

就須要在開始時，作周詳的考慮，以減少問題。更有的是純屬於「實行」的問題，這種問題不是所據的原理原則錯誤，也不是行為本身的錯誤，而是「行為」的錯誤。糾正行為，便可解決問題；甚至若「行為」時慎重無誤，根本上也不會發生問題。還有的是屬於行事的問題，這類問題的關鍵，是行此「事」有無必要的問題，如果答案是否定的，則只要不行或停止，也就沒有了這個問題。

現在我們要問，教育研究應該針對哪些問題？或者說，哪些教育問題是應該而且值得研究的問題？

教育的理論問題，既然是影響教育實際的，況且尚未得到定論，這自然是應該繼續研究的。至於教育的實際問題，則須加以辨別，將衍生的一類和伴生的一類剔除，著重那些需要慎重考慮而後實行，研究以確定所有必須的各種條件；比較那些可行而有一方面或一部分效果的，以抉擇效果最高的；明瞭哪些有地域的地區因素，以及普遍的可能性，以便取法；認識哪些有時間性的時間影響力，和再發的可能性。依照研究的程序，在研究中選擇問題，是研究的第一步，與研究者的知識和經驗，有密切的關係。

最後的一個問題是，對於教育問題，是否可以經由研究而得以解決？作者以樂觀而積極的態度，作肯定的答案：對於理論的問題，我們抱著希望；對於實際的問題，我們限於必然。不過有兩個條件，那便是：決心和遠見。

註釋

註1：田培林，論教育與文化，輔導月刊九卷一期，頁三至五、頁三。

註2：田培林，社會教育的本質及其工作原則，大陸雜誌五卷十一及十二期，頁三六一。

註3：Random House Dictionary, 1974.

註4：見原書一〇四頁："The controlled or directed transformation of an indeterminate situation into one that is so determinate in its constituent distinctions and relations as to convert the elements of the original situation into a unified whole".

註5：R. Ebel, *Encyclopedia of Educational Research*, 4th Ed. Macmillan, London, 1969, p. 1129.

註6：*The Encyclopedia of Philosophy*, P. Edwards, (Ed.) Vol. 4. p. 404-405.

註7：*The Encyclopedia of Philosophy*, Vol. 6, p. 299.

註8：C. S. Hall & G. Lindzey, *Theories of Personality*, John Wiley & Sons, London, 1957, p. 10.

註9：F. C. S. Schiller, *Formal Logic*, 1912, p. 328.

註10：J. Dewey, *Logic: The Theory of Inquiry*, N.Y., Henry Holt & Co., 1938, p. 109.

註11：B. Russell, *Human Knowledge*, 1961. It's Scope & Limit, N.Y., Simon Schuster, Inc., 1967.

註12：師大教育研究所曾開各國——如英、美、德、日等國的教育理論與實際，「實際」二字的應用，經與事實比較，可見用意之深。

註13：同五，頁一一二七。

註14：同五，頁一一二八。

註15：同五，頁一一二七。

註16：C. V. Kidd, *Basic Research-Description, versus Definition*, Science, 1959, 129, p. 368-371.

註17：同五，頁一一二八。

註18：M. J. Adler, Editor: *The Great Ideas*, Encyclopedia Britannica, Inc. 2, p. 711-718.

本篇文章取自：賈馥茗（1975）。教育研究與教育問題。**國立臺灣師範大學教育研究所集刊，17**，1-26。

第十一章

「學以致用」的學習體系

　　實用技能的學習，在兒童期是半遊戲性，模仿和練習的成分最多，不能用學校學習的成績考查方式去限定兒童的學習，阻礙試驗的興趣。到了少年期，則需在眞實的環境中，使他去試探自己對工作的適合程度，更要體認每種工作環境中所應有的行爲約束、行業法式和行業道德，這也不是學校所扮演的實習活動能夠完全提供的。青年期以後，已經失去了扮演的興趣，而工作技能本是最眞實的，必須到眞實的工作環境中去驗證。

一、學習的概念

　　學習是一個應用最頻繁的名詞。用於「訓練動物」，更多應用於人類。

　　一切動物基於求生的本能，在生命存在的期間，自然的要維持生活。一般動物，多是靠著天賦的體力和運動能力，生長在適合於生活的環境中，也就運用天賦的體能取食，以維持生命。動物可以選擇適合牠生活的環境，也只有在適合生長的環境中才能夠生活。

　　人類超越動物之處，是在選擇環境之外，還能夠改造環境，以至於創造環境。因爲人得天獨厚，除了體力和運動能力以外，還有一個會想的頭腦，又有一雙會製造工具的手。於是生活領域擴大了，取食的技術增加了，把自然界的食物來源加以改良，數量和品質都提高了。在達到求生的基本目的方面，原則上是比其他動物容易得多。

　　另一方面，謀生方式的增加和生活領域的擴大，印證著在生活歷程中，不能單靠基本的體力和運動能力；也就是說，還需要一些在本能之上的、須經過相當的學習才會的技術，至少要會些製造工具和應用工具的能力，而這種能力要在後天才能獲得。

　　所以人類的學習，便不再像雛學飛、貓捕鼠那麼簡單，也不是所有父母都能夠教的。尤其當社會中有了百工百業以後，每種工作或行業都有其專精的一面，勢須和專精的人去學，才會學得這一項本領。到了這一個階段，人類的學習便和動物的有了分別：動物的學習限於模仿；人類則在模仿之外，能夠推陳出新，別創一格。其中固然曾經有過模仿，可是在模仿

到基本的方式之後，還要經驗練習以達到純熟。因為熟練，又可能生出新的技巧。因而在人類進步的歷程中，學習的意義便相當廣泛。

(一) 廣義的學習

在學習和本能的反射動作畫分以後，一個人學習的領域便包括了他生活中所有的空間，可學的材料包括他一生中所能接觸的事物，可以從之而學的人便是他所能遇到的任何人，學習的時間也就是他全部的生活歷程。這是對於學習的最廣義的看法。

這項廣義的學習觀點，除了學習謀生的技能以外，還要學習認識所生存的環境，其中含有自然環境和人事環境；除了學習和謀生技能直接相關的事物以外，還要學習一些、甚至可能的、以及表面上看來和謀生全然無關的事物。這樣一來，學習也就沒有確定的期限。只要一個人還活著，他就會有學習的機會，也有應該學習的事項。

事實是在人類社會進步的日趨複雜以後，單是技能的學習已經無法達到謀生的目的了。因為人類的生活環境已經不再是單純的自然環境。像早期的自然環境，會結網捕魚便可在水中得到所需的食物那樣的簡單環境已經成為過去了。人類已經逐漸把自然環境加以改變，而有了社會環境；又由於生活方式的複雜，生活已經分工，只會一項技能，並不能滿足一個人在生活中多方面的需要，因而如何與別人分工合作，各盡所能、各取所需，在共同生活中，來實現個人求生的願望，使人學習的領域，早已超過了一項技術的學習。也就是說，在學習一項技術之外，還有更多需要學習的事項。

在群居的生活中，首先需要學習的是如何和別人諧和共存。於是有了長幼之序、朋友之道，以及鄉黨鄰里之間的儀節。這是從一個人比較容易接觸，或接觸比較頻繁的人來著眼。和這些人的周旋，因為機會多而容易成為熟悉，和除此以外的，未曾謀面又毫無關係之人，如何維持諧和是另一項學習。這兩者合起來，便是倫理、道德和法律的學習，學習認識自己和別人的關係，學習一個人對別人應負的責任，學習如何約束自己的行為，不去干擾別人、不妨害別人，以取得別人的尊重與合作。

　　在人類的學習歷程中，學習適應群居生活是第一步，固然是由於這項學習的重要性，也是由於人的生長過程，行為和行為的約束是在幼年就開始，學焉成習，便成為一生的行為類型。而且在幼年，肌肉的發展還沒達到成熟，可以學習動作或簡單的技能，至於如成年後謀生所需要的技能，還不能做精到的學習，故而倫理、道德和法律常識的學習，在過去曾明確的認為屬於家庭教育，是父母或長輩的責任。

　　在具備自動學習能力之前，這是特指兒童時期，學習需要成人提供材料；也就是說，需要成人的指教。待到有了自動學習的能力以後，可以自己去找所要學習的材料，也可以憑自己的能力學會某些東西。所學的領域很廣，也隨處都有可學的材料。只要能夠得到一些以前所不知道，或以前所不明白，或是以前所不會做的，都可以稱之為學習。再重複一次說，學習的領域包括人群或社會環境、自然環境，以及這兩種環境中所有的事或物。

(二) 學校中的學習

　　在有固定的學習場所之前，先有了教師。那是因為社會結構和生活方式變得複雜了以後，須要對這兩者有透澈的認識，才會教給別人。因為這樣的人並不多，所以才找一個固定的場所，使學習的人能夠來學。如果以《禮記》〈王制篇〉為準，則「有虞氏養國老於上庠，養庶老於下庠；夏后氏養國老於東序，養庶老於西序；殷人養國老於右學，養庶老於左學。」中的國老和庶老是教師，庠序學是學校。以國老和庶老為教師，可能是藉重老者的豐富經驗，是教導兒童最好的人選；把老者養在國家設立的固定場所，又含有尊老恤老的意思；就用這些場所作為學校，不但給兒童建立敬老尊賢的觀念，而且就使他們在這兒學習，真是一舉數得。

　　從有了書籍以後，學習逐漸注重知識。如「春秋教以禮樂，冬夏教以詩書」。（王制）詩書禮樂是我國古代學習的要項，在於涵融道德品行。這一點，和歐洲古代的三藝、七藝的學習，作為心智陶冶的用意很接近。考究這種學習目的，在古代中外相同，教育並不普及，因而著重在少數「治人者」的培養。那麼大多數的「治於人者」所需要的謀生技能，不是

到這種正式的學校來學習，而是和有專門技能的人去學習。中國在實行新學制以前，很少有技術學校，即使某一朝代由於某位帝王的特好，偶然設立一個類似專門技術的所謂「學」，到底並未成為系統的正規學校。歐洲則在中世紀以後，才由藝徒制逐漸有了職業學校的意識。無論如何，技術的學習，不占學校教育的重要成分。

學校中偏重知識的學習，在教育沒有普及，只著眼於少數「治者」的培養時，並不覺得有什麼問題。尤其在技術還停留在手工藝的階級的時候，更需要專精的人當面傳授，學習的人慢慢練習。在那種情形下，知識的學習和技術的學習，是明顯的兩個途徑。從事任何一項學習，也不失為謀生之道，也多半能達到謀生的目的。而這種知識和技術分途學習，也有實際的必然性。因為技術的種類繁雜，不是一個學校所能夠兼容並蓄。而任何技術的學習，沒有實際的試驗和練習，也很難學得精到；學得是否確實精到，則必須到應用這項技術的場所，實際的去做過以後才能判斷。

因為有這兩項實際的必然性，使得學校中的學習，始終只注重知識，而不能實現技術的訓練。待到教育普及以後，因為學習的人數大量增加，教師除了傳授書本的知識以外，連最初的道德行為的指導和監督也無法顧及了。久而久之，學校中的學習，便被公認為是書本的學習，進學校就是要讀書。讀了書做什麼？為什麼要讀書？反而成了學生們感到迷惑的問題。於是學校中的學習成了問題！這個問題不能說不嚴重。因為那些正在學習的學生，知道自己沒有謀生的技能。至於學到了多少做人的道理和方法，也保留著問號。

(三) 學習的普遍目的

喜歡給學習分類的，常把學習分為知識的、技能的和道德行為的。由此而分出知識的學習目的，是要得到知識；技能的學習目的，是要練習技能；道德行為的學習，是要培養品格。如此便印證著這三種學習，可以分途而進，是否要關聯在一起並不重要。事實上，這三種學習的內容卻是不同，不過內容不同的學習並不代表要分別到底。尤其在學校被認為是獲得知識的場所以後，求知便無形中成了最重要的學習目的。這種信念在教

育沒有普及的時候，少數在學校中學習過的人，可以用知識分子自居，可以期望成爲知識的領導者或是治者。作爲這樣的人，可以不必具備實際的技能，於是便有了「百無一用的書生」的說法。然而社會變了，教育普及了，生活的方式也更複雜了，人人都成了知識分子，社會可不容許每個人都做無用的書生。因爲已經不再有無知的勞苦大眾，來供養不能自謀生活的人。可是在社會變化了以後、教育普及了以後，學習目的卻仍然停留在求知一方面，於是普及教育的時間越長久，反而成爲保持人習慣於「無用」了。

就在這學習實際和學習目的的矛盾之中，仍然標榜要學習，學習的時間越長久越好。好像學習的本身，就是目的一樣。我們不能不實際些，在教育普及的社會裡，如果每個人都成了爲知識而求知的哲學家，甚至不管求知的先在條件——求知的人必須要活著這個問題，學習便將成爲盲目的，最困擾人的一項活動。這樣說絕對沒有輕視哲學研究的意思。只是要說明不必每個人都想成爲哲學家，尤其不能成爲只會讀書、不能謀一日三餐的人。當然，這樣說又不免過於庸俗和現實。可是事實是如此，在教育普及以後，不能再把學習看成富貴階級、靠著別人的供養，來使自己過清閒求知的日子。坦白的說，求知仍然有最高的價值，可是這種價值的建立，必須有一個基礎，要自己能夠維持自己的生活，不必靠別人養活著去求知。

不能貶低知識的價值，也不能否認道德的價值，只是在教育普及以後，先要使每個人都具備一項實際的價值。這項價值的建立，出自於學習的普遍目的，可以說是學習的基本目的，或者是學習的初步目的。這個目的可以隨著學習的增進而繼長增高，增加到什麼程度、提高到什麼程度，因爲人各有異，不再是普遍而共同的，可以由學習的內容去決定，哲學也好、史學也好、科學也好，文學或藝術都好。

如是從學習的出發點來說，便是要學習如何維持個體的生命；也就是起碼要學習如何維持一己的生活。社會分工龐雜，每一樣都是整體社會所需要的，不難找到一個途徑。從維持一己的生活而保持生命，從能夠自行謀生來驗證自己生命的意義。證明需要事實，事實的出現需要有所表現、

有所作爲，更要自己去努力。然而卻不能指望全由學校的學習，來完成這多項的要求。

二、職業性能的發展

晚近由於社會和經濟的變革，失業問題的嚴重性越來越高。在失業的人數中，有大量的學校畢業生，遂使教育也注意到失業問題。尤其職業輔導方面，更積極的謀求建立一個職業性能發展的理論。

如前面所說，在教育普及以前，學校教育只有少數人接受，即使這般「知識分子」沒有專任的職務，影響到底不大。可是在教育普及以後，每個人都成了過去所認爲的「知識分子」，如果全數的人都沒有專職，最切近的困難便是每個人都遭遇到無法謀生的問題。於是必須返回來檢討教育，問一問受過學校教育，曾經學習過的每個人，是否發展了職業性能。

輔導中談職業性能發展的大有人在，這裡暫且以三個作爲代表。他們各有自己的出發點，或者從自我觀點出發，或者從職業選擇著眼，或者從決定職業立說。

(一) 由自我觀點論職業性能的發展

蘇波（Donald E. Super）以個人的自我發展爲出發點，承認了每個人的個別差異，有多項的潛能，行業能力各有其類型，認證和偶像角色有影響力，調適有繼續性，生活可以分爲若干階級，事業各有類型；然後以爲工作即是生活的一個方式，而提出職業性能發展的說法。

蘇波提出了十項假說，大意是：

1. 人的能力、興趣和人格各不相同。

2. 由於每個人的特點，可以各自有其適合從事的行業。

3. 每種行業都需要一些特別的能力、興趣和人格特質。但是在行業和從業者之間，都要有相當的容忍，以容許行業方面、或是從業者方面的差別。

4. 對職業的喜好、特長、生活和工作環境，以及自我觀念，常隨著

時間和經驗而改變，以至職業選擇和調適成為一個繼續的歷程。

5. 職業選擇和調適的歷程，也可歸併成為生活階段的序列，有生長、探察、成立、保持和衰退等不同的特徵；也可以總括為兩個階段：其一是夢想的、臨時的和實際的探察階段；其二是嘗試和固定的成立階段。

6. 事業類型（指所嘗試和固定的行業、順序、次數和任期）是由父母的社會經濟階層、個人的智慧、人格特徵和表現的機會而定的。

7. 職業性能的發展可以經由生活階段而予以指引，一部分藉助能力和興趣，一部分藉實際試驗的助益，以發展成熟的自我概念。

8. 職業性能的發展歷程，主要在於發展並實現自我概念，這是一個天賦、機運，由兩代折衷而生的產物。

9. 個人和社會因素、自我概念和實際的折衷，就是角色的表演。無論所表演的是夢想或真實的生活活動，都是一樣。

10.個人對於工作和生活是否滿足，由個人是否充分表現了能力、興趣、人格特質和價值而定，這些又由所建立的工作形態、工作環境、生活方式等，是否符合他的氣質和所能勝任的角色而定。（註1）

(二) 職業選擇的類型

賀蘭（John L. Holland）以職業選擇為體，區分行業類別、各類行業的工作特性和方向，加上個人的愛好，可以構成對於一種行業的知識，成為職業選擇的指引，也成為職業發展的可能性。賀蘭提出六種行業如下：

1. 運作型：這一類的行業有勞工、機械駕駛者、農人、工匠等。選擇這類行業的人，多半愛好體力活動。

2. 心智型：這一類的行業有醫師、人類學家、化學家、數學家、生物學家等。選擇這類行業的人，多半愛好「追本求原」的思考勝於動作。

3. 支助型：代表這一類行業的如社會工作者、教師、訪問員、職業輔導人員、精神病醫師等。選擇這類行業的人，多半有語言天才、負責而又喜歡與人周旋。

4. 依從型：這一類的從業者如銀行出納員、祕書、簿記、檔案管理員等。選擇這類行業的，多半愛好語言或數目字的工作，而又樂居於副二

的位置。

5. 說服型：這一類行業包括售貨員、政客、經理、發起人、企業管理等人員。選擇這類職業的，多半傾向於用語言說服別人，以達到管制、推銷、或領導的目的。這類從業者多自以為是強有力的領導者，又不願致力於心智活動。

6. 審美型：這一類的行業有音樂家、藝術家、詩人、雕刻家和作家。這一類的人愛好藝術表現，不願接近人或實際的環境。（註2）

賀蘭的行業類別可能脫胎於斯普朗格（Edward Spranger）的「人的類型」，不過從職業選擇著眼，重在了解個人的性向，以為職業選擇和職業發展的指引。並且以為在職業發展的過程中，需要經過認清方向、考慮、經濟因素的困擾、偶像的影響等幾個層次；最後所得的職業知識是否正確，則是選擇職業和成功的關鍵。

(三) 決定職業的範例

泰德曼（David V. Tiedeman）以為個人與社會的諧和表現於一個人的職業行為，受若干「決定」的影響。因而職業發展，可以分兩個時期：預備期和實現期。

預備時期分四個階段：第一個階段是探察；第二個階段是具體化，第三個階段是選擇，第四個階段是確定。在探察的階段，會有很多個目的，指向某一種職業，可能考慮到當前和將來的機會，不過多半基於想像。在具體化階段，一個人會把自己和所要選擇的職業加以衡量，而且常會在各項選擇中反覆或改變。進入選擇階段後，便決定一項職業，進而做從業的準備。到了確定階段，便是對決定採取行動，看到了所選擇的職業的遠景和自己未來的地位。

實現時期分為介入、轉變和保持三個階段。介入階段是在目的的指引下，進入職業界，開始和社會接觸。在轉變階段，是對所從事的職業加以試驗；如果成功，則會加以限定或對自己的目的加以修正。到了保持階段，是個人滿意於所從事的職業，別人也承認他的成功，所以可以至少從事一個時期或是固定於這種職業。（註3）

　　以上三種說法各自有出發點和著眼點，大體上說起來都認為進入一種行業是一個人必須的歷程。在這個歷程之中，要經過探察、試驗，然後才能夠固定。在職業的選擇和性能的發展途徑中，能力、興趣和人格特質有相當的影響力；機會和環境因素則有決定力。因而進入一種行業，並不是出諸偶然，也不能完全聽任主觀的夢想。

　　從學習機會的普遍來說，選擇一項職業和從事就業的準備，就必須納入學習的系統之中。任何一種行業，都要經過相當時間，一方面認識這種行業，這就是職業輔導中所說的，要獲得職業知識；一方面了解自己的能力和興趣，這就是心理學中所說的，要建立真實的自我概念，把這概念關聯到職業選擇和就業表現，就是在職業中驗證自我概念的正確性，和建立自我的價值，以求自我的實現；一方面則要在實際的試驗中，見出所要從事的行業，是否與自己的能力、興趣、以及期望完全相符。如果兩者可以相符，便可成為終生的職業；如果並不吻合，則要另行驗證。這就成了在實際中常常改換工作，以至改行的事實。

　　從經濟的立場上看，無論對個人或是對社會來說，改行都不是有利的事實。因為不同性質的行業，所需要的才能或專長並不相同。換一種行業，不但要適應新行業的情境，還要學習另一種專長，而學習是需要時間的。因此最好在學習階段，做試驗和決定，待到確實就業的時候，也就應該進入了固定的保持階段。

　　從人生的歷程來說，為了達到人類一致的求生目的，自兒童時期開始，在活動中便含著「學以致用」的意義。兒童模仿成人的工作，或行業角色為遊戲，就其經驗所及的，學木匠鋸木、學汽車駕駛、學領導者發號施令。這自然不是有目的的模仿，只是經驗給予兒童這些模仿的機會，使兒童有了職業意識。待到生理的發展具有某些體能活動的時候，便要開始自己去試做。在這嘗試的階段中，仍然有一部分遊戲的因素，也有一部分要試驗「自我」的能力，「能夠做」可以建立自我的價值，在自我概念中給了自己一種意義──我是一個有能力的人。可是究竟能夠做什麼，是需要多方試驗和證實的。經過這段試驗階段，對自己喜歡做什麼和能夠做什麼，已經有了一個大概的方向，因而往這個方向發展，求這一方面的知

識，練習這一方面的技能。這可以說是職業選擇和準備的階段。待到準備到相當程度，可以實際的去從事一種行業了，也達到就業年齡，於是再從實際的工作中，去證實自己的所學和所能，去建立自己的事業。就業以後的成年人，並未終止學習，不過那已經超出了公認的正規學習時期，暫且不包括在本文論點之內。這裡只是就著已經承認了的學習階段，特別是學校教育階段來說，從兒童期到青年後期為止。

兒童期指小學階段，是模仿和孕育的階段。少年期或青年前期指初中階段，是試探及試驗時期。青年期指高中階段，是選擇與決定的時期。青年後期指大學階段，是確定和成長的時期。

三、學習體系

要建立一個學以致用的學習體系，把職業性能的發展涵蓋在內，使每一個學校階段，都含有職業性能的發展。每個學校階段結束的時候，都可以具有一種程度的謀生能力。那麼在普及教育的狀況下，每個人都會是具有謀生能力，或是有用的人。

這個學習體系中所包含的職業性能的發展，在科目學習之外；同時科目學習，也不能代替這一部分。具體的說，這一部分的學習，要在實際生活中、實際活動中去驗證。從自我價值的建立，實現自我概念中所含的自我意義。價值和意義的範圍逐漸擴展，在實際驗證中證實價值和意義的存在與實現。

學習體系可以圖例表示，如下頁所示。

這個學習體系是配合生理和心理的發展階段，以及現行的學校系統而定的。由兒童期而少年期、而青年期、而青年後期，沿著生理發展的歷程而進行。當然在生理發展的時候，心理也同時發展。把這四個階段所構成的歷程與學制系統相印證，則分為三個段落，每個段落都可以做一個結束，也可以分途繼續。在這三個段落中，兒童期和少年期合併在一起，到國民中學畢業為止，學習由「會」到「能」，是已經具備了一些實際的技能。應用這些技能，可以嘗試著進入一種行業，去實際試驗就業的成敗，

年齡階段	學校階段	自行領悟的問題	實用技能學習領域	價值發展
兒 童 期	小 學 →	我「會」做什麼	家庭（工作、服務）	自我價值意識
少 年 期	國 中 →	我「能」做什麼	家庭、商店、工作店、農田、服務性工作	價值意識具體化
青 年 期	高 中 →	我能做「好」什麼	農、工、商、技術類行業	自我評價（社會意識納入自我中）
青年後期	大 學 →	我有什麼「專長」或「特長」	各類技術性工作	價值系統（包括自我群體與社會綜合而成的整體）

以爲日後的決定。國中畢業而進入高中的，可以就著原來所能，而且願意繼續發展的，進一步求精，使所能做的成爲做得更好，那麼到高中畢業，便有了一項長處作爲謀生的工具。由高中而進入大學，無可避免的受原來長處的指引，要再進而求更高的學習成就，把長處變成專長或特長。在這裡所說的專長或特長，是指在一方面確有獨特的表現，勝過了其他的人。考入某個科系或從某一科系畢業，並不即等於有了專長。

在四個生理發展階段中，各有一個自己想要解答的中心問題。兒童期的問題是「我會做什麼？」、少年期的問題是「我能做什麼？」、青年期的問題是「我能做『好』什麼？」、青年後期的問題是「我有什麼專長或特長？」要回答每一個階段的問題，都必須經過實際的證實，確定是「會」、「能夠」、「好」或是「專」。從這些證明中，一方面發展自我概念，驗證自我概念的確切性；一方面得到實際的技能，而建立一個人的「自我價值系統」，和個人的實際價值。

問題答案和實際的驗證，需要有表現技能的領域，這就是賀蘭所說的行業環境。只是這裡所說的領域，必須比賀蘭所提的類別具體，而且是容許試驗或練習的。具體的活動或工作場所，是眞實的工作場所，或者應該說，就是實際的行業場所。所不同的是，這種場所對於來試驗和練習的兒童和青年，承認他們練習或試驗的作用，在技能或動作方法上給予特別指

導和練習的機會。因而學校中的家事、勞作、工藝等科目，不視爲實際的
技能練習；工作室、實驗室等，也不視爲實際的工作場所。兒童和青年必
須在課室以至學校之外，去尋找能使自己練習或試驗的場所。

可供練習或試驗的場所，是家庭、鄰里、或接近居住的地方。指導練
習或試驗的人，是家長、親屬、或相識的人。這些人必須具備可以教導兒
童或青年所要學習的專長，最好即是某一行業的從業人員。兒童或青年在
學習時，以練習生的身分，必須聽從行業者的教導。實習所學的事項，除
了超過身心所能負擔的工作以外，沒有任何特權，不受任何優待或寬容。
在學習期限結束時，由指導者證明其已經學有所得，並評估其技能程度，
判斷其是否具有從事這種行業的必備條件。

行業練習的評判，和學校的學業成績同等重要，而且要和學業表現一
樣，視爲升學的資格之一。也就是說，學業成績最好的學生，如果缺少適
當的行業練習證明，便必須去重新學習，直待有了相當的結果，要想升學
時，才算具有完備的資格。

每個技能學習的階段，都印證價值的發展。「我會做什麼」的階段，
是價值意識的萌芽時期，這時的自我概念已經初具雛形，有了「我」的意
識，可是在能指明會什麼之前，不一定會有價值意識，則「我」只是朦朧
的概念而已。「會些什麼」可以把朦朧的自我輪廓加以色彩的渲染，使他
更明確、更清晰，更有眞實感。到了「我能做什麼」的階段，自我意識便
可具體化。自我成爲更確定、更實際的，不徒是想像的形象而已。這時所
得到的證實，較前一階段也更明白，因爲所能的，是在實際的行業中得到
的，和成人的行業完全一樣。自己已經超脫了依賴成人的兒童階段，加入
成人的工作行列中，和成人並駕齊驅而證實的自我價值。如果在這個時期
就決定就業，除了體力和熟練的程度以外，更可和成人一較長短。這就是
國中畢業的時期。

國中畢業立即就業的，在職業性能發展中，無疑的是先有了實際全部
工作的機會，可以及早完成自我的價值系統，而繼續發展。仍然繼續入學
而升入高中的，便要在學校的學習之外，去繼續做部分的技能學習，因而
所得到的價值發展的機會，便不似已經就業者的充分而完整。在這個階段

所要驗證的「我能做好什麼」，是在工作品質的比較之下，對自我價值的認識和判斷。這項結果，仍然要在──即使是部分的──實際行業的工作中，才能得到。

青年後期之在大學肄業的，由學習而得到某種專門知識，但是必須在相當的工作環境中，去驗證專門技能或者專門知識的應用。經過驗證而確有所用，可以完成一個自我價值系統。證實自己是一個自謀生活的人，能夠在一種行業中，擔任一個具專門性的職務。

驗證技能的領域，對大學階段的學生來說，可以和所學的科系是相近的，但是最好不盡相同，以便多學習一種技能，增加就業的機會。尤其學習文史哲學的，更要學習一種實際技能，以擴展就業的領域。如果能學得應用體能或是專門技巧的，更可增加學習的完美，不致成為手無縛雞之力的文人。

本文所列舉的學習體系，固然可以和學校階段相印證，但是實用技能的學習，卻要在學校的科目以外。因為實用技能，在兒童期是半遊戲性，含有模仿和練習的成分最多，不能用學校學習的成績考查方式去限定兒童的學習，阻礙試驗的興趣。到了少年期，則需要在真實的工作環境中，使少年去試探自己對工作的適合程度，更要體認每種工作環境中所應有的行為約束、行業法式和行業道德，這也不是學校所扮演的實習活動，能夠完全提供的。青年期以後，已經失去了扮演的興趣，而工作技能本是最真實的，必須到真實的工作環境中去驗證。所以這項學習，必須是在學校學習以外，也不是學校中勉強供應所能代替的。因而這項構想，可以從實際方面，去試驗其應行的途徑。

註釋

註1：Super, Donald E. A Theory of Vocational Development, Amer. Psychol., Vol. 8, No. 4, 1953, 185-190.

註2：Holland, John L. A Theory of Vocational Choice, J. Counsel. Psychol., Vol. 6, No. 1, 1959, 35-45.

註3：Tiedeman, David V. Decision and Vocational Development: A Paradigm and Its Implication, Pers. & Guid. J., Vol. 40, 1961, 15-21.
以上並見R. M. Roth, D. B. Hershenson, & T. Hilliard: The Psychology of Vocational Development, Allyn & Bacon, Inc., Boston, 1970.

本篇文章取自：賈馥茗（1976）。「學以致用」的學習體系。**中華文化復興月刊，9(3)**，6-12。

第 十二 章

從「學」「庸」中所見的教育「準則」和「情懷」

我國教育活動的演進，有史以前的當然很難確定；史料中所記載的最早的情形，例如：三代的教育，曾被認爲是漢代人所造，確實與否，有待考證。我們所能斷定的是，教育活動免不了受社會狀況的影響，在社會發生巨烈變化的時候，教育活動也會因而發生變化。從歷史記載來看，從東周末年經過秦朝兼併六國和秦的滅亡，到西漢再度統一天下，以至文景之治，是一個很明顯的社會變革時期。這段時期包括東周末年，歷史上所稱的春秋戰國時期。這時期的特徵之一，是戰爭頻繁，先是來周末列國之間的戰爭，繼而是秦併六國的戰爭，最後是楚漢爭鋒。每一次戰爭，必然有許多生命的死傷和產業的損失，直接影響到民生。尤其在春秋戰國時代，列國諸侯爲了爭取「國際地位」，必然延攬有識之士提供策略。有識之士便利用這種機會，作爲實現個人理想和主張的試驗。提出主張的人，各自有他的見地，也各自得到若干人的信服，便成了歷史中所說的「諸子」「百家」。諸子中在教育史上最占地位的是儒家，到漢代決定推崇儒術，儒家的思想和教育，便成了我國的教育傳統，成爲教育的主流。這本來已經成爲不爭的事實，但爲了客觀起見，也不妨再做一番鑑定。

漢代繼秦之後，在時序上是接近周秦的，儘管史料中不免傳聞或錯誤，然而總比後代更接近，所傳聞的也保持著相當的來源。出自漢代的歷史資料之一是司馬遷的《史記》，之二便是班固的《漢書》。

《史記》把孔子列爲「世家」，視同「王侯」，是給孔子在傳統中相當尊崇的地位；又把仲尼弟子編在「列傳」之中，而列傳所記乃是有功勳或特殊事蹟的人；最後又有「儒林傳」，記載傳授經學的人。由此可以看出儒家的系統，從孔子刪詩書、定禮樂、補周易、作春秋，而確定了教育宗旨和教育內容──教材；並且曾經用這些教材教過學生，而奠定了講學的方式，說明了教育的方法（《禮記》〈學記〉篇、〈大學〉篇、〈中庸〉篇），等於是建立了教育哲學體系。而孔子的教育事實，則是有弟子三千人，身通六藝者七十二人。三千人固然不可能是一個確定的數目，也不可能都在同一個時間內受業。可是七十二弟子，《史記》中卻都有明白的記載，再也無庸置疑。而且孔門弟子中，日後也多半回到各自的家鄉，以講學爲務（註1）。儒家的兩大傳人，主張「性善」的孟子和主張「性

惡」的荀子，都是孔門弟子的受業者。而漢代的經學家所講的，便是出自孔子修訂的詩、書、禮、易和孔子所著的春秋，可見是一脈相傳下來，屬於一個體系。

其他各家，也有講學的記載或著作，可是學生的人數和流傳的久遠，卻沒有一家能和儒家相比。縱然漢代以後，受了「罷黜百家，獨崇儒術」的影響，可是在此之前的記載，總不致於被淹沒。而事實上不似儒家之盛，恐怕最主要的，是無法綜括出一套完整的教育理論系統，尤其是他們的主張，不完全適用於教育。

首先就孔子的講學來說，在當時的工具既不完備，而且困難。因為在筆墨紙發明以前，記載是用刀刻劃文字符號於骨片或竹簡之上，那是費時費力的工作，因而必然有一大部分借重語言，那就是在說者口述以後，聽者牢記在心中，然後再轉述於人。今天我們所讀到的《論語》，文句簡明，便是這個道理；漢代經學家授徒，因為靠記憶轉述而有了不同的家派（註2），也是這個原因。

據說孔子曾以六藝教人。相傳六藝是禮、樂、射、御、書、數。其中樂、射、御已經失傳。因為這三者都屬於技能方面，必須實習才能學好，徒靠口頭說教，效果不大。「射」因為用於軍事，維持到新武器通用以後才消失。「御」後來變成「役者」的技能，「學者」不屑於再去學習，但是「樂」卻早就被「胡樂」取代了，可能便是記載工具不便所致。「書」（當是指書經而言）由於多少有形跡可尋，倒是流傳了下來。「數」則因為比較艱深，而且中間流入於星相命理，流傳的不廣。只有禮，因為應用廣泛，有了今天所傳的《禮記》，就在這部書裡，便可看出儒家的教育主張，也是「教育」的神髓。

今天我們所讀的四書，《論語》和《孟子》是孔孟言論的記載；《大學》和《中庸》本來是《禮記》中的兩篇，後來宋儒把這兩篇摘出來，成為兩部專書。至於傳說的兩部書的作者究竟是誰，不必在這裡辨別。我們所可信的是，孔子曾經強調「學禮」的重要，曾經用「禮」教人，縱或孔子是將周代以前的禮加以修訂，縱或是後人補進了學庸兩篇，《禮記》和這兩篇仍然代表儒家的教育主張，故而就用這兩篇來看我國的教育觀念。

《中庸》第一章開始便說：

「天命之謂性，率性之謂道，修道之謂教。」

如果我們想了解這三句話的意義，首先便要了解「天命」、「性」、「道」和「教」幾個字的意義。

儒家一貫以「尊天」的為出發點，把天和地看作宇宙萬物生成的根源。而天在上，比地更為尊崇，所以有時將天地二字連用，有時便只說到天。在這樣的觀念中，天便是宇宙最高的主宰，用其睿智，一方面創造了宇宙萬物（註3），各賦予性質；一方面又把萬物安排得各有次序。所以在儒家眼中，宇宙現象在沉默中是「美」的，萬物的次序是「和諧」的（註4），因而對這個偉大神奇的主宰，崇敬贊羨也含著若干成分的畏懼。（註5）人是萬物之一，而且是萬物中最靈的一類。（註6）所以是秉承天的意旨而生（註7），而且能夠體察天意、實現天意，最後達到與「天地參」的地步。（註8）

這裡所說的性字，當然是指人性而言。孔子只說過「性相近也」一句話，到了孟、荀，才有了善惡兩種說法。若只就天命之謂性而言，便是指人生下來所稟有的「性質」了。

說到「道」字，單從《中庸》裡，便可看出有「天地之道」，或「天道」，和「君子之道」或「人道」兩者。這兩者有些不同之處，如果只說「道」這一個字，從教育觀點上解釋，含有「法則」和「歷程」兩個意義，下文將作較詳盡的說明。

至於「教」字，則要待解釋過「修道」以後，再來決定。

首先從儒家對「天」的概念來說，天雖然不言不語，卻是有智慧、有理性、有意旨的，因而在造物的時候，必然有些「準則」，並且期望所造之物，也按照這準則「進行」。人既然是天生萬物中最靈的一類，首先便應該了解這準則，實現遵行準則的歷程，以符合天的意旨。於是在人方面，明白準則和奉行準則，便是「修道」；而修道就是「教育」。由此修道的工夫，便可分為兩項：一項是要「明道」、「知道」；一項則是「行

道」。是「知」與「行」兼籌並顧的工作。

那麼從「明道」、「知道」開始，便是教育的開始。我們知道由於古代的生活狀況，側重的是大學教育，所以《大學》所說的，便是大學教育的目的和學習歷程，和《中庸》互相參照，可以看出「教育理論」的確定，再對照《禮記》〈學記〉一篇，更可知道「教育實際」。

《中庸》說「修道之謂教」，前文解釋「修道」是求「明道」、「知道」、以至「行道」，正合乎《大學》所說的「大學之道，在明明德，在親民，在止於至善。」《大學》的這幾句話，是說明了《大學》教育的目的，是明「明德」、是「親民」，最後達到最高的理想境界。從字面和註解而知，明明德和親民是要實踐的，但是如果要實踐，首先便要知道「如何做」才可以；而要想知道怎樣去做，則先要知道道理和做的方法。

《大學》解釋明德，提到了「天之明命」和「峻德」（大德），如果我們把「明德」看作是「天意要人明的德」，大概不致過分牽強，因為「天地之大德曰生」，生是創造；創造了以後，希望「萬物各得其所」。人如果能體察這番天意，實現這項天意，豈不正是天所期望於人的嗎？當然天不會期望人能和天一樣的創生萬物，可是人卻能保持萬物的美與和諧，最低限度能夠保持人與人之間的和諧，「平天下」就是人際關係的理想境界。

「親民」的意思，從《大學》的文字中引述〈湯銘〉和〈康誥〉，再加上註解，可知是「求新」和「求進步」，表現出教育是要教人努力不息、日益精進，印證《易經》「天行健，君子以自強不息。」便可看出。由此也可以了解《大學》的教育，是教人「自行惕勵」，以高瞻遠矚的胸懷，趨向於最高的理想，沒有絲毫抱殘守缺、少有所得，便志得意滿的意思。

《大學》說明了教育目的之後，接著說出教和學的歷程，也就是「明明德」的步驟，是從最根本的「格物」、「致知」出發，由格物致知而「誠意」、「正心」，以達到「修身」的階段。修身的效果，見諸於「齊家」，能夠齊家，才能進而「治國」，以至「平天下」。說明了教育要使人有「以天下國家為己任的抱負」，但是必須從「健全自己」開始。大學

中對誠意以後的各項，都曾分別說明了作法，唯獨「格物」、「致知」兩項，缺少確切的陳述，只引了四段《詩》和「聽訟」一節，是否「讀詩」和「聽訟」，便代表格物致知？還是格致兩項，不是簡短的文字能夠說明，因而從略？抑或是經久失傳？便無從得知了。無論如何，就《大學》現有的文字來看，個人是一個單位，教導個人「修身」或「修道」，是教育的切近目標；由身修道立的人來治國平天下，是教育的遠大理想。

如果我們問：「一個人要做修身的工夫，首先要學些什麼或知道些什麼？」回到《中庸》上來，便可看出先要「明白天地之道和君子之道」。

所謂「天地之道」，是一個概念名詞，其本身是抽象的，無從「捉摸」的，然而卻可以從現象界來「推知」。由現象界可以看見天地是一個「無限的空間」，由日月星辰的出沒而構成「永恆」的繼續。因而天地是一個存在（Being），是宇宙萬物的本體（Substance），是萬物繁衍變化和進步的根源及力量。（註9）變化有可見的形跡，然而卻難以預料。但是在千變萬化之中，卻可以歸納出一個確定不變的「準則」，這「準則」可以說是天地之道的核心或最高原則。（註10）

然則天地之道的「準則」又是什麼呢？這準則只有一個字，就是「誠」。

《中庸》以「誠」為本身自明的「道理」（註11），是必須的「方式」和「歷程」（註12），是「先見」的「智慧」（註13），是生生不息的「力量」。（註14）

說誠是不證自明的天道，因為天不用語言，誠的顯示見於現象界恆常的秩序，其中絕無虛幻。說誠是天道必須的方式和歷程，因為星辰的運轉、四時的輪替始終如一。由這些現象和時序，看出了進步的途程。說誠是先見的智慧，因為先見是由因推果的預斷能力，因果之間的關係，並不是可以歪曲或誤解的。說誠是生生不息的力量，因為只有誠才能貫徹始終，永不懈怠。

誠是天地的準則，天地便是「誠者」，因為誠是天地本有的。既然是本有的，本身便是完滿而充實的。所以「誠者自成」。可是天地並不徒以自身的完美為已足，因為我們已經知道天地化生了宇宙萬物，也就是成

物，成物仍然是天地的準則。（註15）而誠的力量，可以擴展到極天地間的奧妙，造成人們所歌詠的美好世界。（註16）

天地之道的準則是誠，並且用誠來顯示天道歷程，由此可以見出天的尊崇，和「所成之物」的美好。那麼君子之道又是怎樣的呢？

《中庸》說到了「人道」，用字不多，卻說了很多「君子之道」。加上所讚美的聖人和聖王，可以看出儒家對人的期望和理想。沒有受過教育的人，不會明白天地之道，也不一定會實踐天地之道，可能和其他物類一般，是宇宙萬物中的一分子而已。因而便期望人能夠體察天地之道、實踐天地之道。如果能夠達到與天地合德，便是達到了「聖」的至善境界。然而這理想太高，不是輕易可以實現的，孔子便曾說過：「若聖與仁，則吾豈敢。」（註17）於是退一步，做君子，則是可以做得到的。因而「君子之道」，便是「大學」教人之道，是有志向學者所用以修身的道。

君子之道既然要經過教育才能實現，必然要經過一段歷程，在歷程中有若干活動。《大學》中所說的由格物致知而至治國平天下，便是歷程中的段落和活動。《中庸》裡更說明了這個歷程，是由近及遠、由低到高、由細微至廣大、由本身到全人類的。（註18）這樣的歷程，必然也有一個「準則」，可以由本身而擴大到天下，《中庸》也說明了這一點，如：

「君子之道，本諸身，徵諸庶民，考諸三王而不謬，建諸天地而不悖，質諸鬼神而無疑，百世以俟聖人而不惑。」（註19）

那就是說這個「準則」，可以多方的驗證，貫穿上下古今和百世以後，行之於庶民、聖王、以至聖人，甚至通於天地鬼神，可見其規範的廣和久遠，像這樣的一個「準則」，除了一個「誠」字，還會是什麼？《大學》中說：「意誠而後心正，心正而後身修」；又說：「所謂誠其意者，勿自欺也，如好好色，如惡惡臭。」好色之為好，惡臭之為臭，是天下古今任何人不能歪曲的事實。

前面曾經說「誠」是天地之道的「準則」，現在又說「誠」是君子之道的「準則」，那麼這兩者之「誠」，或這兩者的「準則」，是完全相同的？抑或存在著差別？這個問題可以在《中庸》裡找到答案，那便是，兩者不盡相同，而是有差別的。

首先，天地之誠，是「誠者」的「誠」；而君子之誠，則是「誠之者」的「誠」。天地之誠，是本身自有的，依誠而作用，遂「生成了物」。君子之誠，則是要用一番工夫才能得到，「誠意」便是這種工夫。所以在天地，可以「不勉而中，不思而得。」（註20）「不動而變，無為而成。」（註21）；在君子，便要經過學習而增加「知識」，知識廣博才能辨別善惡，辨別以後，才能「擇善固執」，而擇善固執的，是「誠之者」，是「誠意」的人。這就是先要經過一番努力，才能夠「成己」；而天地是「本身自誠」，或者是「本身已成」，無須用這一番努力。在人之中，肯於用這番工夫而達到「誠」，或者「成己」的，便是君子。至於聖人，在儒家眼中，是可以與天地合其德，已經具備了「盛德」和「至善」，便不需要用這番功力，就能夠「從容中道」的。（註22）

君子既然要勉力符合天道，天道之崇高處在成物，所以君子在「成己」之後，便要「固執」所擇的「善道」，來「成人」、「成物」。（註23）合「成己」與「成物」兩者，才是「性之德」（註24）；才能將「天地之道」與「本身」（君子）之道，合而為一。到了這個地步，便可看出這準則的力量和效果：

「唯天下至誠，為能經綸天下之大經，立天下之大本，知天地之化育，夫焉有所倚？」（註25）

由此則可回復到《中庸》開始時所說的「天命之謂性，率性之謂道，修道之謂教」的意義，和《大學》中「誠意」的重要：

「唯天下至誠，為能盡其性。能盡其性，則能盡人之性；能盡人之性，則能盡物之性；能盡物之性，則可贊天地之化育；可以贊天地之化育，則可以與天地參矣。」（註26）

到了這個地步，則是已經由「君子」進而成為「聖人」，可見教育的最高理想，是成為聖人，但是孔子卻不望人率然的立下不易達到的志向，而希望人從最低、最近、最細微處開始，一步步的求實現，則那個最高的理

想，並不是不可企及的。

所以可以說，君子之道，就是要明白「天地的準則」和「自己的準則」，努力的奉行這「準則」，由本身的「自我實現」，而實現「天道」。這準則只有一個字，是「誠」。教育便是教人「知道誠的意義」、「實踐誠的作法」、「完成誠的歷程和活動」。因爲「誠」是「不證自明的道理」，是「必須的方式」和「必經的歷程」，是「通前達後的智慧」，是「日進不已的力量」。明明德，靠誠；進步靠誠，止於至善，還是靠誠。由誠來啓迪天命之性，用誠來實現人道，君子之道，以至天道，也是教育的最中心、最主要的工作。《中庸》說：

「故君子尊德性而道問學，致廣大而盡精微，極高明而道中庸，溫故而知新，敦厚以崇禮。」（註27）

由是「因誠而明」，是性，是天命；「由明而誠」（註28）便成了修身的唯一途徑，便是教育。因而「教人立誠」，是教育的中心一貫的工作，也可以說是「教育的準則」。

除了明白誠的道理，實踐誠這個準則以外，教育還要做些什麼？也就是說，爲師者還要教些什麼？弟子還要學些什麼？

引用上段《中庸》的話說，便是「道中庸」和「崇禮」。（當然除此之外，要做的還有很多，這裡只說其中最重要的。）

《中庸》第一章說：

「喜怒哀樂之所未發，謂之中；發而皆中節，謂之和。中也者，天下之大本也；和也者，天下之達道也。致中和，天地位焉，萬物育焉。」

根據這段話來說，中庸之道，也就是求中求和。中是喜、怒、哀、樂等情感沒有表現出來，也就是還沒「作用」的時候；和是「作用」了，也就是表現出來了，但是卻要「中節」。用最淺顯的話說，「中節」便是「得當」。《禮記》中曾說：「何謂七情？喜怒哀懼愛惡欲，七者不學而能。」七情是與生俱來的，人力無法予以增減，是出自天命。（這一點可

能是荀子在論性的時候，常常把性和情連在一起說的原因。）然而情感作用以後，卻往往影響到人際關係。儒家的學說中，以倫理學見稱。因此曾被外國人誤認爲儒家只有倫理學或道德論，而沒有形上學，殊不知儒家的倫理是從形上學推演而來，而且特別看到了人的問題，都牽連到人際關係，所以才致力於倫理的闡釋，便是要從根本上，解決人類所遭遇的最常見、最難以解決的問題；談治國平天下，而不從人際關係開始，終究會流於空談。試看一部人類史，縱然分成政治、經濟、軍事、外交、法律、宗教等，其中哪一項發生問題時，沒有人的因素在內？

儒家看到了人和人的問題，最受情感作用的影響，所以才要人調節情感，使情感「作用出來」的時候能夠「得當」。這是建立人際關係的出發點，也是治國平天下的達道。

再看在七情之中，最有害於人際關係的，是由「怒」和「惡」而生的「恨」；以及由「欲」而生的「貪」和「私」。恨阻礙「愛」的「作用」，甚至使愛「消失」；「貪」和「私」引起「爭奪」和「損人以利己」。這兩者往往使人「不念父子之親」、「不顧夫婦之義」、「不講手足之情」，更「不管朋友之道」。在小的方面是兩個人「鬧意氣」，再大一點成爲一群人和另一群人「互相爭競」，更大的便是國與國之間的「戰爭」。儒家有見於此，所以提出了「君臣」、「父子」、「夫婦」、「昆弟」、「朋友」爲五項天下的「達道」（註29）；而君子之道，已經從「夫婦」開始（註30），其餘要從本身做起的，便是「如何爲人子」、「如何爲人臣」、「如何爲人弟」、「如何對待朋友」（註31）。這幾種關係的建立和維持以至增進，都在於情感作用得當，才能和諧雍穆。

節制情感是消極的方向，特別是對有害人際關係的情感，要加以節制，這是教育的一項主旨。然而教育更注重積極的方面，那麼在情感之中，教育所能爲功的，積極的方向是什麼呢？在這裡可以就著「愛」的情感來說，是具備「愛的情懷」、培養「愛的情操」。用儒家的名詞說，便是「仁」。

「仁」字的意義，單從《論語》中孔子回答問仁的言語中，便有很多意義；而且自孔子以來，「仁」被看成最高的德，幾乎是不可企及的。但

是若從教育方面來解釋，既使不免於「一偏」，然而卻不失爲一項應該實現的「心懷」，而且是可以實現的德行。尤其從情感上來解釋，正是教育所要達到的一個目的。

這裡說「愛的情操」，便是仁的「一端」，可以找到一些根據。《易》〈繫辭上〉的解釋中有：「仁者，愛之理；愛者，仁之用。」兩句話。《孔子家語》中說：「愛近乎仁。」前者說明「仁」不等於「愛」。因爲「愛」只是一種與生俱來的情感，乃是一種衝動；而衝動之中，是不會含著「理性」成分的，可是如果用理性來調節這種衝動，使它「作用的得當」，便成了「仁」的作用。「愛的情操」便是由「愛的情感」出自「愛心情懷」，經過理性指引而升進的，所以稱爲「情操」。後者說「愛近乎仁」，而不說「愛即是仁」，便是說未經理性調節的「愛」，還達不到「仁」的地步，然而卻可以經由調節而「成爲仁」。

我們知道孔子曾經說過：「若聖與仁，則吾豈敢。」（註32）這便是「仁」被視爲「高不可及」的一個原因。可是我們也應該知道，在這兩句話之後，孔子立即接著說：「抑爲之不厭，誨人不倦。」「爲之不厭」暗含著對所作爲的沒有厭惡之情，不懈不怠；誨人不倦也是「立人」、「達人」的持久力量，正含著《中庸》裡所說的：「力行近乎仁」（註33）。同時「誨人不倦」也是由「仁者愛人」，由「愛人」而生出「推己及人」的情懷，成爲「己欲立而立人，己欲達而達人」的仁者。（註34）也可以說，仁者是有「教育之愛」的人；而這種教育之愛，也就是「君子之愛」（註35）。具有這種「愛的情操」，既不盲目而衝動的發洩愛，也不因愛而蒙蔽良知，所以「能好人」，也「能惡人」，便是「好其所當好」、「惡其所可惡」（註36）的意思。如此把「仁」在這一方面解釋爲「愛的情操」，便不致陷於「妄斷古人之意」，因爲孔子回答樊遲問仁的時候，便說是「愛人」。（註37）

再補充說明一下，說「仁」是基於「愛的情懷」而成的「愛的情操」，而不是「愛的情感」，除了「仁」字的含意，不僅指「愛」這「一端」以外，再有便是「仁」中之「愛」，不再是原始的「情感衝動」，不是「盲目的情感作用」，而是加入了「理性作用」的。試看《論語》〈憲

問篇〉中，便有「愛之能勿勞乎！」這句話；〈八佾篇〉中說：「人而不仁，如禮何？人而不仁，如樂何？」前者說的是「理性的愛」，後者則是以禮調節愛，以樂涵融愛的意思。

現在回到教育上來，便可說培養「愛的情操」，是教育所根據的情操——心懷；教者要教人培養「愛的情操」，學習者則學習並表現「愛的情操」，即是《中庸》所說的：

「修身以道，修道以仁。」（註38）

由是人師是本著愛的情操來教人，學生則是學習培養愛的情操，然後再本著所建立的仁，去愛人愛物。

愛人從和自己最接近的人開始，家人關係便占了三項——父子、兄弟、夫婦。再把這種情操擴大，在朋友方面，可以延伸到無數人；在工作方面，以現代的觀點說，便可應用在「主管」和「工作者」之間。

如果我們冷靜的深思一下，當人際關係以「愛的情操」為本而建立、而維持，而擴延到全人類的時候，宇宙中是否會充滿了和諧雍穆？哪裡還會有爭奪殺伐？那不正是人類從古以來所企求的嗎？

由前述歸納，我們可以說：教育的準則，是「誠」；教育的情懷，是「仁」。前者也就是天道的準則；後者便是天地的情懷。天地期望人明白這準則，奉行這準則，而且從而擴大之；同時也期望人具備這情懷，表現這情操，先把它作用在人和人之間，再擴大到宇宙萬物，以實現天和人共同期望的「和諧雍穆」，萬物各得其所的「太平盛世」。

自孔子以後，弟子們便秉承意志來從事教育工作，「禮」成為一門重要的學問，便是這個原因。所以我們可以說，西漢以前儒家的講學，不但在亂世持續了教育活動，而且建立了教育理論，以誠為準則、以愛為情懷，應用教育方法，確定了教育體系，而以培養人格為教育的主要工作。到孟子說：「得天下英才而教育之」，「教育」這個名詞，便正式的出現於儒家；以教育英才為「君子」的一種樂事，更可看出儒家的精神。

附帶說明一點，培養人格的理論，可以見諸流傳的資料，但是孔子並

沒有忽視教育的實用功能。君子固然是以天下國家為己任的人，同時也是學以致用的人；就是實用的科目，也曾經是孔子教人的材料。遺憾的是那些實用技能，未曾流傳下來罷了。

註釋

註1：並見韓非子顯學篇。

註2：現傳詩有毛、韓；禮有大戴、小戴；春秋有公羊、穀梁等。

註3：書・說命中：「惟天聰明。」皋陶謨：「天聰明。」泰誓：「惟天地萬物父母。」

註4：論語：「四時行焉，萬物生焉。天何言哉！」又詩經蒸民：「天生蒸民，有物有則。」

註5：書・酒誥：「天降威。」

註6：同3，「惟人萬物之靈。」

註7：書・西伯戡黎：「我生不有命在天。」召誥：「我受天命。」

註8：禮運：「故人者，其天地之德，陰陽之交，鬼神之會，五行之秀氣也。……故人者，天地之心也，五行之端也，食味別聲被色而生者也。」並見中庸二十二章。

註9：外國人以為儒家沒有形上學，殊不知儒家的倫理學便是從形上學推演而來，只是未作專論而已。如中庸二十六章：「天地之道，博也、厚也、高也、明也、悠也、久也。」

註10：中庸二十六章：「天地之道，可一言而盡也。其為物不貳，則其生物不測。」

註11：中庸二十章：「誠者天之道也。」

註12：中庸二十四章：「誠者自成也。」

註13：同右：「自成之道，可以前知。……故至誠如神。」

註14：中庸二十六章：「故至誠無息。不息則久，久則徵，徵則悠遠，悠遠則博厚，博厚高明。博厚所以載物也；高明所以覆物也；悠久所以成物也。」

註15：中庸二十五章：「誠者自誠也，而道自道也。誠者，物之始終，不誠無物。」

註16：中庸二十六章：「今夫天，斯昭昭之多，及其無窮也，日月星辰繫焉，萬物覆焉。今夫地，一撮土之多，及其廣厚，載華嶽而不重，振河海而不洩，萬物載焉。」

註17：論語・泰伯。

註18：中庸十五章：「君子之道，辟如行遠，必自邇；辟如登高，必自卑。」十二章：「君子之道，費而隱。」

註19：中庸二十九章。

註20：中庸二十章。

註21：中庸二十六章。

註22：同20。

註23：中庸二十五章：「誠者，非自成己而已也，所以成物也。」

註24：同右：「成己，仁也；成物，知也；性之德也，合內外之道也。」

註25：中庸三十二章。

註26：中庸二十二章。

註27：中庸二十七章。

註28：中庸二十一章：「自誠明，謂之性。自明誠，謂之教。誠則明矣，明則誠矣。」

註29：中庸二十章。

註30：中庸十二章：「君子之道，造端乎夫婦。」

註31：中庸十三章：「君子之道四：所求乎子以事父，⋯⋯臣以事君，⋯⋯弟以事兄，⋯⋯朋友先施之。⋯⋯言顧行，行顧言。⋯⋯」

註32：論語‧泰伯。

註33：中庸二十章。

註34：論語‧雍也。

註35：禮記‧檀弓上：「君子之愛人也，以德。」又論語‧陽貨：「君子學道則愛人。」

註36：論語‧里仁：「唯仁者，能好人，能惡人。」

註37：論語‧顏淵。

註38：中庸二十章。

本篇文章取自：賈馥茗（1977）。從「學」「庸」中所見的教育「準則」和「情懷」。**國立臺灣師範大學教育研究所集刊，19**，1-13。（載於1990中國教育思想，偉文）

第十三章

我國道德倫理教育的本原

　　道德倫理教育，在我國是一項相當重要的措施，例如：《憲法》第一百五十八條條文規定：

　　教育文化，應發展國民之民族精神，自治精神，國民道德，健全體格與科學及生活智慧。

　　這條文中確定「發展國民道德」是教育文化的任務之一。試再就現行的，自民國十八年四月二十六日所公布的教育宗旨來說，乃是依照中國國民黨原先擬定的八項教育實施方針而來。這八項教育實施方針在民國二十年十一月中國國民黨第四次全國代表大會中略加修正，其中有六項與道德教育有關，試將有關的文字摘錄如後：

　　（一）各級學校：務使知識道德融會貫通於三民主義之下，以收篤信力行之效。

　　（二）普通教育須根據　總理遺教，以陶融兒童及青年「忠孝、仁愛、信義、和平」之國民道德，……爲主要目的。

　　（三）社會教育：並具備……養老、恤貧、防災、互助之美德。

　　（四）大學及專門教育：……並切實陶融爲國家社會服務之健全品格。

　　（五）師範教育：養成一般國民道德上、學術上最健全之師資，爲主要目的。

　　（六）……女子教育並須注重陶冶健全之德性。

　　在八項實施方針中有六項強調道德教育的重要，自然有其原因。推究起來，中國國民黨奉行國父遺教，以發揚中華文化和中華民族精神，創建富強康樂的中華民國爲根基，進而實現「大同世界」的理想。這項承先啟後的任務，在實行上是繼承中華文化的道統，並從而發揚光大；在涵義上，中華民族不是一個新興的無根的民族，而是有數千年文化歷史的民族，民族文化的根原，不是基於情感的依戀而要保留，乃是從理性的反省與認定才要繼續與發揚。

　　然而從西風東漸以後，由於價值觀念的改變，從原來的崇尚精神價值變成注重物質，使得教育的重點也從原來的品格陶冶變成技術訓練；再加上受教育中一派主張：認爲「教育應以發展個性爲主」的影響，視道德倫理爲「束縛個人行爲」、「阻礙個性發展」的，而反對或漠視，到近年因爲身受社會秩序的紊亂之苦，個人生命失去了保障，才又覺悟到道德倫理的重要，才認爲有重新實施道德倫理教育的必要。

　　站在教育的立場上，絕對不應該忽視個性發展，只是在「每個人」的充分發展途徑中，是不是還應該有一個共同的方向，才能夠使每一個體在群體中得到發展，任何人都不會因爲別人的發展而受到阻礙，以至身家性命遭遇危險？這是教育中值得深思的一個問題，在這個主題下無法詳盡的討論。現在只是想：既然道德倫理教育是我國所重視的一項教育措施，其如此受重視必然有充分的理由；同時又知道道德倫理教育不徒然在目前受到重視，而是從有記載以來，便是被重視的一項，並且繼續了幾千年，那麼推究到本原上去，是否可以得到一個使我們既能信服而又滿意的答案。否則若只在口詞上辯解，忽略了實踐，便不易得到確實的效果。然而實踐行爲，要以意義的了解爲本，也就是說心中沒有一絲疑義，才能果斷的實行。因此從道德倫理的本原加以探討，看是否能夠增加實踐道德倫理的決心和毅力，或者更進一步，在實踐道德倫理的時候，能夠出自於「意願」而成爲「必然」。

　　道德和倫理是現在常見的兩個名詞，在應用這兩個名詞的時候，除了我國傳統的涵義之外，又常常夾雜著西方的涵義。中西涵義的差別，大體上說，西方的倫理涵義比道德涵義廣泛，而我國則恰好相反。自古以來，便是道德的涵義概括倫理，以下便以我國的概念爲主，來加以探討。

　　要探討我國道德倫理涵義的本原，自應以最早出現於典籍的爲主。但是作者要請讀者惠予諒解的是，所引用的典籍不含考證，即是對資料的時序和真僞方面，沒有嚴格的考證論據，只是粗略的作爲依據而已，同時又限於個人所知有限和篇幅不能盡舉，所引述的必然掛一漏萬，敬請方家不吝指正。

一、道德二字的出現與涵義

道德兩個字連用已經成了習慣用語，而且以兩個字連用成為一個概念。在我國古代典籍中，雖然也有兩個字連在一起出現的，可是兩個字分別出現的更多，並且道字和德字各有其意義，試先略舉道字出現的幾則為例。

(一) 道

只出現一個「道」字，而且用作名詞的，《周易》中有：

> 一陰一陽之謂道。（《繫辭上傳》第五章）
> 是故形而上者謂之道。（《繫辭上傳》第十二章）

就看這兩則文字所出現的「道」字，來探索其意義，見於《墨子‧經下》的一個解釋是：

> 物之所以然。

《韓非子》〈主道篇〉中有：

> 道者、萬物之始。

《韓非子》〈解老篇〉中有：

> 道者，萬物之所然，萬物之所稽。

《墨子》和《韓非子》的解釋與《繫辭》的兩則意義相近。就這個意義說，所謂「道」，是宇宙萬物的本原，也就是哲學中所討論的「宇宙本體」。猶如《老子》中「道可道，非常道。」首尾兩個「道」字的意

義：又猶如《莊子》〈知北遊〉中說「道無所不在」的「道」字。因而這個「道」字所指的是形上學的「存有」，是最根本、至高無上、至大無限的。

其次，在「道」字之外，加上別的字而有不同的「道稱」，見於《周易》的有：

乾道變化，各正性命。（乾）

坤道其順乎。（坤）

立天之道，曰陰與陽；立地之道，曰柔與剛；立人之道，曰仁與義。（說卦）

易與天地準，故能彌綸天地之道。（《繫辭上傳》第四章）

這四則中出現了「乾道」、「坤道」、「天之道」、「地之道」、「人之道」，以至於「天地之道」。且把其中的「人之道」姑置不論，其他的可以統括為「天地之道」，或者簡稱為「天道」。在我國早期的觀念中，「天道」和「道」在意義上是相通的，儒家思想便是如此。又就前面所舉的《周易》、《墨子》和《韓非子》等各項看來，天道和「自然之道」也有貫通之處。

再就天道來說，《中庸》裡也曾經出現，如：

誠者，天之道也。（第二十章）

天地之道，可一言而盡也，其為物不貳，則其生物不測。（第二十六章）

天地之道，博也、厚也、高也、明也、悠也、久也。（同上）

以這三則印證《中庸》的全部文字，有關天道的部分，多數在形容天道的高超、廣大和悠久，而以一個「誠」字作為天道精神、動力和功能。可以歸結為一個準則，這個「誠」字，引申起來，便有了無窮的妙用。

另一方面，從天道的至高無上，天大無限的觀念，又發展出在我國文

化史中極爲重要的兩個概念：其一是「人道」，其二是「政道」或者「君道」。

先就「人道」來說，前面已經見過《周易・說卦》中的「立人之道，曰仁與義。」對這句話最好的解釋，見於《禮記》〈表記〉，文字是：仁者，人也；道者，義也。厚於仁者薄於義，親而不尊；厚於義者薄於仁，尊而不親。這一則指出了「仁」和「人」、「道」和「義」的關係，用「義」來指明「道」，是和「道」或「天道」並不相同的一個解釋，由此也可以了解「人道」和「天道」概念的差別。因爲「人道」中的「仁」，表現在「親」字上；「人道」中的「義」，表現在「尊」字上；而且還要「親」與「尊」表現的均衡，不能在兩者間有厚此薄彼，以至使其中之一有了缺失或是不足。

此處無暇詳細的解釋「仁」「義」兩個字，只能簡略的說，由「親」所表現的「仁」，是源自「愛」。《周易》〈繫辭〉在「安土敦乎仁，故能愛。」之下的疏解說：「仁者愛之理，愛者仁之用。」《論語》和《孟子》中都有「仁者愛人」的話。但是如果只是愛，可能會陷於盲目衝動，便不會達到「仁」的境地，必須加上「尊」才能「愛得合宜」。（義者宜也）而「尊」字的表現，在於對待人的方式「適如其分」，是我國制「禮」的主要原因。若在這裡暫且結束一下，對人道作一個粗略的解釋，可以說人道便是人適度的表現情感的方式，正如《中庸》第一章所說的：

喜怒哀樂之所未發，謂之中。發而皆中節，謂之和。中也者，天下之大本也；和也者，天下之達道也。

出現在我國典籍中有關「人道」的文字，不勝枚舉，此處暫且以《中庸》爲主，列舉出來爲例，作爲對「人道」入門的認識。

道也者，不可須臾離也。可離，非道也。（一章）
道不遠人，人之爲道而遠人，不可以爲道。（十三章）
忠恕違道不遠，施諸己而不願，亦勿施諸人。（同上）

這三則是說道和人密不可分，而且存在於人的行為之中。一個人要使自己的行為與道相合，便要從省察自己的行為作起，《中庸》裡稱為「修身」。如：

　　修身以道，修道以仁。（二十章）
　　修身則道立。（同上）

這裡又說到「道」和「仁」，可以作為前述〈說卦〉和〈表記〉兩則文字最好的參照，同時又有了更多的說明。仍見於二十章中：

　　仁者人也，親親為大。義者宜也，尊賢為大。親親之殺，尊賢之等，禮所生也。
　　故君子不可以不修身。思修身，不可以不事親。思事親，不可以不知人。思知人，不可以不知天。

這兩則對「仁」「義」「親」「尊」再加說明，並且明白的把「尊」和「禮」指示出來；繼而由「事親」擴大到「知人」；更由「知人」而擴大到「知天」，確定了「人道」和「天道」的貫通。在人道之中，由「親」而「尊賢」，必然表現在具有某些關係的人之間；同時每一個人都可能和別人有某些關係，是非常普遍的事實，那麼對待這些人的方式，也就是人所共同應用的，因而稱之為「達道」，如：

　　天下之達道五，所以行之者三。曰君臣也，父子也，夫婦也，昆弟也，朋友之交也。五者天下之達道也。（二十章）

這裡的達道，也就是我國的五倫，留待談到倫理時再講。不過應該先申明的一點是，從這一則來看，我國現在常說的道德倫理有互通之處，乃是其來有自。同時這一則中所說的「行之者三」，是「知、仁、勇」三者，但是到了能夠「實行」知、仁、勇三者的時候，便稱為「達德」了，這一點

要在講到德的時候再說。

（在《論語》裡，有許多孔子說到人道的記載，如「參乎，吾道一以貫之。」——里仁。「道不行，乘桴浮於海。」——公冶長。「篤信好學，守死善道。」——泰伯。「人能弘道，非道弘人。」——衛靈。等等，不再詳述。）

人道還有另外一個名稱，即是「君子之道」。在這個名稱之下，能夠「成爲」君子的人，是「有志於」修身、「肯於」修身，以至修身「有成」的人；也可以說是「修道」和「行道」的人，因而和普通人有了差別。不過在本原上，君子和「眾人」並沒有不同之處，因爲「任何人」都可以修道、行道而成爲君子。有關君子之道的文字，在《論語》和《中庸》裡也爲數極多，不再列舉了。至於「政道」或「君道」，留待談到教育時再說。姑且就前面所舉的例則歸結一下，可以說：

道或天道在涵義相同時，是宇宙的本原；是萬物生成的依據。另一方面，若把「道」當作是最根本，至高至大的存有，在其下又可分爲天道、地道和人道三者；在這三者之中，天道和地道有時合在一起，簡稱天道；在這種說法之下，人道除了和「天道」相通，或者可以並稱之外，又自有其特性：在內涵裡，天道本身就是完滿充實的，所以天地（或是抽象的陰陽）能夠生物成物，基於一種可以稱作精神或者動力、或者功能的準則，便是一個「誠」字。而人道則要「人」自己努力，從省察自己的行爲表現上達到「道」的境地，因爲人原來並不是完美充實的，不似天道「自爲誠者」，人只是「誠之者」，要在作到「誠」的地步時，才見出誠來。所以人道在於「修身」，在於以「仁」和「義」爲本，表現在對待別人的時候，能夠依照關係的親疏，「愛得」「適如其分」；而且要始終如一，毫無懈怠的去作。粗略概括的說，人道的修身工夫，在於「致誠」和「修仁」。這個說法的解釋，待下面談到「德」時再說。

(二) 德

在我國典籍中，「德」也是常常單獨出現的一個字。見於《周易》的如：

　　天地之大德曰生。（《繫辭下傳》第一章）

這句話的涵義是天地生成萬物是天地之「德」，而且是「大德」，那麼「德」字的意義是什麼呢？就根據這句話中的「德」字，《禮記》〈樂記〉中有一個最簡單的解釋，便是：

　　德者，得也。

用現在的話說，「得」是「得到」或者「獲得」。在常識裡，能夠「有所得」，必然是曾經有過「作為」，故而「得」是「行為的結果」。說到這裡，暫且停一下，和前面所舉的「一陰一陽之謂道」來作一個對照。在「一陰一陽之謂道」中，含著陰陽「兩種元質」因為運動而互相交合，在交合得「恰好」的時候，才能「生物」或「成物」，把「陰陽」兩種元質，當作「天地」之抽象的代用詞，物之「生」或「成」便是「天地」的一項「偉大的成就」。（在我國觀念中，陰通地，陽通天，可是在言談中，卻習慣的說「天地」、「陰陽」，兩者的順序顛倒，是依《周易》的說法。「陰陽」不能倒過來說成「陽陰」，倒了便不合「理」，也就不合「道」了。）現在再從《周易》繼續看下去，「形而上者謂之道」的下文是：

　　繼之者，善也；成之者，性也。

上一句即是說一陰一陽的「交合」，而且交合得「恰好」是善，因而才能「有成」；而在「成就」之中的萬物，各依類別而自有其特性，就是我們常常讚歎「造化神奇」的原因。和《繫辭上傳》第五章中所說的「陰陽不測之謂神」有相通之處。

　　前面曾經說過，在我國的觀念中，有時「道」和「天道」可以相通而互用，這裡所說的德可能也有同樣的涵義，即是「生物」可以稱為「天德」。照這個解釋尋繹下去，天地生物，並不是只生一次，而是繼續不斷

的生；同時在「繼續不斷」的過程當中，必然有若干變化，如：

> 生生之謂易。（《繫辭上傳》第五章）

所生的變化，不僅是「不同」，更重要的是每一個「繼起」的變化，都含著「新」；而這個「新」字所指的，是「更豐碩」的「獲得」，有「進步」的成分存在其中，如《繫辭上傳》第五章中所說的：

> 日新之謂盛德。

以上是就「德」和「天德」而言，照前面由「天道」到「人道」的解釋，也可從「天德」而順推到「人德」。《周易》裡多數用「君子」來說「人德」，因為君子是「修道」、「行道」而有「德」（得）的人。這一類的說法《周易》中出現的最多，每一「卦」中都有，姑且選擇一些最明顯的為例：

> 君子以果行育德。（蒙）
> 君子以懿文德。（小畜）
> 君子以多識前言往行以畜其德。（大畜）
> 君子以常德行，習教事。（習坎）
> 君子以昭明德。（晉）
> 君子以反身修德。（蹇）
> 君子以順德，積小以高大。（升）
> 君子以居賢德善俗。（漸）

就從這幾則之中，便可看出「君子之德」，存在於自修其身和行為對別人的影響方面，前者以本身的獲得為主；後者則是使其他的人也因而有所得，兩者都是君子的「成就」。若再解釋一下，把「修身」的成就叫作「成己」，把對別人影響的成就叫作「成人」。這兩者便都和教育有了密

不可分的關係，留待談到教育時再來解釋。

現在就前面提到的「三達德」和「成己」、「成人」，來解釋一下，《中庸》說三達德的文字是：

> 天下之達道五，所以行之者三。……知仁勇三者，天下之達德也。（第二十章）

後面下文中又說：

> 好學近乎知；力行近乎仁；知恥近乎勇。

是說明作到知仁勇的途徑，其要旨就在於「自己努力」上。不過要致力於一項作為，首先必須知道「為什麼」要「作」；其次則要知道「怎樣」或者「如何」去「作」。從前面所說的來回答「為什麼」，最簡略的說，是因為人要自行「善其身」，是要由「修身」而有所「成就」，也就是要「成己」。現在我們知道人在心理上有「成就感」的需要，又說是「人格」的一項特質。因為自己有成就感才能肯定自己的存在，才能認定自己的價值，才會滿意於自己而得到滿足，那麼我們先哲所認為的「成己」，便有了很好的理由。另外一個人的成就感，除了「成己」之外，還可以從成就別人方面得到，這樣在心理上，可以感覺到自己的「優越」，可以提高自己的價值，使自己更加滿足，在根本上又和「助人為快樂之本」相通。

有了「成己」和「成人」的理由之後，還要「知道」「如何」去作，才能實行。從上面的三句話，可以得到最好的線索，那就是除了須經一再說過的「行」以外，還要「學」、還要「知」，因而可以說「有所『知』」就是「有所『得』」。從這一點上講，「得」不但可以由「行」而來，也可以由「知」而來。換句話說，有所知的時候，就是有所得，也就是有了「德」。更進一步說，知是行的開始；也就是要「由知而入德」。這是非常重要的一點，也是今天在這個題目之下，要特別申明的一

點，因為現在我們常常把知識（知）和道德（德）當作兩個項目分開來說明或實行，卻忽略了這兩者本是不可分的，更忽略了兩者之間不但互相關聯，而且必須貫通。

現在就從「由學而知」和「由知入德」來解釋一下，並且就以大家所熟知的《論語》為例。如：

學而時習之，不亦說乎。（學而）

弟子入則孝，出則弟，謹而信，泛愛眾，而親仁，行有餘力，則以學文。（學而）

君子食無求飽，居無求安，敏於事而慎於言，就有道而正焉，可謂好學也己。（同上）

學而不思則罔，思而不學則殆。（為政）

哀公問弟子孰為好學。孔子對曰：有顏回者好學，不遷怒，不貳過……（雍也）

我非生而知之者，好古敏以求之者也。（述而）

……下學而上達。（憲問）

吾嘗終日不食，終夜不寢，以思，無益，不如學也。（衛靈）

生而知之者，上也；學而知之者，次也；困而學之，又其次也；困而不學，民斯為下矣。（季氏）

……不學詩，無以言；……不學禮，無以立。（同上）

由也，女聞六言六蔽矣乎？對曰：未也。居！吾語女：好仁不為學，其蔽也愚；好知不好學，其蔽也蕩；好信不好學，其蔽也賊；好直不好學，其蔽也絞；好勇不好學，其蔽也亂；好剛不好學，其蔽也狂。（陽貨）

小子！何莫學夫詩？詩，可以興，可以觀，可以群，可以怨。邇之事父，遠之事君，多識於鳥獸草木之名。（同上）

上面這些都是出現於《論語》的，而且是孔子的話。這些只用了一個「知」字，有時指作為名詞用的「知識」；有時指作為動詞用的「知

道」。「知道」是獲得「知識」的一個步驟，知識的獲得也是人的一項成就。照這樣說，「德」不但指「某些」行爲表現（如前所說的仁義親尊），也包括知識方面的成就。說「由知入德」，是指「知道」某些行爲表現是「合乎德」的。（德也有「善德」和「惡德」之分，通常所說的「德」是「善德」，是「適當」的；「惡德」是「不適當」的，除非另有所指，「惡德」不在「德」的範圍內。）這是「知」和「德」直接貫通的部分。另外還有一些「知」，表面上似乎和行爲的「德」無關，實際上卻有助於徹切的「了解」「德」的意義，並且有助於「德」的實現。

就著前面所列舉的孔子的話，可以說「要想知道」，便要「學習」，因此不免要問一個問題，便是「要知道什麼？」或者照「由學而知」來說，要問「學些什麼？」

在前面若干則中可以看到的，有「學文」、「學詩」和「學禮」。尤其對於「學詩」，孔夫子舉出了許多「好處」。但是我們不免要追問一下，「是否只學這三樣就夠了？」對這個問題的答案，就我們所知的來說，孔子曾經以「六藝」教弟子，而六藝一說是易、時、書、禮、樂、春秋，稱爲「大六藝」；另一說是「禮、樂、射、御、書、數」，稱爲「小六藝」。這裡無暇考證孔子教的是「哪一種」六藝，或者是兩者都有，但是我們已經習慣的承認孔子教授弟子的「科目」相當多，而且就大小六藝來看，其中「禮」和「樂」相同（至少文字上是如此），只是小六藝的其他四項，有的是「技藝」科目，那麼在學習的時候，除了「文字的學習」之外，應該還有「技能的練習」，這個姑且不論。只從這些科目說，所含的內容，包括今天所有的天文、地理、數學、歷史、政治（包括教育、經濟、農、工）、音樂、生物、理化、文學等。總而言之，如果不嫌誇大，可以說涵蓋了文學、社會學科、自然科學、藝術、音樂和體育（包括軍事在內）。學習這些科目中的任何科目而有「得」，都可以稱之爲「德」。在這一方面，作者可以大膽的說：德不只是指目前所說的「行爲之德」，知也應該是「德」；若替這一項定個名稱，可以叫作「知德」；但是作者認爲「德」不應該有「知」與「行」的分別，因爲「知」和「行」須要貫穿，還是以「不分」爲「宜」。

現在要歸結到前面所說的「致誠」和「修仁」上去，無論是「由學而知」，或者是「由知入德」，都要「努力」，努力不懈在「不欺騙自己」，就是要「誠」，猶如《大學》裡所說的：

> 所謂誠其意者，勿自欺也。

而在學、知和行等方面要努力不懈，固然要靠「堅強的意志力」，同時也要有一份「愛好的熱情」。《中庸》裡所說的「力行近乎仁」，可能就是這個意思。

統括起來，簡略的說，就著《周易》和《中庸》所出現的「德」字來看，其意義都是「獲得」或者「成就」。天地最大的成就是生成萬物，也可以說是創造。人的成就在於「改善自己」，並「改善別人」。在改善自己方面，「知識」的獲得是「成就」，「行為表現適當」也是「成就」；而知識和行為常常互相貫穿，因為如何作才適當，須要「先知道」。而要想「知道」，又必須從「學習」開始。如是從開始學習到有了成就，便要確確實實的去作，要用「誠」來貫徹始終。這其中的各項或各個步驟，任何一方面作到了，都可以稱之為「德」。

二、道德倫理與教育

(一) 道德倫理的通義

既然現在已經習慣的把「道」和「德」連用而成了一個名詞，成了一個概念，似乎也應該探討一下「道德」二字連在一起，或者同時出現的資料，並探討所含的意義。暫且以少數幾則為例，如：

> 《禮記》〈曲禮〉：道德仁義，非禮不成。（疏：道者，通物之名；德者，得理之稱。）

在這一則中，「道」和「德」雖然連在一起出現，然而仍舊是各自獨立的

概念。和這則約略相同的，如：

《老子》：是以萬物莫不尊道而貴德。（王弼注：道者，物之所由也；德者，物之所得也。由之乃得。）

王弼所注的這一則，「道」和「德」仍然是獨立概念，但是「由之乃得」便把兩者銜接在一起。又：

《孔子家語・王言解》：夫道者，所以明德也；德者，所以尊道也。是以非德道不尊，非道德不明。

這一則不但銜接了「道」和「德」，並且認為兩者有逆轉的作用。（《韓詩外傳》主言中有和這一則幾乎完全相同的文字。）又如：

《孝經》：先王有至德要道，……
《中庸》：苟不致德，至道不凝焉。

都是兩者並舉的出現。甚至到朱子，也還是如此，如：

《朱子全書》：中庸分道德曰父子君臣以下，為天下之達道，智仁勇為天下之達德。君有君之道，臣有臣之道，德便是個行道底。故為君，主於仁；為臣，主於敬；仁敬可喚做德，不可喚做道。

（同書）：道者，人之所共由；德者，己之所獨得。

另外，從上列各項，還可以看出以下幾點：
　　第一、從〈曲禮〉疏、王弼注到《孔子家語・王言解》，對「道」的解釋，都含著道是德的「來源」、「道理」、「遵循」的途徑等意思；而德則是「知道」或「實行」道的來源、道理、以至途徑。這或者也就是現在常常說「知道」二字的原因。待到能夠「知道」或者「實行」的時候，

便是「德」。

第二、朱子對《中庸》的「五達道」和「三達德」作說明，就字義來看，並參照朱子的學說，以為「道」就是「理」。說「君有君之道」，就可以說「君有為君之理」，這個「理」字是「原則」的意思。「原則」只是一個「概括的名詞」，要加上「指實」，才能實行，所指出的便是「仁」，那麼就可以說得明白一點，是：「為君之道，以『仁』為主旨」。原則是如此，為君的是否依照這個原則來為君，這句話裡並沒有指出，故而實際上為君的可能依照原則（理或道）而為，也可能不依照原則而為。照原則為君的，會表現出君「德」，即是「能仁」，這樣的君，可以稱作「有德之君」，因為表現了「君德」；也可以說是「有道之君」。（實際上是行道——等於依理行事。）在這裡道和德固然還是兩個概念，卻已經密切相關了；同時「道理」和「作為」分別指「道」和「德」也更為明白；特別對「德」來說，「『知』道」是一個涵義，「『行』道」是更重要的一個涵義。依此類推，其餘的四項都可如此解釋。

第三、朱子的話裡說「中庸分道德……」的這個「分」字，顯示出在朱子的時候，可能已經把「道德」二字連用而成了一個概念，所以朱子才對《中庸》的文字加以說明。至於「道德」二字從什麼時候開始連用而成為一個概念，作者現在還不能確定。

第四、在《周易》〈繫辭〉裡把「仁」當作「人道」的一項（立人之道，曰仁與義），朱子卻說：「仁敬可喚作德，不可喚作道。」我們不敢肯定的說，朱子的說明不妥當，可是若照「仁者愛之理，愛者仁之用。」來說，「仁」應該是「道」，因為朱子的觀念中就是把「道」看作是「理」的。依此說來，似乎說成「實踐仁」或者「表現愛」才是「德」，這樣說也符合《周易》中「仁」在於「親」的意思。

第五、從朱子的這段話可以看出，後世把道和德連用而成了一個概念之後，可能導致出一些誤解：其一是把「道」「德」混為一談，使得知和行的「貫穿作用」暗而不彰，以致忽略了「實踐」（行），而只在口頭或文字上用工夫，用「混合」以後的話來說，便是「道德流入於空談」。其二是「忽略」了「明理」或「知道」也是「德」，而且「知」也是一種

活動，也是「行」，因而把「知識」和「道德」截然劃分。在「道德」方面，不能確切的「實踐」，至少有一個原因是「因爲『不明白』，也『不知道』爲什麼，以及如何實踐道德。」

歸結起來說，在「道德」「混成」一個概念之後，和原本的涵義已經不完全符合了。

由於現在把道德和倫理常常連在一起，又根據我國的「習慣」，說到倫理時所指的就是「五倫」，因此最好也來探討一下。

先首先說明一下通常所認爲的「五倫」是：

父子有親，君臣有義，夫婦有別，長幼有序，朋友有信。

照這五項來說，在我國典籍中便有不同的名目，只有人稱的，除了前述《中庸》裡所說的「五達道」以外，還有的稱爲「五典」、「五品」、或者「五常」（《尚書・舜典》）。到了孟子，才把這「五」者和「人倫」連在一起，見〈滕文公上〉：

……人之有道也，飽食煖衣，逸居而無教，則近於禽獸。聖人有憂之，使契爲司徒，教以「人倫」。父子有親，君臣有義，夫婦有別，長幼有序，朋友有信。

因爲這五種關係都是屬於人的，所以孟子稱之爲「人倫」。而這個「倫」字，從字形字義來看，是「人」和「侖」兩個字組合而成的。單就「侖」字說，《說文》以爲是「思」，意思是「聚集簡冊，必依其次第，求其文理。」那是因爲古代作爲現在紙張用的材料，是「竹簡」，是單個的「條」和「片」。一句話不可能只用一條或是一片，如果有許多條或片，便要把他們用繩索之類的東西連接在一起，看的時候才能明白其意義，所以這些條或片的次序絕不能紊亂。這裡的「次第」的保持，就是要顯示「文理」。所以，「次第」（或者次序）是非常重要的。次序在這裡有「前後」之別；推演開來，也可以指「上下」、「高低」，以至於「大

小」。

把「侖」和「人」組合成一個「倫」字，《說文》的解釋是：

倫，輩也。軍發車百輛爲輩。

照這個解釋，「輩」字是指「軍車」定數排列的次第（古代戰爭時常用軍車）。引申「輩」字的意義，可以用於「同類的次第」。到了《禮記》〈曲禮〉，有一句話是：

儗人必於其倫。

鄭玄注：「倫猶類也，猶比也。」以倫爲類來說，含著「相同」的意思。以倫爲「比」來說，則是「相近」、「相接」、以至於「相對」。用在人的方面，是指至少兩個人之間「某種連接」的方式，前述的「親」、「義」、「別」、「序」和「信」即是方式。方式含著「規格」的意思，猶如規範。因爲「人和人的連接方式」有五種，可能就是後來把「人倫」稱作「五倫」的由來。

其次，五倫在《中庸》和《尚書》裡所見的，是指「每兩個關係人」之間的「對待」方式，可以說是這個人中的任何一個，對待另一個時，所應用的方式，如「父子」在「親」、「君臣」在「義」、「夫婦」在「別」、「長幼」在「序」、「朋友」在「信」，也就是「兩個人」共同以「一個」方式爲準。到了《大學》，因爲兩個關係人的身分不同，而各自有各自的方式，如傳三：

爲人君，止於仁；爲人臣，止於敬；爲人子，止於孝；爲人父，止於慈；與國人交，止於信。

兩個關係人各自有「對待」對方的規範，在「相互對待」上，可以說是「平等互惠」的。這和後世所誤解的，以爲「臣只有忠」、「子只有

孝」，而不問「君是否仁」、「父是否慈」完全不同。就常情常理而講，在兩個人互相對待的時候，絕不可能，也不應該「只有一方要求對方」，而不問「自己對待對方是否合理」。如果有一方「不講理」，這兩個人是「很難相處」的。由此可以說，「五倫」開始時的立意，是要人相互對待的時候，合乎「身分次第」。這個解釋，在《禮記》〈禮運〉裡也看到了同樣的意義，如：

　　父慈、子孝、兄良、弟弟、夫義、婦聽、長惠、幼順、君仁、臣忠，謂之十義。

文字和《大學》略有了些出入，但是在意思上還是相同的。

　　現在我們要問「『何以在芸芸眾生』之中，只提出了這五倫？」「這五者是否涵蓋了『所有的人』之間的關係？」

　　首先，從「倫」字的字義上，已經知道所重的是「次第」。在說到人和人的關係時，最「可能的」是從「什麼人」、或者什麼「關係」開始。就前面所見到的，《中庸》和《大學》都是以「君臣」為首。

　　另外在《中庸》的文字裡，還有一個說法，見第十二章：

　　君子之道，造端乎夫婦，及其至也，察乎天地。

照第一個說法，是從「君臣」開始。但是這可能是依照我國的傳統，君臣的關係，是「政道」最重要的一項，所以列在最前面。要講「人和人」的關係，一個人在講到君臣關係之前，要經歷生活中更為常見的關係。那麼照第一個說法，夫婦的互相對待方式，可能是先要考慮的。不妨來推演一下。

　　所謂「夫婦」，通常是一男一女達到成年，依照風俗習慣結為夫婦，是兩個成年人共同生活的開始。那麼在夫婦生活之中，第一，就是這兩個人應該如何對待，才能生活得愉快而滿足，照我國古代的社會狀況，是在於兩個人的分工合作，男耕女織；各就體力和特長，擔當自己所能作的工

作。照這個解釋說，並沒有「不平等」的涵義。也可以說，這是結爲夫婦的兩個成年人，「擔負起」自己在生活中所應負的「責任」的開始。（結婚之前還可能依賴父母，結婚之後便要「獨立」謀生了。）第二，這個開始，有一些必然的生活狀況的關聯，其一是對待兩個人長輩的方式，尤其是爲婦者對待公婆——長——的方式；其二是生了子女以後對待子女（包括教養）的方式，都是不能忽視的。第三、這裡所說的是「君子之道」，合上《大學》的說法，〈命義〉中所指的，至少是「某種」年齡以上的人。總而言之，都不是從「兒童」開始，因爲我們都知道，我們只能教導兒童合乎方式，不能希望兒童一生下來就知道對待人的方式。

由此而說，五倫中哪一倫在先，並不是重要的問題，因爲這五倫幾乎都是同時存在的。而五倫中的朋友，並不限定通常所謂之朋友，乃是指任何可以成爲朋友的人，那麼利用孟子的話：「四海之內，皆兄弟也。」就可以說：「五倫」可以周延所有的人了。

現在來歸納一下人和人互相對待的「方式」，大概是：

親、義、別、序、信。
仁、敬、孝、慈、信。
慈、孝、友、弟、義、聽、惠、敬、仁、忠。

這些「字目」有的在同樣的關係間相同的爲數頗多，這一點並不重要。重要的是這些方式成爲「規範」，也就是現在通常所稱的「德目」。我們應該明白並注意的是，就任何一個人來說，必須依照「對方」和自己的關係，表現出自己所「應該」（合乎規範）表現的，才符合「德」字的原意，即是自己能夠「作到了」，才算是德「有所得」。這是「五倫」和「德」連用的眞正意義。然後再就「道」「德」二字連用或互通的意義，應該知道「德」是與「道」相通的，尤其是把「道」字當作「理」字解釋的時候，除了可以說「道即是理」之外；還可以說，「倫也是理」；再接下去，又可以說：「倫是人和人相處的理」，能夠作到了，便是「道德倫理」都具備了。這可能就是今天常常把這四個字連用，並且在意義上相通

的原因。

(二) 道德倫理教育的必需

　　現在我們要問一個可能是存在大家心裡的問題，就是「人為什麼要講『道德倫理？』」回答這個問題最簡便的方式，是從古籍裡去尋找，因為「道德倫理」在我國已經存在了數千年。現在且以幾則最明顯的來指陳。首先，《禮記》〈禮運〉裡有一段文字說：

　　　　飲食男女，人之大欲存焉。死亡貧苦，人之大惡存焉。故欲惡者，心之大端也。人藏其心，不可測度也。美惡皆在其心，不見其色也。

這段話的意思，指明了人在飲食和兩性間，不但有本能需要的「欲求」，而且可能把「欲求」擴大、升高，成為沒有底止的「欲望」。另一方面，人又不願意死亡，更不希望遭受貧苦的困窘。這兩種心理，都存在於每個人的「心」中，別人沒有辦法看到或知道。再推演下去，《禮記》〈樂記〉中也有一段話說：

　　　　人生而靜，天之性也，感於物而動，性之欲也。物至知知，然後好惡形焉。好惡無節於內，知誘於外，不能反躬，天理滅矣。夫物之感人無窮，而人之好惡無節，則是物至而人化物也。人化物也者，滅天理而窮人欲者也。於是有悖逆詐偽之心，有淫佚作亂之事。是故強者脅弱，眾者暴寡，知者詐愚（愚），勇者苦怯。疾病不養，老幼孤獨不得其所，此大亂之道也。

這段話說人有好惡之情，兩者都可引起另一種情，即「欲」的作用，由此而產生許多危害到別人的行動。如果認為每個人生下來都有「生活下去」的權力，他便有「不受危害」的權力；那麼在人群之中，便不應該有「危害別人」的人。可是在生活中，物質的誘惑力很大，要想不受「過分」的誘惑，不危害別人，每個人都應該學習，並且努力控制（克制）自己的

情感作用。這種學習和努力，就是前面所說的，「修身」的工夫。這項工夫，一則在於「知道」並「明白」生活的道理；一則在於努力實現「在自己的生活範圍內，不傷害別人。」

　　要明白人生的道理，並不是只「知道」自己或者「人」（所有人的通性）就夠了，還應該知道和人生有關的「一切」事物。我們先哲就是從觀察宇宙現象和事物而明白了「道理」（道），而發現了人生的道理（人道──德），而決定人自行修身的規範。這樣說的證明見於《周易‧繫辭下傳》第二章，文字是：

　　　　古者包羲氏之王天下也，仰則觀象於天，俯則觀法於天，觀鳥獸之文，與他之宜，近取諸身，遠取諸物，於是始作八卦，以通神明之德，以類萬物之情。

　　有了這番了解，或「知」的獲得以後，人將如何來「修身」呢？《禮記》〈冠儀〉裡有兩段話可以作為參照：

　　　　凡人之所以為人者，禮義也。禮義之始，在於正容體，齊顏色，順辭令。容體正，顏色齊，辭令順，而後禮義備。以正君臣、親父子、和長幼。君臣正、父子親、長幼和，而後禮義立。
　　　　……
　　　　成人之者，將責成人禮焉也。責成人禮者，將責為人子，為人弟，為人臣，為人少者之禮行焉。……故孝弟忠順之行立，而後可以為人。可以為人，而後可以治人也。

這兩段話和前面所說的「人道」之在「仁」「義」，在「親」「尊」完全相合。「尊」是「禮」，適度的禮，也正是維持「親」而達到「和」的關鍵。據此可以說「禮」是實現「人倫」之道的一個「工具」；引申說：「學習禮並依禮而行」是進入「道德」領域的一個「途徑」。由此可以了解，古人之重視「禮」，並不是想要束縛人；也不是要用「繁文縟節」來

「故」作形式。其本旨是在使每個人的行爲表現，「適合自己的身分」；尤其當和另外一個人有某種關係的時候，例如：對長輩「尊敬」、對晚輩慈祥，才能和對方「相親愛」。最低限度是使兩個人相處得和諧，也就是通常所說的「和睦」。用禮來修飾外在的行爲，因爲行爲是表現在外，首先爲別人所看到的。

其次，要控制情感作用，而表現出「適如其分」的行爲，我們到了行爲發生的時候，往往來不及控制或是改變，這是大家都知道的。像憤怒，到了生氣發脾氣的時候，要想讓脾氣不發作出來，是很困難的事。就以和長輩發脾氣來說，先是「失禮」，然後是「失和」，最後便減低了「親愛」的程度。雖然事後也許會懊悔，可是已經來不及了。要想在必要的時候能夠控制自己的情緒作用，就要在平時用心練習。那麼有什麼辦法呢？

對這一方面，我們的先哲也想到了一項最好的辦法，就是要「陶冶性情」。陶冶性情的工具，就是「樂」。這裡也有一句很好的話來證明，即是《禮記》〈樂記〉中所說：

> 樂者，通倫理者也。（倫理二字在這裡也出現了）

那麼樂有什麼功效，竟然可以「通倫理」呢？在〈樂記〉這句話下面，還有一些文字可以看出，即是：

> ……知樂則幾於禮矣。禮樂皆得，謂之有德，德者得也。
> 德者，性之端也。樂者，德之華也。金石絲竹，樂之器也。詩，言其志也；歌，詠其聲也；舞，動其容也。三者本於心，然後樂器從之。是故情深而文明，氣盛而神化，和順積中而英華發外，惟樂不可以僞。

照這個描述，把樂加上禮合起來看，兩者都是實現人倫的工具，都是進入道德領域的途徑。如〈樂記〉所說：

> 樂者爲同，禮者爲異。同則相親，異則相敬。

　　故樂也者，動於內者也；禮也者，動於外者也。樂極和，禮極順，內和而外順，則民瞻其顏色而弗與爭也，望其容貌而民不生易慢焉。……故曰：致禮樂之道，舉而錯之天下無難矣。

　　就以上述的少數幾則為例，在明白了「道德倫理」的真諦之後，又知道「禮」和「樂」是每個人實現道德倫理的途徑。然而人並不是一生下來就會「行禮作樂」，因而便只有用「教育」來完成這項任務了。

　　道德倫理教育在我國出現的也非常早，首先《尚書》〈舜典〉裡便有幾句話，是教育史中常常引用的，即是：

　　帝曰：契、百姓不親，五品不遜，汝作司徒，敬敷五教，在寬。

這「五品」就是前面所說的「父子、君臣、……」等，「五教」就是「親、義、……」等。照這段話的內涵說，便是舜發現了百姓（全國人民）不相「親睦」，具有某些「關係」的人不相「遜順」，才特別指定「契」作「司徒」，來教導人民，能夠「親愛遜順」的共同生活。這句中的「敷」字是「普遍實施」的意思。「在寬」兩個字，推演起來應該是教導人民，要「循循善誘」，不必急於見功。同時也可了解，所謂「普遍實施」包括了「社會教育」和「國民教育」；但是這項教育工作是否是「文字教育」，便沒有確切的證據了。

　　有文字教育，而且可能有固定的場所，和現在的學校教育類似的，同樣見於〈舜典〉，為：

　　帝曰：夔，命汝典樂，教冑子。直而溫，寬而栗，剛而無虐，簡而無傲。詩言志，歌永言，聲依詠，律和聲，八音克諧，無相奪倫，神人以和。

　　且先就「直而溫」來說，「直」字最普通的解釋是「正直」。正直本來是為人喜愛的表現；然而正直的人往往會表現得「剛強」，所以我們常

常說「理直氣壯」這句話。「理直」固然是對的，可是「氣壯」了往往使聽話的人「難以忍受」。所以也有人說，最好是「理直氣和」，可能就是「直而溫」了，因為這樣待人，容易使人接受。

再就「寬而栗」來說，「寬」是容易了解的。「栗」是「堅硬」和「莊謹」的意思。「寬」本來容易為人所接受，但是過分的寬便「不會」堅持，可能流於「放任」，所以要用「栗」來調和一下。

「剛而無虐」中的「剛」本就近乎「厲」，含著「無往不摧」的意思；和「慈」與「惠」恰好相反，故而以「不致於虐」作為限度。

「簡而無傲」的簡是「簡易」。簡易則容易流為怠忽，進而成為傲慢。所以在簡中，要以不致於傲為依歸。

要求達到這幾項目的，就是要用「樂」來陶冶品格了。就在這一點上，可以看出古代教育的重要材料。在文字學習方面是「詩」，在品格陶冶方面是「樂」；由於「樂」和「禮」密不可分，即是用「禮」「樂」來教育下一代，以至全國人民，使大家能夠和睦的生活。

到了周代，從《周禮》可以看出有了更完備的教育制度 —— 教育人員、教材，以及教學法。只就教材來說，大司徒以「鄉三物」教萬民，鄉三物是：

一曰六德：知、仁、聖、義、忠、和。
二曰六行：孝、友、睦、婣、任、恤。
三曰六藝：禮、樂、射、御、書、數。

同時大司徒所施的十有二教，為了看起來清楚，列舉如下：

祀禮（祭祀）教敬（不疏慢）
陽禮（鄉射飲酒）教讓（不爭競）
陰禮（婦女）教親（不怨）
樂禮（奏樂）教和（不乖張）
儀（禮）教等（不越等）

（風）俗教安（不苟且）

刑教中（不暴亂）

誓（勤謹）教恤（不怠惰）

度量教節（知足）

世事教能（不失職）

任賢才用爵（慎修德）

庸（任用）爲祿（立功）

到此爲止，歸結我國道德倫理教育的本原爲：

第一、道是宇宙萬物的根源，德是萬物的生成。在人來說，人在總體的道之中，明白宇宙根源和萬物生成的道理是「知德」。

第二、每個人要生活下去，便要依照「道理」而行，這是「行德」。「知德」和「行德」是一貫的。

第三、倫理在「道」或「理」的抽象方面是一致的，但是要「作到」才算是「德」。這是每個人都需要的。

第四、爲了使每個人都能「知道」並「作到」，所以必須用教育來實現這項功能，因爲每個人都需要學習。

本篇文章取自：賈馥茗（1985）。我國道德倫理教育的本原。**訓育研究，24(2)**，3-11。

第十四章

教育之文化承傳與創造的任務

　　對於文化的定義，西方學者中頗有不同的說法。到目前為止，至少可以歸納出三種：一種認為文化是人類的精神創造；一種認為是人類所製造的物質文明；一種則認為文化兼含人類所創造的物質文明和精神成就。

　　文化有地區性和時間性。地區性顯示出各個地區獨特的文化形式和內涵；時間性顯示出就在一個地區之內，由於時間的演進，形式和內涵都有了改變。而在這些改變中，不容易做數量的比較（因為文化本就難以用數量衡量），卻可以說有品質的差別（品質無法用數量衡量，但在比較時卻難免有主觀的判斷作用）。

　　文化中本來就含著大量的見解、觀念和主張的成分，三者融合成有獨到的見解和主張，可以用邏輯推理並判斷，可以看出其系統的一致性時，便可以說是一種思想。如果這種思想有理性的支持者，成為共同一致的主張時，這些思想者便可能被納入於一個系統中，「視」之為「一家」或是「一派」。

　　這裡要注意的一點是：這些思想者（現通稱為思想家），尤其是那個「首倡者」原來是否有意「獨樹一幟」，或是否有意「建立家派」，別人既無從知其心意，就不便妄自武斷。因為「家」或「派」的名稱不是原來就有的，是別人或後人給加上去的。這種方式，在好的一面是，有指示的作用，使人可以很快的把握一種思想的特點；在另外一面，也給一種思想加上了限制，缺少周延和恢廓。到了末流，往往侷限在狹隘的偏見之中。不過，若只就一種思想有了回應者而言，便有了承傳的意味。

　　現在回到開始處來設想一下，一個首創一種思想的人，他的思想有無來源？也就是他所創的「新」之中，有無「舊」成分或「舊」元素？換句話說，是「全新」，還是只是「某些方面」或「某些部分」是「新」的？

　　既然我們知道一個初生嬰兒不會、也不能提出什麼意見，更說不上他有什麼思想；既然我們知道每個人在出生後是從「不知」和「不能」開始，要從成人那裡學習來獲得經驗，則縱然他的經驗有「獨到」之處，卻無法把「自己的」經驗和成人傳授的截然劃分。到他有了「獨自的」見解時，「見解」固然有自己獨特之處，但是在見解「出現」前的經驗，卻不必因此而一筆勾銷。即使經驗和自己的見解可能表面上全然無關或相反，

那命定的「延續」和「孕育」作用仍然曾經存在過。

　　一個人在成熟前吸收成人的經驗，置入於自己的經驗之中，到自己「創新」的時候，自然是有了「新」的出現，卻不能說是「全新」；也就不能說是完全出於自己。任何一個首創者的創造，都不可能是「無中生有」。只是何者來自於何處，很難明白的指陳出來而已。主要的關鍵是一個人從出生到死亡，是一條切不斷的線，生命歷程就是如此。好在生命歷程雖然是一條直線，經驗卻可以複雜交織、曲折而有出乎意料的連接與變化，其中包含著舊的和創新的。舊的有必然的承傳作用，然而卻不是一成不變的因襲；新的是創造，創造要有孕育的滋養成分。

　　通常所謂「承傳」本是兩個方向的兩種活動。「承」是「接受」已有的，當然包括過去的。「傳」是「送出」接收的，並且加上「自己的」，而且自己的可能「更多」。這也是一種希望的必然，如此才看得出「新」成分的增加，才有了更多的創造，才可以確定承傳不只是「繼續」，而是「繁衍」。繁衍當然是不僅在數量方面增加，更重要是品質的精進。

　　「承傳」二字連用的正確意義，應該是在「接受」的成分之中，取其「精華」，那麼所「送去」的，也應該是最精華的（連同自己的部分在內），這是「文化綿延」的期望。期望的「積極」意義是在文化綿延之中，含著一種選擇作用：選擇其中的精華傳遞下去，刪除蕪雜的部分，使承傳成為去蕪存菁，趨向於完美。如果不問精粗，毫無遺漏的繼續下去，文化便不會進步，成了「一成不變」的守舊，難免枯萎以至死亡。

　　文化承傳中的演進方向，可以沿著積極的一面而趨向完美；也可能沿著消極的一面而趨向墮落。墮落的一個可能是「無意的」，因意志消沉而偷安怠惰，只接受安逸或喜好的一面而不再進取；另一個可能是對已有的有了「反感」，有意的忽略或唾棄，於是走入另一個方向，這個方向對已有的來說，是一種改善，甚至是一項偉大的革命。然而就承傳之積極的方向說，意義也就有了很大的變革。

　　教育到今天還沒成為一門有完整體系的學問。因為教育活動是每個人所經歷，甚至自認為已經非常「熟悉」的。「教育」仍然一如往日的「傳」，不問「學者」「承」了多少；更很少反省自己所傳的，有多少是

值得承的。因爲其中包含著一個，原本是文化進步不可或缺的因素，就是「創造」。

文化「演進」中除了承傳以外，本就是不能缺少創造，否則說不上「進步」。那麼如果「傳者」都傳自己的創造，顯然是文化中產生了很多新成分。這自然是可喜的。揆諸二十世紀五十年學說紛起，可以說「世界文化」已經開出了燦爛的花朵，可以爲人類文化成就而大聲喝采。尤其是因爲交通與資訊的便捷，世界「文化交流」空前的熱絡，照這種情形發展下去，我們先哲所期望的「世界大同」或「大同世界」，幾乎可以指日可期了。

如果大同世界出現，文化的「地區性」便將不復存在，而是全世界的人，拋開原來的地區文化和文化地區觀，不分種族和膚色，不論原有的文化背景，放棄了「承傳」，共同致力於「世界文化」的創造，這是人類憧憬了很久的現象，尤其是中華民族先哲在幾千年前就盼望著一幅遠景！

衡諸中外歷史，是我們先哲先提出了這個主張；揆諸當前的實況，也是我們先哲的後裔率先跨出了實行的第一步。因爲我們教育中所傳的，盡是外國人的資料，所用的盡是外國人提出的方法，甚至我們努力學習外國語言。我們率先突破了一個文化的基本因素，放棄了地區性，不再侷限於本國──中華文化──之中。我們仍然在「承」，不過所承的是超越原來地區的文化，我們同時也在「傳」，當然所傳的是超越地區的文化。中華民族自古以來就有這種恢宏的胸襟和氣度，容納異族文化，不固執、不堅持，在珍惜自己文化的同時，一樣的尊重「異文化」；對異文化不但能夠「容忍」，而且「欣賞」並「吸收」，無形之中，使異文化和本有的文化融合在一起，於是形成改變。而這種改變，使文化的內涵更豐富，「體積」更龐大。

不過這裡有一點差別：把異文化一成不變的加在自己身上，不經吸收和溶解，是「體積」的增加，是數量的，在未經融合之前，不能說有了品質的改變。若把異文化全部搬來，代替自己的文化，只能算是「置換」，不能算是創造，何況還使本有的文化相對的消失，也有消滅之虞。

文化中是含著相當濃厚的情感作用。每一個文化類型中的人，都熱愛

自己的文化，個人偶發的好惡，在文化整體中所占的分量不會太重。所以崇尚異文化，嫌棄本有文化的，只能算是文化演進中的變例。在大同世界出現之前，本有的文化還是不會消聲滅跡的。

　　田培林先生相信教育和文化為一體，相信教育的承傳任務，更強調由教育孕育出來的文化創造。在田先生百歲誕辰時紀念他，自不免有一份懷念。懷舊可能有落伍之譏，但是人之與生俱來的情感無法做價值判斷。何況異文化中不但有類似的紀念，還有更多的紀念實蹟，這就不是惟中華文化獨有的現象了。

本篇文章取自：賈馥茗（1992）。教育之文化承傳與創造的任務。**現代教育季刊，7(4)**，13-17。

第 十五 章

教育的真諦 —— 教人成人

主持人、各位老朋友、各位捧場的女士先生們，剛剛我已經跟單文經單教授說過，因爲他說椅子不夠了，有人在罵，我說你應該告訴他們，現在別罵，等到結束了以後再罵，說你們怎麼會找這麼一個老不朽來說廢話，老實講，人到了這個年紀，已經老廢了，所以我已經很多年不再講演，因此今天這個不是講演，只是我是不得已來說廢話，各位是被騙來受一段時間的罪，所以我請各位先原諒，聽完了以後要罵，去罵單教授，我聽不見。

一、從認識人開始

(一) 人的生物性

在教育方面，我相信各位知道的應該比我還多，只是根據個人長久以來的經驗發現，或者有些地方還需要我們重新再探討一下、再商榷一下。因爲教育跟歷史和人生一樣的，都在沿著一個進步的歷程在進行，所以沒有哪一個時候、哪一件事，能夠說是已經作的盡善盡美了，因爲我們一定要自己有這個心理準備，希望越作越好，而因爲教育的對象是人。

(二) 人的獨特稟賦

人這一類，各位知道，我們都在這一類之中，要自命不凡的說：「人爲萬物之靈」，沒錯，跟地球上各種物類比較起來，哪一種物類比人更聰明？有嗎？哪一位承認自己不如一個動物聰明？沒有喔！是啊，人是聰明的。

(三) 個體人的需要

就因爲人太聰明，所以離開了原來生存的大自然，自己創造了一個人倫環境，也就是我們現在所說的人類社會。在這個社會裡頭，人的確有了無可勝數的進步，可是，也有一些方面，就是我們自己也感覺到不滿意。因爲在人類社會裡面生活，跟大自然的生活完全不同。生活在大自然，依動物界來說，只依照自然的規律而生活，沒有超出本能的界限，而生物界只有兩項基本的本能，第一項是取得食物以維持生命，要向自然界去覓

食，這要靠自己的本事，找得到，就有得吃，就不致於餓死；找不到，那麼就像達爾文所說的，被環境淘汰了。第二個本能是延續族類，在動物界都有固定的發情期，到了發情期，兩性結合，繁衍下一代，這是大自然所賦予動物的本能。所以，牠們只要能夠滿足這兩項基本需要，就可以活下來了。

(四) 人在社會中可能的改變

1. 人類已經進步到了不是直接向自然界去覓食，而是加上了人工，也就是加上了人類憑著自己的智慧，有了創造和製造，創造是從無到有，製造是增加了需要的工具。因此，人類社會一方面維持生命的特質，綿延族類方便得很，不必須像動物般的依靠大自然要先爭鬥一番，所以，地球人口要爆炸了。這還很簡單，問題是，因為人類的需要增加得太多了，不只是維持生命所必須的物質，而是在這種物質之外，人類有了更多的需要，這種需要並不是必需，而是我們所說的欲望。想要的自己不一定能得到，怎麼樣才能滿足自己的欲望呢？看看誰有，就把他拿過來，將別人的據為己有，可以不勞而獲。可是這種情形，使得人類面臨了一個困難，雖然我們認為人比物類聰明，可是聰明的太過分了，就變成了自私損人、損人以利己，因此本來人都要倚賴無數的人才能生活的，變成了互相爭競，甚至於殺伐。各位要是不相信我這句話，你來看看你眼前的東西，有幾樣是你自己製造的？沒有更多的人在那兒製造無論是生活必須的或者不必須的，哪一個人都很難生活下去。所以我常常勸我的朋友，當你開車塞車的時候，別罵前面那些個開車的人，因為在無形之中，你曾經得到過他們的幫助，你才能活下來在這裡開車，要是沒有我以外的更多的人，我根本無法活下去。

2. 這一點使得人在人類社會生存裡，必須要知道一些應該要知道的事項，這些事項只靠本能沒有辦法知道，更沒有辦法懂得，所以才需要教育。而教育所要教給人的，第一，在人類社會裡，如何能夠憑著自己的能力，維持自己的生活。在這個條件之下，就是絕不容許侵犯別人，因為人類的聰明，自己也已經建立了很多的理論。要公平，要講人權、講公平，

就是要大家分配得合理，沒有幾斤幾重的差別；要講人權，就得承認每個人都是人，每個人都跟我一樣，他也有跟我一樣的生存權利，我沒有權力剝奪他或者影響他的生活。這個道理就成了現代很多人討厭的「道德規範」。大家一說起道德就皺眉頭，其實道德規範就是教人知道，在哪些方面應該約束自己，以便於跟別人相處，以便於從別人那裡取得合作跟幫助。因為，如果群體裡沒有秩序與規範，每個人都可以任意而為，可以想像，地球上七十億人會是什麼樣子。所以這些道理是在人類社會進步以後，一些智者發現的。所以我在這裡說，如果說教育的真正意義，它的意義是要教自然人，如何在文化進步之後，便成為文化人。

二、教育的確切目的

(一) 培養品格

文化人之不同於自然人，如我們說的，自然人帶著有原始的野性。動物在看到食物時爭奪，強而有力的得到食物，弱小的就只好挨餓。人不願意這個樣子，人希望有吃的，大家都能夠吃的到，因為都是一樣的人，這一點，如果照我們的孟子說，是從人的四個善端之一的惻隱之心發展出來的。自己有東西吃，不忍心看著那個餓著肚子的人在那裡餓得有氣無力，所以即使食物不夠，也願意跟他分享，使他多多少少有點吃的，不致於餓死。這一份心意，存在人類與生俱來的情感之中，但是這種情感，我們經常把它忽略了。這個惻隱之心，出於情感之中的愛，我們也叫做仁慈，在中國的倫理道德裡頭叫做「仁愛」。

其實，我們的原始情感照中國來說：喜、怒、哀、懼、愛、惡、欲。愛就夠了，還加個「仁」作什麼？沒有人不懂得愛對吧！大家講愛已經講得天翻地覆了，愛好像充斥於宇宙之間，可是就在這種愛充斥之中，還互相爭鬥、互相勾心鬥角、互相殺伐。那份愛難道只放到兩性之間嗎？像這些情形，假如我們推源溯始，可以知道，是應該明白它的意義，然後才知道為什麼要作。但是當我們被情感所蒙蔽時，理智就不再發生作用，因此，常常自己作錯了，事後也覺得後悔與懊惱，但那已經沒用了。

(二) 發展才能

　　要讓人從小就知道如何把愛心推展開來，推到所有的同類的人身上，擴大到異類的物上。無論有生命或無生命的物，都可以把這種情感寄託上去。

　　對於有生命的物，我們不忍心殘害他的生命；對於無生命的物，也要有一份愛惜，不要浪費。因為地球的資源還是有限的，浪費得太多，我們若干代以後的子孫就真正的要受貧乏之苦了。

　　所以我要說，人最好能夠了解文明社會和野蠻之間的差別。因此，我們的長者、智者，他們看清楚這種情形，才提出了人對於自己的居心和行為，有需要遵循的規範。當然，到了二十世紀末期，在我們的學說之中，個人主義特別的旺盛，我就是老大，唯我最尊，只要我願意，有什麼不可以？作廣告宣傳是要聳人聽聞，沒有錯，但是，你要有理智，要想一想宣傳用語合不合理，天下、世界、地球、或者是一個小社會，不只是我一個人在這裡生活，在我以外，還有很多的人同時生活，只要我願意，把你們都殺光！可以啊？反過來，要是另外一個人說：「我要殺你」，你願意嗎？我願意了，別人不見得願意啊！我們怎麼可以說出這種話來，所以站在教育的立場上，我要說，受過教育的人，不應該說出這種話來！今天很多的資訊，說話只求聳人聽聞，理性在哪裡？

三、教育的施行

(一) 確定施行策略

　　因此，我們的教育就必須從幼年開始。小孩剛生下來，無所知也無所能，完全靠成人指導他、教誨他、訓練他，因為沒辦法，他生活的是人倫社會，不是自然界了。他必須適應人倫社會，才能夠在這個社會裡頭，將來能獨立生活，要講自由、獨立，要有相當的本事。所以從小就要讓孩子知道，在人類社會裡，有些是你應該作又必須作的，即使你不願意作也得作。另一方面，也有你不願意作也還是必須要作的，你還是得作，在這兩者之間，是你喜歡而不應該作的，你就不能作；一個是你不喜歡而應該作

的，你就得非作不可。人生而爲人，沒有絕對的自由，尤其是生活在人類社會，這是一個群居的環境，在這個環境裡頭沒有絕對的自由，也沒有一個人一廂情願的願意。因此，照我這個說法，大家儘管不同意沒關係，回頭我們再來討論。

(二) 培養教育實行者

生而爲現代社會的人，從小就要培養這種意識，應該作的可以作，即使不願意也得作；不應該作的不能作，即使你喜歡還是不能作。就是這樣，所以對於幼兒的訓練，有指引、教導，也有禁止。沒有說只需誇獎而不許說一句「不」的，如果是這樣，好像當時這個孩子是高興了，可是日後他的生活會有大問題。這樣的愛，不是眞正的愛，甚至於愛之適足以害之，這就是人之所以需要教育的最基本、最簡單的道理：要生活。

爲此，長久以來，無論是先進國家、後進國家，都沒有忘了「教育」這兩個字，也沒有忘了教育這回事。所以，我們從大致上的情形來說，一個國家要使自己的國家富強，必須教育國民，使每個國民都有獨立謀生的能力，這才是富強的基本，所以教育成了一個國家施政的重要一項。這一項，如果是普遍的，教育每一個人都能學會、都能做到，我們定一個最低的標準，那就是讓他作一個好人。這個好人也不一定要把一輩子存的八萬美元捐出來，而是他憑著自己的本事維持自己的生活，不妨害別人，當然更不傷害別人，我們就可以叫他是好人。如果每一個國家裡每個人都做到這一點，各位想想看，那該是什麼狀況？相反的，假如這個國家裡有很多有錢人，錢多得花不完，花百萬、千萬的去減體重，另外的一些人沒飯吃得跳樓，這該怎麼說啊？所以，國家要富強，要有基本的好國民，因此教育政策就要定得高明一點，能後顧也能前瞻。後顧是根據人類進步的歷史，摘取其中的優點，放在教育裡，作爲教育施策；前瞻是要往前看、往遠處看、往大處看，看將來希望的、可能的發展；換句話說，絕不是朝令夕改。

所以我認爲，我常常有機會就要這樣說，教育決策決定一項作爲，就好像下一個賭注，賭錢，賭輸了，沒關係嘛！錢嘛！死了一文也帶不去，

輸掉了，省心，省得爲它操心了。教育可是只准贏、不准輸的，因爲，輸不起。一項教育措施如果輸了，拿什麼賠？那些受了錯誤教育的孩子，你怎麼給他們彌補？他的生長發展的時期已經過了，他在錯誤的教育之下已經定型，你還能改嗎？改一個人是那麼容易的事嗎？所以，教育決策必須是非常愼重，我自己學教育，我也常常在從前上課的時候跟同學們說，你們學教育的，千萬要記得，你說一句話，如果你那個學生不願意聽，沒關係，說錯了，他沒聽見；假如他聽了你一句錯話，你可能就害了他一輩子。所以我們當老師的說話，都不能不十分愼重，唯恐自己說錯了一句，對聽話的人發生太大的影響。

　　一個國家爲了國家、爲了人民，所以實行教育，進而辦了很多學校，各位都有過學校經驗吧！但是，既然學校分級，教師根據過去的經驗，是依照兒童以至於成人生長發展的階段定的，所以，小學叫兒童，以我們現在的國中階段來說，叫少年；高中是進入青年前期，大學是青年，這也只是爲了說話方便作這樣的分類。各位千萬別以爲，昨天高中畢業，今天進到大學，這中間是一刀兩斷的，那不是的。所以這個生長發展是一線相連、一貫下來的，前一步的經驗仍然對後一步有相當的影響，因此，在每一個階段，都應該針對學生的需要，而提供給適合他們學習的材料。

　　1. 職責：了解教育的「主體」是學習者

　　好像是中外一體，從有教育的事實，根據我們所知道的紀錄，一開始就用了「教育」這個字。「教」是從年長的那邊作主動的，「育」當然也是；可是有些時候、有些地方，有些學校有教而無育。本來「教育」這個字在我們中國的典籍裡頭，我自己查到的，最早是出現在《孟子》，雖然在《孟子》之前，事實已經存在了，孟子說的這個名詞是「得天下英才而教育之」。可是，無論中外，一樣的，把主體放在「教」的人身上，是那個教的人主宰了「教」，而眞正需要學的人，在「教育」兩個字裡面看不見！他是被動的，因爲有人教，所以他就得學！各位都讀教育系的吧！你們從來沒有懷疑過，爲什麼只講教育而不講學習？眞正教育的主體是誰？是校長？是老師？眞正的主體是需要教育的人！所以，我一直對這個名詞懷疑，一直想給學生來個翻身，把他們提到主體上來，讓教育變成了輔助

的，教育至少是輔助的，把主體放到學生身上去，那樣的話，老師還能隨便罵學生，甚至於打學生嗎？

就因為我們把本來是一片仁愛之心，要提拔後進，要指引他如何生活，這是一團善意，怎麼會變成打學生、罵學生這種惡劣的表現呢？這是因為你沒把那個真正需要學的人當作主體，只把他放在被動的地位上。所以各位，你們年輕，你們前途無量，用一下你們的智慧想想看，用個什麼名詞，可以讓學習的人的主動地位表現出來，來代替我們「教育」兩個字，「我變成了後現代了」！

如果，依我們中國的教育歷史來說，我們總是把孔夫子教弟子放在第一位上，各位不妨去查查《論語》，我沒叫你去念《論語》，你不見得喜歡念。你去查查《論語》裡，看看第一，孔子有沒有打過學生？第二，孔子罵了幾個學生？他罵了一兩個，可是他那個罵，只有罵子路是當面罵的，罵樊遲，是他在出去後才罵的，他罵的也不重，沒有傷害到學生的自尊。

至於後來各位聽到的三家村老師什麼打學生腦袋，什麼打板子的，那是末流，不是正規的教育！真正正規的教育不是這樣的。這在西方我所知道的就不一樣，西方體罰學生，老師可以把學生吊起來打，因為他們賦予老師極端的權威，老師可以這樣責罰學生。當然，體罰本來就是不對的，甚至於口頭的責罰對於一個人自尊的傷害也不亞於體罰。所以，老師看到學生有不當的表現，說他一句，同樣的從這個嘴出來，怎麼說都可以。說得當，讓學生心生感激，也有警惕，他會改過自新；說得不當，傷害了他的自尊，認為他受到了侮辱，他可以變本加厲。所以，教育工作者，各位有很多念教育系，將來要不改行，大概就當老師吧！要當老師或者作教育行政工作，我認為應該先自己建立幾個信條。杜威的著作《我的教育信條》各位看過沒有？不妨去找找看，我是提出了幾點，來跟各位商榷一下。

2. 教育信念

我認為，從事教育工作者的信條，第一，先要知道，教育是成人的工作，要成人，先要成己。如果各位去看看《禮記‧學記》，那裡有兩個

名詞我覺得非常有意思：一個是「師」，一個是「教者」。各位要知道，在《禮記》裡，他為什麼用了這兩個名詞，去找找看這兩個名詞的內涵和意義有什麼不同？教者，假如我們說白了，好聽一點的叫「教書匠」，只會照本宣科；不好聽的話，就是混飯吃的。所以先要成己，那就是自己必須先修養自己，我認為你只要具備兩個條件就夠了，我真的已經讓步又讓步，讓到最後，我只提出兩項來。這就是從事教育工作的人，應該秉持這兩項作為自己從事工作的態度，作為自己立身行事的原則。

　　第一是「仁」，我為什麼不用「愛」？愛不好嗎？各位都有過被愛的經驗吧！被人愛是相當幸福的，但是如果愛得太多，讓你無法承受；愛得不夠，你又覺得太缺少，所以要怎麼樣不多又不少，適如其分呢？要用理性來調節原始的情感，讓它剛剛好，不多也不少。這種實例我想各位隨便去找找都可以找得到，不是太多就是太少。至於那不是愛的就不用提了：非逼著孩子幼稚園就學英文，就學畫畫、鋼琴，一直逼到要考一百分，這是愛嗎？就為了他將來要出人頭地。奇怪了！騎到別人肩膀上要出人頭地，那個拖著你的人不辛苦嗎？愛不是這樣的，像這種家長，因為自己沒有念過大學，要孩子一定要念大學，念到博士更好，這是愛他嗎？這是愛還是自私？用孩子來滿足自己的缺陷，這個絕不能算是愛。愛他，要根據他的狀況，幫助他、指引他，而不是根據我的標準要他怎樣。他有人權，就算他是你的孩子，他還是人，他還有人權，別忘記這一點。所以，我們從事教育工作的人，對學生要用適如其分的愛來教他。其實，愛別人是有所愛，愛別人也是一種幸福，你們各位之中，有沒有愛人的經驗？我不是指兩性，就算你不願意用「愛」字，就用「喜歡」，你喜歡過一個人吧！別限定在兩性之內，當你對一個人存在著一份愛意的時候，你的心裡是什麼感覺？甜甜的、暖暖的，很舒服不是嗎？大家說愛說得震天價響，你給愛下個定義，什麼叫做愛？「愛是一種溫柔親切的感受」，當你存在著這種情感的時候，你會覺得心裡頭暖洋洋的，很舒服就是了。所以無論是有所愛或者被愛，都是一個讓人喜悅的感受，每個人都願意有這種經驗，如果從教育工作的人，看著學生，別嫌他「你怎麼今天不把臉洗乾淨？」「你怎麼不把扣子扣好？」你別這樣看嘛！你看他臉沒洗乾淨，那小髒臉

也不錯嘛！扣子沒扣好，沒扣好開著一個口通通風，也許他熱了，這樣一想，你還會罵他嗎？更不要說他考試少了一、兩分了，那也不值得不愛他呀！這是第一點。

第二點，是「誠實」的「誠」字。誠實、誠懇。這個大家都知道，不用再解釋了，哪一位敢說自己從來沒說過謊話？在這裡大家大概受到一個學說的誤導，有所謂之「誠實的謊言」，什麼講道德的兩難，不是在講嗎？一個醫生對一個要死的病人，你是告訴他你要死呢？你還是告訴他你病不重，你還可以活下去？這為兩難，我告訴你，別胡拉混扯，醫生對病人宣示他的生死，那是他的專業，他要斟酌病人的狀況。病人是一個達觀的，而且對生活很負責的，他要知道自己的死期，好安排在死以前他要作什麼，你告訴他，對他沒有不好的影響。對於怕死的人，你和他說「你那麼怕死作什麼」？有那麼不通氣兒的嗎？所以在這一方面，根本不是用道德來限定的，不要亂用。所謂欺騙，多半出於損人以利己的時候，那才是不應該，誠實待人，沒有什麼不好，也許你誠實待人，會使對方不高興。譬如說「唉呀！你怎麼胖這麼多？」（張主任）「便當吃太多」，很誠懇啊！我說這是實話呀！如果我說「唉呀！你怎麼又瘦了，好苗條啊！」這好聽，但是，這兩種不同的話，你說跟不說有什麼關係嗎？你不要騙他，你可以不說，（張主任）「騙一下好！」那這個就要依對象為轉移，他要吃騙你就騙，他要也是個老老實實的人你就不能騙他，騙老實人不厚道。可是，我們忽略了一點，我們常常騙自己，自己還不知道，對吧！

所以，《大學》裡說：「誠其意者，勿自欺也」。要誠，先從不騙自己開始，這明明是現在就得作的，「唉唷！我好累啊！睡一覺再作吧！明天作也可以。」這是騙誰？你明知明天要考試，這騙誰呀！假如我們知道，對自己先誠實，對別人也誠實不欺，應該是無論對己對人，都是做得到的。

所以，我只要求這兩個條件。當然，人總是人，有時候我今天的的確確累了，這件事又非作不可，「唉呀！文經啊！你過來幫我作這件事，我去睡一覺」，也沒有不可以，要是他願意也可以，可是他不高興那就不行了，不是嗎？但是總而言之，應該以誠實為原則，我認為這應該是教育者

的信條之一。

其次，作爲教育工作者必須有責任心和責任感。一定要認眞負責，不要推諉、不要找藉口，該作的，就是得作。有一點我說說自己的好話，我有一點表現得很誠實，我們這裡有很多過去上過我課的朋友，那個時候他們認爲我很凶、常罵人，所以我很誠實地告訴他們：「現在，你這裡不對，我有責任告訴你」，多半是寫報告或口頭報告，我說：我現在告訴你，等你畢了業以後，再拿東西給我看，我可就不說囉！那個時候我要作好人，我只說「好」！請問你，那個時候我說一百個好，對你有什麼好處？如果我把那時候說的一百個好，現在說給你，對你有什麼用處？所以，如果各位當老師的時候你認眞，就別怕學生罵，他今天罵你，有朝一日他會明白過來，就不罵了。如果他罵你一輩子，你也聽不見，你又不老跟著他，沒關係的。

3. 工作精神

教育工作應該有工作精神。因爲教育工作跟下賭注一樣的，賭注不能輸，工作不能等到事過境遷，所以必須把握機會，要作就得作，而且應該作、立即作；應該作、馬上作，沒有其他的選擇。

至於教育研究，從二十世紀後五〇年代，在美國看到他們的教育研究，我就非常感慨。因爲各位知道的，從二十世紀前五十年，兩次世界大戰，使得科學突飛猛進，成了無上的顯學。他們所謂之科學是自然科學，理工、數理，不是這個領域的就「不科學」，所以教育就被看作不科學的一個科目。教育界當然不甘落後，非要把自己變成科學不可，怎麼變的？第一，用測驗，數量化。第二，彙集瑣碎的事實，所謂之「實證」。所以教育博士論文，要寫哲學或史學的，教授不指導，因爲不科學，教育想要數量化。各位如果你現在正在當老師，看看你那些考一百分的學生，一百分的、九十八分的、九十六分的跟那個考五十分的比較，他們的差別在哪裡？在考卷的分數以外，在那個人的本身上有什麼差別在那裡？他們的表現在行爲，不是在考卷上。

如果你把一個原來考三十分的學生，教到他能考四十分、五十分，以至於六十分，這才是你的成績。你把一個原來遲到早退、不守規矩的學

生，能夠教得他不遲到、不早退、不擾亂教室秩序，這就是你的成績，考多少分不是最主要的。

4. 研究進取：教學相長

現在我們的教育研究，論文有兩大議題：量化與質化。我倒是對於量化、質化沒有偏見，我希望看見的教育研究，是對教育事實的改善和進步有幫助的。明明是一個錯誤的決策，大家也在那裡分工做研究？而在教育研究裡，竟然拿外國的標準來衡量研究的品質，這個我實在不懂！教育是為教育本國國民而實行的，我們對其他國家的教育，當然希望知道，這個沒錯，但我們要照著他們的做，就確是他們的好。你們忘記了教育不只是在學校裡，你整個的大環境對學生的影響力絕不亞於學校，所以教育離不開哲學、離不開史學、離不開社會學。不以這些個為基礎，你十萬八千里的把外國的拿了來，外國的教育家替我們研究教育了嗎？我們研究教育的成果為什麼要用外國的標準來衡量？而有些教育論文限定用外文發表，我想現在距離世界大同還遠得很，有幾個外國人會關心我們中華民國（現在還是不是中華民國不管他了），會關心我們的教育？我們是那麼關心別國的教育了嗎？人同此心，心同此理啊！你研究了自己的教育，用外文寫，本國人至少有一部分人看不懂，給外國人去看？這是什麼意思我一直搞不懂，我說句我自己最沒出息的話，我一輩子沒參加過國際教育會議，我不想跟他們去說中國的教育，中國的教育說好是我們自己的，說不好不是丟人嗎？

在教育研究方面，理論的也好、實證的也好，最好是對實際的教育有些貢獻，至少我們應該做這樣的期望，是不是？所以那些個熱心教育的、研究教育的，我只希望他們明白一點：第一，忘了自己，別老我、我、我；第二，別以自利出發。所謂自利，並不是光說拿研究費，藉此出名，不是也是一樣嗎？反正現在大家所追求的是三個字：名、利、權，希望教育研究別落到這個陷阱裡頭去，教育研究也應該著眼於當前和未來無數世代受教育的人，那才是我們的希望。

最後這個第二行，這個不是喧囂的「喧」，是「炫耀」的「炫」，抱歉抱歉、對不起，今天浪費了各位的時間，我這個人一向說話是前言不搭

後語，請各位多多原諒，反正每次講完了以後，我自己回去想一想自己今天胡說了什麼，然後我就自己很難過，我講一次起碼要難過半個月。好，各位有什麼問題，我們大家商榷商榷。

四、提問與討論

主持人（張建成主任）：今天我們非常謝謝賈老師，今天賈老師講的都充滿了教育意義，所以回去基本上不會太難過。不過今天賈老師終於自己承認了一點，她過去實在很凶，在座各位應該都知道。我記得我在念博士班的時候，賈老師一看到我就說我要留級，還沒念呢！我就要留級！一留就留到今天，我在想原來是賈老師叫我來主持她的演講，不過這是自己拍自己馬屁了。從剛才的講演各位可以發現賈老師用非常深入淺出的方式，提到教育的真諦。各位想，她講的那麼簡單，接下來我們要怎麼做呢？你不要怕，我們這些弟子會做複雜的闡述，我們會寫很多東西讓你去讀、讓你去背，雖然賈老師沒有提到這個理論、那個理論的，我們都有，我們感謝賈老師的栽培。接下來就把時間開放出來給大家提問，每一位發問者請言簡意賅講重點，問問題不要超過三分鐘。

譚光鼎教授問：剛才老師講到一個東西，我們大概很多人心裡都有感觸，就是老師說教育決策就好像是下賭注一樣，當然只能贏、不能輸了。我比較關心的就是說，如果教育決策真的像賭注，做錯了，那後面該怎麼辦？

答：我沒辦法，我老了，你是校長，你去想辦法。

王炳倫老師問：老師，特別提到我們兒童的教育要給予道德涵養，以當前這個教材到底要給哪些比較適當？在小學幼兒的階段，我們可以看到一些推動讀經教育的，或是宗教方面有一些靜思語教學的，在我們正規的教育裡，我們可以給孩子們哪一些可以用的教材？

答：關於幼兒教育，我介紹你一本書，不是自己炫耀，康德寫了一本《論教育》（*On Education*），我跟幾位博士班的同學上課的時候，合著

把它翻譯過來，不過早期也另有個譯本，不大一樣，所以我們翻譯的
這個譯本後面，又加上前面幾屆同學研究，從嬰兒出生一直到兒童的
教育注意事項，你可以拿來參考一下。主要的，在幼兒階段照康德的
意思是堅持訓練是應該的，應該的就要做，不可以的就得禁止。到小
學的教材，應該先了解這個小學階段的兒童，他們的發展狀況和他們
的能力所能接受的學習來規定，這個各方面現在研究很多，心理學研
究、生理學研究、比較教育也研究，去找一找，不難找到的，這些材
料。

與會同學問：剛剛老師您說我們教育工作者不應該有個人主義，但是我們
現在臺灣的教育經常就是自己的學生應該愛自己的國家，不去強調大
愛，希望畢業生可以去自己國家，教給自己的國家，為什麼教育不能
夠強調看整個世界？為什麼我們教育不強調這種大愛？

答：現在的教育是這樣嗎？光愛自己的國家不愛別的？有嗎？是你在課堂
上聽的，還是在書本上看的？（都有）喔！那也許有些著作者他們的
書還沒出版，因為光顧自己都顧不過來了，沒有精神顧到外面去了。

單文經教授問：這十幾年來，我們本國搞教育改革搞得轟轟烈烈的，九三
年一套課程標準才弄完，九七年又弄一套課程綱要。簡單的來講就
是，老師您在此地也有幾十年了，這十多年所謂的教育改革、課程改
革，您能不能給一點評論？

答：我一輩子不願意批評，從教改開始以後，有時候有講演，就有人問我
這個問題，我說我對現行的事情不批評，人家也沒有請我參加，我不
了解狀況，亂說話是不對的。不過，我們集刊我曾經寫過一篇〈教育
的適應性與不變性〉，就是說，教育有確切不移的，那是教育的大原
則，教人成人這是確切不移的，你不會把人教成老虎吧！教育要有適
應性，因為人類社會時時在進步，社會狀況不同，教育也要有適應的
方面。當然，我並不是說社會風氣變壞了，你的教育也教壞的，我不
是這個意思喔！主要的是，在人類進步方面，有很多新材料、新知識
出現，這是教育要改的。說坦白一點，說要改的是教材，而教育方針
是確定不變的，至於因為教材的改變，實行上可能要有些配合，這是

必然，所以我那篇文章寫得很早，現在我還是這樣的看法。教材可以變，隨時都要變。而教育方法要變，先要經過試驗，你想做得好是你想，你要從學習的成果上來判斷你這個方法好不好，所以一定要試驗。可是過去我們曾經也有過試驗，那不叫試驗，我不知道該叫什麼，一紙政令一下，就要全體執行，根本不知道它好不好，那不對啊！你怎麼能確定他一定好？那是我自己想的，萬一壞了呢？當我想時我就光想好，就絕不想壞，教育是你想到好的時候同時也要想到可能的壞，因爲你要預防那些個壞的發生，它才可能好。所以我說教育要改變就要很愼重，你得考慮到改是因爲現在見到有不好的，改是要改好，同時你也要想到在你改的過程當中、改的方法當中，會有附帶的產物，就是壞的。你要能預先防止那個壞的出現，你成功的機會才大。所以，做實證研究不是就得做實驗？但是做實驗不能盲目，有一次一位別的學校教研所同學來問我，他說他那個時候要寫碩士論文，他準備找小學兒童看電視，做實驗。我問他，你準備給孩子們看什麼電視呢？他說我要給他們看那些個暴力的、打鬥的，看他們受影響的情形。結果你可以想像他準是挨了罵，我說你就爲了你這篇論文，你要的碩士學位，要害多少孩子？你沒有想到他們看了這些電視節目，受了壞影響，你怎麼辦？你想了沒有？所以，我是把他罵了一頓。

單文經教授問：老師容許我再續著問一下，剛才譚校長他暫時停了，不過我看能不能續著問下去。這幾年大家都同意，可能我也觀察到，有些決策的教育決策者他們也很爲難，因爲他們如果要做一些根本的改變，要做一個革命性的改變，可能要付出的代價，或者是附帶的一些配套的措施要花很大的投資成本，但是如果只做些微的改變，累積式的，小小的改變，似乎又變得不夠好。所以這拿捏之間，這十年來是有些亂了分寸，我的一點點的感觸，不知道老師對這個感觸有什麼看法。談到這個錯、這個賭，有時候到底要大賭一番，還是要小賭一番，如果說決策眞的是像賭的話。

答：你這個問題出發點就錯了。在教育裡，如果有所作爲，可能是創新，有所改革，是改善，都得針對實際。在實際上，的的確確有需要去

作、或是改，根據實際來策劃，用不著考慮受到什麼阻力或能不能實行，我認為是對的就得做，我剛剛說從事教育工作，要有責任感，就是要有肩膀，你要能扛。我認為這個對我就要據理力爭，據理力爭不是跟人家去吵架，是看你的聰明用什麼方法，你能夠在公共場合取得大家的信任。公共場合不行，私下裡一個一個說服不行嗎？現在這個社會不挺實行這個的嗎？所以，你要認為這個是對而且必須，你就要想要怎麼樣去做，不是說關於這個措施是大或小。當然，當你發現了很多問題，你想一下子都改，在教育也不容許這樣，蠻幹了是不可能對的！所以你得分別輕重緩急，選擇最重要的，一步一步的來，教育是百年樹人，不是變魔術，所以就用不著畏首畏尾了。現在你就有真理擺在這，我照理行事，當然這中間有困難，都那麼容易就誰都能做，要你幹什麼，你能突破困境，做你該做的。說白了，就算你是一個教育部長，我要提一個教育政策出來，你要賭氣，到立法院說：「你們給我通過，不通過，我就攢紗帽」。這沒用，你不攢紗帽還有別人來，一句話你就可以讓他通過：「你們有沒有子孫？我為你們的子孫著想啊！我想的是為他們的，你們去決定吧！我旁邊喝茶去了。」我就沒聽見哪一個在審查預算的時候，哪一個人說過「你們立法委員先生們，我做的是為你們教育孩子的工作啊！」我沒聽過有哪個人這樣說過，大家都搞錯了。

洪多桂國策顧問：第一個問題，老師今天的講題是教育的真諦，就是教人成人，如何把一個小孩從自然人變成文化人。我的第一個問題是，是「誰」來決定什麼樣子的文化？有誰來決定嗎？誰有權利做這個決定呢？以老師的觀察，目前這樣現狀的文化，是不是老師所講的文化？對於目前的文化現象，老師的看法是什麼？第二個問題，老師剛才特別提到說，教育的主體是學生，而且也談到了人權，那麼目前的現狀是，有相當多的教育工作者是朝這個角度在想，就是說受教者的權益應該怎麼樣的來保障，但是，後來老師所談的多半在教育者應該要做一些什麼，譬如說他的信條、他怎麼做研究，是不是老師您今天這樣講，是為了彰顯主體是學生，或者說，當教育工作者是這樣做的

時候，會比較有利於受教者，也就是學生？謝謝。

答：第二個問題容易回答，是這樣。因為我說學生當主體，才要教育者有這些信條，才能把他們教好，並不是又賦予了教育工作者權威，我完全沒這個意思。至於教育工作者能夠信服這幾個條件，秉持這幾個條件來負責任事，學生的學習效果才能夠出現。你第一個問題，「文化」從字面講，是跟野蠻相對，現在的文化我不叫文化，反正現在誰說都對嘛！現在有文化嗎？文跟野是相對的，通通都是野蠻的現象，哪裡還能叫文化？因為本來若干年來，大家濫用名詞，什麼「文化」、「次文化」，subculture，什麼意思嘛？那個英文裡頭左下角給你下個注腳，這根本是難登大雅之堂的嘛！次了還有文還有化？這文化要有個水準，所以我說的文化最低限度，是說進步的合乎道德、有文采的才叫文化，我寫過一本《全民教育與中華文化》，你沒看過，回頭我送你一本，文化絕對有它的標準的，不是自己叫文化就是文化了。

梁恆正教授問：今天老師所講的都是很有智慧的話，看起來簡單，其實從知識提升到智慧，非常不容易，我想我還沒有這個智慧。不過，我想順著洪學姊剛才所問第二個問題，我們說老師都擺在上位，怎樣去轉移過來，這要去思考。我們講兒童本位，重要的應該是，我們怎樣把權威放掉。我覺得老師所說的信條裡面，再加一條就可以解決。《學記》也說「上所施，下所效」，上面的人怎麼作我們底下跟，但是你要上面的人要怎樣，就要加一條就是保有赤子之心。這一點我不知道老師同不同意，如果保有一種小孩子不斷能夠學習的潛力的話，老師就會回頭想想自己的角色，就會以較低的身段跟學生互動。我也利用這個機會向大家說明，各位不要只看這一張講義，各位知道老師今年八十歲，還能夠用電腦打出一本書，真是了不起。我還知道，最近她用電腦打了十七萬字的一本書。我想這一點就是保有赤子之心的最佳寫照。雖然七八十歲才開始學電腦，像我教電腦教了二十幾年，我還沒有用電腦打出一本書的經驗。我要說的就是，老師本身是一個教育家，仍然保有一直不斷在學習的精神，像小孩子一樣的角度一直在成

長。如果能夠把這一點加在教師的信條裡面，可能就比較能夠達到老師剛才講的。我這樣的想法，不曉得老師同意不同意？

答：你講得很好，青出於藍。事實上，假如教育工作者真的秉持著仁心來對學生，那個仁心也就是赤子之心。一個幼稚園教師不能不懂得幼兒心理、小學老師不能不懂得兒童心理，中學老師要懂得少年心理，因為他們每一個階段都有不同的特徵，他們的各種狀況不一樣。所以教育工作者應該了解對象，你看《禮記‧學記》裡對於學生的心理的描述，絕對不亞於現在的教育心理學，要了解學生的困難、要了解學生學習的失誤，我只是沒有說得很詳細就是了，你應該再寫篇大作加上去。

與會同學問：現在教師除了面對學生，還要面對家長，老師雖然秉持教育理念，但是家長可能只重視成績，面對與家長和學校衝突時，該如何自處？

答：我知道這個問題是現在很普遍的現象，現在的教育不知道從何說起了，沒有一處沒有問題，家長干涉校務、干擾教學，這是非常反常的現象。家長干擾到了非常不合理的地步。在學校裡，老師不敢駁斥家長，校長不敢得罪家長，儘管只是少數不怎麼講理的家長，但是對於老師和校長的的確確造成了困擾，而且我知道的比你還多，有些家長的孩子在學校感冒了，一個電話就打給教育局長「老師不給我的孩子穿衣服，讓他感冒！」這成了什麼社會？老師跟家長意見不合，我們是希望老師可以以尊重家長的態度，把他不合理的想法給化解，那得跟他溝通，當然這不是說話那麼容易，應該是這樣做，校長一方面現在因為有選票決定你這紗帽戴不戴，顧忌得多了，也不敢得罪家長，不過我常常想，因為這個情形我知道好久了，我知道當初有一位校長，很多年前，那個時候的社會不是這樣的，有一個家長去找校長，要求校長說管理方面有什麼不合理，那位校長那個時候沒有紗帽的顧忌，就桌子一拍「你的孩子在我學校裡就得聽我的，回家聽你的！」當校長的對家長，如果他不講理，我覺得也可以拍桌子，老是委曲求全，人就是這樣欺軟怕硬，你越軟他就越硬，你要硬起來了他就沒氣

兒了。

　　主持人：首先我們謝謝各位提問，有的人挨罵了，有的人被誇獎，有的人被開示了，也有的人賺到一本書，正如子曰「因材施教！」有些人我想應該還是要感謝一下，各位手上拿到一份〈賈師茗先生小傳〉這是我們留英的博士林逢祺林教授所撰寫的。賈老師住在達觀，這上面有寫，待會我們會請本系一位葉坤靈葉老師送賈老師回去，葉老師是賈老師的關門弟子，但是這門老關不起來，因為他老不畢業，不曉得葉老師在不在，我們感謝他一下。另外本項活動有兩位贊助者，一位是教育資料館的陳館長，另外一位是李連教育基金會執行長羅虞村羅教授，好，我們非常感謝。一般循往例，在一場演講完了以後，主持人要做一個總結，但是我今天基於兩個理由不能做總結，為什麼？因為萬一我做得不好，賈老師會罵我；萬一我結得太好，有洩題之嫌。所以各位回去做一個總結。最後，我們在師大念書的時候，私底下非常尊敬的暱稱我們賈老師叫做賈媽媽，今天在座我看有很多二十啷噹歲左右的，對你們來講，應該是賈奶奶，所以最後我們是不是大聲的一起說謝謝賈奶奶。
　　「謝謝賈奶奶！」（會眾）
　　謝謝各位參加今天的演講，謝謝大家。

　　（本文為94學年度「教育名家論教育」系列演講紀錄，由劉子菁整理，後收錄於教育資料與研究，62期，頁213-225；以及心理出版社《教育名家論教育》專書。）

本篇演講紀錄取自：賈馥茗（2005）。教育的真諦──教人成人。**教育資料與研究，62**，213-225。

國家圖書館出版品預行編目資料

人的本質與教育／賈馥茗著. -- 初版. -- 臺
北市：五南, 2018.04
　　面；　公分.
　　ISBN 978-957-11-9685-5（平裝）
　　1.教育 2.文集
520.7　　　　　　　　　107005003

1I1X

人的本質與教育

共同策劃 — 財團法人臺北市賈馥茗教授教育基金會

　　　　　　財團法人黃昆輝教授教育基金會

主　　編 — 國立臺灣師範大學教育學系

作　　者 — 賈馥茗

發 行 人 — 楊榮川

總 經 理 — 楊士清

副總編輯 — 陳念祖

執行編輯 — 林逢祺　周愚文　方永泉

責任編輯 — 陳俐君　李敏華

封面設計 — 姚孝慈

出 版 者 — 五南圖書出版股份有限公司

地　　址：106台北市大安區和平東路二段339號4樓

電　　話：(02)2705-5066　　傳　真：(02)2706-6100

網　　址：http://www.wunan.com.tw

電子郵件：wunan@wunan.com.tw

劃撥帳號：01068953

戶　　名：五南圖書出版股份有限公司

法律顧問　林勝安律師事務所　林勝安律師

出版日期　2018年4月初版一刷

定　　價　新臺幣650元